I0029675

# TRAITÉ

DES

# TRAVAUX PUBLICS

34821

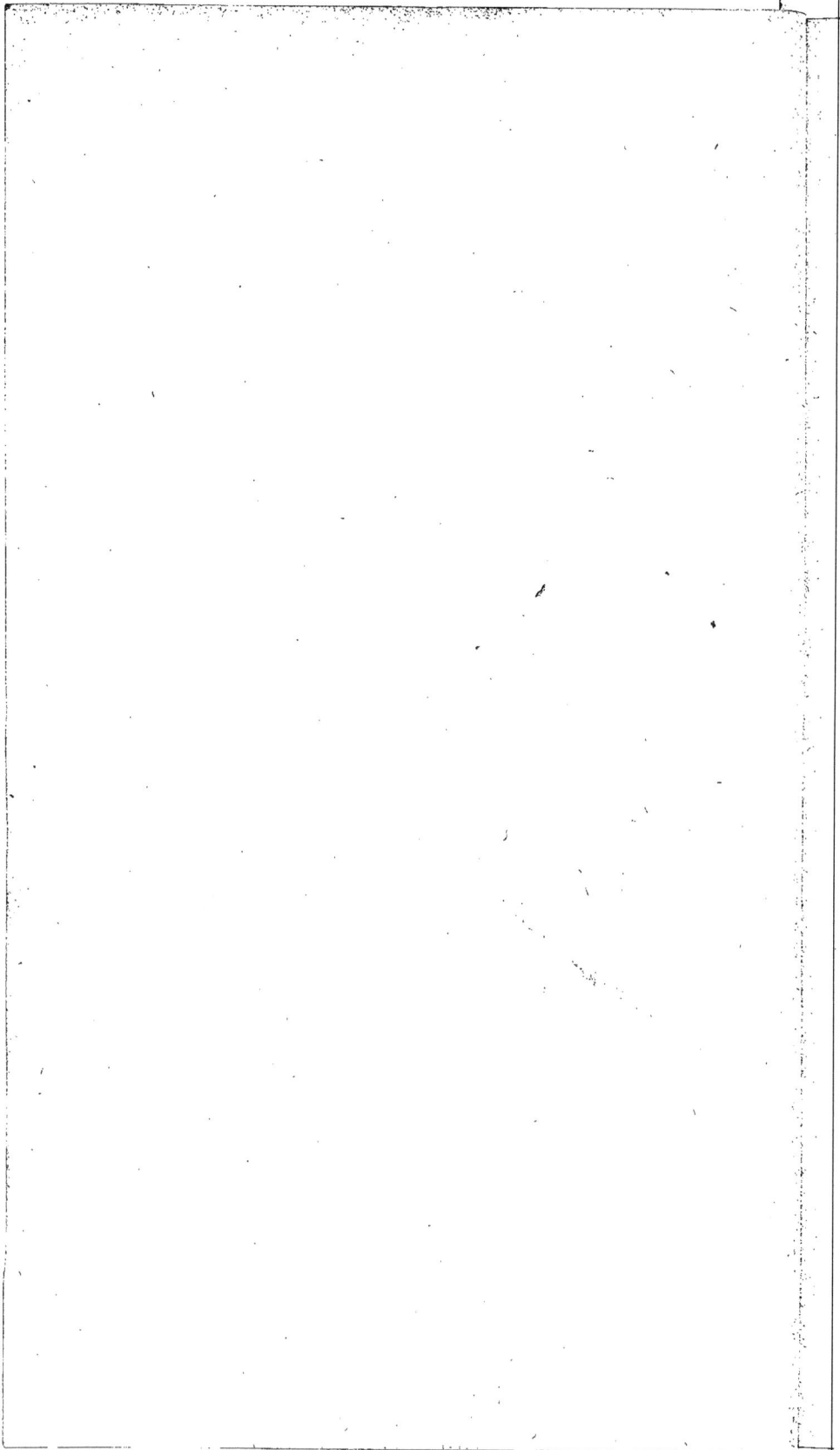

# TRAITÉ

DES

# TRAVAUX PUBLICS

3482

Paris. — Typ. de **P.-A. BOURDIER** et C$^{ie}$, rue Mazarine, 30.

# TRAITÉ

## THÉORIQUE ET PRATIQUE

### DES

# TRAVAUX PUBLICS

OU

## RÉSUMÉ DE LA LÉGISLATION ET DE LA JURISPRUDENCE

SUR

L'ORGANISATION DES TRAVAUX DE L'ÉTAT,
DES DÉPARTEMENTS, DES COMMUNES ET DES ASSOCIATIONS SYNDICALES ;
LEURS MODES DIVERS
D'EXÉCUTION, ADJUDICATION, CONCESSION, RÉGIE ;
LES TRAVAUX SUPPLÉMENTAIRES, LA DÉCHÉANCE QUINQUENNALE, LE PRIVILÉGE
DES FOURNISSEURS ET OUVRIERS, LA RESPONSABILITÉ DÉCENNALE, LES HONORAIRES DES
INGÉNIEURS ET DES ARCHITECTES,
LES CONTRIBUTIONS SPÉCIALES ÉTABLIES DANS L'INTÉRÊT DES TRAVAUX PUBLICS ;
LES EXTRACTIONS DE MATÉRIAUX, LES DOMMAGES CAUSÉS
A LA PROPRIÉTÉ PRIVÉE,
LES INDEMNITÉS, LA COMPÉTENCE DES TRIBUNAUX CIVILS
ET ADMINISTRATIFS, ETC., ETC.

PAR

## ALBERT CHRISTOPHLE

Docteur en droit, avocat au Conseil d'État et à la Cour de cassation.

---

## TOME PREMIER

---

## PARIS

### A. MARESCQ AÎNÉ, LIBRAIRE-ÉDITEUR

RUE SOUFFLOT, 17

---

## 1862

BIBLIOTHÈQUE IMPÉRIALE

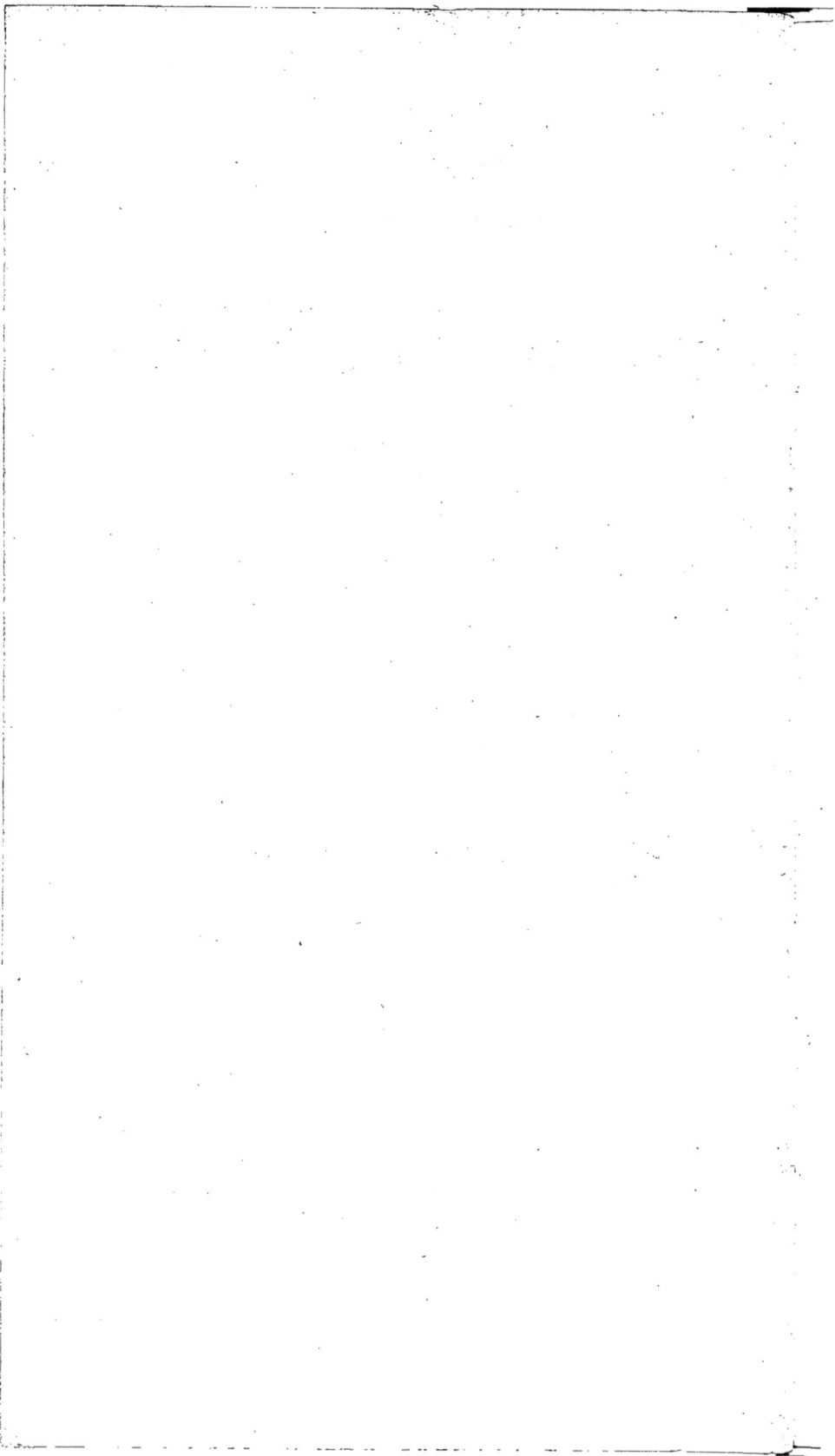

# AVANT-PROPOS

———

La matière des travaux publics est l'une des plus importantes du droit administratif. Des rapports de l'administration avec les entrepreneurs et les concessionnaires, et des rapports de l'administration ou de ses ayants cause avec les particuliers, surgissent les difficultés les plus diverses et les plus graves. L'interprétation des cahiers de charges ou des actes de concession, les questions de malfaçon, de retard dans l'achèvement des travaux, de responsabilité, de supplément de prix, de mise en régie, de déchéance, etc., etc., forment l'objet fréquent des décisions du Conseil d'État entre les entrepreneurs et l'administration. Entre celle-ci et les particuliers, l'exécution des travaux donne naissance à un autre genre de contestations. Le règlement de l'indemnité d'expropriation ne la dégage pas de toute respon-

sabilité envers les propriétaires voisins des travaux.
Lorsque par suite de leur exécution un dommage
est causé, la propriété a un droit incontestable à
la réparation de ce dommage. Le règlement de l'indemnité due fait naître de nombreuses questions de
compétence, de procédure, de répartition entre les
ayants droit, etc...

Il nous a paru que le contentieux des travaux publics devait être envisagé à ce double point de vue.
Dans notre premier volume, nous avons étudié tout
ce qui concerne les rapports de l'administration avec
les entrepreneurs et les concessionnaires; dans le
second, nous nous sommes efforcé d'exposer avec
clarté tout ce qui se rattache aux rapports de l'administration avec les particuliers. Toutefois il ne
faut point chercher dans notre ouvrage les règles
de l'expropriation. Cette matière a été si souvent
et si complétement traitée, que nous avons jugé
inutile de refaire l'œuvre de nos devanciers. Nous
pouvions d'ailleurs, sans infidélité à notre plan, la
laisser de côté, car nous nous sommes uniquement
proposé d'étudier les questions relatives à l'exécution des travaux. Or, l'expropriation figure parmi
les mesures préparatoires, puisqu'elle a pour but de
fournir les terrains sur lesquels les travaux doivent
être exécutés.

Les limites de notre ouvrage étant ainsi circons-
crites, ses éléments se trouvaient presque tous dans
la jurisprudence du conseil d'État. C'est là princi-

palement que nous avons dû les chercher. Chaque année le Conseil d'État rend, en matière de travaux publics, un grand nombre de décisions. Nous les avons recueillies avec soin, en nous efforçant de les coordonner, d'en extraire, pour ainsi dire, la substance, et de réunir dans un exposé méthodique les principes qu'elles renferment et qu'elles appliquent. Nous avons été soutenu dans cette tache par un intérêt constant. On croit trop généralement que la jurisprudence administrative manque de règles fixes et qu'elle est sujette à des variations fréquentes. Ceux qui en parlent ainsi ne la connaissent pas. Elle est supérieure, sous ce rapport, à la jurisprudence civile, surtout si l'on tient compte au Conseil d'État des difficultés de sa tâche. Le Conseil ne se trouve pas, en effet, en présence d'une législation homogène dans sa rédaction et ses principes. Il ne s'agit pas seulement pour lui d'interpréter la loi, mais très-souvent d'en combler les lacunes. « Dans les matières administratives, la « jurisprudence n'est pas seulement l'explication et « le commentaire de la loi : souvent elle la supplée « et même elle la remplace [1]. » Combien de fois dans le cours de notre travail n'avons-nous pas constaté la justesse de cette observation ! Quelques textes épars dans le *Bulletin des lois* servent au Conseil d'État, pour la solution des questions qui s'élèvent en matière de travaux publics, de points de repère et de

---

1. M. Boulatignier, *Vie de Macarel*. (Biogr. univers. de Michaud, 2ᵉ édit.)

ralliement, guides peu nombreux et bien insuffisants lorsque l'on songe à la diversité des espèces et à la nouveauté de la matière. Les hésitations étaient donc inévitables, car il n'est pas donné à l'esprit humain d'embrasser du premier coup d'œil toutes les applications des principes même les mieux établis. Cependant, ces hésitations n'ont pas été nombreuses, et il est intéressant de voir comment, au milieu de tant de périls, la jurisprudence a su créer sa voie, obéissant à des inspirations dont la permanence et l'ensemble étonnent ceux qui ignorent le soin avec lequel les décisions du Conseil d'État au contentieux sont préparées.

Il nous sera permis de mêler un regret aux éloges que méritent les travaux de cette haute juridiction.

Les arrêts du Conseil pèchent quelquefois par un laconisme exagéré. Il connaît les prescriptions de la loi, qui veut que les décisions de justice soient motivées, et sait rappeler à son observation les Conseils de préfecture qui s'en écartent. Comment donc, lorsqu'il s'agit de ses propres arrêts, paraît-il mettre en oubli des prescriptions aussi sages et aussi essentielles ?

On a dit que le mode de rédaction adopté par le Conseil est indispensable à la marche de l'administration. Si cela était, il faudrait plaindre le pays où le tribunal, qui distribue souverainement et en dernier ressort la justice administrative, réserve prudemment sa pensée afin de ne pas compromettre l'avenir. Mais une pareille supposition est indigne du grand 'corps auquel on la prête. Si le Conseil d'État motive incomplétement ses décisions, ce n'est pas, à coup sûr, parce qu'il craint de proclamer des principes qui pourraient faire obstacle à l'arbitraire administratif. On l'a vu dans ces derniers temps, plus encore peut-être qu'à aucune autre époque, réprimer les actes illégaux de fonctionnaires imprudents ou trop zélés. Les annulations pour excès de pouvoir sont fréquentes et attestent de sa part un respect profond pour les droits privés. Sa jurisprudence dans toutes les autres branches du droit administratif est manifestement empreinte de tendances libérales. L'explication qu'on donne n'est donc qu'une injure gratuite.

On a dit encore que, le Conseil d'État ne jugeant pas lui-même et ne faisant que donner un avis, c'est le chef de l'État qui parle dans ses arrêts, et que dès lors il convient que ces décisions aient tous les caractères de la loi qui commande et ne cherche pas à convaincre : *Lex jubet, non suadet.*

Cette explication est loin d'être satisfaisante. Le législateur se tait sur ses motifs, et il a raison : car l'explication de la loi par la loi elle-même, loin de la rendre claire et d'une application facile, ne tendrait le plus souvent qu'à fausser les principes et à créer pour le juge de plus grandes difficultés d'interprétation. Ce n'est pas par dignité que le législateur emploie un langage impératif : c'est par nécessité. Si la

pratique avait démontré l'utilité des explications insérées dans le corps même de la loi, est-il permis de
penser que les rédacteurs de nos admirables codes
auraient préféré les formules brèves et laconiques?
Mais cette concision cesse d'être un mérite dans les
arrêts du Conseil d'État. Ils ont le titre de décrets :
mais ils ne sont pas autre chose que des décisions
de justice. Rendus à l'occasion des conflits qui s'é-
lèvent entre l'intérêt public et l'intérêt privé, ils
ont pour objet, non de faire la loi, mais de l'appliquer. C'est le souverain qui parle ; mais il parle
comme juge, et ses arrêts seront d'autant mieux res-
pectés et obéis qu'ils développeront sans ambiguïté
le motif qui les justifie. C'est alors seulement que la
jurisprudence du Conseil d'État méritera vraiment ce
nom. Une décision qui s'enveloppe dans une formule
tellement brève que sa portée juridique échappe, non
pas seulement au vulgaire, mais aux hommes les plus
versés dans la science du droit, ressemble à un flam-
beau auquel manque la lumière.

La science du droit administratif, malgré de la-
borieuses et utiles tentatives, est encore nouvelle et
peu connue. Elle est presque tout entière dans le recueil des arrêts du Conseil. C'est là vraiment qu'il
faut la chercher : c'est là sa source la plus abondante
et la plus pure. N'est-il pas dès lors du plus haut intérêt pour tout le monde, pour l'administrateur et pour
l'administré, que cette source soit claire et que les
principes soient mis en évidence? Que d'erreurs, que

de conflits, que de procès deviendraient impossibles !
Combien la doctrine s'enrichirait d'aperçus nouveaux
et de vérités désormais incontestables ! La pratique
prêtant d'une manière sûre et irrécusable son témoi-
gnage et son appui à la théorie, c'est l'idéal de la
science juridique, et il serait atteint, autant qu'il peut
l'être, si le Conseil voulait découvrir la lumière que
souvent il semble prendre plaisir à tenir cachée ! Espérons donc que ces traditions regrettables feront
bientôt place à l'application complète et si essentielle
de la loi !

Nota. — Tous les arrêts du Conseil d'État que nous avons cités se trouvent dans le *Recueil officiel* rédigé par MM. Lebon et Hallays-Dabot. C'est ce recueil dont nous indiquons la page à la suite de la date de l'arrêt et du nom de la partie : Par exemple, 30 déc. 1858, *de Novilars*, 784. — Les deux premières indications suffiront à ceux qui ne possèdent pas le *Recueil officiel* pour trouver l'arrêt dans *Sirey*, *Dalloz* ou le *Journal du Palais*.

# TRAITÉ

DES

# TRAVAUX PUBLICS

## TITRE PRÉLIMINAIRE

### DÉFINITION ET ÉNUMÉRATION DES TRAVAUX PUBLICS

1. — On désigne sous la dénomination générique de travaux publics ceux qui sont exécutés par l'administration ou ses ayants droit dans l'intérêt du domaine public de l'État, des départements et des communes.

Cette définition n'est pas empruntée à la loi. — Le législateur a laissé à la doctrine et à la jurisprudence la tâche difficile de combler une lacune qui a fait naître des questions importantes et suscité des conflits interminables. — C'est donc dans l'étude attentive des arrêts que nous avons dû la chercher.

Telle que nous la donnons, la formule à laquelle nous nous sommes arrêtés n'est pas sans doute d'une exactitude irréprochable. Mais dans l'état actuel de la science, il nous paraît impossible d'en trouver une plus précise et en même temps plus complexe. — Elle suffit pour indiquer le caractère essentiel et général auquel on reconnaît les travaux publics et pour nous permettre d'aborder immédiatement les détails du sujet que nous nous proposons d'étudier dans ce chapitre.

2. — Au premier rang des travaux publics, figurent sans contestation tous ceux que l'État fait exécuter par ses divers agents. — Quel que soit le ministère duquel ils dépendent; — qu'il s'agisse des travaux des ponts et chaussées, ou des travaux du génie militaire et maritime; — qu'il s'agisse des voies de communication fluviales ou terrestres, — ou de constructions civiles ou religieuses, — il n'y a pas d'hésitation possible. — Toutes les entreprises exécutées aux frais de l'État, dans le but de pourvoir aux exigences des services généraux dont il a l'administration et la direction suprême, sont nécessairement le caractère de travaux publics.

Il n'y a pas d'exception pour les travaux du ministère d'État relatifs à la construction ou à la réparation des palais impériaux. — Leur destination spéciale n'a pas pour effet de les distraire du domaine national. Leur entretien est à la charge de la liste civile, mais ils ne cessent pas pour cela d'appartenir à la nation et doivent être considérés comme affectés à un service public.

3. — Il en est autrement des travaux exécutés dans l'intérêt du domaine privé de l'État ou de la Couronne, de ce domaine qui constitue pour ainsi dire la propriété particulière de la nation ou du souverain. « L'État et les départements peuvent posséder comme les simples particuliers, dit M. Serrigny, des biens que la loi du 20 juin 1793, sect. 1, art. 3, appelle patrimoniaux, tels que des champs, des prés, des bois, des fermes qui ne servent point à un usage public. Les marchés relatifs à la construction ou à la réparation des bâtiments et autres ouvrages appliqués à ces espèces de biens, ne nous paraissent pas renfermés dans la classe des travaux publics mentionnés par notre article. Ce ne sont pas proprement des marchés de travaux publics : ils n'ont pas

le même caractère d'urgence et d'utilité immédiate pour le public, qui n'en profite pas directement.» (Voy. *Traité de la compét.*, n° 563.)

M. Dufour est d'un avis contraire (voy. t. VII, n° 265), et son opinion a été adoptée récemment par M. Batbie. (Introduct. génér. au droit public, p. 360 et 361.) — Le sentiment de M. Serrigny nous semble préférable. Les lois administratives n'ont jamais donné le nom de travaux publics aux travaux entrepris par l'État dans l'intérêt de son domaine privé. — Elles l'ont réservé exclusivement à ceux qu'il fait exécuter comme chargé de l'administration générale du pays et qui ont pour la masse des citoyens un intérêt direct et immédiat. — L'art. 4, § 4 de la loi du 28 pluv. an VIII, attribue au conseil de préfecture la connaissance des contestations concernant les indemnités dues aux particuliers à raison des terrains pris ou fouillés pour la confection des *chemins, canaux et autres ouvrages publics*. — Cette mention particulière des chemins et canaux est remarquable. — Elle indique que les «autres ouvrages publics» qu'elle ne désigne pas autrement n'ont pas le caractère de la propriété privée. De même, lorsque la loi du 16 sept. 1807, véritable charte des travaux publics, énumère ces travaux, elle ne dit pas un mot de ceux qui ont pour but l'amélioration du domaine particulier de l'État ou de la couronne. — L'art. 28 parle « de l'ouverture d'un canal de navigation, du perfectionnement de la navigation d'une rivière, de la construction d'une grande route, d'un pont; » l'art. 30 s'occupe de l'ouverture de nouvelles rues, de la formation de places nouvelles, de la construction de quais; — l'art. 33 prend des dispositions relatives à la continuation des digues à la mer ou contre les fleuves, rivières et torrents navigables et non navigables; — l'art. 35 s'occupe des travaux de salubrité dans les

villes, etc., etc. — Aucun ne mentionne les travaux
que la gestion du domaine privé peut rendre nécessaire. — En un mot, la loi tout entière a en vue, dans
ses nombreux articles, les ouvrages affectés à l'usage de
tous les citoyens et qui leur procurent ces avantages
qu'ils ont le droit d'attendre d'une administration habile
et vigilante.

Il est, au surplus, une condition essentielle suivant
nous pour qu'un travail, quel que soit celui qui l'exécute,
quelle que soit l'origine des fonds destinés à faire face
aux dépenses, puisse être considéré comme public. — On
doit se demander si, en la supposant nécessaire, l'expropriation pour cause d'utilité publique pourrait être prononcée afin d'en faciliter et d'en préparer l'exécution. —
Or les travaux du domaine privé ne jouissent pas d'une
semblable prérogative. — La loi du 3 mai 1841 n'a pas été
faite dans son intérêt et pour l'accroître au détriment des
particuliers. — Son art. 3 en offre la preuve manifeste.
— Quand il énumère les travaux publics, pour lesquels
l'expropriation est autorisée, il ne parle que des routes
royales, canaux, chemins de fer, canalisation de rivières,
bassins et docks entrepris par l'État, les départements,
les communes, ou par des compagnies particulières. —
C'est qu'en effet la propriété s'abdique devant l'intérêt
général : l'intérêt de tout le monde est plus puissant que
le droit d'un seul. — Mais jusqu'à présent, au moins,
personne n'a reconnu à l'État, agissant comme personne
privée, la faculté d'exproprier ses voisins pour étendre
les limites de ses propriétés productives, ou ce qui revient au même, pour en faciliter l'exploitation ou en
augmenter les revenus. — Cette considération suffit,
nous le croyons, pour faire apprécier le caractère propre
des travaux entrepris par l'État en sa qualité de propriétaire. — Telle est, au surplus, la jurisprudence du con-

seil d'État qui décide « que les travaux ordonnés par
« l'administration, dans l'intérêt du domaine, n'ont pas
« le caractère de travaux publics. » (21 août 1845, *La-
grange et Vinet*, 427.)

4. — Pendant un certain nombre d'années, les départements ont vécu de la vie même de l'État avec lequel
ils se confondaient. — A cette époque les travaux exécutés dans leur intérêt avaient nécessairement le même
caractère que ceux de l'État.

Peu à peu la personnalité des départements s'est dégagée. — Ils ont, en prenant place à côté de l'État,
constitué des individualités distinctes, ayant une existence propre et des ressources particulières. Sous certains rapports, ils ont cessé d'être « des sections d'un
même tout qu'une administration uniforme devait embrasser dans un régime commun. » — (Instruct. du
12 janv. 1790.) — La loi du 10 mai 1838, sur les attributions des conseils généraux et des conseils d'arrondissement, a consacré définitivement un état de choses qui
résultait déjà des lois antérieures. (Voy. déc. du 16 fév.
1811.) — Mais cette séparation n'a pas eu d'influence
sur le caractère des travaux à la charge des départements. — L'importance de ces circonscriptions, la nature des services auxquels ils sont destinés, les intérêts
nombreux qui s'y rattachent, la forme même des marchés, tout se réunissait pour maintenir sous ce rapport
l'assimilation la plus complète entre les travaux des départements et ceux qui sont exécutés aux frais exclusifs
du Trésor public.

L'art. 30 de la loi du 16 sept. 1807 met d'ailleurs ces
travaux sur la même ligne : il divise les travaux exécutés par l'administration en trois classes ; les travaux
*généraux, départementaux* et *communaux*, et il les qua-
lifie d'une manière commune de travaux publics. —

Aucun doute sérieux ne peut donc s'élever sur la question. (Voy. 7 juin 1826, *Diesse*, 290 ; 14 fév. 1839, *Borrani*, 140 ; M. Dumesnil, *Organis. des Conseils généraux*, t. I, p. 409 et suiv. ; M. Dufour. t. VII, n° 262 ; Cass., 27 août 1839, *Brame*, D. P. 39, 1, 346.)

5. — M. Tarbé de Vauxclairs définit les travaux publics « ceux dont l'utilité intéresse l'universalité des « habitants du royaume, d'un département ou arron- « dissement, d'un canton et même d'une commune, « lorsque cette utilité n'a pas les caractères de la pro- « priété patrimoniale et privée, et surtout lorsqu'il y a « eu préalablement déclaration d'utilité publique. » (Dict. des trav. publ. v° Trav. publ.)

Cette définition a été critiquée par M. Serrigny. — Suivant lui, M. Tarbé range à tort les travaux intéressant un arrondissement ou un canton parmi les travaux publics, « parce que, l'arrondissement et le can- « ton ne sont que des circonscriptions administratives « ou judiciaires, sans existence civile ou juridique. Ce « ne sont pas, en un mot, des personnes morales ayant « une vie et des biens propres, et conséquemment ils « ne peuvent point faire exécuter des travaux ni publics « ni privés. »

Ce n'est là qu'une querelle de mots. — Sans doute, l'arrondissement et le canton, n'étant pas des personnes morales et n'ayant pas de budget, ne fournissent pas les deniers et n'ont pas la propriété des ouvrages construits avec les fonds de la commune ou du département. — Il est donc vrai de dire, avec M. Serrigny, que ces circonscriptions purement judiciaires et administratives ne peuvent faire exécuter ni travaux publics ni travaux privés. — Mais M. Tarbé n'a pas dit le contraire : il pense seulement qu'on doit considérer comme ayant un caractère d'utilité publique les travaux qui intéressent les arrondissements et les cantons. — Or rien n'est plus juste. — Ces travaux n'ont jamais, en effet, et ne peuvent même pas avoir pour le canton ou l'arrondissement un caractère patrimonial ou d'intérêt privé. — Ils sont faits dans l'intérêt des habitants de ces circonscriptions, à un point de vue général : ils répondent aux exigences des services administratifs; ils ont donc essentiellement le caractère de travaux publics : sous ce rapport, la définition de M. Tarbé de Vauxclairs nous semble irréprochable.

6. — On a, depuis longtemps déjà, cessé de discuter la question de savoir si les travaux communaux ont le caractère de travaux publics. — Objet pendant de longues années d'une controverse ardente, elle n'a plus aujourd'hui qu'un intérêt historique. — Après de nombreuses hésitations, la jurisprudence du conseil d'État s'est irrévocablement fixée, et les tribunaux ordinaires l'ont suivie dans la voie où elle s'est engagée. — Nous devons nous borner à donner ici le tableau de ces variations.

Jusqu'en 1815, le Conseil d'État reconnaît aux travaux des communes, exécutés dans l'intérêt général des habitants, le caractère de travaux publics. (Voy. 24 juil. 1806, *Daussy*, Dal. v° Travaux publics, n° 1266; 7 février 1809, *ville de Marseille*, Dev. et Car., C. N., 2ᵉ part., p. 17; 17 déc. 1809, *Millin*, Dev. et Car., 2ᵉ part., p. 175; 12 mars 1811, *Vernier*, Dev. et Car., 2ᵉ part., p. 444.)

A partir de 1815 commence une nouvelle période. — Le Conseil d'État prend une direction absolument contraire. Il abandonne aux tribunaux ordinaires la connaissance de tous les débats relatifs aux travaux des communes, quel qu'en soit l'objet, par le motif qu'il ne s'agit pas alors d'un intérêt public. (Voy. 6 nov. 1817, *ville de Gray*, Dev. et Car., 2e part., p. 329; 29 août 1821, *ville de Poitiers*, 321; 17 avril 1822, *Com. d'Anglès*, 344.)

En 1823, un système intermédiaire se produit. — Le Conseil s'attache à une circonstance dont jusqu'alors il n'avait pas tenu compte, et recherche quel a été le mode suivi pour l'adjudication des travaux à l'occasion desquels le débat s'élève. — Lorsque l'adjudication a eu lieu publiquement, suivant les formes prescrites pour les travaux de l'État ou des départements, il reconnaît aux travaux des communes le caractère de travaux publics. (Voy. 24 déc. 1823, *Jullien*, 864; 24 mars 1824, *ville d'Argentan*, 183; 13 juillet 1825, *com. de Coges*, 412; 27 oct. 1825, *Mathurel*, 643; 7 déc. 1825, *Pierron*, 720; 16 fév. 1826, *Meilhou*, 67; 25 avril 1820, *Urbain*, 392; 9 juin 1828, *Péraldi*, 510; 12 avril 1829, *Bazin*, 141; 2 sept. 1829, *ville de Dunkerque*, 376; 16 déc. 1830, *Souchon*, 553.)

Cette jurisprudence ne reposait pas sur une base solide. La forme du marché ne peut avoir aucune influence sur le caractère des travaux qui résulte de leur nature même et de leur but. Pour le reconnaître, il faut donc avant tout considérer leur objet et leur destination. Le Conseil d'État ne tarda pas à céder, à la justesse de cette observation. — Mais le revirement de la jurisprudence ne s'opéra pas brusquement : de temps à autre, on vit le conseil revenir à sa première opinion et décider, par exemple, à l'occasion de difficultés nées à la suite de la construction d'un pont communal, « que les devis et cahiers des charges ayant été rédigés par ordre de l'administration municipale, l'adjudication ayant eu lieu devant le maire; qu'enfin les travaux ayant été dirigés et surveillés par un architecte communal, l'adjudication ne constituait par sa nature qu'un marché ordinaire dont l'exécution était soumise aux tribunaux civils (31 déc. 1831, *Bénard*, 493). — En 1835, le Conseil d'État se prononçait en sens contraire, mais toujours par cette considération tirée des formes du marché. Il jugeait que les travaux de construction d'une église, ayant été l'objet d'une adjudication passée en la forme administrative, avaient le caractère de travaux publics (16 nov. 1835, *com. d'Éloyes*, 634).

Cependant, après de nouveaux arrêts où les systèmes précédents se trouvent encore mélangés (voy. 9 nov. 1836, *ville de Rennes*, 484; 31 déc. 1836, *ville de Bourges*, 712), on voit enfin en 1843 apparaître le principe appelé à triompher définitivement. A partir de ce moment, toute hésitation disparaît, et des arrêts nombreux décident qu'on doit considérer comme publics les travaux communaux qui ont pour objet l'utilité générale des habitants de la commune, et qui concernent les biens faisant partie de son domaine public. (Voy. 30 sept. 1843, *Nicod*, 639; 28 août 1844, *de Chavaille*, 545.)

Depuis, on a appliqué cette doctrine, désormais incontestable : 1° aux travaux de construction ou de réparations des églises ou presbytères (voy. 25 mars 1846, *Edely;* 24 avril 1850, *Roger*, 392; 13 août 1850, *Dubois*, 759; 23 nov. 1850, *Meynadier*, 853; 22 nov. 1851, *Lauvernay*, 685; 18 juin 1852, *Chapot*, 244; 14 août 1852, *Marsille*, 393; 19 janv. 1854, *Fœlder*, 38; 19 avril 1859, *Godu*, 307);

2° A la construction de halles ou d'hôtels de ville (voy. 19 juin 1850, *Baudrey*, 587; 18 nov. 1850, *Mazel*, 830; 10 janv. 1851, *Bergadieu*, 21);

3° Aux travaux exécutés dans les cimetières (voy. 3 juillet 1850, *Manuel*, 644; 30 juin 1853, *Lambert*, 658);

4° Aux travaux de nivellement et de pavage de la

voie publique (voy. 9 avril 1849, *Lavallée*, 227 ; 27 mars 1850, *Thomassin et Besniard*, 322 ; 3 avril 1850, *Mallez*, 329 ; 3 juillet 1850, *Pairel*, 642) ;

5° A l'établissement de trottoirs (voy. 21 déc. 1849, *André*, 693) ;

6° A la construction de ponts communaux (28 nov. 1851, *Dezairs*, 192), ou d'une passerelle établie sur un cours d'eau pour servir de communication entre deux communes (voy. 20 déc. 1860, *Gironnet*, 694) ;

7° A l'établissement de fontaines et de conduites d'eau (voy. 19 nov. 1851, *Charoy*, 680) ;

8° A la création d'une promenade. (Voy. 30 juillet 1857, *Liger*, 627. Cons. encore, 12 avril 1838, *Com. d'Auxon*. 216 ; 12 nov. 1840, *Borey*, 151 ; 2 sept. 1840, *Prost*, 364 ; 5 mars 1841, *Vᵉ Lecointre*, 94 ; 8 sept. 1846, *Prieur*, 476, etc., etc.) — Ces arrêts ont été rendus dans des espèces très-diverses, le principe qu'ils consacrent est désormais universellement admis[1]. (Voy. aussi : Circ. min. du 26 déc. 1844.)

7. — Les hospices, qui forment, à proprement par-ler, un démembrement de l'administration communale, jouissent des mêmes prérogatives. — Ils ont, au plus haut degré, le caractère d'établissements d'utilité publique, en faveur desquels l'expropriation peut être ordonnée. (Voy. MM. Vuillefroy et Monnier, *Princip. d'adm*. p. 426.) — « L'assimilation des travaux des hospices aux travaux publics, dit un autre auteur, résulte textuellement d'une loi spéciale du 23 déc. 1809, dont l'art. 49 porte : « Tous « les travaux qu'un hospice aura à faire en vertu de la « présente loi seront, si fait n'a déjà été, évalués par « devis, adjugés au rabais et ensuite faits, reçus et payés

---

1. En Belgique, les travaux exécutés par les administrations pro-vinciales ou communales sont assimilés de même aux travaux pu-blics. (M. de Fooz, t. II, p. 587.)

« comme des travaux publics nationaux, sous l'inspec-
« tion gratuite d'un ingénieur du département et sous
« la surveillance du préfet. » (Voy. MM. Serrigny,
n° 573; Dufour, t. VII, n° 267; C. d'État, 27 fév, 1847,
*Tortrat et consorts* 93.) — Il existe, il est vrai, un autre
arrêt qui s'est prononcé en sens contraire (26 oct. 1825,
*Mathurel*, 643); mais si nous citons ce précédent, c'est
afin de ne rien omettre. L'époque à laquelle il remonte,
et où l'on n'était pas encore fixé sur le caractère des
travaux communaux, lui enlève aujourd'hui toute autorité. (Cons. aussi art. 8, 9, 10 et 12, loi du 13 août 1851,
sur les hospices et hôpitaux.)

8. — Nous en dirons autant des travaux des fabriques. (Voy. 27 mars 1848, *Deplace*, 322; 29 nov. 1855,
*Barbe*, 696). — La fabrique a, il est vrai, dans la commune, une personnalité distincte : elle constitue une
administration spéciale ayant ses règles particulières,
mais elle est placée comme elle sous la tutelle de
l'autorité supérieure. Ses revenus sont affectés à l'entretien du culte, à la réparation ou à la reconstruction
des églises, — c'est-à-dire à des objets dont le but essentiel est de servir à l'usage du public. On ne saurait
donc, sans inconséquence, ne pas assimiler les travaux
qu'elle fait exécuter aux travaux communaux, même
dans le cas où les fonds sont exclusivement fournis
par elle et en dehors de toute contribution par la commune.

9. — Jusqu'ici, en recherchant le caractère des travaux exécutés par l'État, les départements ou les communes, nous nous sommes constamment attachés à
cette idée, qu'on doit considérer comme publics tous
ceux qui sont consacrés à l'usage général des habitants du territoire ou de ses circonscriptions administratives, — et qu'il faut, au contraire, ranger dans la

catégorie des travaux privés ceux qui ont pour objet le domaine utile de l'État, des départements, des communes, et à plus forte raison les propriétés des particuliers.

Les deux branches de cette proposition ne sont pas d'une exactitude également absolue. — La première ne comporte aucune exception; la seconde, au contraire, cesse d'être vraie dans un certain nombre de circonstances qui nous restent à signaler.

10. — Une première exception est écrite dans la loi du 16 sept. 1807, relative au desséchement des marais, exécuté par l'État ou par des concessionnaires. — L'importance de ces entreprises, la nécessité de pourvoir rapidement aux difficultés de toute nature qu'elles font naître, ne permettaient pas de les laisser sous l'empire des règles ordinaires. — On n'a donc pas tenu compte de leur objet même, qui est l'amélioration de propriétés destinées à rester ou à rentrer dans la main des particuliers, — et on a compris qu'il fallait armer l'État ou les concessionnaires de toutes les prérogatives qui sont la conséquence d'une déclaration d'utilité publique.

11. — C'est aussi ce qui a eu lieu lorsqu'en 1860 on a voulu, au moyen de dispositions nouvelles, donner au desséchement des marais communaux une impulsion plus efficace et plus puissante. — La loi des 28 juillet-4 août 1860, relative à la mise en valeur des marais et des terres incultes appartenant aux communes, contient dans son art. 5 une disposition qui a pour effet, dans une circonstance particulière, d'assimiler ces travaux à ceux qui intéressent le domaine public des communes.

D'après cet article, en cas de refus ou d'abstention du conseil municipal convoqué pour délibérer sur l'utilité de l'assainissement des landes communales, comme en cas d'inexécution de sa délibération, un décret impérial rendu en Conseil d'État, après avis du Conseil général, déclare l'utilité des travaux et en règle le mode d'exécution.

C'est bien là, disons-nous, une exception à la règle suivant laquelle les travaux entrepris dans l'intérêt du domaine productif des communes n'ont qu'un caractère privé. — Car, lorsque l'État prend en main la direction des travaux, il ne fait que se substituer pour leur exécution à la commune elle-même. — S'il avance les fonds, c'est pour le compte de celle-ci, qui peut toujours s'exonérer en abandonnant la moitié des terrains mis en valeur. — L'État joue simplement le rôle d'un entrepreneur. Il s'agit donc bien de travaux communaux, — et comme l'État est armé en ce qui les concerne de tous les pouvoirs qui sont la conséquence de la déclaration d'utilité publique, il est impossible de ne pas les assimiler à ceux qui intéressent le domaine public de la commune.

12. — Dans le cas où les travaux sont exécutés par les communes elles-mêmes, il ne peut s'élever de difficultés sur leur nature. — Les formalités dont nous venons de parler ne sont pas alors nécessaires. Les communes effectuent le desséchement avec leurs propres ressources, et il n'y a pas lieu de recourir à une déclaration d'utilité publique : l'œuvre est accomplie en vertu d'une simple délibération du conseil municipal approuvée par le préfet, — et le droit commun suffit pour lui assurer un achèvement rapide.

13. — Une autre loi, en date des 19-25 juin 1857, relative à l'assainissement et à la mise en culture des landes de Gascogne, contient des dispositions identiques et qui appellent les mêmes observations.

En cas d'impossibilité ou de refus de la part des communes de procéder aux travaux prescrits par cette loi, il y est pourvu aux frais de l'État, qui se rembourse de ses avances par le produit des coupes et des exploitations. — Ces travaux sont autorisés par un décret rendu en Conseil d'État qui en règle l'exécution (art. 2 et 5). — Ils ont donc encore, bien qu'ils aient pour but et pour résultat d'améliorer des propriétés productives de revenus, le caractère de travaux publics.

14. — Dans l'un des chapitres suivants nous ferons connaître le mode d'organisation des réunions de propriétaires connues sous le nom générique d'associations syndicales. — Les travaux exécutés par ces associations, quelquefois sur une vaste échelle et dans des proportions considérables, participent à la plupart des avantages assurés aux entreprises d'utilité publique. — Cependant la question de savoir s'ils doivent être assimilés aux travaux publics ne peut pas, dans l'état actuel de la législation, être résolue d'une manière uniforme, sans distinction entre les différentes espèces de syndicats. — Nous allons essayer de jeter quelques lumières sur ce sujet, qui jusqu'à ce jour n'a été traité nulle part d'une manière complète et méthodique. — Cette tâche n'est pas sans difficultés, grâce au silence de la loi et aux incertitudes d'ailleurs fort naturelles de la jurisprudence.

15. — Les associations syndicales peuvent être rangées dans deux catégories distinctes : d'un côté, les associations forcées; de l'autre, les associations volontaires.— Les associations pour l'entretien et la réparation des travaux de desséchement, pour la construction des digues à la mer ou contre les fleuves, appartiennent à la première catégorie. Le gouvernement est armé, en ce qui concerne leur création, d'un pouvoir souverain contre lequel toute résistance individuelle est impuissante à lutter. Les préfets ont aussi reçu des décrets sur la décen-

tralisation administrative le droit de créer, sans le consentement des propriétaires intéressés, des syndicats pour le curage des rivières non navigables ni flottables.

D'autres syndicats, au contraire, sont essentiellement dus à l'initiative privée. — L'administration intervient, sans doute, pour les réglementer et donner une sanction définitive aux arrangements et aux conventions des intéressés ; mais elle ne procède pas alors par voie de commandement : elle les organise, elle ne les crée pas. — C'est ce qui a lieu notamment pour les associations qui se proposent l'irrigation ou l'assainissement des terres, et qui, invoquant les lois récentes sur ces matières, demandent à l'autorité préfectorale une sorte de reconnaissance administrative de leur existence. (Voy. art. 5, L. des 10-15 juin 1854.)

16. — Cette différence essentielle entre les modalités que peut revêtir la formation des syndicats doit être prise en grande considération, lorsqu'il s'agit d'apprécier le caractère des travaux qu'ils font exécuter.

Les associations forcées sont sans contredit des établissements d'utilité publique. — Leur institution indépendante de la volonté des intéressés, les besoins auxquels elles ont pour mission de pourvoir, la forme de leur organisation, les priviléges qui leur sont attachés, le mode de recouvrement des taxes imposées et l'assimilation de ces taxes aux contributions directes, tout démontre avec évidence qu'il ne s'agit pas ici seulement d'intérêts privés. — Prenons, par exemple, les art. 33 et 34 de la loi du 16 sept. 1807, relatifs à la construction des digues à la mer ou contre les fleuves, rivières et torrents navigables ou non navigables. — D'après l'art. 33, la nécessité des travaux défensifs est constatée par le gouvernement. — Une déclaration d'utilité publique en précède l'exécution ; l'association est par suite autorisée à exproprier les terrains nécessaires à leur confection. — La réunion, sous l'administration d'un syndicat, des propriétaires intéressés est faite (à moins qu'ils ne s'entendent et sur la nécessité des travaux et sur le mode de contribution aux dépenses), par un décret rendu dans la forme des règlements d'administration publique, après délibération du Conseil d'État en assemblée générale. (Art. 5 et 34, L. du 16 sept. 1807; C. d'État, 23 fév. 1861, *Dubuc*, 134.) — Ici l'association syndicale n'a véritablement pour objet que la répartition des dépenses entre les contribuables. — Les travaux exécutés le plus souvent sous la direction des ingénieurs de l'État sont adjugés dans la forme usitée pour les travaux publics généraux. — Enfin, les ouvrages forment des dépendances du domaine public. — Il est donc impossible de ne pas leur reconnaître le caractère de travaux publics, surtout depuis la loi du 28 mai 1858, et quand il s'agit de la construction des digues destinées à préserver les centres de population. (Voy. 21 août 1845, *Reginel de Barrême*, 432 ; 1er déc. 1849, *Syndicat de la digue de Balafray*, 675.)

17. — Les difficultés deviennent sérieuses lorsqu'il s'agit des travaux exécutés par les soins des syndicats qui doivent leur existence au consentement unanime des propriétaires intéressés. C'est le trait caractéristique de ces associations d'avoir pour but principal l'amélioration de la propriété privée. — L'utilité publique ne s'y montre pas au moins au même degré que dans les associations forcées. — Le desséchement d'un ensemble de terrains si considérable qu'il soit, l'irrigation d'un canton sont incontestablement des entreprises utiles et qui accroissent la fortune générale et la puissance productive du pays. — Mais on ne peut les comparer, sinon au point de vue des résultats économiques, au moins sous

I.                                                                    2

le rapport de leur nécessité, aux travaux défensifs contre le fléau des inondations. La propriété privée seule n'est pas appelée à profiter de ces dernières entreprises : elles protègent la vie des habitants eux-mêmes et répondent par conséquent à un but plus élevé et à une nécessité plus pressante. — J'en dirai autant des travaux de curage ou de desséchement de marais. L'intérêt de la salubrité publique est avant tout ce qui a préoccupé le législateur et ce qui justifie l'assimilation établie par la jurisprudence entre eux et les travaux publics, bien que la propriété privée en retire de nombreux avantages.

Cependant il ne faut pas donner à ces considérations une portée trop considérable ; la loi n'en a pas tenu compte d'une manière absolue et il devient nécessaire de préciser la mesure de l'importance qu'elle leur reconnaît.

18. — Nous parlerons d'abord des travaux des associations créées en vertu de la loi des 10-15 juin 1854 sur le libre écoulement des eaux provenant du drainage.

L'art. 3 de cette loi permet l'association des propriétaires qui veulent au moyen de travaux d'ensemble assainir leurs héritages par le drainage ou tout autre mode d'asséchement. — Ces réunions n'ont en général qu'un caractère privé. — Mais elles peuvent, sur leur demande, être constituées par des arrêtés préfectoraux en syndicats, et l'art. 4 dispose que « les travaux que vou- « draient exécuter les associations syndicales, les com- « munes ou les départements, pour faciliter le drainage « ou tout autre mode d'asséchement, peuvent être décla- « rés d'utilité publique par décret rendu en Conseil « d'État. » — La conséquence de cette déclaration est évidemment de donner aux entreprises qui en sont l'objet le caractère de travaux publics. Cela est si vrai que d'après le même art. 4 le règlement des indemnités dues pour expropriation est fait conformément aux §§ 2 et suivant de la loi du 21 mai 1836. Or, la faculté d'expropriation, il n'est guère besoin de le dire, n'est jamais attachée aux entreprises purement privées.

L'assimilation aux travaux publics des drainages ou desséchements exécutés par des associations syndicales a d'ailleurs été reconnue de la manière la plus formelle dans le cours de la discussion de la loi du 10 juin 1854. — Il fut déclaré que les dommages causés aux tiers par l'exécution des travaux, seraient de la compétence du conseil de préfecture.—Voici dans quelles circonstances. — L'art. 5 de la loi soumet à la juridiction du juge de paix les contestations auxquelles peuvent donner lieu l'établissement et l'exercice de la servitude, la fixation du parcours des eaux, l'exécution des travaux de drainage ou d'asséchement, les indemnités et les frais d'entretien, etc. — Cet article dont la disposition est générale pouvait faire naître une difficulté, dans le cas où les travaux seraient exécutés par des associations. — M. Paul Dupont fit observer que l'art. 4, en décidant que les indemnités d'expropriation seraient réglées suivant la loi du 21 mai 1836, ne statuait pas sur les simples dommages à la propriété. — Le rapporteur, M. Gareau, répondit que tout ce qui était relatif aux indemnités était réglé par l'art. 5 qui attribue juridiction aux juges de paix. — Mais cette erreur fut relevée immédiatement par le vice-président du Conseil d'État. « Quand il s'agit, dit M. Rouher, d'un simple dommage qui n'implique pas expropriation, mais qui peut entraver l'usage de la propriété, alors c'est la loi de 1807 qui est applicable. C'est par le conseil de préfecture que l'indemnité est fixée. »

Or, reconnaître la compétence du conseil de préfecture pour l'estimation et la réparation des simples dommages, impliquait nécessairement dans la pensée du ministre le caractère public des travaux auxquels ils sont dus.

19. — Mais en est-il de même lorsqu'il y a eu simplement réunion des propriétaires en syndicat, sans déclaration d'utilité publique?

Les syndicats du drainage, création de l'autorité administrative, ont une physionomie où l'on ne trouve pas seulement l'empreinte de l'intérêt privé. — Ils jouissent d'une partie des prérogatives que les lois spéciales accordent à l'administration. — Une protection particulière leur est assurée soit vis-à-vis de leurs membres, soit vis-à-vis des tiers. — Ainsi la loi du 10 juin 1854 porte qu'après la constitution du syndicat, les art. 3 et 4 de la loi du 14 floréal an XI lui sont applicables. — Or ces dispositions sont exceptionnelles. La première veut que les rôles de répartition des sommes nécessaires au payement des travaux d'entretien, réparation ou reconstruction soient dressés sous la surveillance du préfet, rendus exécutoires par lui, et que le recouvrement en ait lieu de la même manière que celui des contributions publiques. — La seconde attribue au Conseil de préfecture, sauf recours au Conseil d'État, « toutes les contestations relatives au recouvrement de ces rôles, aux réclamations des individus imposés et à la confection des travaux. »

Personne ne méconnaîtra l'importance de ces dispositions et l'influence qu'elles doivent exercer sur la solution de la question qui nous occupe. — L'action administrative, avec sa rapidité et sa force de commandement, la substitution à la justice ordinaire de la juridiction propre aux contestations qui intéressent l'administration, indiquent clairement que dans la pensée de la loi les syndicats, alors même que leurs travaux n'ont pas, en vertu d'un décret spécial, été déclarés d'utilité publique, ne sont pas cependant de pures associations privées.

La Cour de cassation dans un arrêt récent (11 déc. 1860, *syndicat du flot de Wingles*, 61. S.-V. 1. 633.) paraît avoir envisagé la question sous un aspect différent, et elle a refusé de reconnaître le caractère de travaux publics à une entreprise de drainage exécutée par plusieurs communes réunies en syndicat. — Mais cet arrêt ne me semble point trancher la question en principe, et je suis disposé à n'y voir qu'une solution d'espèce. L'arrêt se fonde, en effet, sur deux motifs principaux. — Il constate d'abord que le desséchement du flot de Wingles a été entrepris par les communes propriétaires, pour améliorer leur domaine et le rendre plus productif ; que dès lors il s'agissait d'une opération relative à la propriété privée et non pas d'un acte d'administration publique. — Or ce motif, on peut en juger par ce que nous avons dit plus haut (n° 18), n'a ici qu'une valeur secondaire, — puisque, d'après l'art. 4, les travaux, bien que n'ayant en toute circonstance pour but que l'amélioration du domaine privé, peuvent être l'objet d'une déclaration d'utilité publique. On ne peut trouver là une raison de décider péremptoire.

La seconde raison donnée par l'arrêt est beaucoup plus grave ; mais c'est elle qui précisément lui imprime le caractère d'un arrêt d'espèce. L'arrêté préfectoral portant organisation du syndicat du flot de Wingles, décidait que les dispositions de l'art. 5 de la loi du 10 juin 1854 qui régissent d'une manière spéciale les travaux de desséchement exécutés par des propriétaires isolés, agissant dans un intérêt exclusivement personnel, seraient appliqués au flot de Wingles. — La Cour de cassation tire de là cette conséquence, que les travaux ne pouvaient être considérés que comme ayant un caractère privé. — Conséquence juste, dans le cas particulier, mais qu'il ne faudrait pas étendre à toute hypothèse dans laquelle l'arrêté constitutif de l'association ne la déclarerait pas régie par l'art. 5, puisque son silence sur ce point la laisserait soumise à l'art. 3 et par suite aux dispositions exceptionnelles de la loi du 14 floréal an XI.

20. — La solution sera-t-elle la même pour les travaux entrepris par les associations syndicales d'irrigation?

Ici, on se trouve réduit à de pures conjectures sur la pensée du législateur.—Aucun texte n'attribue, comme en matière de drainage, la connaissance des contestations à l'autorité administrative. — Les lois des 1er-29 avril 1845 et du 11 juillet 1847 ont facilité la création de vastes canaux d'irrigation et la réunion des propriétaires intéressés en associations syndicales ; — mais elles ne contiennent aucune disposition dont on puisse tirer argument dans un sens ou dans l'autre. — Dans le silence de la loi, il faut recourir aux principes qui, jusqu'à ce moment, nous ont servi de guides. — Or les associations syndicales d'irrigation ne forment pas une branche de l'administration. — Leurs travaux, exécutés avec l'approbation et sous la surveillance de celle-ci, présentent, sans doute, une utilité que n'ont pas les travaux des particuliers qui agissent isolément; — mais les actes constitutifs des syndicats n'en faisant ni des corps, ni des agents administratifs, et l'autorisation à laquelle leur existence est subordonnée n'intervenant réellement que pour réserver les droits de la police et de la sûreté publique, le caractère privé reste inhérent à ce qu'ils entreprennent dans l'intérêt des membres de l'association.

Cependant, la jurisprudence paraît vouloir s'engager

dans une voie différente. — L'action des syndicats d'irrigation doit être prompte et dégagée, pour être efficace, des lenteurs et des entraves que l'application des principes du droit civil entraîne dans le règlement des difficultés qui peuvent s'élever entre eux et les tiers.

Le Conseil d'État a été frappé de cette nécessité. Aussi, quand les associations syndicales d'irrigation sont organisées sur une vaste échelle, et dans des conditions telles qu'elles rendent nécessaire l'intervention de l'autorité administrative d'une manière toute spéciale, il déclare que leurs travaux doivent être rangés dans la classe des travaux publics. (Voy. 15 déc. 1846, *Redon*, 558; 22 août 1858, *Seyte*, 566; 10 avril 1860, *Durand*, 287.)

Un décret plus récent décide, dans le même sens, que les travaux entrepris par l'association syndicale constituée entre les propriétaires riverains des ruisseaux du Val-de-Camp, de la Celle, et du canal du Plan, dans le but de dériver leurs eaux et de les faire servir à l'irrigation de leurs propriétés, sur un parcours de plus de 4,000 mètres, doivent être considérés comme ayant le caractère de travaux publics; attendu que « les plans et « projets ont été approuvés par le préfet, sur le rapport « des ingénieurs et après enquête; — que l'exécution « en a été poursuivie par les syndics, sous la surveil- « lance de l'administration; — qu'aux termes des « art. 35 et 36 de l'arrêté du 10 mars précité (consti- « tutif de l'association syndicale), les taxes établies pour « le payement des travaux sont recouvrables comme en « matière de contributions directes......., » etc. (Voy. 16 mai 1860, *Deblien*, 405.)

Ainsi, c'est à l'importance de l'entreprise, aux formes dont sa constitution est revêtue, à l'intervention active des fonctionnaires administratifs, que le Conseil d'État

s'est attaché, dans les arrêts ci-dessus cités, pour déterminer le caractère des travaux. — Il en faut conclure
que les syndicats d'irrigation établis dans des conditions
moins solennelles devraient être soumis à des règles
différentes. (Voy. 15 sept. 1848, *Esmenjeaud*, 589.) —
Cette distinction est-elle légale? — Je suis porté à en
douter, et je crois que le Conseil d'État s'est préoccupé
beaucoup plus de l'utilité pratique de sa solution que
des principes rigoureux du droit.

On ne peut s'empêcher de faire un rapprochement
entre les arrêts que nous venons de citer et ceux qui
se rapportent à la période où le Conseil, pour fixer
le caractère des travaux communaux, s'attachait aussi
aux formes de l'adjudication et non pas à la nature
même de l'entreprise. Sur cette question si longtemps
débattue, il a fini par se rallier à l'opinion qui ne considère que le fond même des choses. — En sera-t-il de
même ici? c'est ce que l'avenir nous apprendra.

**21.** — Si la forme des marchés passés pour l'exécution des travaux publics n'exerce aucune influence sur
leur caractère, il importe peu également que les travaux soient exécutés par l'administration elle-même et
sous la direction de ses propres agents, ou qu'au contraire ils fassent l'objet d'une adjudication ou d'une
concession. — L'adjudicataire ou le concessionnaire
sont les représentants de l'administration : ils tiennent
leurs droits d'elle-même et doivent jouir, pour l'exécution des travaux, des mêmes prérogatives qui lui sont assurées. — Pour être adjugés ou concédés, les travaux ne
perdent pas d'ailleurs leur destination propre. Cela est
évident lorsqu'il s'agit d'une simple adjudication, puisqu'après l'exécution des travaux ils rentrent, par la réception définitive, entre les mains de l'administration.
Cela n'est pas moins certain pour les travaux concédés,

bien que leur exploitation soit abandonnée à des compagnies particulières. La concession n'empêche pas, en effet, les ouvrages d'être affectés exclusivement à l'usage commun des citoyens; ils font toujours partie du domaine public : les compagnies n'ont sur eux qu'un droit de jouissance temporaire, sujet à résolution dans le cas d'inexécution du contrat, et qui doit s'éteindre complétement à l'expiration du temps fixé par l'acte de concession. (Voy. M. Serrigny, *Compét.*, n° 574.)

22. — Dans aucun cas, les particuliers livrés à eux-mêmes n'ont le pouvoir de conférer aux travaux qu'ils exécutent le caractère et les priviléges des travaux exécutés par l'administration. A celle-ci seule il appartient de leur donner cette marque distinctive. Quelquefois des particuliers, réunissant leurs ressources et faisant appel à des souscriptions, commencent, en dehors de l'action administrative, l'exécution d'ouvrages destinés à pourvoir à des usages publics. — De semblables travaux n'ont pas le même caractère que les travaux exécutés pour le compte de l'administration elle-même. Ils restent la propriété des particuliers dont les deniers ont servi à leur construction, tant que l'administration ne consent pas à les prendre à sa charge. — Jusque-là ils constituent une propriété collective, indivise entre un plus ou moins grand nombre de personnes : mais ils ne font pas partie du domaine public. — C'est ainsi que, dans plusieurs circonstances, le Conseil d'État a refusé le bénéfice de la compétence administrative aux entrepreneurs de travaux dus uniquement à l'initiative privée, bien que, par leur nature et leur destination, ils eussent pour objet de pourvoir à un service public. (Voy. 18 avril 1850, *Preynat*, 369 ; 7 avril 1859, *Herrer*, 266.)

23. — Il ne faut pas d'ailleurs confondre cette hypo-

thèse avec le cas où des particuliers concourent à des travaux exécutés par l'administration elle-même. — Les souscriptions particulières ou les prestations volontaires n'en changent point le caractère. — Ils n'en sont pas moins effectués dans l'intérêt du domaine public, par les soins de l'administration, et dans un but d'utilité générale.

Une ordonnance contentieuse, en date du 28 juin 1837 (*Société des moulins d'Alby*, 276), s'est prononcée en ce sens dans les termes les plus formels. — « Considérant « que le recours dirigé contre l'État par les proprié- « taires du moulin de Gardès a pour objet d'obtenir des « indemnités en raison de la confection vicieuse de « travaux effectués par l'administration et du préjudice « qui en serait résulté pour les héritiers Laroque ; que, « aux termes des lois des 24 août 1790 et 16 sep- « tembre 1807, il n'appartient qu'à l'autorité admi- « nistrative de connaître de cette demande ; — que la « lettre du 23 mars 1829, par laquelle les propriétaires « des moulins avaient offert de concourir à la dépense « des travaux à effectuer à la digue de Gardès, et l'ar- « rêté du préfet du 20 juin suivant, qui a accepté ces « offres, n'a point changé le caractère des travaux qui « devaient être faits par l'administration dans un inté- « rêt public, ni modifié les règles de la compétence en « cette matière..... »

De même encore on a considéré comme appartenant à la juridiction administrative les contestations élevées entre une ville et des particuliers autorisés à ouvrir des rues, même sur leurs terrains et à leurs frais. (Voy. 18 mai 1838, *Chéronnet*, 271 ; 21 mars 1844, *André et Cottier*, 163.)

24. — Il faut se garder de confondre les marchés de fournitures avec les marchés relatifs aux travaux pu-

blics. — Les contestations qui s'élèvent à l'occasion des marchés de fournitures passés au nom et pour le compte de l'État sont de la compétence, en premier ressort, des ministres, et, sur l'appel, du Conseil d'État (Décret du 11 juin 1806), tandis que les contestations en matière de travaux publics sont jugées en premier ressort par les conseils de préfecture. (Loi du 28 pluv. an VIII.) — D'un autre côté, lorsque les marchés de fournitures intéressent les départements ou les communes, la juridiction civile a compétence pour en connaître, le décret du 11 juin 1806 ne s'appliquant qu'aux fournitures faites à l'État. Au contraire, les conseils de préfecture statuent sur toutes les difficultés relatives aux travaux publics, et nous venons de constater que les travaux départementaux et communaux ont ce caractère. — L'importance de la distinction est donc très-considérable.

Au surplus, cette distinction est assez facile. — Les marchés de fournitures, comme le mot l'indique, ont pour objet unique la livraison de matières qui se consomment ou non au premier usage, mais qui ne sont pas destinées à être mises en œuvre par le fournisseur pour le compte de l'administration. — Les marchés de travaux publics emportent le plus souvent avec eux un marché de fournitures. — Ainsi, l'entrepreneur qui prend l'engagement de construire une route, un pont, fournit en même temps les matériaux nécessaires à l'édification des ouvrages; mais cet engagement est alors un accessoire de la mise en œuvre, et le contrat, considéré dans son ensemble, n'est, en réalité, qu'un marché de travaux publics. — Avec ces simples données, il est difficile de se méprendre sur la distinction que nous recommandons. — C'est donc à tort que M. de Serrigny considère, avec un arrêt du Conseil d'État (voy. 27 août 1828, *Com. de Dol*), comme un marché

de fournitures le marché relatif à l'enlèvement des boues
d'une commune. En pareil cas, l'entrepreneur ne fournit rien, et M. Dufour a fait justement observer que
l'enlèvement des boues ayant pour objet l'entretien de
la viabilité, n'est pas autre chose qu'un travail public.
(Voy. t. VII, n° 266.) On doit approuver, au contraire,
un autre arrêt qui juge que la vente d'une horloge et de
pompes, dans le cas même où le vendeur s'est chargé
de quelques travaux pour leur pose ou leur réparation,
constitue non un marché de travaux publics, mais un
simple marché de fournitures (28 fév. 1859, *Delpy*, 160).
— La vente de ces objets était évidemment le but principal du marché : les travaux de placement en étaient
simplement l'accessoire. (Voy. encore 13 juin 1860,
*Com. de Rigny-la-Selle*, 463 ; 10 janvier 1860, *Com.
de Plagne*, 21.) Nous citerons encore, pour faire mieux
saisir notre distinction, un autre arrêt du Conseil d'État,
d'après lequel le traité passé entre une commune et une
compagnie pour l'éclairage au gaz de cette commune
doit être considéré comme un marché de travaux publics. (Voy. 15 fév. 1848, *Cⁱᵉ. de l'éclairage au gaz de
Saint-Étienne*, 85.) — Les travaux de canalisation et
d'installation qu'exigent de pareilles entreprises ont une
importance telle qu'en n'y peut voir de simples traités
de fournitures. — Mais nous croyons qu'après l'exécution des travaux d'établissement, le marché perd son
caractère primitif. — Quand la canalisation principale
est terminée, il n'y a plus lieu de faire que des travaux
relativement peu considérables, et qui ne sont plus, en
réalité, que l'accessoire de l'obligation relative à la
fourniture du gaz destiné à l'éclairage. (Consult. M. Serrigny. *Quest. de droit admin.*, p. 620.)

25. — A qui, en cas de contestation sur la nature
des travaux, appartient-il d'en déterminer le carac-

tère? Les tribunaux civils ont-ils compétence à cet égard, ou au contraire ne doivent-ils pas surseoir à statuer jusqu'à ce que l'administration ait tranché la difficulté?

Ces sortes de questions sont essentiellement du ressort exclusif de l'administration. S'il en était autrement, il serait facile aux tribunaux d'attirer à eux tout le contentieux des travaux publics. — Tout le système de la séparation des pouvoirs judiciaire et administratif en serait ébranlé, et on ne concevrait pas l'utilité d'une juridiction particulière destinée à prononcer sur les contestations qui intéressent l'administration. —Aussi le Conseil d'État n'a-t-il jamais hésité à revendiquer pour lui seul le droit de décider du caractère des travaux à l'occasion desquels un litige s'élève.—Nous n'en donnerons pour le moment d'autre preuve que le décret suivant : « Consi- « dérant que les lois des 28 pluv. an VIII, et 16 sept. 1807 « ont chargé l'autorité administrative de prononcer sur « les réclamations des particuliers pour tous les torts ou « dommages résultant de l'exécution des travaux pu- « blics... qu'il n'est pas contesté que les travaux exécutés « par la Compagnie du canal du Midi aient le caractère « de travaux publics ; — *que d'ailleurs, en cas de contes-* « *tation, ce serait à l'administration seule qu'il appar-* « *tiendrait de reconnaître le caractère de ces travaux.....* » (Voy. 7 déc. 1854, *Aussenac*, 949 ; 14 déc. 1857, *Étang de Rassuen*, 821.)

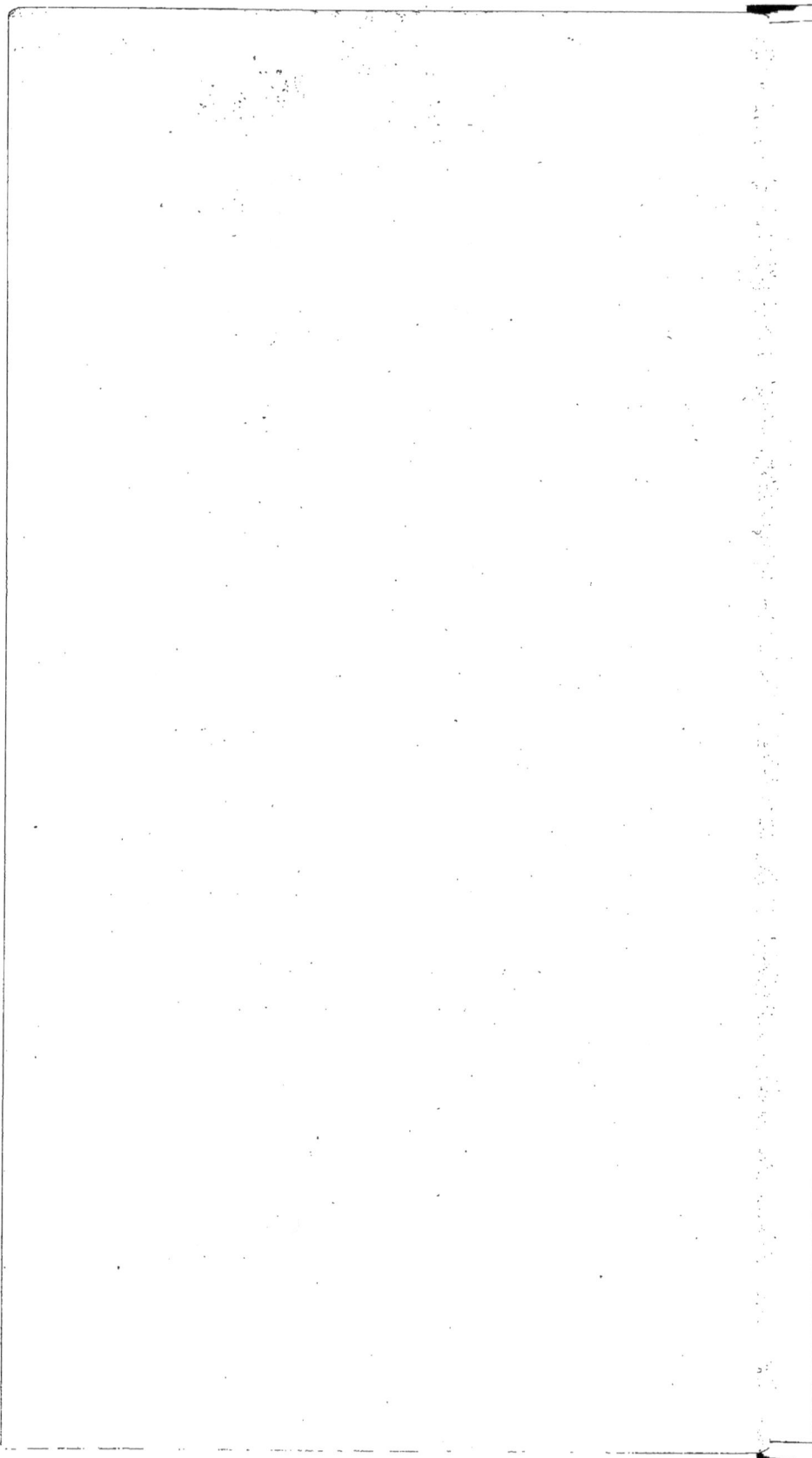

# PREMIÈRE PARTIE

## DE L'ORGANISATION ADMINISTRATIVE DES TRAVAUX PUBLICS.

## TITRE PREMIER

### ORGANISATION DES TRAVAUX PUBLICS GÉNÉRAUX.

## CHAPITRE PREMIER

### ATTRIBUTIONS DE L'EMPEREUR ET DU CORPS LÉGISLATIF.

26. — Le droit de prescrire les travaux publics varie avec les changements des institutions politiques.
27. — Premier empire. — Loi du 8 mars 1810.
28. — Royauté constitutionnelle. — Lois du 21 avril 1832 et du
3 mai 1841.
29. — Second empire. — Sénatus-consulte des 23-30 décembre 1852.
30. — Dangers, au point de vue de l'administration des finances,
du système actuel. — Sénatus-consulte du 31 déc. 1861.

26. — Le droit de prescrire et d'approuver l'exécution
des travaux publics à la charge de l'État a été l'objet de
luttes nombreuses entre le pouvoir législatif et le pouvoir exécutif. — Ce droit passe à l'un ou à l'autre alter-
nativement, en suivant les changements de nos institutions constitutionnelles. Le plus fort s'en empare et
l'exerce jusqu'à ce que la prépondérance revienne à celui

des deux qui l'a momentanément perdue. — L'histoire de ces fluctuations est l'histoire même de la vie politique du pays.

27. — Sous le premier empire, la loi du 8 mars 1810, sur l'expropriation pour cause d'utilité publique, attribua au pouvoir exécutif dans sa plus haute expression, à l'Empereur, le droit de prescrire l'exécution des travaux publics. — « Un décret impérial seul, disait l'art. 3, peut ordonner des travaux publics. » — Dans ce système, la puissance législative n'intervenait que pour le vote des dépenses. Le gouvernement, ou pour mieux dire, l'Empereur était le juge suprême et sans appel de l'utilité et de l'opportunité des travaux.

28. — En 1832, la Chambre des députés introduisit dans la loi de finances un amendement qui abrogeait en partie l'art. 3 de la loi de 1810. — Il fut décidé que « nulle création aux frais de l'État, d'une route, d'un canal, d'un grand pont sur un fleuve ou sur une rivière, d'un ouvrage important dans un port maritime, d'un édifice ou d'un monument public, ne pourrait avoir lieu à l'avenir qu'en vertu d'une loi spéciale ou d'un crédit ouvert à un chapitre spécial du budget. » (Art. 10, L. du 21 avril 1832.)

L'année suivante une nouvelle occasion s'offrit naturellement à la Chambre de raffermir entre ses mains le pouvoir dont les constitutions précédentes l'avaient dépouillée. — Le gouvernement ayant présenté à sa sanction une loi nouvelle sur l'expropriation pour cause d'utilité publique, on introduisit dans le projet un article dont l'objet était de réserver au pouvoir législatif le droit exclusif d'ordonner les travaux publics importants, tels que routes royales, canaux, chemins de fer, canalisation de rivières, bassins et docks, entrepris par l'État ou par compagnies particulières avec ou sans péage, avec ou sans subsides du Trésor, avec ou sans aliénation du domaine public. — Le roi conservait seulement le privilége d'autoriser l'exécution des routes, des canaux et chemins de fer d'embranchement de moins de 20,000 mètres de longueur, des ponts et de tous autres travaux de moindre importance.

Lors de la discussion de la loi du 3 mai 1841, des débats assez vifs s'élevèrent dans les Chambres sur le point de savoir s'il ne convenait pas de rendre à l'autorité royale la prérogative que la loi de 1810 accordait à l'empereur. — Mais ces débats n'eurent pas pour résultat de faire modifier la législation existante, et l'art. 3 de la loi de 1832 fut reproduit en termes identiques dans la loi de 1841. (Voy. art. 3.)

29. — Ces dispositions sont restées en vigueur sous la monarchie de Juillet et sous la République de 1848. Mais en 1852 la reconstitution des pouvoirs politiques a amené un retour à l'état de choses consacré par la loi du 8 mars 1810. — Le sénatus-consulte des 23-30 déc 1852, portant interprétation et modification de la Constitution du 14 janvier 1852, a abrogé, par son art. 4, les lois antérieures et remis exclusivement à l'empereur les attributions partagées sous le régime parlementaire entre le roi et les Chambres. D'après l'art. 4, « tous les travaux d'utilité publique, notamment « ceux désignés par l'art. 10 de la loi du 21 avril 1852 et « l'art. 3 de la loi du 3 mai 1841, toutes les entreprises « d'intérêt général sont autorisés ou ordonnés par dé-« crets de l'empereur. Ces décrets sont rendus dans les « formes prescrites pour les règlements d'administration « publique. Néanmoins, si ces travaux et entreprises ont « pour condition des engagements ou des subsides du « Trésor, le crédit devra être accordé ou l'engagement « ratifié par une loi avant la mise à exécution. — Lors-

« qu'il s'agit de travaux exécutés pour le compte de
« l'État, et qui ne sont pas de nature à devenir l'objet
« de concessions, les crédits peuvent être ouverts, en cas
« d'urgence, suivant les formes prescrites pour les cré-
« dits extraordinaires : ces crédits seront soumis au
« Corps législatif dans sa plus prochaine session. »

Dans son rapport au nom de la commission du Sénat
chargée d'examiner le projet de sénatus-consulte, M. le
président Troplong insistait pour démontrer que le pouvoir central est le meilleur juge de l'opportunité des
travaux qui demandent des vues d'ensemble et des combinaisons étendues. « Le pouvoir central, disait-il, n'est
chargé d'administrer en grand que parce qu'il est excel-
lemment posé pour les embrasser. — Il reste donc dans
son rôle d'administrateur suprême en dirigeant l'activité
nationale vers les travaux qui développent la richesse
du pays et mettent à côté des populations les véritables
moyens de combattre la misère. » — « Il faut, ajoutait
M. Troplong, que le gouvernement rentre dans ses prérogatives et ne soit plus gouverné. — Modérateur des
intérêts rivaux, c'est à lui qu'il appartient de juger de
haut et avec un coup d'œil d'ensemble ce qui est nécessaire pour les concilier par d'équitables compensations.
— Il doit donc reprendre le droit de décider des directions et des tracés, droit détaché de la couronne par
suite d'un autre système politique d'origine récente dans
notre pays, mais qui doit y faire retour quand la France
revient à un système plus ancien, plus vrai et plus
logique. »

30. — Quel que soit le mérite de ces considérations,
on ne peut se dissimuler que le système consacré par le
sénatus-consulte de 1852 présentait de véritables dangers
au point de vue de l'administration des finances publiques. — Dans ce système où, comme le disait lui-même

M. le président Troplong, ce sont les frais du travail (et non le travail lui-même) qui sont soumis à la sanction législative, il était permis de craindre que le contrôle des représentants du pays ne fût, dans certaines circonstances, purement illusoire.

L'art. 4 réservait, en effet, à l'empereur le droit d'ouvrir des crédits extraordinaires pour les travaux exécutés pour le compte de l'État et qui ont un caractère d'urgence. Il est vrai qu'à la plus prochaine session les crédits devaient être soumis à la sanction du Corps législatif. Mais, en attendant, le gouvernement s'était mis à l'œuvre, les travaux étaient commencés, et le pays se trouvait engagé presque à son insu dans les plus grandes dépenses avant que ses représentants fussent réunis et eussent eu la possibilité non pas seulement de refuser l'approbation des crédits ouverts, mais de présenter de légitimes observations.

Ces dangers ont été signalés bien souvent depuis 1852 dans la presse et à la tribune du Corps législatif. — Le gouvernement s'en est ému lui-même, et l'empereur a cru devoir renoncer au droit que lui accordait la Constitution d'ouvrir des crédits extraordinaires dans l'intervalle des sessions. (Voy. Sénat.-consulte du 31 déc. 1861.) — Antérieurement un décret en date du 1er déc. 1861 avait décidé, par surcroît de garantie, qu'à l'avenir aucun décret autorisant ou ordonnant des travaux ou des mesures quelconques pouvant avoir pour effet d'ajouter aux charges budgétaires ne serait soumis à la signature de l'empereur qu'accompagné de l'avis du ministre des finances. (Voy. *Monit.* du 12 déc. 1861.)— Il faut espérer que ces mesures ouvriront une ère nouvelle de conciliation entre les droits incontestables des représentants du pays et les attributions conservées au chef du pouvoir exécutif. — Quoi qu'il arrive, dans l'état actuel des choses, l'empereur seul a l'initiative des travaux d'utilité publique, quelle qu'en soit l'importance ; le Corps législatif vote les dépenses ; les ministres sont chargés de l'exécution.

Essayons maintenant de déterminer la sphère d'action réservée à ceux-ci.

# CHAPITRE II

## DES ATTRIBUTIONS DES MINISTRES.

### SECTION PREMIÈRE

*Ministère des travaux publics.*

31. — Il y a longtemps qu'on a compris en France qu'il n'y a point de force réelle sans unité d'action. —

Sous ce rapport, la centralisation administrative a produit de si grands résultats, qu'il serait puéril d'en contester la puissance et les avantages.

En matière de travaux publics, la création d'une administration centrale donnant l'impulsion à toutes les grandes entreprises destinées à féconder la richesse nationale se recommandait naturellement comme une des applications les plus utiles de ce système. — Le décret du 25 mai 1791 sur l'organisation des ministères attribua en conséquence au ministre de l'intérieur tout ce qui concerne le maintien et l'exécution des lois touchant les mines, minières et carrières, les ponts et chaussées et autres travaux publics, la conservation de la navigation et du flottage sur les rivières et le halage sur les bords. — Il lui donnait, en outre, la surveillance et l'exécution des lois relatives à l'agriculture, au commerce de terre et de mer, aux produits des pêches sur les côtes et des grandes pêches maritimes, à l'industrie, aux arts et inventions, fabriques et manufactures, ainsi qu'aux primes et encouragements qui pourraient être accordées pour ces différents objets. (Art. 6 et suiv.)

L'immense accroissement des travaux publics et l'essor puissant que le commerce en avait reçu, donnèrent au gouvernement de Juillet la pensée de détacher du ministère de l'intérieur ces divers services et d'en former un ministère spécial sous le titre de ministère de l'agriculture, du commerce et des travaux publics. Cette idée fut réalisée. (Voy. Ordon. du 17 mars 1831, art. 2.) Quelques années après, le nouveau ministère fut divisé lui-même en deux autres départements. Une ordonnance royale du 23 mai 1839 créa, à côté du ministère des travaux publics, le ministère de l'agriculture et du commerce ; mais un décret impérial en date des 23 juin,

2 juillet 1853, a remis les choses dans l'état où elles étaient avant 1839.

32. — Le ministère des travaux publics est chargé de la construction et de la réparation de tous les grands travaux d'utilité publique exécutés par l'État et de la surveillance de ceux qui sont confiés à des compagnies concessionnaires.

Il comprend notamment tout ce qui concerne l'exécution, l'entretien et la réparation des travaux confiés à l'administration des ponts et chaussées, tels que les routes impériales, chemins de fer, ponts, canaux, digues à la mer ; la conservation de la navigation et du flottage sur les rivières ; la police, le curage et l'amélioration des cours d'eau non navigables ni flottables (Décr. du 8 mai 1861) ; les mines, forges et hauts fourneaux ; les digues, dunes et ports de commerce ; le desséchement des marais ; les écoles vétérinaires, les bergeries impériales, les haras et dépôts d'étalons ; les écoles et conservatoires d'arts et métiers ; les établissements thermaux et les lazarets...

Les autres ministères ont retenu seulement la construction et l'entretien des édifices et monuments affectés aux services qui en dépendent.

33. — Le service des travaux publics comprend six divisions, qui se partagent elles-mêmes en un plus grand nombre de bureaux de la manière suivante :

|  | Bureaux. |
|---|---|
| PREMIÈRE DIVISION. — SECRÉTARIAT GÉNÉRAL ET PERSONNEL. | Enregistrement. Personnel des ponts et chaussées. Personnel des mines et services divers. Statistique centrale. |
| DEUXIÈME DIVISION. — ROUTES ET PONTS. | Routes impériales. Routes départementales. Police du roulage. Travaux communaux |

| | |
|---|---|
| **TROISIÈME DIVISION.** —NAVIGATION ET PORTS. | Navigation fluviale.<br>Quais et ports maritimes. |
| **QUATRIÈME DIVISION.** — CHEMINS DE FER. | Études des chemins de fer.<br>Exploitation technique. |
| **CINQUIÈME DIVISION.** — MINES. | |
| **SIXIÈME DIVISION.** — COMPTABILITÉ. | Crédits ouverts.<br>Dépenses et contrôle. |

34. — Auprès du ministre des travaux publics, des ordonnances spéciales ont organisé plusieurs conseils composés de hauts fonctionnaires et qui sont appelés à donner leur avis sur les diverses parties du service. — Ces conseils sont au nombre de six : 1° le conseil général des ponts et chaussées ; — 2° le conseil général des mines ; — 3° le comité consultatif des chemins de fer ; — 4° la commission centrale des machines à vapeur ; — 5° la commission consultative des phares ; — 6° la commission mixte des travaux publics ; — 7° le comité consultatif des arts et manufactures.

Nous devons nous borner à donner ici quelques détails sur quatre seulement de ces conseils dont les attributions sont relatives à l'administration des travaux publics.

35. — *Conseil général des ponts et chaussées.* — Ce conseil, créé par le décret du 7 fruct. an XII, est aujourd'hui composé du directeur général, de six inspecteurs généraux, de huit inspecteurs divisionnaires appelés à Paris à cet effet, de l'inspecteur général attaché au département de la marine, de deux inspecteurs généraux adjoints et d'un secrétaire, ingénieur en chef. (Art. 3, Ord. du 23 déc. 1838.) Il est présidé par le directeur général, et en son absence par un inspecteur général nommé pour un an par le ministre sur la présentation du directeur général. (Art. 15, Décr. du 7 fruct. an XII.)

Le conseil général donne son avis sur les projets et plans des travaux, sur toutes les questions d'art ou de comptabilité qui lui sont soumises, enfin sur le contentieux de l'administration relatif à l'établissement, le règlement et la police des usines à eau. — Il est nécessairement consulté sur toutes les questions contèntieuses qui doivent être portées au Conseil d'État ou décidées par le ministre. (*Ibid.*)

Les avis du conseil, même dans les affaires portées au Conseil d'État, ne sont pas obligatoires pour le ministre : ils n'ont que le caractère de renseignements et d'autre autorité que celle qui s'attache à l'opinion d'hommes spéciaux. — C'est à tort qu'on a voulu les ranger au nombre des pièces de la procédure dont la production est indispensable devant la juridiction contentieuse, (28 mai 1829, *Bagros*, p. 178.) En fait, et c'est assurément regrettable, ces avis n'y sont jamais produits.

36. — *Conseil général des mines.* —Ce conseil, organisé par le décret du 18 nov. 1810, donne son avis sur les demandes en concession, sur les travaux d'art auxquels il convient d'assujettir les concessionnaires, comme condition de la concession, sur les reprises de travaux, sur l'utilité ou les inconvénients des partages de concessions, sur les perfectionnements des procédés de l'art et sur tous les autres objets pour lesquels le ministre juge utile au service de connaître l'opinion du conseil. — Il est, comme le conseil général des ponts et chaussées, nécessairement consulté sur les questions contentieuses qui doivent être décidées par le ministre ou portées au Conseil d'État.

Le Conseil général des mines est composé des inspecteurs généraux résidant à Paris, et des inspecteurs divisionnaires appelés par le directeur général qui le préside. (Art. 45 et 46, déc. du 18 nov. 1810.)

37. — Le *Comité consultatif des chemins de fer*, composé de dix-sept membres et présidé par le ministre, est appelé à émettre son avis sur le choix à faire des tracés dans l'établissement des grandes lignes, sur les améliorations à apporter dans l'exploitation technique, l'exploitation commerciale et les règlements de toute nature relatifs aux voies de fer. — Un arrêté du 29 juillet 1848 a pris soin de séparer complétement ses attributions de celles attribuées au conseil général des ponts et chaussées qui, aux termes de l'art. 3, reste exclusivement chargé des questions relatives à l'expropriation des terrains, à l'exécution des terrassements et ouvrages d'art et aux règlements des comptes des entrepreneurs. (Voy. Ord. 22 juin 1842 ; Ord. 6 avr. 1847 ; arr. 29 juil. 1849 ; arr. min. 30 nov. 1852. Décr. imp. du 17 juin 1854.)

38. — La *Commission mixte des travaux publics*, créée par les décrets impériaux des 20 fév., 20 juin 1810, 22 déc. 1812, a été réorganisée d'abord en 1816, ensuite par une ordonnance royale du 28 déc. 1828–7 janv. 1829 et enfin par une loi récente en date du 11 avril 1851.

39. — Le but de cette institution est expliqué fort clairement dans l'exposé des motifs de cette dernière loi.

« Les constructions d'ouvrages, tels que routes, canaux, ports, peuvent être, sur une partie du territoire, de nature à modifier ou à compromettre tout un système de défense. Dès 1776, une ordonnance réglementait cette matière, en déclarant qu'à l'avenir il ne serait établi, dans les provinces frontières, aucun de ces travaux, soit par l'administration des provinces et des villes, soit même par les ingénieurs civils, sans que les projets n'eussent été communiqués à l'administration de la guerre.

« Un seul des intérêts engagés dans la question se

trouvait ainsi garanti ; ceux de l'agriculture et du commerce pouvaient, de leur côté, réclamer l'amélioration ou la construction de routes, canaux et ports ; ces intérêts devaient sans doute s'effacer devant les nécessités de la défense des frontières, mais ils n'avaient de juges que dans les ingénieurs, qui se préoccupaient exclusivement des intérêts militaires, et qui naturellement étaient disposés à décliner, même comme étrangère à leur profession, toute appréciation des intérêts civils. Aussi la loi du 19 janvier 1791, en confirmant les servitudes militaires de la zone frontière, créa-t-elle, pour l'appréciation des travaux relatifs aux routes et communications, une assemblée mixte composée de membres du corps des ponts et chaussées et du corps du génie militaire.

« Napoléon, entrant plus largement dans cette voie et trouvant « que les ingénieurs civils et militaires étaient « trop absolus pour balancer convenablement les inté- « rêts civils et militaires, » créa une institution mixte, par son décret du 20 juin 1810, dont un autre décret du 4 août 1811 acheva de régler les attributions. De nouvelles améliorations furent introduites dans ce même esprit par les ordonnances des 28 décembre 1828 et 15 juillet 1841, qui réorganisèrent la commission mixte.

« Tel est, à cet égard, l'état de notre législation, qui laisse encore à désirer. Il en est résulté tout au moins de graves entraves, et souvent d'insurmontables obstacles dans la réalisation d'utiles projets d'améliorations. »

40. — La commission mixte des travaux publics se compose aujourd'hui de quatorze membres : Quatre conseillers d'État, dont un président de la commission, deux inspecteurs généraux du génie militaire, un inspecteur général de l'artillerie, deux inspecteurs généraux des autres armes, deux inspecteurs généraux des

ponts et chaussées, un officier général de la marine, un inspecteur général membre du conseil des travaux maritimes, un secrétaire archiviste.

Le président et les membres sont nommés par l'empereur, sur la présentation des ministres secrétaires d'État de la justice, de la guerre, des travaux publics et de la marine. — Les secrétaires des comités du génie et de l'artillerie, du conseil d'amirauté, du conseil des travaux de la marine et du conseil général des ponts et chaussées assistent aux séances de la commission, mais n'ont pas voix délibérative. (Voy. art. 5, loi du 11 avril 1851.) — Ils fournissent à la commission les documents propres à éclairer ses délibérations, donnent les explications nécessaires sur les affaires en discussion, et portent immédiatement à la connaissance de leurs comités ou de leurs conseils respectifs les résultats des avis de la commission. (Voy. art. 4, décr. des 16 août-4 oct. 1853.)

41. — La commission mixte statue, ainsi que son nom l'indique, sur toutes les affaires qui intéressent à la fois les services civil, militaire et maritime. — Elle est toujours consultée sur ces travaux avant l'approbation définitive des projets, et avant que l'on puisse procéder à leur exécution. (Art. 6, décr. du 16 août 1853.)

Les travaux mixtes du génie, des ponts et chaussées et de la marine sont concertés sur les lieux entre les directeurs ou ingénieurs en chef des divers services. Le concert s'établit dès l'époque de la rédaction primitive des projets, et les ingénieurs, à quelque service qu'ils appartiennent, entrent en conférence dans tous les cas où ils le jugent utile. — Des procès-verbaux rédigés et signés conjointement contiennent leur avis commun ou leurs opinions respectives, et sont adressés, avec les plans nécessaires, par les chefs de service, aux départements

auxquels ils appartiennent. — Ces procès-verbaux et
plans sont alors renvoyés par chaque ministre au comité
des fortifications, au conseil général des ponts et chaussées, et à l'inspection générale des travaux maritimes. —
Les délibérations de ces conseils et comités sont ensuite
portées, avec les pièces, à la discussion de la *Commission
mixte.* (Art. 4, 5, de l'ordon. des 18-28 sept. 1816.)

Le résultat des discussions de la commission est
adressé par elle aux ministres que la question intéresse,
et dans le cas où elle n'aurait pu concilier les intérêts
des divers services, les projets sont mis sous les yeux de
l'empereur pour qu'il y soit pourvu par une décision
spéciale. (Art. 6.)

42. — *Corps impérial des ponts et chaussées.* — Le
corps des ponts et chaussées prépare, exécute et surveille
les travaux du ministère du commerce, de l'agriculture
et des travaux publics.

Ce corps, dont l'origine est de beaucoup antérieure à
la révolution de 1789, a été réorganisé depuis cette
époque par un décret du 7 fructidor an XII, et tout récemment par deux décrets des 13 oct. 1851 et 28 mars
1852.

Il est composé d'inspecteurs généraux, d'inspecteurs
divisionnaires, d'ingénieurs en chef de première et de
deuxième classe, d'ingénieurs ordinaires de première,
deuxième et troisième classe, des élèves de l'École des
ponts et chaussées, et enfin de conducteurs.

43. — Les inspecteurs généraux des ponts et chaussées
sont au nombre de six : ils sont membres nés du conseil
général et sont chargés, en outre, de faire des inspections
extraordinaires.

44. — Les inspections ordinaires sont confiées aux
inspecteurs divisionnaires, qui surveillent dans leur circonscription le matériel et le personnel de toute l'ad-

ministration. — Ils font à cet effet deux tournées au moins par an. Dans ces tournées ils visitent les travaux, contrôlent les registres et papiers relatifs à la comptabilité. Ils discutent avec les ingénieurs en chef les projets de dépenses de l'année, les bases de l'adjudication des travaux et les plans et devis des ouvrages projetés. Ils vérifient les états de situation, les états sommaires de trimestre, la tenue de la comptabilité des travaux, les toisés provisoires et définitifs, les états de réception, l'avancement des projets, la nature et l'emploi des matériaux, etc., etc.

Les inspecteurs divisionnaires, indépendamment de leur correspondance courante avec le directeur général, lui rendent compte une fois par mois des résultats de leur inspection. — Quelquefois ils remplissent temporairement et en cas d'empêchement tout ou partie des fonctions des ingénieurs en chef de leur division. (Voy. art. 12, déc. 7 fruct. an XII.)

45. — Les ingénieurs en chef de première et de seconde classe sont au nombre de 130, auquel il faut joindre l'effectif du service extraordinaire qui peut s'élever jusqu'à 20. (Déc. 13 oct., 6 nov. 1851.)

Leurs fonctions sont minutieusement indiquées par l'art. 13 du décret du 7 fruct. an XII. — Ils sont chargés dans les départements de tout le service des ponts et chaussées, canaux de navigation et ports de commerce sous les ordres supérieurs du directeur général, sous les ordres immédiats des préfets, et sous la surveillance des inspecteurs divisionnaires.

Ils rédigent ou font rédiger par les ingénieurs ordinaires les projets des travaux, les devis des ouvrages et les détails estimatifs; ils soumettent aux préfets les conditions des marchés; assistent aux adjudications; dirigent et surveillent l'exécution des travaux; en vérifient le compte, l'arrêtent provisoirement avec les entrepreneurs et leur délivrent les certificats nécessaires pour l'obtention des payements à-compte et définitifs. — Ils tiennent à cet effet un registre des recettes et dépenses du service, et en rendent un compte sommaire par trimestre et un compte définitif chaque année.

Ils peuvent, sur la demande des préfets, être chargés par l'administration de travaux étrangers à leurs fonctions ordinaires et font aux moins deux tournées par an dans l'étendue de leur département. Enfin ils correspondent avec le directeur général des ponts et chaussées, le préfet, les autorités locales, et les ingénieurs placés sous leurs ordres.

46. — Les ingénieurs ordinaires ont des fonctions non moins multipliées. Ce sont eux qui sont chargés d'une manière spéciale de la surveillance et de l'exécution des travaux, conformément aux clauses et conditions des cahiers des charges. Ils vérifient les qualités, la quantité et l'emploi des matériaux, font les toisés qui précèdent les réceptions provisoires et définitives, procèdent à ces réceptions, règlent provisoirement les comptes, adressent à l'ingénieur en chef les certificats nécessaires aux entrepreneurs, tiennent les registres et pièces de comptabilité de manière à fournir à l'ingénieur en chef tous les comptes et renseignements qu'il peut leur demander. — Ils doivent être sans cesse présents sur les grands travaux d'art, visiter incessamment les travaux ordinaires des routes et de la navigation, enfin rédiger les plans, devis, projets, faire les dessins, toisés et nivellements qui leur sont demandés.

Ils correspondent avec l'ingénieur en chef, le sous-préfet, les maires de leur arrondissement, et avec l'inspecteur divisionnaire, en ce qui concerne seulement le service de l'inspection, (Art. 14, décret du 7 fruct. an XII.)

L'effectif du service ordinaire comprend 150 ingénieurs de première classe; — 225 de deuxième classe; — 45 de troisième classe, en tout 420, nombre qui, le cas échéant, pour les besoins du service extraordinaire, peut être porté à 460. (Décret du 6 nov. 1851.)

47. — Les élèves ingénieurs, au nombre de 45, sont recrutés parmi les élèves de l'École polytechnique qui remplissent les conditions exigées par les règlements organiques de cette école. Ils passent trois années dans l'École impériale des ponts et chaussées d'où ils sortent avec le grade d'ingénieur ordinaire de troisième classe.

L'École des ponts et chaussées a été réorganisée par décret en date des 13 oct.-6 nov. 1851. — Elle est placée dans les attributions du ministre des travaux publics. — L'enseignement que les élèves y reçoivent a pour objet spécial les routes, les chemins de fer, les canaux, les rivières et fleuves, les ports maritimes, les irrigations, les desséchements, la réglementation des cours d'eau et des usines, la distribution des eaux. Il comprend, en outre, des connaissances de mécanique, d'architecture civile, de géologie, d'agriculture, d'administration, de droit administratif et d'économie politique.

Nous n'avons pas à nous étendre ici sur l'organisation de cette école : on trouvera tous les détails utiles à connaître dans le décret précité du 6 nov. 1851.

48. — Il nous reste à parler des auxiliaires du corps des ponts et chaussées. — Les conducteurs des ponts et chaussées, institués par le décret de l'an XII, ont pour mission de surveiller et de contrôler, sous les ordres des ingénieurs, les travaux de toute espèce en entreprise ou régie, de tenir les états des piqueurs et ouvriers, de

vérifier les matériaux et leur emploi, de les toiser en
présence des ingénieurs, d'aider ceux-ci pour la levée
des plans et de verbaliser sur les contraventions en matière de grande voirie.

Le nombre des conducteurs, qui avait été fixé à 350
à l'origine, tant pour le service ordinaire que pour
le service extraordinaire, a été porté, par le décret de
1854, à 1,800. Il y a, en outre, un nombre de conducteurs auxiliaires proportionné aux besoins du service.

Les conducteurs des ponts et chaussées sont nommés
par le ministre à la suite d'un concours public. — Une
loi du 30 nov. 1850 leur a ouvert l'accès dans le corps
des ingénieurs. Leur admission est également subordonnée au résultat d'un concours.

49. — Les travaux exécutés par les soins du ministère des travaux publics sont soumis à un cahier des
charges connu sous le nom de Clauses et Conditions générales imposées aux entrepreneurs pour l'exécution des
travaux des ponts et chaussées.

La première rédaction de ce cahier des charges remonte à 1811, — Modifiée en 1833, cette rédaction
laisse encore beaucoup à désirer et l'on annonce depuis
longtemps une réforme impatiemment attendue. —
Provisoirement, les Clauses et Conditions générales
forment la loi de chaque entreprise, celle à laquelle il
faut toujours se reporter dans le silence des devis spéciaux.

Les clauses et conditions générales ont servi de type
aux cahiers des charges des autres ministères. C'est à
elles surtout que nous nous attacherons dans le cours
de notre travail et lorsque nous nous occuperons des
rapports de l'administration avec les entrepreneurs de
travaux publics. — Nous ne parlerons des autres que
lorsqu'il y aura lieu d'en signaler les différences.

## SECTION II

*Ministères d'État, de la marine, de la guerre, de l'intérieur et de l'instruction publique.*

50. — *Ministère d'État.* — Deux décrets des 22–27 janv. 1852 et du 25 juin 1854 ont attribué au ministère d'État l'administration des palais impériaux et des bâtiments civils, c'est-à-dire de tous les monuments et édifices consacrés aux services publics d'intérêt général non militaires et qui sont élevés ou entretenus aux frais de l'État, des départements ou des communes. (Règl. 20 déc. 1841, art. 1er.)

51. — Les travaux de construction ou d'entretien des palais impériaux sont exécutés sur les plans et sous la direction d'architectes nommés directement par le ministre d'État. (Décret 16 avril 1852, art. 1er.)

L'architecte a sous ses ordres des inspecteurs chargés de la surveillance spéciale des entrepreneurs, du dépouillement des carnets, de la rédaction du décompte, et des écritures de la comptabilité. (Art. 7 et 8.)

Des contrôleurs ont pour mission particulière de vérifier les comptes dressés par les inspecteurs et arrêtés par les architectes. (Art. 11.)

52. — Le *Conseil des bâtiments civils* qui pendant longtemps a été attaché au ministère de l'intérieur, fonctionne aujourd'hui auprès du ministère d'État. (Décret du 28-30 juin 1854, art. 1er.)

Ce Conseil est composé du directeur général de l'administration intérieure, président ; d'un inspecteur général des bâtiments civils, vice-président ; de quatre inspecteurs généraux des bâtiments civils ; de quatre architectes choisis parmi les artistes qui se sont le plus distingués par leurs travaux ; du chef des bâtiments civils.

Le conseil est appelé à donner son avis sur toutes les questions qui s'élèvent à l'occasion des travaux exécutés par les architectes de l'État, et sur les règlements généraux ou particuliers relatifs à ces mêmes travaux. (Voy. Arrêtés min. des 1er oct. 1812, 15 avril 1838, 9 janv. 1840, 20 déc. 1841, 12 avril 1848, 1er janv. 1854.)

53. — En 1852, le ministre d'État a adopté un cahier des charges, spécial aux travaux de son département, qui contient des dérogations assez notables aux clauses et conditions générales des ponts et chaussées. — Nous aurons plus d'une fois, dans le cours de cet ouvrage, à signaler les innovations qu'il renferme.

54. — *Ministère de la guerre.* — Le ministre de la guerre a, dans ses attributions, tout ce qui concerne la construction et la réparation des fortifications, places de guerre, citadelles, batteries des côtes, postes et bâtiments militaires de toute nature ; — les écoles et directions

d'artillerie, les arsenaux de construction, les forges, fonderies, manufactures d'armes et de poudre. — Ces divers travaux sont confiés à deux services distincts : le service du génie militaire et le service de l'artillerie.

55. — Le corps du génie se compose des *directeurs des fortifications*, des *chefs* du génie, des *officiers* et *gardes* du génie.

Les travaux dépendant du service de l'artillerie sont confiés également à des directeurs, commandants ou sous-directeurs, officiers et gardes de l'artillerie.

56. — Un cahier des charges spécial a été depuis longtemps adopté par le ministère de la guerre sous le nom de Devis-modèle des travaux du génie. — Il contient un certain nombre de stipulations exceptionnelles que nous ferons connaître en temps et lieu, et qui presque toutes se réfèrent au mode spécial adopté pour l'exécution des travaux. — Les adjudications se font, en effet, dans le service de la guerre sur *bordereau de prix*, tandis qu'elles ont constamment lieu dans le service des ponts et chaussées *à l'unité de mesure*. — Nous expliquerons plus loin les différences qui existent entre ces deux modes d'adjudication. Disons seulement que depuis longtemps on a fait la remarque que le système en usage au ministère de la guerre présente l'avantage de prévenir les contestations si nombreuses dans les services civils. (Voy. M. Tarbé de Vauxclairs, Dict. des trav. publics, v° *Devis-modèle*.)

Consult. sur les attrib. du ministère de la guerre : Ordon. 17 déc. 1817 ; Instruct. des 11 janv. 1828, 7 juill. 1835 et 16 mars 1838 ; Règlements 1er déc. 1839 et 15 mai 1840.

57. — *Ministère de la marine*. — Le ministre de la marine a dans ses attributions les ports militaires, les rades, arsenaux, bassins, canaux, côtes, quais, digues,

forts et batteries en mer, — les bagnes, magasins, ateliers, hangars, casernes, hôpitaux, phares, etc., etc.

58. — Auprès du ministre, le *Conseil des travaux de la marine*, créé par ordonnance royale des 10 fév.-31 mars 1831, est chargé de donner son avis sur toutes les affaires qui lui sont renvoyées et qui ont pour objet : 1° l'examen des mémoires, rapports, plans, devis estimatifs, tarifs de main-d'œuvre et autres, relatifs aux constructions navales, au matériel de l'artillerie, aux ouvrages hydrauliques et bâtiments civils, et enfin tous les travaux à exécuter dans les arsenaux maritimes ainsi que dans les autres établissements appartenant à la marine, tant en France que dans les colonies ; — 2° la préparation des règlements nécessaires pour l'exécution des travaux de tout genre qui se rapportent à la construction, à l'installation et à l'armement des bâtiments de l'État ; — 3° l'examen préparatoire des affaires destinées à être soumises à la commission mixte des travaux publics ; — 4° l'examen des mémoires et rapports adressés au ministre par les officiers de la marine, du génie maritime, de l'artillerie et par les ingénieurs des constructions hydrauliques sur les questions d'art relatives à ces diverses branches du service ;... etc., etc. (Art. 2.)

59. — Le préfet maritime, dans chaque arrondissement, donne l'impulsion aux travaux qui sont exécutés par les directeurs des travaux hydrauliques et des bâtiments civils ayant sous leurs ordres des ingénieurs des ponts et chaussées détachés auprès du ministre de la marine, ou bien des officiers du génie maritime et des conducteurs.

La construction, la réparation et l'entretien des vaisseaux sont exclusivement confiés aux ingénieurs des constructions navales.

60. — Les travaux du ministère de la marine, comme ceux des autres ministères, sont essentiellement des travaux publics. — Ils s'adjugent dans les formes que nous aurons à faire connaître et qui leur sont communes avec tous les travaux exécutés pour le compte de l'État. — Ils sont soumis au Cahier des charges, clauses et conditions des travaux hydrauliques et bâtiments civils de la marine.

Consult. Ordon. 29 nov. 1815 ; Inst. 28 août 1826 ; Inst. 9 janv. 1836 ; Ordon. des 14 juin-19 déc. 1844.

61. — *Ministère de l'intérieur*. — Le ministère de l'intérieur a dans ses attributions : 1° les monuments historiques (Ordon. du 23 mai 1839);—2° la construction et la réparation de tous les bâtiments et édifices départementaux, cours impériales, hôtels de préfecture, dépôts de mendicité, prisons, maisons d'arrêt ou de réclusion, établissements de bienfaisance, maisons de secours, écoles, etc., etc. ; — 3° les chemins vicinaux et la voirie communale ; — 4° la construction des lignes télégraphiques.

62. — Auprès du ministère de l'intérieur fonctionne la *Commission des monuments historiques*. — Cette commission s'occupe de leur classement : elle en dresse le catalogue. — L'inscription sur ce catalogue n'a pas pour effet d'imposer à l'État l'entretien et la réparation des monuments classés. — « Elle constate seulement qu'un « édifice est intéressant par son architecture. En le dé- « signant comme un monument, le ministère de l'inté- « rieur s'engage seulement à donner des fonds pour le res- « taurer, obligé par la faiblesse des fonds dont il dispose « de faire un choix très-restreint parmi le grand nom- « bre de monuments classés. » (Circul. du 9 fév. 1844.)

63. — Le décret sur la décentralisation administrative en date du 25 mars 1852 a enlevé au ministère de l'in-

térieur l'approbation des plans et projets de travaux à exécuter dans les prisons départementales et les asiles publics d'aliénés, sauf le cas où « ces travaux engagent la question de système ou de régime intérieur, quelle que soit la quotité de la dépense. » (Tableau A, n° 55, lett. K.) On comprend que l'administration centrale ait voulu se réserver l'appréciation de ces questions si intéressantes au double point de vue de l'humanité et de la sécurité publique.

. 64. — L'autorité du ministre de l'intérieur a aussi été fort amoindrie en ce qui concerne la voirie vicinale. — Les lois nouvelles ont donné au préfet la majeure partie de ses anciennes attributions. — C'est au préfet qu'appartient aujourd'hui le classement des chemins vicinaux : il en fixe la largeur et les limites. (Art. 15 et 16, L. du 21 mai 1836.) — C'est le préfet qui nomme les agents chargés de la construction et de l'entretien de ces voies, et détermine l'emploi des ressources de toute nature affectées aux payements des dépenses. C'est lui enfin qui dirige les travaux et leur donne l'impulsion sur les diverses parties de son département. — L'administration centrale se trouve donc réduite ici à un rôle de surveillance et de contrôle, à un point de vue général, à moins que la réclamation d'un intéressé ne vienne solliciter l'intervention du ministre comme supérieur hiérarchique du préfet. Mais l'initiative ne lui appartient plus.

65. — *Ministère de l'instruction publique.* — Le ministre de l'instruction publique et des cultes a dans ses attributions : 1° la construction et la réparation des bâtiments des lycées, colléges et des diverses facultés (Décr. 17 mars 1808, art. 85 et suiv.) ; — 2° les cathédrales, archevêchés, évêchés et séminaires. (Déc. du 30 déc. 1809, art. 109.)

Le ministre approuve en conséquence les projets et les adjudications relatifs à ces monuments et édifices, après avoir consulté l'évêque, les recteurs ou le conseil de l'instruction publique sur les questions qui se rattachent aux convenances ou aux besoins de l'enseignement ou du culte. Il consulte aussi le conseil des bâtiments civils pour toutes les questions techniques.

Le ministre règle définitivement le compte des entreprises, sauf, bien entendu, le recours de l'entrepreneur devant la juridiction contentieuse.

# TITRE II

ORGANISATION DES TRAVAUX DES DÉPARTEMENTS, DES COMMUNES
ET DES ASSOCIATIONS SYNDICALES.

## CHAPITRE PREMIER

### TRAVAUX DES DÉPARTEMENTS.

66. — Depuis longtemps déjà les départements constituent de véritables personnes civiles ayant des intérêts
distincts de ceux de l'État, possédant un budget propre
et soumis à une comptabilité particulière. — Cette personnalité, source d'avantages nombreux, leur impose en
revanche des charges assez lourdes. Du jour où ils ont
cessé de s'absorber dans l'administration générale du pays,
les départements ont dû supporter exclusivement les dépenses qui profitent plus spécialement aux intérêts locaux.

L'article 7 du décret du 16 décembre 1811 et l'article 8 de la loi du 31 juillet 1821 les ont chargés

particulièrement des dépenses relatives à la construction ou reconstruction et à l'entretien des routes départementales et autres ouvrages d'intérêt local, non compris au budget des ponts et chaussées. — Un décret antérieur, en date du 9 avril 1811, en concédant gratuitement aux départements les édifices et bâtiments nationaux occupés pour des services publics, tels que les maisons centrales de détention, les cours impériales, préfectures, casernes, prisons, tribunaux, leur avait imposé déjà l'obligation d'en supporter à l'avenir les réparations. — De là un ensemble de travaux dont l'exécution et la dépense, sans échapper absolument au contrôle du pouvoir central, sont soumis cependant à des principes distincts de ceux qui sont applicables aux travaux de l'État.

67. — La loi du 10 mai 1838 sur les attributions des conseils généraux et des conseils d'arrondissement nous donne, en traçant les règles à suivre pour la formation du budget départemental, l'indication des autorités qui ont reçu de la loi la mission d'ordonner ou d'approuver l'exécution des travaux mis à la charge de ce budget, et de voter les fonds destinés à y subvenir.

D'après l'art. 9, les dépenses à inscrire au budget du département sont :

1° Les dépenses ordinaires pour lesquelles il est créé des ressources annuelles au budget de l'État ;

2° Les dépenses facultatives d'utilité départementale ;

3° Les dépenses extraordinaires autorisées par des lois spéciales ;

4° Les dépenses mises à la charge des départements ou autorisées par des lois spéciales.

68. — Parmi les dépenses ordinaires comprises dans la première section du budget, figurent : 1° les grosses réparations et l'entretien des édifices et bâtiments départe-

mentaux, tels que les hôtels de préfecture et de sous-préfecture, les casernes de gendarmerie, les prisons départementales, les cours et tribunaux, etc.; 2º les travaux d'entretien des routes départementales et des ouvrages d'art qui en font partie.

Or, d'après l'article 14 de la loi de 1838, les dépenses ordinaires peuvent y être inscrites ou être augmentées d'office jusqu'à concurrence du montant des recettes qui leur sont affectées par l'ordonnance royale qui règle le budget.

Le conseil général, en approuvant la proposition du préfet relative aux dépenses d'entretien, ne fait en réalité lui-même qu'une proposition dont les bases ne sont pas définitives, et sont susceptibles d'être modifiées par décret de l'empereur. C'est donc à l'empereur qu'il appartient véritablement de les ordonner et de les prescrire.

69. — Il en est autrement des dépenses comprises dans la deuxième section du budget sous le nom de dépenses facultatives.

Ces dépenses concernent les travaux neufs des routes et édifices départementaux, les acquisitions de propriété qu'ils rendent nécessaires, les indemnités diverses pour les dommages qui en résultent, etc., etc. — Or ces dépenses, auxquelles il est pourvu au moyen des centimes additionnels facultatifs et du revenu des propriétés du département non affectées à un service départemental, sont entièrement à la disposition du conseil général. — Lui seul est maître de les voter, et l'autorité centrale n'a point qualité pour les inscrire d'office au budget. — De plus, les allocations portées dans la section qui les concerne ne peuvent être ni changées ni modifiées par le décret qui règle le budget. Le conseil général exerce donc, à l'égard des travaux neufs, une autorité décisive.

(Voy. art. 18.) — Sans doute ses délibérations sont soumises, dans ce cas, à l'approbation du préfet (voy. art. 5,
loi du 10 mai 1838; — décr. du 25 mars 1852, tableau
D, n° 10); — mais il ne faut voir là qu'un droit de *veto*,
dont l'exercice ne peut que suspendre ou entraver l'exécution des travaux votés; le consentement du conseil
et son concours n'en restent pas moins indispensables.

70. — Lorsque les centimes facultatifs additionnels
ou les produits des propriétés du département ne sont
pas suffisants pour couvrir la dépense des travaux neufs
dont l'exécution a été votée par le conseil général, il devient nécessaire de recourir aux ressources extraordinaires et aux emprunts. — Les dépenses alors, au lieu
d'être inscrites dans la seconde section du budget, doivent nécessairement figurer dans la troisième ou la quatrième, qui comprennent toutes celles qui sont autorisées par des lois spéciales. D'après les articles 33 et 34
de la loi du 10 mai 1838, les contributions extraordinaires ou les emprunts votés par le conseil général pour
faire face à des dépenses du département, ne peuvent
en effet être autorisées que par une loi. — Le pouvoir
de l'administration s'accroît par suite de cette circonstance, et l'indépendance du conseil général, sa liberté
d'action se trouvent nécessairement subordonnées à son
contrôle. — « Comme c'est au gouvernement qu'il appartient de saisir le Corps législatif, il en résulte qu'il
conserve implicitement le droit d'examiner, soit au
point de vue de leur opportunité, soit au point de vue
de leur utilité absolue, les projets qui conduiraient à
la nécessité de créer des ressources extraordinaires. »
(Voy. M. Dufour, t. VII, n° 107.)

71. — Telles sont les règles de la matière, au point
de vue de la décision même des travaux et des ressources
affectées à leur payement. En résumé, s'agit-il de tra-

vaux de réparation et d'entretien, le conseil général, bien que chargé de voter la dépense, est complétement subordonné à la décision du pouvoir central, puisqu'il appartient au gouvernement de limiter ou d'étendre à son gré le crédit voté.—S'agit-il, au contraire, de travaux neufs dont la dépense peut être couverte par les ressources ordinaires des départements, la prépondérance revient au conseil général ; le droit du gouvernement ne va pas jusqu'à pouvoir en imposer l'exécution , et, s'il approuve définitivement la dépense, à en changer la destination. — S'agit-il enfin de travaux neufs, mais auxquels il faut pourvoir par des ressources extraordinaires, le conseil général n'a plus, comme pour les travaux d'entretien, qu'un simple droit de proposition.

72. — La surveillance de l'exécution des travaux appartient en toute circonstance au préfet. — C'est lui qui fait rédiger par les ingénieurs ou les architectes du département les plans, projets et devis des travaux, sauf deux exceptions que nous avons déjà signalées et qui sont relatives aux prisons départementales et aux asiles d'aliénés. A part ces deux exceptions, qui ne s'appliquent d'ailleurs que dans le cas où les projets engagent la question de système ou de régime intérieur de ces établissements, le préfet exerce aujourd'hui tous les pouvoirs antérieurement attribués au ministre de l'intérieur. Il approuve les projets, procède à l'adjudication et statue administrativement sur toutes les questions auxquelles l'exécution donne lieu soit entre l'administration et les entrepreneurs, soit entre ceux-ci et les particuliers. (Voy. décr. du 25 mars 1852, tabl. A, § 9.)

Une circulaire ministérielle en date du 5 mai 1852, rendue en exécution de ce décret, indique nettement l'étendue des attributions qui appartiennent en cette matière aux préfets.

« Une ordonnance du 12 mai 1822 avait dispensé de l'approbation ministérielle les projets de travaux dont la dépense ne devait pas excéder 20,000 fr. L'art. 32 de la loi de 1838 ne soumettait à cette approbation que les projets dont la dépense était supérieure à 50,000 fr.

« Le décret du 25 mars supprimant toute limite à cet égard, vous devenez compétent pour autoriser l'exécution des travaux d'intérêt départemental. Cependant, deux sortes de bâtiments demeurent assujettis aux règles anciennes, savoir : 1° les prisons départementales, toutes les fois que les plans proposés engagent la question de système pénitentiaire, quelle que soit la quotité de la dépense, qu'il s'agisse de construction totale, de construction partielle ou même de réparation ; 2° les asiles départementaux d'aliénés, quand les plans touchent au régime intérieur et au mode de traitement des malades, qu'il s'agisse d'un établissement entièrement nouveau ou de l'appropriation d'un quartier distinct d'hospice déjà établi. Ainsi que je l'ai dit plus haut, d'une part, la nécessité de maintenir dans les prisons l'uniformité du régime disciplinaire, et par suite l'égalité du châtiment pénal ; d'autre part, la nécessité d'appliquer au traitement des aliénés, dans les meilleures conditions possibles, les méthodes consacrées par l'expérience et les progrès de la science justifient suffisamment cette double exception.

« Une troisième réserve doit être faite à l'égard des édifices affectés collectivement aux services judiciaires des tribunaux et de la cour d'appel : ces édifices ont un caractère mixte ; ils sont construits, améliorés et entretenus par le département et par l'État, dans la proportion même des services qui sont à leur charge.

« Tout ce qui touche à ces intérêts communs ne peut être réglé que par l'administration centrale.

« Enfin je renouvellerai, relativement aux travaux, une observation que j'ai faite plus haut à l'égard des acquisitions. Vous ne devez autoriser que l'exécution des projets à la dépense desquels le conseil général aura pourvu par l'allocation à la deuxième section des crédits nécessaires, ou par l'engagement formel de les allouer ultérieurement. Le gouvernement conserve implicitement le droit d'examiner soit au point de vue de leur opportunité, soit au point de vue de leur utilité absolue, les projets qui conduiraient à la nécessité de créer des ressources extraordinaires.

« Votre autorité plus étendue, monsieur le préfet, vous impose le devoir de redoubler de soin dans le contrôle des projets que vous aurez à soumettre au conseil général. Vous ne négligerez pas d'en examiner les diverses parties, quelle que puisse être l'habileté de l'architecte départemental, non-seulement sous le rapport de la convenance des lieux, de l'appropriation et de la distribution intérieure, mais encore sous celui de la rédaction des plans et devis. Vous devez surtout vous renfermer strictement dans les limites des plans une fois adoptés, et vous mettre en garde contre l'abus si fréquent des devis supplémentaires ; vous trouverez, au surplus, sur ce point et sur d'autres relatifs aux bâtiments départementaux, dans la circulaire du 26 décembre 1838, des instructions qui peuvent être encore utilement consultées.

« Toutefois, si le contrôle du conseil des bâtiments civils n'est plus légalement indispensable, rien ne s'oppose à ce que vous me demandiez de le provoquer dans des cas importants, lorsque vous n'aurez pu réunir par vous-même tous les éléments d'une décision éclairée.

Vous savez tout le prix qu'on peut attacher à cet examen préalable ; mais je verrais avec regret que vous prissiez le parti de m'entretenir d'intérêts dont l'appréciation ne présenterait pas de difficultés réellement sérieuses. »

73. — Il existe dans un grand nombre de départements des cahiers des clauses et conditions générales qui reproduisent avec des modifications spéciales les dispositions du cahier des ponts et chaussées. A part ces modifications et celles qui résultent des stipulations particulières de l'entreprise, les travaux départementaux sont soumis à toutes les règles qui régissent les travaux de l'État. — Nous aurons, dans le cours de l'ouvrage, à signaler les rares exceptions que la jurisprudence a consacrées.

74. — Les préfets nomment directement, sans l'intervention du gouvernement, les architectes départementaux. (Voy. art. 5, décret du 25 mars 1852.) — A cet égard, la circulaire du ministère de l'intérieur ci-dessus citée leur trace les règles à suivre : « La désignation de l'architecte du département aura à vos yeux, monsieur le préfet, une importance d'autant plus grande, que l'intervention du conseil des bâtiments civils deviendra plus rare.

« Parmi les nominations que vous aurez à faire, il en est peu qui touchent à de plus sérieux intérêts. La bonne direction des travaux importe, en effet, non moins à la bonne administration des finances du département qu'à celle des services auxquels les bâtiments sont destinés.

« Sans vouloir circonscrire votre choix dans un cercle étroit de catégories, je vous recommande de confier de préférence ces fonctions à d'anciens élèves de l'École des beaux-arts ; vous aurez soin, en tout cas, de n'y appeler que des hommes qui, par une probité reconnue et un talent éprouvé, auront déjà donné la mesure des services qu'ils pourront rendre à l'administration.

« Il vous sera loisible de créer des architectes d'arrondissement, lorsque les nécessités auxquelles il faudra pourvoir dépasseront les forces d'un agent unique. Déjà plusieurs départements ont adopté cette mesure ; mais, je vous le répète, ces créations devront être justifiées par des besoins impérieux, et n'être jamais déterminées par des convenances personnelles.

« Je n'ai pas besoin d'ajouter qu'une des premières conditions pour fixer dans un département un architecte habile, c'est de lui assurer une rémunération en rapport avec son mérite, surtout lorsque les travaux particuliers n'offrent que peu de ressources. Je vous renvoie encore au surplus, sur ce point, à la circulaire du 26 décembre 1838. »

75. — Il existe dans plusieurs départements des conseils locaux appelés, comme celui qui fonctionne auprès du ministère d'État, conseils des bâtiments civils, et qui sont consultés sur toutes les questions relatives aux travaux départementaux.

## CHAPITRE II

### TRAVAUX DES COMMUNES.

76. — Les travaux communaux embrassent des objets

très-variés. — Les communes sont, en effet, chargées de la construction et de l'entretien de tous les édifices et établissements d'utilité communale : des puits, fontaines, halles, aqueducs, fossés, cimetières; de l'entretien du pavé, pour les parties qui ne sont pas dépendantes de la grande voirie (Décr. du 16 déc. 1811, art. 5), et de la réparation des bâtiments militaires concédés aux villes par le décret du 23 avril 1810. (Voy. M. Husson, pag. 151.)

Les communes supportent aussi tous les frais d'établissement et d'entretien de la voirie rurale et vicinale.

77. — Il est pourvu à l'exécution de ces travaux au moyen des ressources ordinaires et extraordinaires du budget. — Mais tous ne sont pas également obligatoires pour les communes. — L'art. 30 de la loi du 18 juillet 1837 n'attribue ce caractère qu'aux dépenses relatives à l'entretien de l'hôtel de ville ou du local affecté à la mairie ; à la réparation du local de la justice de paix ; aux grosses réparations des édifices communaux, sauf l'exécution des lois spéciales concernant les bâtiments militaires et les édifices consacrés au culte; à la clôture des cimetières, à leur entretien et à leur translation dans les cas déterminés par les lois et les règlements; enfin, aux frais des plans d'alignement. — A cette nomenclature, il faut ajouter les autres dépenses mises à la charge des communes par une disposition expresse des lois, et par conséquent, en première ligne, les dépenses des chemins vicinaux. (Loi du 21 mai 1836.)

Les dépenses relatives aux autres travaux sont essentiellement facultatives.

78. — Les conseils municipaux sont appelés à délibérer sur les projets de construction, de grosses réparations et de démolitions, et en général sur tous les

travaux à entreprendre dans l'intérêt des communes.
(Art. 19, § 6, L. du 18 juillet 1837.)

Ces projets et les devis sont ensuite soumis à l'approbation du préfet, quel que soit le montant de la dépense à
effectuer. (Décr. des 13–29 avril 1861, tableau A, n° 56.)
Signalons toutefois une exception unique à cette règle.
Le maire approuve lui-même les dépenses d'entretien
dont le montant n'excède pas 300 fr. (Décr. du 10 brum.
an XIV; décr. du 17 juillet 1808.)

79. — Les travaux des communes sont l'objet d'adjudications publiques, comme les travaux de l'État et
des départements. — Nous ferons connaître plus loin
les formalités auxquelles elles sont soumises. (Ordon.
du 14 nov. 1837.)

80. — Quant à la direction des travaux, elle appartient exclusivement aux maires. (Voy. art. 10, L. du
18 juillet 1837.) Dans l'accomplissement de cette mission, ces fonctionnaires ne doivent pas oublier que la loi
leur confie seulement la surveillance des travaux dans
les limites établies par les plans et devis dûment approuvés. — C'est dans ces limites qu'ils doivent prendre
soin de circonscrire leur action. — Quand, par exemple,
ils prennent sur eux, sans autorisation du conseil municipal ou du préfet, de suppléer à l'insuffisance des
projets en ordonnant des travaux non prévus, ils courent
le risque d'engager leur responsabilité personnelle dans
le cas où les dépenses supplémentaires ainsi prescrites
seraient jugées plus tard sans utilité pour la commune.

Souvent les conseils municipaux choisissent dans leur
sein une commission spéciale chargée de la surveillance
des travaux. Mais cette commission n'a qu'un caractère officieux. Elle n'a pas le droit d'imposer au maire
ses vues particulières, et même de donner des ordres à
l'entrepreneur. — Il va de soi, au surplus, que le maire

a la faculté, comme en toute autre matière, de déléguer ses pouvoirs et de se faire remplacer dans la direction des travaux.

81. — Des dispositions particulières régissent les travaux qui concernent les édifices religieux des communes. Le conseil de fabrique fait alors l'office du conseil municipal. — C'est lui qui vote les dépenses, et le conseil municipal n'est appelé à en délibérer que lorsque les ressources de la fabrique sont insuffisantes. — Les travaux sont alors exécutés comme les travaux communaux ordinaires, et c'est le maire qui en dirige l'exécution. (Voy. M. Husson, pag. 766 et suiv.)

82. — Les travaux des hospices sont soumis à des règles analogues. — Dans le but de « faciliter la bonne et prompte exécution des affaires, sans compromettre l'intérêt si précieux confié à l'assistance publique, » la loi du 7 août 1851 a étendu les pouvoirs que les lois antérieures conféraient aux commissions administratives. — Désormais ces commissions délibèrent sur les projets de travaux pour constructions, grosses réparations et démolitions dont la valeur excède 3,000 fr. et sur les conditions du cahier des charges des adjudications de travaux et marchés pour fournitures ou entretien dont la durée excède une année. (Art. 9.) — Leurs délibérations sont soumises à l'avis du conseil municipal, et suivent, quant aux autorisations, les mêmes règles que les délibérations de ce conseil. (Art. 10.) (Voy. aussi décr. du 13 avril 1851, tableau A, n° 56.)

# CHAPITRE III

### TRAVAUX DES ASSOCIATIONS SYNDICALES.

## SECTION PREMIÈRE

*Constitution des associations.*

83. — A côté des communes, mais dans une sphère

distincte, on rencontre encore des personnes civiles créées dans le but de pourvoir à des besoins communs, et qui sont armées d'une partie des prérogatives attachées à l'administration.

Ces communautés, connues sous le nom générique d'associations syndicales, ont une origine fort ancienne. — Quelques-unes ont été organisées à une époque de beaucoup antérieure à la révolution de 89. — Mais on ne voit pas qu'elles aient pris sous l'ancien régime un grand développement. — La propriété, beaucoup moins divisée que de nos jours, trouvait en elle-même une puissance qu'elle doit aujourd'hui demander au principe d'association. A mesure qu'augmente le morcellement des terres, conséquence des principes nouveaux consacrés par nos Codes, les sociétés syndicales se multiplient nécessairement et répondent à des besoins plus exigeants et plus nombreux. L'esprit d'entreprise et d'amélioration en provoque la création, partout où des forces isolées tenteraient des efforts impuissants. — Elles les réunissent en faisceau et en décuplent l'énergie. — Elles substituent à l'initiative privée et aux ressources limitées des individus, le merveilleux levier d'une coalition d'intérêts puissants par leur réunion. — Elles facilitent ainsi la construction de travaux considérables, qui répandent la vie et l'abondance dans des contrées entières auparavant déshéritées. — Il n'est pas d'institution qui mérite davantage, au point de vue de ses résultats sur la salubrité publique et de l'amélioration de nos campagnes, les encouragements du pouvoir et qui soit appelée à un plus grand avenir [1].

1. Lors de la discussion de la loi des 10-15 juin 1854, M. Levavasseur présentait sur les associations syndicales d'irrigation des considérations auxquelles je m'associe complétement. — Voici ses paroles extraites du compte rendu des séances : « L'honorable membre se

**84.** — Malheureusement, ici comme sur tant d'autres points si intéressants pour la prospérité du pays, le législateur n'a presque rien fait pour multiplier et encourager les efforts des particuliers. — L'expérience a depuis longues années prouvé l'utilité des associations syndicales; la loi elle-même en ordonne la constitution dans certaines circonstances. Mais leur organisation est abandonnée au pouvoir discrétionnaire de l'administration, et elles sont placées exclusivement sous sa dépendance. — Un peu plus de liberté ne nuirait pas sans doute à leur développement.

**85.** — C'est dans la loi des 14-24 floréal an XI, relative au curage des canaux et rivières non-navigables et à l'entretien des digues qui y correspondent, qu'on trouve la première consécration législative des associations syndicales. — Cette loi, tout en déclarant, dans son article premier, vouloir respecter les anciens règlements et les usages locaux en matière de curage, autorise le gouvernement à prendre des dispositions nouvelles, lorsque l'application de ces règlements ou l'exécution du mode consacré par l'usage éprouvent des difficultés.

« félicite du succès qu'a obtenu depuis, une idée qu'il avait eu beau-
« coup de peine à faire prévaloir. Il est donc partisan décidé de la
« loi nouvelle. Au point de vue politique, il y voit une satisfaction
« donnée à ceux qui regardent le morcellement du sol en France
« comme très-préjudiciable à l'agriculture, et un obstacle opposé à
« l'école socialiste, qui applaudit à cette division extrême, dans l'es-
« poir qu'elle finirait par rendre la culture impossible et amènerait
« un jour la réunion forcée de toutes les propriétés dans la main de
« l'État. Grâce à cette loi, la grande culture, qui est très-difficile en
« France par suite du morcellement, deviendra possible par l'asso-
« ciation. La loi offrira donc ce double avantage, de rendre fertiles
« des terres jusqu'ici improductives, et de donner confiance dans
« l'avenir en faisant disparaître, par des améliorations successives,
« les inconvénients de la constitution territoriale créée en France
« par la démocratie. »

Or ces « dispositions nouvelles » ne sont autre chose, dans la pensée même de cette loi, que la création et l'organisation administrative de syndicats entre les propriétaires intéressés. Elle veut, en effet, qu'il soit pourvu aux besoins qui se font sentir dans un règlement d'administration publique rendu sur la proposition du préfet du département, « de manière, porte l'art. 29, que la quotité de la contribution de chaque imposé soit toujours relative au degré d'intérêt qu'il aura aux travaux à exécuter. » — Cette répartition proportionnelle des frais de curage, le mode de perception établi par l'art. 3 au moyen de rôles rendus exécutoires par le préfet et dont le recouvrement s'effectue dans la même forme que celui des contributions publiques, tout concourt à démontrer qu'il s'agit ici de ces réunions particulières auxquelles la loi du 16 sept. 1807 devait donner le nom sous lequel elles sont aujourd'hui connues.

86. — C'est, en effet, dans cette loi qu'on trouve le développement complet de l'institution. — La loi du 16 sept. 1807, relative au desséchement des marais, autorise, comme on sait, le gouvernement à exécuter ou à concéder les travaux sans le consentement des propriétaires. — Des dispositions spéciales assurent seulement à ceux-ci, à la condition de payer la plus-value résultant du desséchement, le moyen de rentrer dans leurs propriétés.—Elles leur accordent aussi la faculté de se libérer par l'abandon d'une portion relative du fonds, calculée sur le pied de la dernière estimation. — De là, entre l'administration ou ses ayants droit et les propriétaires de marais, des rapports nombreux et des collisions d'intérêt inévitables. — Pour assurer leur défense, le législateur songea à les réunir et à confier à un certain nombre d'intéressés le soin de protéger la masse. — Cette pensée le conduisit naturellement à la création

d'un syndicat. Telle est la disposition expresse de l'art. 7,
aux termes duquel : « Lorsque le gouvernement fera un
« desséchement, ou lorsque la concession aura été ac-
« cordée, il sera formé entre les propriétaires un syn-
« dicat à l'effet..., » etc.

Les art. 33 et 34 de la même loi prévoient encore une
autre circonstance où il parut nécessaire d'organiser des
associations du même genre. — L'art. 33 porte : « Lorsqu'il s'agira de construire des digues à la mer ou contre
les fleuves, rivières et torrents navigables ou non navigables, la nécessité en sera constatée par le gouvernement, et la dépense supportée par les propriétés protégées
dans la proportion de leur intérêt aux travaux... » L'art.
34 ajoute que l'entretien et la réparation de ces travaux
seront également à la charge des propriétés riveraines, et
qu'il sera fait des règlements d'administration publique
pour fixer la part contributive du gouvernement et des
intéressés. — Enfin la loi dit expressément que, pour
obtenir ce résultat, il y a lieu de suivre les formalités
précédemment établies pour les travaux de dessèchement.

87. — Une loi toute récente est venue donner une
nouvelle sanction à cette législation déjà ancienne. Lorsqu'après les inondations désastreuses qui ont signalé
l'année 1856, le gouvernement songea à prévenir le retour de semblables calamités, on dut nécessairement
soumettre à de nouvelles études le système de la loi de
1807. — Ces études ont eu pour résultat, comme nous le
ferons remarquer ailleurs, de changer les bases de la contribution aux dépenses à supporter par l'État, les départements, les communes et les particuliers. Mais la pensée
ne vint pas de renoncer aux avantages que présente l'organisation des associations syndicales, en ce qui concerne
la perception et la répartition, entre les intéressés, des

contributions spécialement mises à leur charge. — Loin
de là. L'expérience avait mis en évidence ces avantages :
elle avait démontré la puissance des syndicats. Des travaux immenses, résultat de leurs efforts et de leur persé-
vérance, témoignaient hautement de la nécessité de leur
conservation. — On inséra en conséquence dans le projet une disposition qui est devenue l'art. 5 de la loi du
28 mai 1858, et qui est ainsi conçue : « La répartition
« entre les propriétaires intéressés de la part de dépense
« mise à leur charge sera faite conformément aux dis-
« positions de la loi du 16 sept. 1807... » — C'était, en
consacrant de nouveau le principe de proportionnalité
introduit par la législation antérieure, autoriser en même
temps le gouvernement à syndiquer les intéressés suivant
le mode qu'elle avait établi.

88. — Le gouvernement trouve donc dans les dispositions que nous venons de faire connaître le pouvoir de
coaction indispensable à la réunion des propriétaires intéressés aux travaux qu'elles ont en vue. L'utilité publique une fois constatée, il est autorisé soit à réunir les
intéressés en syndicats, soit à réformer les règlements ou
les associations déjà existantes et à leur donner une organisation nouvelle en rapport avec les besoins qui se sont
fait sentir.— A cet égard, elle n'a pas à se préoccuper du
dissentiment ou de la résistance des propriétaires directement intéressés aux travaux. — Son appréciation de leur
utilité et de leur convenance échappe à toute critique et à
toute censure, et les propriétaires que la mesure concerne
n'ont d'autre ressource que de s'adresser par la voie gracieuse à l'autorité de laquelle elle procède. — « Considérant, porte un décret du 10 mai 1851 (*d'Inguimbert*, 348),
qu'en disposant que les propriétaires de la Grande-Ca-
margue formeraient une association pour concourir,
chacun en proportion de son intérêt, aux dépenses que

pourraient nécessiter les travaux et seraient administrés par un syndicat autorisé à régler les comptes des anciennes associations d'après les anciens rôles, le gouvernement s'est renfermé dans les limites des pouvoirs qui lui appartiennent en vertu des lois des 14 floréal an XI et 16 sept. 1807, et qu'en chargeant le préfet de faire des arrêtés pour assurer la conservation des travaux pour l'exécution desquels il serait procédé, s'il y avait lieu, conformément à la loi du 3 mai 1841, il n'a été porté aucune atteinte aux droits de propriété des riverains, lesquels demeurent expressément réservés... »

On lit aussi dans un décret du 11 mai 1854 (de Cambis, 418) :

« Sur le moyen tiré de ce que le décret du deuxième jour complémentaire de l'an XIII, ayant force de loi, ne pouvait être abrogé par l'ordonnance du 28 août 1845, et qu'ainsi les opérations de la commission spéciale instituée par ladite ordonnance seraient entachées d'illégalité ;

« Considérant qu'aux termes de l'art. 2 de la loi du 14 floréal an XI, lorsque l'application des règlements sur l'entretien des digues éprouve des difficultés ou lorsque des changements survenus exigent des dispositions nouvelles, il y est pourvu par un règlement d'administration publique ;

« Considérant que le décret du deuxième jour complémentaire de l'an XIII était un règlement d'administration publique, rendu par application de l'article précité ; que, dès lors, ce décret a pu être abrogé par l'ordonnance du 28 août 1845, rendue dans la forme des règlements d'administration publique, par application du même article ;

« Considérant, d'ailleurs, qu'il n'est point allégué que ladite ordonnance n'ait pas été précédée de l'accomplissement de toutes les formalités prescrites par les lois et règlements..., » etc., etc.

Tenons donc pour certain que le dissentiment des propriétaires intéressés est sans influence sur la légalité de la mesure prise par le gouvernement. Il ne peut ni l'arrêter ni en infirmer la valeur, du moment que l'administration, appréciatrice souveraine de l'utilité publique, a jugé nécessaire de constituer le syndicat. Soit que son action ait été spontanée, soit au contraire qu'elle ait été provoquée par des propriétaires intéressés, ses droits restent les mêmes. Les lois des 14 floréal an XI et 16 sept. 1807 ne font à cet égard aucune distinction.

89. — Le droit que nous reconnaissons au gouvernement ne peut et ne doit s'exercer d'ailleurs que dans les limites mêmes où il lui a été conféré. — Les lois desquelles il le tient sont spéciales aux travaux de dessèchement de marais, d'entretien et de réparations des digues défensives contre les inondations, et l'administration prétendrait en vain s'armer de leurs dispositions pour des cas qu'elles n'ont pas expressément prévus. — L'excès de pouvoir serait alors manifeste; il n'est pas possible d'étendre arbitrairement et sous prétexte d'analogie un privilége aussi considérable.

Je ne crois pas, par exemple, que si des travaux d'endiguement le long d'un fleuve importaient seulement à la navigation, il fût permis à l'administration de forcer les propriétaires riverains à concourir aux dépenses. — La loi parle, en effet, des propriétaires intéressés : elle veut qu'ils contribuent dans la proportion de leur intérêt. — Or quel peut être l'intérêt d'un riverain, en tant que propriétaire, bien entendu, à l'exécution de mesures dont l'unique résultat est d'améliorer le service de la navigation ? — On ne peut donc, sans s'écarter complétement de la lettre et de l'esprit des lois ci-dessus citées, admettre la légalité d'associations syndicales organisées dans ce but.

Je suppose encore que l'administration, s'armant à tort des dispositions de la loi du 14 floréal an X, voulût contraindre les riverains d'un canal qui ne serait pas en même temps de navigation et de desséchement à contribuer aux frais de curage. — Leur résistance, fondée sur le texte de cette loi qui ne s'applique qu'aux rivières non navigables, trouverait certainement un appui dans la juridiction contentieuse. (Voy. 5 juillet 1851, *Gérard*, 486, et l'art. 34, loi du 16 sept. 1807.)

90. — Il n'appartiendrait pas davantage au gouvernement d'établir des associations syndicales pour le drainage et l'assèchement des terres sans le consentement unanime des propriétaires intéressés. La loi du 10 juin 1854 favorise ces associations : elle leur donne tous les moyens nécessaires pour étendre leur action. Mais si elle en souhaite le développement, rien n'autorise à penser qu'elle ait voulu attribuer au gouvernement un droit de coaction contre une résistance mal entendue et l'esprit de routine. — D'après l'art. 3, les associations de propriétaires qui veulent, au moyen de travaux d'ensemble, assainir leurs héritages par le drainage ou tout autre moyen d'assèchement, jouissent de tous les droits qui appartiennent aux propriétaires agissant isolément; — et il ajoute que ces associations peuvent, *sur leur demande*, être constituées par arrêtés préfectoraux en syndicats auxquels sont applicables les art. 3 et 4 de la loi du 14 floréal an XI. — C'est donc bien l'initiative privée seule que la loi de 1854 à voulu favoriser. Cette loi est formelle, elle subordonne la création des syndicats à la demande préalable des propriétaires. — C'est à cette pensée que répondait M. Rouher, vice-président du Conseil d'État, commissaire du gouvernement, chargé

de soutenir la loi de 1854 au sein du Corps législatif, lorsqu'il disait : « Il se peut que l'intérêt privé auquel « on a voulu donner satisfaction se développe sur une « certaine échelle; alors des associations peuvent être « autorisées et revêtir même un caractère syndical : dans « ce cas il y a lieu d'appliquer l'économie de la loi de « floréal an XI, qui a pour seule conséquence de sou- « mettre à la compétence du conseil de préfecture les « contestations entre associés, et d'autoriser le recouvre- « ment des sommes nécessaires au payement des travaux « de la même manière que celui des contributions pu- « bliques. Ce mode d'association ne se confond pas, « ajoutait M. Rouher, avec les syndicats organisés par « la loi de 1807.—Si l'intérêt d'assainissement grandit « plus encore et prend les proportions d'un intérêt « communal ou départemental, on peut invoquer la lé- « gislation de 1807. Ainsi donc tout se concilie, tout « peut concourir sans qu'il y ait confusion.... »

C'est donc seulement dans le cas où, comme le disait M. Rouher, l'intérêt d'assainissement prend les propor- tions d'un intérêt public, que les associations syndicales peuvent être organisées par l'administration sans que celle-ci ait à demander préalablement le consentement des parties intéressées.—Mais, notons-le, on ne doit procéder ainsi que dans les conditions prévues par la loi de 1807, c'est-à-dire lorsqu'après le desséchement par l'État ou un concessionnaire, il ne s'agit plus que de la réparation ou de l'entretien des ouvrages. — On voit que la distinc- tion à établir entre ce cas et celui dont s'occupe la loi de 1854 est aisée à faire dans la pratique.

94. — Les sociétés syndicales d'irrigation sont de même essentiellement volontaires. — La raison en est simple. Aucune loi n'a donné directement ou indirecte- ment à l'administration le droit de les constituer. — Or,

comme ces associations ont pour conséquence d'imposer des charges lourdes à la propriété, et comme il est de
principe que nul ne peut être tenu à contribution sans
y avoir expressément consenti, sauf les exceptions formulées dans les lois spéciales, on arrive nécessairement
à cette conclusion que l'administration n'a pas le pouvoir, soit de constituer des syndicats d'irrigation sans
l'aveu des intéressés, soit de faire entrer un propriétaire
malgré lui dans un syndicat déjà organisé. (Voy. M. Lebon, 1859, p. 439.)

92. — A quelle autorité appartient-il de créer des
associations syndicales ? — Ce pouvoir appartient tantôt
à l'empereur, tantôt aux préfets.

En principe, les associations syndicales organisées
dans le but de pourvoir aux dépenses de construction,
d'entretien ou de réparations des digues à la mer
ou contre les fleuves, rivières et torrents navigables
ou non navigables; — au curage des canaux qui sont
en même temps de navigation et de desséchement; —
à la construction ou à l'entretien de levées, barrages,
pertuis, écluses, auxquels des propriétaires de moulins
ou d'usines seraient intéressés, doivent être organisées
par décrets rendus dans la forme des règlements d'administration publique. (Art. 2, loi du 14 floréal an XI; art.
34, loi du 16 sept. 1807.) Le Conseil d'État doit être entendu en assemblée générale. (23 fév. 1861, *Dubuc*, 134.)
Mais aucune loi n'exige que le règlement soit précédé
d'une enquête. (10 mai 1851, *d'Inguimbert*, 348; 4 juin
1852, *Gilles*, 215.)

Les décrets récents sur la décentralisation administrative ont dérogé à ces dispositions pour le cas où les mesures ordonnées ne rencontrent aucune opposition de la
part des propriétaires. — Le décret des 15-29 avril
1861 (tableau D, n° 8) autorise les préfets à « constitue

« en associations syndicales les propriétaires intéressés à
« l'exécution et à l'entretien des travaux d'endiguement
« contre la mer, les fleuves, rivières et torrents navi-
« gables et non navigables, des canaux d'arrosage et des
« canaux de desséchement, lorsque les propriétaires
« sont d'accord pour l'exécution desdits travaux et la
« répartition des dépenses. »

93. — Ce que nous venons de dire ne s'applique
qu'aux associations syndicales à créer à l'occasion, soit
de desséchements de marais, soit de travaux d'endiguement contre la mer, les fleuves, rivières et torrents navigables et non navigables, etc., en un mot, dans les
circonstances dont s'occupent les lois de 1807 et de
1858. — Les décrets de décentralisation ont armé le
préfet de pouvoirs plus étendus en matière de curage.
— Le n° 5, tableau D du décret du 15 avril 1861, lui
donne le droit, par dérogation à la loi du 14 floréal
an XI et contrairement à la jurisprudence antérieure du
Conseil d'État (20 janvier 1843, *Bourmizien et consorts*,
29), de prendre à cet égard toutes les dispositions né-
cesssaires « pour assurer le bon entretien des cours d'eau
non navigables ni flottables de la manière prescrite par
les anciens règlements ou par les usages locaux, *et la
réunion, s'il y a lieu, des propriétaires intéressés en associations syndicales.* » — Il n'est pas question ici de leur
accord préalable. L'urgence des mesures à prendre, la
dépense ordinairement peu élevée de ces travaux, leur
utilité immédiate pour les riverains justifient pleinement
le pouvoir absolu accordé en cette matière à l'autorité
locale. — Ici un règlement d'administration n'est jamais
nécessaire; dans toute hypothèse, un simple arrêté
préfectoral est suffisant.

94. — Cependant, il est utile de remarquer que
le droit conféré au préfet relativement à la constitu-

tion des associations de curage ne peut s'exercer que
dans les limites de ses pouvoirs relativement au curage
lui-même. Je m'explique. — Les préfets ont reçu des
décrets sur la décentralisation le droit d'ordonner le curage *à vieux fonds et vieux bords* et le *faucardement* des
cours d'eau et fossés d'assainissement ouverts dans un
intérêt général. — Mais leur compétence s'arrête là, et
dès qu'il s'agit de mesures qui engagent la question de
propriété des riverains, il faut procéder par voie de règlement d'administration. — Les travaux d'élargissement et de rectification partielles proposés par les ingénieurs doivent être déclarés d'utilité publique par un
décret (voy. 1er déc. 1859, *Bonnard*, 682 ; 12 déc. 1859,
*Gouchon*, 766) qui organise en même temps l'association
syndicale et la substitue aux droits conférés à l'administration par la loi du 3 mai 1841, pour l'expropriation
des terrains nécessaires à leur exécution. — La répartition des dépenses et les règles à suivre pour la surveillance, l'exécution et le payement des travaux, ne sont
pas d'ailleurs les mêmes dans l'un et l'autre cas. (Voy.
*infrà*, le ch. où nous nous occupons des taxes de curage.)

De même encore, le droit accordé au préfet ne va pas
jusqu'à lui permettre, en organisant les associations pour
le curage, de modifier les usages ou règlements anciens
relatifs à la répartition des frais entre les intéressés. —
Son pouvoir se borne à la constitution du syndicat, sauf
à celui-ci, en ce qui concerne la perception des taxes, à
se conformer aux règles antérieurement en vigueur.
(Voy. *infrà*, chap. relat. aux taxes de curage.)

En résumé, les attributions du préfet, en ce qui
concerne la constitution des associations de curage, sont
celles-ci. — Il n'a pas à se préoccuper du consentement
des intéressés ou des obstacles individuels opposés à
l'exercice de ses pouvoirs. — Il organise les associations

sans tenir compte des réclamations qui s'élèvent, sauf, bien entendu, aux réclamants à se pouvoir par la voie contentieuse contre l'application qui leur est faite du règlement préfectoral.

Mais n'oublions pas que l'attribution du préfet ne s'étend qu'aux mesures de simple curage; qu'il doit même, en se renfermant dans cette limite, respecter les usages locaux établis quant à la contribution aux dépenses et à la répartition des frais, et qu'il commettrait un excès de pouvoir en organisant des associations sur des bases différentes, et pour des travaux impliquant la rectification du cours d'eau et par suite la dépossession des riverains. — Dans l'un et l'autre cas, il y a nécessité de pourvoir aux besoins locaux par un règlement d'administration publique.

95. — Que faut-il décider lorsqu'il s'agit des associations créées dans un intérêt exclusivement privé, par exemple, pour l'irrigation ou le drainage des terres?

Nous avons dit que ces associations sont essentiellement volontaires. (Voy. *suprà*, nos 90 et 91.) — La question ne peut donc se présenter que lorsqu'il y a consentement unanime des intéressés, et il semble, par suite, si l'on considère l'esprit des décrets de décentralisation, que l'on doit reconnaître aux préfets le droit de statuer sur leur demande. — C'est aussi ce que veut formellement l'art. 3 de la loi du 10 juin 1854, sur les desséchements, qu'on doit appliquer par analogie dans tous les cas où des propriétaires sollicitent leur réunion en associations syndicales dans un intérêt purement privé.

Antérieurement aux dispositions précitées, la jurisprudence reconnaissait même la légalité de ces associations quand elles avaient été autorisées par un simple arrêté préfectoral. — « En matière d'associations volontaires, jamais le Conseil d'État n'a appliqué le principe que les associations de ce genre dussent être, à peine de nullité, créées par des actes émanés directement du souverain. Ce principe n'a été posé par le Conseil d'État qu'en ce qui touche les associations territoriales constituées d'office en matière de curage. (Voy. 20 janv. 1843, et le nº précéd.) L'autorité judiciaire a proclamé, au contraire, la validité des associations d'arrosage formées par un simple arrêté préfectoral. ». (Voy. notam., Cass. 24 fév. 1844; Observat. du min. des trav. publ., Leb. 1856, p. 98.)

96. — Les règlements portant création d'associations syndicales ne peuvent être attaqués par la voie contentieuse que pour incompétence, excès de pouvoir, et violation des formes prescrites par les lois et règlements.

97. — Il y a incompétence dans l'arrêté préfectoral qui autorise une association en dehors des cas où la loi donne ce droit aux préfets. — Un semblable arrêté est nul, en ce qu'il constitue une usurpation sur les attributions conférées à une autorité supérieure. Il est donc attaquable devant le Conseil d'État statuant au contentieux.

98. — L'excès de pouvoir échappe à toute définition dans l'état actuel de la jurisprudence. — Nous n'essayerons donc pas d'édifier une théorie qui risquerait fort de ne reposer que sur une opinion personnelle, et nous nous bornerons à signaler une décision du Conseil d'État rendue dans la matière qui nous occupe, et sur laquelle il est nécessaire d'appeler l'attention.

Un règlement rendu dans les formes légales et par l'autorité compétente, avait autorisé le syndicat du Plan-du-Bourg à faire face aux dépenses par un rôle provisoire basé sur le cadastre. Ce règlement fut attaqué devant le Conseil d'État comme entaché d'excès de pouvoir. — On disait à l'appui du pourvoi : « Les lois du 14 floréal an XI et du 16 sept. 1807, veulent que la répartition des dépenses soit proportionnelle à l'intérêt. — Or le règlement a pris une base essentiellement différente, le cadastre, c'est-à-dire la valeur des terres, et non pas l'utilité relative que chaque intéressé retire des travaux. — Cette disposition est donc contraire à la loi, et entachée d'un véritable excès de pouvoir : car il n'appartient pas à l'administration de modifier le principe de la répartition fixée par le législateur lui-même. »

Le Conseil d'État repoussa ce système, en déclarant toutefois que la disposition attaquée ne faisait pas obstacle aux recours des parties intéressées contre la mise en recouvrement des rôles dressés en exécution de cette disposition. (10 mai 1851, *d'Inguimbert*, 348.)

Ce tempérament apporté par le Conseil d'État à la rigueur de sa décision en ce qui concerne l'attaque dirigée contre le règlement lui-même, est inspiré par un sentiment d'équité auquel on doit rendre hommage ; mais la doctrine à laquelle il se rattache ne sera peut-être pas admise sans difficulté.

Le Conseil d'État reconnaît que les règlements d'administration publique peuvent être annulés pour excès de pouvoir. — C'est ce qu'il a écrit formellement, en matière de règlements constitutifs d'associations syndicales, dans l'arrêt cité ci-dessus du 10 mai 1851. — « Considérant porte, cet arrêt, que le décret du 28 mars 1849, constitue un règlement d'administration publique qui ne peut être attaqué par la voie contentieuse que pour incompétence ou *excès de pouvoir*, ou violation des formes prescrites par les lois et règlements. » — Or, à quels caractères reconnaîtra-t-on l'excès de pouvoir, si on refuse de le trouver dans la disposition d'un règlement qui change la base de contribution établie par la loi elle-même ? — Le règlement fait pour l'exécution de

la loi n'a de force et de puissance que dans les limites
que cette loi lui impose. — Ce qu'il prescrit au delà
cesse d'être obligatoire, parce que son auteur a épuisé
la délégation qu'il tient d'elle ; il est dans la situation
d'un mandataire qui transgresse les bornes de son mandat : il commet un excès de pouvoir. Il n'y a pas d'autre
mot pour caractériser la chose. — Ce n'est donc pas seulement un recours contre la perception des rôles qu'il
aurait fallu autoriser, c'est la nullité même de l'association qui aurait dû être prononcée.

99. — La violation des formes prescrites par la loi
pour la validité des règlements d'administration publique est, avons-nous dit, une autre cause de nullité.

Le conseil d'État a rapporté, par exemple, un décret
constitutif d'une association syndicale créée en vertu de
l'art. 34 de la loi du 16 sept. 1807 et qui n'avait pas
été délibéré en assemblée générale. (23 fév. 1861, *Dubuc*, 134.) — Voici le texte de cet arrêt :

« *En ce qui touche les conclusions des requérants, tendant à l'annulation de notre décret du 29 déc. 1855, de
la décision de la commission spéciale et de l'arrêté du conseil de préfecture :* — Considérant qu'il résulte des art.
5 et 34, de la loi du 16 sept. 1807, que la déclaration
d'utilité publique des travaux de défense contre les fleuves et rivières et la constitution en association syndicale
des propriétaires intéressés à ces travaux, doit être faite
par un décret rendu dans la forme des règlements d'administration publique; qu'aux termes de l'art. 13 du
décret du 30 janvier 1852, les règlements d'administration publique sont délibérés par le Conseil d'État en
assemblée générale;

« Considérant que la section de l'agriculture, du commerce et des travaux publics de notre Conseil d'État, a

seule été appelée à donner son avis sur notre décret en date du 29 décembre 1855; que, dès lors, notre décret doit être rapporté.

« Considérant d'ailleurs que, par la décision du 6 déc. 1856, la commission spéciale a déterminé le périmètre des terrains qui profiteraient des travaux, et a fixé les bases de la répartition des dépenses entre les intéressés sans qu'il eût été procédé aux formalités prescrites par les art. 7, 8, 9, 10, 11, 13 et 14 de la loi du 16 sept. 1807; que de ce qui précède il résulte que les taxes imposées aux sieurs Dubuc et autres n'avaient pas été régulièrement établies, et que les requérants étaient fondés à former opposition aux poursuites dirigées contre eux pour l'acquittement de ces taxes et à demander la restitution des sommes qu'ils ont été contraints de payer. »

100. — La nullité provenant soit de l'incompétence, soit de l'inobservation des règles prescrites pour la constitution des sociétés syndicales, peut-elle être couverte par l'acquiescement des parties intéressées à la faire valoir ?

Si ces nullités sont d'ordre public, l'exécution volontaire des règlements de l'association, le payement des cotisations imposées, la jouissance des avantages qui en résultent pour les propriétaires syndiqués, tout cela doit être considéré comme sans influence sur la validité même du contrat.

Il n'y a jamais d'acquiescement valable lorsque, s'il était admis, il aurait pour résultat de consacrer définitivement un acte contraire à l'ordre public.

Or, tel me paraît être le caractère des actes constitutifs de syndicat rendus par une autorité incompétente ou contenant violation des formes prescrites pour leur régularité. (Voy. cepend. 17 mars 1857, *Magnan*, 201.)

101. — En dehors des causes que nous venons de faire connaître, les règlements portant création d'associations syndicales échappent à toute attaque formée devant la juridiction contentieuse.

Les propriétaires réunis en association syndicale ne sont pas fondés, s'ils ont été préalablement entendus ou appelés, si le règlement est régulier en la forme, et s'il émane d'une autorité compétente, à en demander l'annulation. (16 avril 1852, *Crignon-Bonvallet*, 103.) — Mais il ne faut pas croire qu'ils se trouvent destitués de toute voie de recours contre l'application de ces règlements qui seraient en opposition avec les principes de la loi.

Je reprends le cas dont je me suis occupé plus haut (voy. n° 97), où le règlement impose aux propriétaires syndiqués une base de contribution aux dépenses essentiellement contraire au principe de proportionnalité admis par la loi de floréal an XI. — Les propriétaires auxquels ce règlement porte préjudice seront-ils forcés de subir sans se plaindre l'effet de ces dispositions? — Non, sans aucun doute. — Ils pourront se pourvoir devant le Conseil de préfecture et au besoin devant le Conseil d'État, non pour demander la réformation du règlement d'administration qui échappe à la censure de la juridiction contentieuse, mais afin d'obtenir une répartition conforme au vœu de la loi dont le règlement n'aurait pas dû s'écarter. (Voy. le décret précité du 16 avril 1852.)

Un décret antérieur avait résolu la question dans le même sens (voy. 10 mai 1851, *d'Inguimbert et consorts*, 348) :

« Sur l'excès de pouvoirs résultant de l'autorisation donnée au syndicat par l'article 40, de faire face aux dépenses par un rôle provisoire basé sur le cadastre, contrairement aux lois des 14 floréal an XI et du 16 septembre 1807 ;

« Considérant que les réclamations relatives à la confection des rôles doivent être portées, aux termes des lois du 28 pluviôse an VIII et du 14 floréal an XI, devant le Conseil de préfecture, sauf recours devant le Conseil d'État, et que la disposition de l'article 40 du décret attaqué ne fait pas obstacle à ce que, au cas où des rôles provisoires seraient mis en recouvrement, les parties qui se croiraient fondées à élever des contestations, soit sur les bases, soit sur le chiffre des cotisations auxquelles elles avaient été imposées, fassent valoir devant l'autorité compétente les droits et moyens qui pourraient leur appartenir..... »

102. — Les décrets du 25 mars 1852 et 29 avril 1861 ne donnent pas aux préfets le droit de modifier ou d'interpréter, en cas de dissentiment entre les intéressés, les décrets d'administration publique portant création d'associations syndicales. — C'est à l'autorité de laquelle ces décrets émanent qu'il faut demander les changements dont ils sont susceptibles, suivant le principe : *Cujus est condere, ejus est interpretari.*

Deux décisions du ministre des travaux publics, en date des 28 avril et 19 mai 1856, avaient autorisé la compagnie Courtet à déverser dans un canal appelé le Viguérat, appartenant à l'association des vidanges d'Arles et de Tarascon, le résidu des eaux introduites en vue de l'arrosage dans la branche du canal des Alpines, dite de Saint-Gabriel, sous la condition que cette compagnie contribuerait, avec l'association précitée, à l'entretien du Viguérat dans la proportion de l'excédant des dépenses auxquelles l'augmentation du volume des eaux pourrait donner lieu.

Ces décisions modifiaient la constitution des associations d'Arles et de Tarascon, organisées par des actes du gouvernement pour assurer le desséchement de toute

une contrée, au moyen de l'écoulement, par le Viguérat, des eaux provenant des terrains supérieurs. Il était
allégué que leur exécution pourrait compromettre
l'œuvre de desséchement elle-même.

Le Conseil d'État, sur le pourvoi des associations intéressées, annula la décision attaquée et décida qu'il
n'appartenait qu'à l'autorité souveraine, aux termes des
lois du 14 floréal an XI et du 16 septembre 1807, de
régler, dans l'intérêt général et sous la réserve de tous
les droits, les rapports desdites associations de desséchement et de la compagnie concessionnaire du canal
d'arrosage des Alpines ; — qu'ainsi les décisions atta-
quées avaient été prises par le ministre de l'agriculture,
du commerce et des travaux publics, en dehors des limites de ses pouvoirs. (Voy. 24 mai 1859, *Vidanges
d'Arles et de Tarascon*, 375.)

Il a été jugé dans le même sens qu'une association
syndicale, lorsqu'elle a été créée par une ordonnance
rendue en Conseil d'État, conformément aux dispositions de la loi du 14 floréal an XI et de celle du 16 septembre 1807, ne peut être dissoute et, s'il y a lieu,
reconstituée dans des conditions différentes, autrement
que par un acte de même nature. (Voy. 29 juin 1850,
*Marais de Saint-Hilaire de Riez*, 631.)

103. — Cependant on se demande s'il en serait de
même, dans le cas où tous les intéressés seraient d'accord pour obtenir une modification reconnue nécessaire.
— Le préfet, qui a reçu des décrets sur la décentralisation le pouvoir de réunir en association les propriétaires
qui s'entendent, n'en a-t-il pas reçu implicitement celui
de modifier les règlements existants, quoique émanant
d'une autorité supérieure, si tous les intéressés, loin de
s'opposer à la modification, la désirent et la demandent? — Je ne vois guère de raisons pour refuser ce

droit à l'autorité locale. — *In plus est minus.* — Si les préfets, comme cela est incontestable, ont dans certains cas le droit de créer des associations syndicales, comment n'auraient-ils pas celui d'en modifier l'organisation dans les mêmes conditions et dans les mêmes circonstances? — On ne doit pas s'arrêter à cette idée que ce serait permettre à une autorité inférieure de porter atteinte à un acte émané d'une autorité plus élevée, ce qui est contraire aux principes de la hiérarchie ; car le consentement unanime des intéressés rend inutiles l'accomplissement des formalités et les garanties qu'ils trouveraient, en cas de désaccord, dans l'intervention de l'empereur et du Conseil d'État. — Il ne s'agit pas ici de mineurs à protéger, mais bien de propriétaires agissant dans la plénitude de leurs droits, et qui, après s'être préalablement concertés, viennent demander à l'administration la sanction de leurs accords. L'autorité locale a toujours qualité pour la leur donner.

De même un préfet n'excède pas ses pouvoirs lorsque, sans apporter aucune modification à l'organisation actuelle d'une association de propriétaires, il invite la commission administrative de cette association à délibérer au sujet d'un nouveau règlement. Il ne faut voir, dans une pareille mesure, qu'un acte d'instruction non susceptible d'être déféré au Conseil d'État par la voie contentieuse. (Voy. 22 fév. 1855, *Hovelt et consorts*, 164.)

## SECTION II

*Organisation intérieure des syndicats.*

104. — Quand le décret ou l'arrêté qui autorise la création d'une association a été rendu, il s'agit de procéder à son organisation.

C'est dans la loi du 16 sept. 1807 que se trouvent les règles à suivre.

L'art. 7 porte : « Lorsque le gouvernement fera un desséchement, ou lorsque la concession aura été accordée, il sera formé entre les propriétaires un syndicat, à l'effet de nommer les experts qui devront procéder aux estimations statuées par la présente loi. — *Les syndics seront nommés par le préfet ;* ils seront pris parmi les propriétaires les plus imposés, à raison des marais à dessécher. Les syndics seront au nombre de trois au moins, et au plus au nombre de neuf ; ce qui sera déterminé dans l'acte de concession. »

Bien que cet article charge exclusivement le préfet de nommer les membres de la commission syndicale, un arrêt a admis la validité d'une désignation faite par un maire. Mais il est à remarquer que le choix du maire avait été expressément approuvé par le préfet. (25 mars 1846, *Coutenot,* 171.)

105. — Les propriétaires intéressés ont-ils le droit d'intervenir dans cette nomination directement ou par la présentation d'une liste de candidats ?

L'équité demande qu'il en soit ainsi. — Les syndics sont des mandataires, ils ont des attributions analogues

à celles des conseils municipaux dans les communes.
Comme eux, ils délibèrent sur des intérêts communs.
Ils peuvent imposer ou tout au moins faire prévaloir des
résolutions qui contrarient l'intérêt général de l'association. Il serait donc juste de soumettre à l'élection le
choix des membres du syndicat. — Mais l'art. 7 de la loi
de 1807 est formel : il donne au préfet un droit absolu,
susceptible seulement d'être modifié par le règlement
constitutif de l'association. (Voy. 29 janv. 1841, *Vil-
liers*, 28 ; observat. du minist. des trav. publics.)

Il est plus étrange encore de confier à l'administration
le choix des syndics, lorsqu'il s'agit des associations volontaires d'irrigation ou de drainage. —Là, comme nous
l'avons dit plusieurs fois, l'administration a pour unique
mission de consacrer par sa sanction l'accord des propriétaires. Le droit commun semble donc appelé à régir
la constitution intérieure de ces syndicats. Mais les lois
qui donnent à l'autorité préfectorale le droit de régulari-
ser l'existence des réunions d'intéressés qui se présentent
à elle, contiennent un renvoi aux dispositions de la loi
du 16 sept. 1807. On doit donc suivre, pour l'organisation des associations volontaires, les formalités indiquées par cette loi pour les associations forcées.

106. — L'acte qui organise le syndicat fixe la durée
des fonctions de ses membres. Cette durée varie ordinairement de trois à cinq ans. — A la fin de chaque
année un ou plusieurs membres sont renouvelés. Les syndics sortants sont désignés par le sort, mais ils peuvent
être renommés pour une nouvelle période. Le syndic,
dont le mandat est expiré, peut néanmoins concourir,
jusqu'à son remplacement, aux délibérations du syndicat.
(26 juillet 1855 : *Fabrique de l'église métropol. de Tours*,
557.) — Les syndics choisis en remplacement de membres sortants doivent appartenir à la même catégorie d'in-

téressés que ceux auxquels ils succèdent. — Ainsi, en matière de curage, l'acte constitutif du syndicat a soin, en général, de stipuler, que les membres du syndicat seront choisis, partie parmi les propriétaires ou locataires de terrains, partie parmi les propriétaires ou locataires d'usines. — Si donc le syndic sortant est un propriétaire de terrains, celui qui le remplace est nécessairement pris parmi les propriétaires de terrains.

Le préfet pourvoit, en outre, au remplacement des membres décédés ou démissionnaires, ou qui cessent de satisfaire aux conditions d'aptitude exigées. — Les fonctions des syndics nommés en remplacement de membres décédés ou démissionnaires, ne durent que le temps pendant lequel le membre remplacé serait resté en fonctions.

107. — Un des syndics est nommé par le préfet pour faire les fonctions de directeur. — Quelquefois ce syndic est choisi parmi des personnes étrangères à l'association.

Le directeur est chargé de la surveillance générale des intérêts de la communauté, et de la conservation des plans, registres et autres papiers relatifs à l'administration des travaux.

Après autorisation du syndicat, il représente l'association en justice, tant en demandant qu'en défendant.

La durée de ses fonctions est fixée par l'acte constitutif du syndicat ou par l'arrêté préfectoral qui le désigne. — Rien ne s'oppose à ce qu'à leur expiration le même directeur soit de nouveau nommé.

108. — Le directeur convoque et préside le syndicat. — Il le réunit toutes les fois que le besoin du service l'exige, ou sur l'ordre spécial du préfet.

Les délibérations sont prises à la majorité des voix des membres présents. — En cas de partage, la voix du président est prépondérante.

Les délibérations sont inscrites par ordre de date sur

un registre coté et paraphé par le directeur. — Elles sont signées de tous les membres présents à la séance.

Dans tous les cas, les délibérations du syndicat ne peuvent être exécutées qu'après l'approbation du préfet.

Tous les intéressés ont le droit d'en prendre communication sans déplacement.

109. — Les fonctions du syndicat sont nombreuses et variées.

Il est spécialement chargé :

De faire dresser un plan parcellaire, appuyé d'un rapport, indiquant avec des teintes diverses le périmètre des terrains compris dans l'association et leur classification ;

D'adresser au préfet des propositions pour tout ce qui concerne la nomination et le traitement des agents chargés de la rédaction des projets, de l'exécution, de la surveillance des travaux, et de la police des cours d'eau ;

De faire rédiger les projets, de les discuter, et de proposer le mode à suivre pour l'exécution des travaux ;

De poursuivre, s'il y a lieu, l'expropriation des terrains nécessaires à l'établissement des ouvrages, comme l'élargissement ou le redressement des cours d'eau, etc.[1] ;

De proposer au préfet, s'il y a lieu, le projet de contribution provisoire aux travaux ;

De faire procéder à l'estimation des classes ; — de désigner l'expert qui doit concourir avec celui de l'administration, du concessionnaire ou des propriétaires non syndiqués, aux opérations de classement et d'estimation ;

D'indiquer les lieux où des barrages ou prises d'eau peuvent être établis ; — de proposer les conditions sous

---

1. On comprend que ceci ne s'applique qu'aux syndicats organisés dans un intérêt public.

lesquelles des concessions pourraient être accordées, ainsi que l'époque et la durée des irrigations ;

De concourir aux mesures nécessaires pour passer les marchés ou adjudications ;

De surveiller l'exécution des travaux ;

De dresser le tableau de la répartition des dépenses entre les divers intéressés ;

De préparer les budgets annuels ;

De délibérer sur les emprunts qui peuvent être nécessaires à l'association : ces emprunts doivent être autorisés par l'administration supérieure ; toutefois, le préfet les approuve définitivement, lorsqu'ils ne portent pas au delà du chiffre fixé par l'acte constitutif du syndicat la totalité des emprunts de l'association ;

De contrôler et de vérifier le compte administratif du directeur, ainsi que la comptabilité du percepteur ;

De veiller à ce que les conditions imposées à tous les établissements de barrage ou de prise d'eau soient strictement observées ; de provoquer, au besoin, la répression des infractions aux lois et règlements qui régissent les cours d'eau ;

Enfin, de donner son avis sur tous les intérêts de la communauté, lorsqu'il est consulté par l'administration, et de proposer tout ce qu'il croit utile à l'association.

Telles sont les diverses fonctions du syndicat. Nous n'avons pas besoin de dire que nous n'avons fait ici que les indiquer d'une manière générale. — C'est à l'acte constitutif qu'il faudra se reporter dans chaque espèce pour apprécier d'une manière exacte et complète l'étendue et la limite des pouvoirs confiés aux représentants de l'association.

110. — Le syndicat est directement placé sous l'autorité du préfet. C'est à ce fonctionnaire supérieur qu'appartiennent la surveillance et le contrôle de ses actes ; c'est

à lui de veiller à l'accomplissement régulier de sa mission. — Dans ce but, l'acte constitutif contient généralement une clause qui, prévoyant le cas où le syndicat ne remplirait pas les fonctions qui lui sont attribuées, autorise le préfet, après mise en demeure régulière, à y suppléer en désignant à cet effet tel agent qu'il juge convenable.

111. — A côté des syndicats forcés, la loi a placé une Commission spéciale dont les attributions sont très-importantes.

La Commission, composée de sept membres nommés par l'empereur, est choisie parmi les personnes n'ayant aucun intérêt direct dans les travaux et qui sont présumées avoir le plus de connaissances relatives, soit aux localités, soit aux divers objets sur lesquels elles ont à prononcer. (Art. 43 et 44, loi du 16 sept. 1807.)

Avant d'entrer en fonctions, les membres de la Commission prêtent serment entre les mains du préfet.

Quand l'acte constitutif du syndicat ne s'est pas expliqué à cet égard, la Commission nomme elle-même son président et son secrétaire et pourvoit à leur remplacement en cas d'absence ou d'empêchement. — Ordinairement, il est stipulé qu'en pareille occurrence la présidence appartient au plus âgé des membres : le plus jeune remplit les fonctions de secrétaire.

Des dispositions spéciales règlent tout ce qui concerne le lieu des réunions, les convocations, la forme des délibérations. — La loi exige seulement d'une manière absolue que les décisions de la Commission soient motivées. Elles ont, en effet, le caractère de jugements. (Art. 45, loi du 16 sept. 1807.)

112. —Les art. 46 et 47 précisent avec soin les attributions des Commissions spéciales. Ces Commissions sont de véritables tribunaux dont les décisions rendues en pre-

mier ressort sont soumises à l'appel devant le Conseil d'État. — La loi les charge, en effet, de prononcer sur tout ce qui est relatif au classement des diverses propriétés avant ou après l'exécution des travaux, à leur estimation, à la vérification des plans cadastraux, à l'exécution des clauses des actes de concession, à la rectification et à la réception des travaux, à la formation du rôle de plus-value, etc., etc. — Les Commissions spéciales décident en un mot toutes les contestations, sauf les questions de propriété réservées à l'autorité judiciaire, qui s'élèvent entre le concessionnaire et l'administration, ou entre ceux-ci et les propriétaires intéressés. — Nous mentionnons ici seulement ces attributions qui seront ultérieurement l'objet d'une étude complète.

113. — Les fonctions des Commissions spéciales cessent aussitôt après l'entier accomplissement des opérations qui ont rendu nécessaire l'institution d'un syndicat. Remise est faite à cette époque aux archives de la préfecture de ses registres et papiers.

114. — Les frais de toute nature occasionnés par leurs opérations, notamment les indemnités de déplacement qui peuvent être dues aux commissaires, sont supportés par le syndicat, sauf l'effet des décisions particulières qui les mettraient à la charge des parties qui auraient succombé devant la Commission.

115. — « Ce magistrat spécial, a dit Macarel, en parlant de la Commission, choisi sur les lieux mêmes et parmi les personnes les plus éclairées sur l'opération importante qui va s'exécuter, me paraît une bonne et salutaire institution. Elle offre aux divers intérêts d'assez larges garanties. Je pense, toutefois, que le législateur lui-même aurait pu déterminer la plupart des mesures qu'il a confiées au pouvoir discrétionnaire de l'administration quant à l'organisation des Commissions.

« Je pense aussi qu'il serait bon qu'un commissaire du gouvernement fût placé près chacune d'elles. Dans ces matières, l'intérêt général se lie de toutes parts à l'intérêt privé, et l'administration qui est l'organe des intérêts de la société doit toujours être mise à portée de requérir ce que son intérêt lui paraît exiger. » (Des trib. adminis., p. 263.)

# TITRE III

## DES FORMALITÉS PRÉALABLES A L'EXÉCUTION DES TRAVAUX PUBLICS.

116. — Division de ce titre.

**116.** — Nous venons de faire connaître l'organisation actuelle des travaux publics en France. Avant d'aborder ce qui concerne les divers modes d'exécution en usage, il est essentiel d'étudier diverses mesures dont l'accomplissement préalable est nécessaire. — Nous voulons parler : 1° de l'étude des projets ; — 2° de l'enquête qui précède leur adoption ; — 3° de la déclaration d'utilité publique. — Ce sera l'objet de trois chapitres distincts.

## CHAPITRE PREMIER

### ÉTUDE DES PROJETS.

117. — Rédaction des plans et devis ; à qui elle est confiée.
118. — Études sur le terrain.
119. — Devoirs des ingénieurs à cet égard.
120. — Opposition des propriétaires par voie de fait ; art. 438 C. P.
121. — Mémoire explicatif ; son objet.
122. — Devis, détail estimatif, avant-métré.
123. — Rédaction de l'avant-projet.
124. — Projet définitif.
125. — Desséchement de marais ; frais de levée, de vérification et d'approbation des plans.
126. — Associations syndicales ; rédaction et vérification des projets.
127. — Autorisation donnée à des particuliers de procéder à des études.

**117.** — Tous les travaux publics s'exécutent sur des

plans et devis dont la rédaction doit nécessairement précéder la construction des ouvrages. — Ces opérations préliminaires sont naturellement confiées, dans chaque administration, aux agents chargés de la direction des travaux eux-mêmes. — Ainsi, comme nous l'avons déjà dit en énumérant les diverses fonctions des ingénieurs des ponts et chaussées, les plans, profils, nivellements, sont exécutés par les ingénieurs ordinaires, examinés, étudiés de nouveau par l'ingénieur en chef et proposés par lui à l'inspecteur divisionnaire qui réunit, s'il y a lieu, dans des projets généraux, les propositions particulières des ingénieurs en chef de sa circonscription.

De même, les officiers du génie pour les travaux du ministère de la guerre, les ingénieurs détachés auprès du ministère de la marine, ou les architectes du gouvernement pour les bâtiments civils sont chargés, dans chacun de ces services, de préparer les plans et projets nécessaires à la construction des ouvrages. — L'indication complète des devoirs hiérarchiques de ces divers fonctionnaires sous ce rapport intéresse exclusivement l'administration intérieure des différents corps, et ne doit pas trouver place dans un ouvrage qui a pour objet principal le contentieux des travaux publics. — Nous laisserons donc de côté ces détails.

118. — La rédaction des plans et devis exige la plupart du temps des études préalables sur le terrain. Il faut procéder à des nivellements, faire des sondages, quelquefois même occuper temporairement des terrains privés. — Ces travaux préparatoires doivent être l'objet d'une autorisation administrative spéciale. Le préfet y pourvoit par un arrêté. — Les dommages qui en sont la conséquence tombent d'ailleurs sous le coup des principes posés par les lois du 28 pluv. an VIII et du 16 sept. 1807, qui ne font aucune distinction entre les dom-

mages résultant des travaux d'études et ceux qui sont causés par l'exécution même des projets arrêtés et approuvés. –

119. — Il est du devoir des ingénieurs d'éviter tout ce qui pourrait être considéré comme une vexation inutile au but de leur mission. — Une circulaire en date du 24 oct. 1853 leur fait à cet égard les recommandations suivantes : « Quel que soit l'intérêt exposé dans les études ou dans les travaux à entreprendre, il est toujours possible de procéder régulièrement, et l'on ne serait pas fondé aujourd'hui à se plaindre des lenteurs de l'administration. — Mais, dans le cas même où la stricte observation des règles devrait amener quelque retard, le respect du droit de propriété est un principe trop élevé pour qu'on le subordonne à une pareille considération. Je recommande donc, de nouveau, de la manière la plus expresse, aux ingénieurs, de ne jamais agir sans être préalablement munis de toutes les autorisations nécessaires ; et s'ils trouvent de la résistance, même alors qu'ils sont parfaitement en règle, de ne recourir aux voies de rigueur qu'après avoir épuisé tous les moyens de conciliation compatibles avec l'accomplissement de leurs obligations de service.

« Je leur renouvelle également mes recommandations sur la conduite qu'ils ont à tenir lorsqu'ils sont entrés dans les propriétés pour les occuper temporairement ou pour les traverser. La résistance des propriétaires à laisser pénétrer chez eux tient souvent à la crainte d'y voir commettre des dégâts inutiles, et il y a là peut-être une cause d'irritation plus grande que dans l'occupation même de la propriété ; l'indemnité pécuniaire n'est pas acceptée comme une réparation suffisante du mal moral causé par des dommages que ne motive pas une impérieuse nécessité. Les ingénieurs doivent s'attacher à faire cesser de pareilles craintes en donnant de bonnes directions à leurs agents, en s'abstenant avec le plus grand soin de tout ce qui pourrait nuire à la propriété sans utilité pour les opérations, en atténuant, autant qu'il dépendra d'eux, les dommages inévitables, en ménageant, en un mot, la propriété autant que le permettent les exigences réelles des études ou des travaux.

« Ces recommandations ne concernent pas seulement les ingénieurs de l'État, elles s'adressent également aux ingénieurs des compagnies concessionnaires de travaux publics et particulièrement de chemins de fer ; les compagnies agissent comme délégataires de l'État, et si, en vertu de cette délégation, elles exercent les mêmes droits, elles sont aussi tenues aux mêmes obligations.

« Je confie à MM. les préfets le soin de veiller à l'exécution franche et complète de mes prescriptions. »

120. — Tels sont les devoirs des ingénieurs. Lorsqu'ils se maintiennent dans les limites tracées par la circulaire que nous venons de citer, ils doivent jouir d'une liberté complète dans l'exercice de leur mission.

L'art. 438 du C. pén. prononce contre tous ceux qui s'opposent par voies de fait à l'exécution de travaux autorisés par le gouvernement, une peine de trois mois à deux ans d'emprisonnement et une amende qui ne peut excéder le quart des dommages-intérêts ni être au-dessous de 16 francs.

Cette disposition s'applique aussi bien dans le cas où les voies de fait sont dirigées contre des travaux préparatoires, que dans le cas où l'opposition se manifeste contre l'exécution de travaux définitivement approuvés. — On a voulu soutenir que l'art. 438 ne protége pas également les premiers, parce qu'ils sont antérieurs à la déclaration d'utilité publique exigée par les lois sur l'ex-

propriation. — Mais cette opinion ne repose sur rien
de sérieux. Aucune loi n'impose l'accomplissement d'une
pareille formalité préalablement à l'exécution des travaux préparatoires. Une simple autorisation administrative suffit pour obliger les propriétaires à les souffrir,
sauf, bien entendu, la réparation du dommage causé.—
La cour de cassation s'est prononcée en ce sens à deux
reprises différentes. — « Attendu, a-t-elle dit, qu'il faut
« distinguer entre la déclaration d'utilité publique exi-
« gée par la loi du 8 mars 1810 qui ne peut émaner
« que du gouvernement, et la confection des travaux
« préparatoires autorisés par l'administration et destinés
« à l'éclairer sur la nécessité de cette déclaration ; —
« que si la déclaration d'utilité publique doit toujours
« intervenir dans la forme d'une ordonnance royale, il
« ne s'ensuit pas que les travaux préparatoires et d'étude
« doivent être autorisés avec la même solennité ; que le
« contraire résulte même de la différence qui existe
« entre les résultats de ces travaux et ceux de la décla-
« ration d'utilité publique ; qu'en effet la déclara-
« tion d'utilité publique entraîne nécessairement l'ex-
« propriation des terrains auxquels elle s'applique,
« tandis que les travaux dont il s'agit ne portent aucune
« atteinte aux droits de propriété ; qu'il s'ensuit de là
« que les agents de la direction générale des ponts et
« chaussées sont suffisamment autorisés à s'y livrer,
« lorsqu'ils sont munis des ordres de leurs supérieurs
« et de l'autorité administrative compétente, sauf la ré-
« paration et l'indemnité des torts et dommages que ces
« travaux pourraient causer, et à la charge par lesdits
« agents de la direction générale de justifier de leur
« qualité et de leur mission aux propriétaires des ter-
« rains sur lesquels ils s'exécutent ; que toute opposition
« par voies de fait à des opérations de cette nature, en-

« treprises par des ingénieurs des ponts et chaus-
« sées dûment autorisés par le préfet du départe-
« ment, serait passible des peines déterminées par l'art.
« 438 du C. pénal... » (Voy. 3 mai 1834, *Bertrand*, S.-
V. 1834. 1. 574. — Delalleau, t. Iᵉʳ, nᵒ 54 ; M. Dufour,
t. VII, nᵒ 42. — MM. Faustin Hélie et Chauveau Adolphe,
*Théorie du Code pénal*, t. VI, p. 173. — C. d'État,
19 oct. 1825, *Berthelot*.)

121. — Les travaux préparatoires exécutés sur le terrain servent de base aux plans, profils et projets des ingénieurs. — Ces plans doivent être accompagnés d'un
mémoire explicatif « destiné à faire connaître l'objet ou
« le but du travail à entreprendre, les motifs de préfé-
« rence qui ont déterminé l'auteur dans la composition
« et dans le choix des moyens. On doit autant que pos-
« sible aller au-devant des objections et les combattre :
« rien n'est à négliger lorsqu'il s'agit d'éclairer l'admi-
« nistration et de la mettre à même de donner son ap-
« probation en pleine connaissance de cause. — Un
« mémoire obscur ou incomplet oblige à demander suc-
« cessivement des explications et des renseignements.
« Il en résulte des retards toujours préjudiciables au bien
« du service et surtout beaucoup d'ennui pour celui qui
« n'a pas su d'abord exposer ses motifs de manière à les
« faire bien comprendre. » (Voy. M. Tarbé de Vauxclairs, *Dict. des trav. publics*, vᵒ Mémoires.) — « On
« voit, ajoute M. Dufour, après avoir cité ce passage, que
« ce genre de pièces a trait à la justification de l'entre-
« prise et des voies et moyens proposés, qu'elles s'adres-
« sent à l'administration elle-même, provoquent et pré-
« parent ses résolutions et ne gardent que peu d'im-
« portance pour l'exécution. » (Voy. *Traité gén. du dr.
adm.*, t. VII, nᵒ 44.)

122. — Les ingénieurs doivent joindre à ce mémoire

d'autres pièces beaucoup plus importantes sous ce dernier rapport, puisqu'elles sont destinées, lorsque les travaux sont confiés à des entreprises privées, à former les
éléments du contrat d'adjudication, dont elles détermi-
nent le prix. Nous voulons parler du devis, du détail
estimatif, de l'avant-métré et des clauses particulières à
imposer à l'entrepreneur.

Ce n'est pas le moment de donner la définition de ces
divers documents et d'en faire connaître le but et la
portée. — Ces détails trouveront mieux leur place dans
le chapitre où nous étudierons tout ce qui a trait au prix
de l'adjudication.

123. — Lorsque l'entreprise projetée est destinée à
être confiée à une compagnie concessionnaire, le travail
des ingénieurs de l'État se borne à la rédaction d'un
avant-projet contenant seulement des indications générales suffisantes pour éclairer l'administration sur l'utilité des travaux et sur les conditions à imposer au concessionnaire.

L'ordonnance royale du 18 fév. 1834, portant règlement sur les formalités des enquêtes relatives aux travaux
publics, détermine d'une manière nette la mission des ingénieurs à cet égard. — D'après les art. 2 et 3, l'avant-
projet fait connaître le tracé général de la ligne des
travaux, les dispositions principales des ouvrages les plus
importants et l'appréciation sommaire des dépenses.

S'il s'agit d'un canal, d'un chemin de fer ou d'une
canalisation de rivière, l'avant-projet est nécessairement accompagné d'un nivellement en longueur et d'un
certain nombre de profils transversaux ; et, si le canal
est à point de partage, on indique les eaux qui doivent
l'alimenter.

A l'avant-projet sont joints dans tous les cas : 1° un
mémoire descriptif indiquant le but de l'entreprise et

les avantages qu'on peut s'en promettre ; 2° le tarif des droits, dont le produit serait destiné à couvrir les frais des travaux projetés, si ces travaux doivent devenir la matière d'une concession (art. 3). (Voy. aussi : circ. du 14 janv. 1850.)

124. — La rédaction des projets définitifs est faite par les agents de la compagnie concessionnaire.

Les cahiers des charges annexés aux concessions de chemins de fer, imposent ordinairement aux concessionnaires l'obligation de soumettre à l'approbation de l'autorité supérieure, dans un certain délai à partir du décret de concession, le tracé définitif du chemin, ce qui comprend : 1° un plan général à une échelle déterminée ; 2° un profil en long contenant l'indication des distances kilométriques, la longueur et l'inclinaison de chaque pente ou rampe, la longueur des parties droites et le développement des parties courbes du tracé avec le rayon correspondant à chacune de ces dernières ; — 3° un certain nombre de profils en travers, y compris le profil type de la voie ; — 4° un mémoire dans lequel sont justifiées toutes les dispositions essentielles du projet, et un devis descriptif dans lequel sont reproduites sous forme de tableaux les indications relatives aux courbes déjà données sur le profil en long.

La position des gares et des stations projetées, celle des cours d'eau et des voies de communication traversés par le chemin de fer, des passages à niveau, ou au-dessus, ou au-dessous de la voie ferrée, doivent être indiqués tant sur le plan que sur le profil en long : le tout sans préjudice des projets à fournir pour chacun de ces ouvrages.

125. — En matière de desséchement de marais exécutés conformément aux dispositions de la loi du 16 sept. 1807, les plans sont levés soit par les ingénieurs

des ponts et chaussées; soit par les concessionnaires.
(Art. 5, l. du 16 sept. 1807.)

Dans toute hypothèse, les frais de levée, vérification
et approbation des plans sont à la charge des entrepreneurs. — Si ceux qui ont fait la première soumission
et fait lever ou vérifier les plans ne demeurent pas concessionnaires, ils sont remboursés par ceux auxquels la
concession est définitivement accordée (art. 6).

Il faut appliquer cette disposition même dans le cas
où le périmètre concédé est moindre que le périmètre
embrassé par les travaux. (17 déc. 1857, *Bailly de
Merlieux*, 830.) — « On ne saurait admettre, disait
M. le ministre des travaux publics dans ses observations sur cette affaire, qu'il soit loisible aux propriétaires qui, en vertu de leur droit de préférence, restent
concessionnaires définitifs d'un desséchement, de rendre
impossible toute concession en faveur du soumissionnaire primitif, et cependant de ne lui payer qu'une indemnité proportionnelle au cercle restreint qu'ils se
proposent de dessécher. — Si cela était possible, il en
résulterait que l'indemnité, que la loi du 16 sept. 1807
a entendu assurer au soumissionnaire, pourrait, en certains cas, devenir entièrement illusoire. Le desséchement doit être considéré comme une entreprise indivisible : ou l'auteur du projet obtient la concession, ou si
les propriétaires exercent leur droit de préférence, ils
doivent solder la valeur des projets qui ont été approuvés et dont l'adoption a servi de base à la pensée même du
desséchement, sans qu'il y ait rien à conclure des restrictions apportées au périmètre de l'opération qu'ils
restreignent dans des vues d'économie. »

126. — Les projets de travaux qui intéressent les
associations syndicales créées dans un but d'utilité publique sont rédigés ou vérifiés par l'ingénieur, exami-

nés par le syndicat et par l'ingénieur en chef, et approuvés par le préfet. Ils sont en outre soumis à l'approbation de l'autorité supérieure, lorsqu'il s'agit de travaux autres que ceux de simple entretien.

127. — Les autorisations ministérielles ou préfectorales accordées à des particuliers, à l'effet de procéder à des études et à la rédaction de plans et devis antérieurement à l'acte de concession, ont un caractère essentiellement administratif. Elles peuvent être retirées, sans que la décision qui intervient à cet égard soit susceptible d'être attaquée par la voie contentieuse. (7 avril 1859, *Renard*, 266.)

---

# CHAPITRE II

## ENQUÊTE PRÉALABLE A L'ADOPTION DES PROJETS.

128. — L'art. 3 de la loi du 3 mai 1841 porte : « Tous grands travaux publics, routes royales, canaux, chemins de fer, canalisation de rivière, bassins et docks, entrepris par l'État ou par compagnies régulières, avec ou sans péage, avec ou sans subside du trésor, avec ou sans aliénation du domaine public, ne pourront être

exécutés qu'en vertu d'une loi *qui ne sera rendue qu'a-* *près une enquête administrative.*

« Une ordonnance royale suffira pour autoriser l'exécution des routes, des canaux et chemins de fer d'embranchement de moins de 20,000 mètres de longueur, des ponts et de tous autres travaux de moindre importance.

« *Cette ordonnance devra également être précédée d'une* *enquête.*

« Ces enquêtes auront lieu dans les formes déterminées par un règlement d'administration publique. »

En exécution de cette loi, il a été rendu le 18 fév. 1834, une ordonnance royale portant règlement sur les formalités des enquêtes relatives aux travaux publics.

129. — Le but et l'utilité de ces enquêtes ont été maintes fois signalés. — « La nécessité des enquêtes ne « peut être mise en doute. Que les travaux d'une route, « d'un canal ou d'un chemin de fer s'exécutent aux « frais de l'État ou qu'ils deviennent l'objet de la spécu- « lation d'une compagnie, il est toujours indispensable « que l'utilité publique en soit bien établie. — L'acte « de l'autorité qui en ordonne ou qui en permet l'en- « treprise emporte avec lui le droit d'expropriation, et « ce droit exorbitant ne peut, ne doit être exercé qu'au- « tant qu'il est prouvé que les sacrifices imposés à la « propriété particulière sont commandés et justifiés par « un intérêt général. » (Voy. rapp. au roi sur l'ordon. du 18 fév. 1834.)

130. — Ces dernières expressions du rapport doivent être particulièrement remarquées. — Le législateur a vu dans l'enquête un moyen de constater l'utilité publique des travaux projetés. — Elle seule, pouvant justifier la dépense, il appelle sur cet objet important les observations des parties les plus directement intéressées. — Quant

aux réclamations individuelles et qui n'ont trait qu'à des intérêts particuliers, il n'est pas temps encore pour elles de se produire. — Les lois sur l'expropriation leur ont ménagé une autre occasion et réglé par des dispositions spéciales le mode d'après lequel elles devront se manifester. Il y a été pourvu par les art. 4 à 12 de la loi du 3 mai 1841.

Nous n'avons pas à nous occuper ici des formalités de cette enquête spéciale, qui fait partie intégrante des règles propres à l'expropriation et qui se trouve ainsi en dehors de notre sujet. — Il nous suffit de montrer la différence essentielle qui existe entre les deux enquêtes. — La première, celle dont nous nous occupons, porte sur l'utilité générale des projets : elle peut avoir pour résultat d'en empêcher l'exécution s'il est démontré au gouvernement que les résultats à atteindre ne répondront pas aux sacrifices présumés. — L'autre, au contraire, a pour but de permettre aux intérêts individuels froissés de faire entendre leurs plaintes. — Elle est en général sans effet sur les résolutions arrêtées, au moins en ce sens que leur principe même n'est pas mis en cause et que les changements à effectuer, si l'opportunité en est prouvée, sont uniquement relatifs aux détails de l'exécution ou à des modifications de tracé. (Voy. art. 11, L. du 3 mai 1841). — Observat. du com. du gouv., *Moniteur* du 14 juin 1836.

131. — Les formalités de l'enquête ont été déterminées par l'ordon. du 18 fév. 1834. — Voici les dispositions principales de cette ordonnance.

Le préfet de chacun des départements traversés, forme, au chef-lieu, une commission de neuf membres au moins, et de treize au plus, pris parmi les principaux propriétaires, les négociants, les armateurs et les chefs d'établissements industriels.

Des registres, destinés à recevoir les observations, sont ouverts pendant un mois au moins et quatre au plus, aux chefs-lieux du département et des arrondissements. — Ces registres sont accompagnés de l'avant-projet et des autres pièces dont nous avons parlé dans la section précédente. — A l'expiration du délai spécial fixé pour l'ouverture des registres, la commission se réunit : elle examine les observations consignées, entend les ingénieurs, recueille les renseignements qu'elle croit utiles, et donne son avis motivé sur l'utilité de l'entreprise et sur les autres questions qui lui sont posées par l'administration. — Son procès-verbal est clos immédiatement et transmis sans délai au préfet par le président de la commission.

C'est ce rapport qui sert de base à la décision du gouvernement.

132. — Ces formalités établies sous l'empire des lois, qui attribuaient à l'autorité législative seule le droit de déclarer l'utilité publique des travaux, sont-elles encore en vigueur ?

Le sénatus-consulte du 23 décembre 1852, en donnant au chef de l'État le droit de décréter l'exécution des travaux publics, soumet sa décision à l'accomplissement des formes prescrites pour les règlements d'administration publique. — Mais cette garantie ne supplée pas celle que les lois sur l'expropriation ont cru trouver dans l'enquête. — La délibération du Conseil d'État a été substituée à celle du Corps législatif; mais cette délibération a besoin d'éléments, et ces éléments, le pouvoir exécutif ne peut légalement les puiser que dans l'accomplissement des formalités qui, sous le régime antérieur, devaient nécessairement précéder les discussions des Chambres. — Il est même vrai de dire que l'enquête est plus que jamais indispensable; les discussions du Conseil d'État ne sont pas publiques comme l'étaient celles des Chambres, où se trouvaient représentés d'ailleurs tous les intérêts. La presse, qui intervenait dans ces débats, n'est plus appelée à contrôler les appréciations du pouvoir. Où donc le gouvernement trouverait-il dès lors l'expression de l'opinion du pays, si ce n'est dans les observations que l'enquête a pour but de recueillir? — L'ordonnance du 18 février 1834 déclarait les formalités de l'enquête applicables aux travaux publics qui pouvaient être autorisés par une ordonnance royale, à raison de leur moindre importance. Or le sénatus-consulte de 1852 n'a pas fait autre chose qu'étendre la prérogative impériale à tous les travaux, quelle qu'en soit la nature et quel que soit le chiffre des dépenses. — N'en doit-on pas conclure que les formes exigées sous le régime parlementaire, en ce qui concerne les travaux dont l'initiative appartenait au roi, doivent encore précéder les décrets portant déclaration d'utilité publique? — Aussi la loi de 1841 n'a-t-elle cessé, sous ce rapport, de recevoir son exécution dans la pratique. (Voy. M. Delalleau, *De l'exprop.*, n° 56.)

133. — Cependant, même avant le sénatus-consulte de 1852, certains travaux n'étaient pas nécessairement précédés de l'enquête. — S'il était vrai alors « qu'aux « termes de l'article 3 de la loi du 7 juillet 1833, la « formalité préalable d'une enquête administrative est « la condition irritante et *sine quâ non* de toute décla- « ration d'utilité publique, et doit conséquemment pré- « céder toute loi ou ordonnance dont l'exécution peut « entraîner l'expropriation » (voy. Cass., 13 janvier 1840, *Préfet de la Drôme*, S.-V. 1840, I, 461), il n'était pas moins certain que les travaux de moindre importance, et qui pouvaient être exécutés sans transmission d'une fraction de la propriété privée au profit

du domaine public, n'étaient pas assujettis à cette condition.

Il en est de même aujourd'hui. — Les travaux d'entretien et de réparation ordinaires qui sont exécutés
dans chaque département, sous la direction des ingénieurs et l'autorité du préfet (voy. art. 4, ordon. du
27 mai 1829), peuvent toujours être exécutés sans enquête préalable. — A cet égard, les lois de 1833 et de
1841 n'ont rien changé à l'ancienne pratique administrative.

134. — Mais que faut-il décider en ce qui concerne
les travaux neufs dont l'évaluation n'est pas supérieure
à 5,000 fr.?

L'article 7 de l'ordonnance du 27 mai 1829 donne au
préfet le droit d'autoriser ces travaux, — et c'est seulement dans l'article 8, relatif aux *travaux neufs de
grande dimension*, qu'il est question de l'enquête. —
Sous l'empire de cette ordonnance, il ne paraît pas
douteux que cette formalité n'était pas nécessaire pour
les premiers.

La loi du 3 mai 1841 a-t-elle modifié cette règle? —
M. Dufour (si nous avons bien compris sa pensée) ne le
croit pas. — Il est d'avis que l'article 3 de cette loi n'a
statué qu'à l'égard des travaux qu'avait en vue l'article 8
de l'ordonnance de 1829, et que ses dispositions sont
étrangères aux travaux d'une évaluation égale au plus à
5,000 fr. (Voy. t. VII, n° 66.)

Cette opinion est susceptible de controverse. — L'article 3 de la loi du 3 mai 1841 qui exige la formalité
de l'enquête, ne s'applique pas en effet seulement aux
grands travaux publics dont parle l'article 8 de l'ordonnance de 1829 : il s'occupe aussi des travaux moins
considérables qu'a en vue l'article 7 de cette ordonnance.
— Il porte, en effet : « Une ordonnance royale suffira

pour autoriser l'exécution des routes départementales, celles des canaux ou chemins de fer d'embranchement de moins de 20,000 mètres de longueur, des ponts, *et de tous autres travaux de moindre importance*. « Cette ordonnance, ajoute la loi, devra également être précédée d'une enquête. »

En présence d'un texte aussi clair, la distinction faite par le savant auteur nous semble difficile à admettre, et il nous est impossible de croire que les règles à suivre pour les travaux neufs d'une évaluation égale au plus à 5,000 francs ne soient écrites que dans l'article 7 de l'ordonnance du 10 mai 1829.

135. — Les travaux qui s'exécutent dans la zone frontière ou dans le rayon des enceintes fortifiées, sont soumis à des formalités particulières que nous avons déjà fait connaître en parlant de la commission mixte. (Voy. *supra*, n°ˢ 39 et suiv.)

136. — Un décret du 15 août 1858, portant règlement d'administration publique pour l'exécution de la loi du 28 mai 1858, sur les travaux de défense contre les inondations, contient aussi des dispositions spéciales sur les formalités des enquêtes préalables à ces travaux. Il paraît sans intérêt de les faire connaître ici dans tous leurs détails.

137. — L'ordonnance du 18 février 1834 applicable aux travaux de l'État renferme des dispositions dont quelques-unes auraient été sans objet en ce qui concerne les travaux d'intérêt purement communal. Il a paru dès lors nécessaire de soumettre l'enquête qui précède ces travaux à des formalités spéciales. — Une ordonnance royale en date du 23 août 1835 a été rendue dans ce but.

L'enquête s'ouvre sur un projet où l'on fait connaître le but de l'entreprise, le tracé des travaux, les disposi-

tions principales des ouvrages, et l'appréciation sommaire des dépenses. (Art. 2.)

Ce projet reste déposé à la mairie pendant quinze
jours afin que chaque habitant puisse en prendre connaissance. — A l'expiration de ce délai, un commissaire
désigné par le préfet reçoit à la mairie, pendant trois
jours consécutifs, les déclarations des habitants sur l'u-
tilité publique des travaux projetés.

Ces deux délais sont, le cas échéant, prorogés par le
préfet et ne commencent à courir qu'à dater de l'a-
vertissement donné par voie de publication et d'affiches.
(Art 3.)

Le commissaire transmet immédiatement au maire
le registre des déclarations, après l'avoir clos et signé en
y joignant son avis motivé et les pièces qui ont servi de
base à l'enquête.

Le conseil municipal est ensuite consulté, si le registre
d'enquête contient des déclarations contraires à l'adoption du projet. Son avis est joint aux pièces qui sont
envoyées au sous-préfet et par celui-ci au préfet avec son
opinion motivée. (Art. 4.)

Enfin, le préfet, après avoir pris, dans les cas prévus
par les règlements, l'avis des chambres de commerce et
des chambres consultatives des arts et manufactures,
envoie le tout au ministre de l'intérieur, avec son avis,
pour qu'il soit, sur le rapport de celui-ci, statué par
l'empereur sur la question d'utilité publique des travaux.
(Art. 5.)

L'ordonnance ajoute (ce qui est presque surabondant)
que si les travaux n'intéressent pas exclusivement la
commune, il doit être procédé à l'enquête suivant les
formes prescrites par les art. 9 et 19 de l'ordonnance
du 18 fév. 1834.

# CHAPITRE III

## DE LA DÉCLARATION D'UTILITÉ PUBLIQUE.

138. — Les décrets qui ordonnent l'exécution des travaux, déclarent en même temps l'utilité publique. Cette déclaration a pour effet d'armer l'administration du droit de faire prononcer l'expropriation des terrains nécessaires à l'établissement des travaux projetés; mais elle ne consomme pas l'expropriation, et les terrains désignés comme devant être ultérieurement occupés par les travaux, restent à la libre disposition de leurs propriétaires, tant qu'il n'est pas intervenu un jugement régulier de dépossession. Des constructions peuvent y être élevées même en dehors des alignements projetés. En un mot, la déclaration d'utilité publique implique une résolution arrêtée; mais cette résolution n'est pas irrévocable, et les particuliers qu'elle intéresse ne sont pas tenus jusqu'à la mise à exécution des projets de laisser leur propriété inculte ou improductive. (Voy. Paris, 4 mars 1824, *préfet de la Seine*, S. 24, 2, 350.)

139. — Les décrets sont rendus dans la forme des règlements d'administration publique, c'est-à-dire qu'ils sont soumis à la délibération préalable du Conseil d'État, au moins en ce qui concerne les grands travaux pu-

blics qui, antérieurement au sénatus-consulte du 25 mars 1852, devaient être nécessairement ordonnés par une loi.

Quant aux travaux de moindre importance qui, sous le régime de la loi du 3 mai 1841, pouvaient être ordonnés par une simple ordonnance royale, le sénatus-consulte de 1852 ne leur est pas applicable. — Son art. 4 n'a pas eu pour effet de modifier les formes dans lesquelles le pouvoir exécutif autorisait ceux des travaux publics qu'il était dans ses attributions d'ordonner. Il n'a eu d'autre but et d'autre effet que de rendre à ce pouvoir la faculté donc il avait joui autrefois, d'autoriser par un règlement d'administration publique les travaux qui, antérieurement à sa promulgation, ne pouvaient être exécutés qu'en vertu d'une loi. — Il a été décidé en conséquence qu'un décret impérial qui ordonne l'ouverture d'une voie de communication dans Paris, rendu sur l'avis seulement de la section de l'intérieur est régulier, attendu qu'une loi n'était pas nécessaire avant le sénatus-consulte du 25 mai 1852 pour autoriser cette espèce de travaux. (27 mars 1856, *de Pommereu*, 224.)

140. — Les décrets portant déclaration d'utilité publique ne doivent pas, à peine de nullité, contenir l'énonciation exacte des noms et prénoms des propriétaires des terrains compris dans le périmètre des travaux, surtout lorsqu'il n'est pas allégué qu'il y ait eu incertitude sur l'emplacement, ni sur la personne propriétaire de l'emplacement où devait s'élever la construction déclarée d'utilité publique. (1er juin 1849, *Ponts-Asnières de la Châtaigneraie*, 290.)

141. — De même, lorsqu'il s'agit de travaux communaux, aucun texte ne prescrit la mention dans le décret de l'envoi de l'avis du sous-préfet au préfet, cet avis n'étant pas exigé par l'art. 4 de l'ordonnance du 23 août 1835, à peine de nullité. (Même arrêt.)

142. — La déclaration d'utilité publique est un acte d'administration : elle en a tous les caractères et tous les effets.

Elle échappe à tout contrôle si le réclamant se borne à prétendre que l'appréciation sur laquelle elle repose est fausse et mal fondée. Il n'appartient à personne de critiquer à ce point de vue la déclaration émanée du chef de l'État. Lui seul est assez haut placé pour statuer sur la nécessité des travaux et leur utilité pour le pays. Il le fait après les enquêtes, quand il se trouve suffisamment éclairé; sa décision souveraine ne peut pas être déférée à la juridiction contentieuse. (1er juin 1849, *Ponts-Asnières de la Châtaigneraie*, 290.)

143. — Mais il en est autrement quand la critique s'adresse à la forme de l'acte ou à l'autorité de laquelle il émane. — L'incompétence et l'excès de pouvoir sont ici, comme en toute matière, des vices essentiels et absolus. — Ainsi toute déclaration d'utilité publique qui ne serait pas précédée d'une enquête, ou de la délibération préalable du Conseil d'État, ou bien qui serait faite par un ministre ou par un préfet, tomberait nécessairement sous le coup de la censure du Conseil d'État. (Déc. des 7-14 oct. 1790, 3°). Il ne s'agit pas alors seulement pour celui qui réclame d'un intérêt froissé : car tout le monde a droit à la protection qu'on trouve dans l'accomplissement des formes imposées à l'action administrative. — C'est donc avec raison que le Conseil d'État a déclaré recevables les recours formés contre des décrets portant déclaration d'utilité publique et fondés sur l'incompétence et l'excès de pouvoir. (27 avril 1847, *Boncenne*, 243; 31 mars 1848, *Meyronnet de Saint-Marc*, 152; 10 mai 1851, *d'Inguimbert et consorts*, 348; 27 mars 1856, *de Pommereu*, 224.)

144. — Le recours doit être formé dans les trois

mois à partir du jour où la partie intéressée a eu connaissance de la déclaration. — Une notification individuelle n'est pas nécessaire. On considère comme pouvant y suppléer la publication faite dans la commune. — En conséquence et *a fortiori* le maire qui a dressé procès-verbal de cette publication, est non recevable à se pourvoir par la voie contentieuse plus de trois mois après le jour où elle a eu lieu. (14 déc. 1850, *com. de Batignolles-Monceaux*, 942.)

145. — La déclaration d'utilité publique qui s'applique à un ensemble de travaux, comprend nécessairement tous les ouvrages accessoires destinés à les compléter et à entrer dans cet ensemble. — « Il faut, disait « en 1833 le commissaire du gouvernement, qu'il soit « bien reconnu que, lorsqu'une loi ou ordonnance aura « autorisé l'ouverture d'une route, l'établissement d'un « canal, tous les travaux dépendant de cette route ou « de ce canal sont par là même autorisés implicitement « et que des déclarations partielles d'utilité publique ne « sont pas exigées. » (Voy. *Moniteur* du 5 mai 1833, p. 1248.)

Mais comment reconnaîtra-t-on que les travaux à l'occasion desquels un débat s'élève doivent être considérés comme étant vraiment accessoires aux travaux déjà exécutés, comme en étant le complément nécessaire et prévu au moment de la déclaration d'utilité publique ? — Il est impossible *a priori* d'établir sur ce point des règles précises ; la solution dépend des circonstances de chaque espèce. Il a été jugé que le projet de redressement d'un canal qui rendait nécessaire l'expropriation de plusieurs propriétés, étant indépendant de la construction du canal, seule déclarée d'utilité publique, il aurait dû être procédé à une autre déclaration (Cass., 8 avril 1835, *préfet des Ardennes*, S.-V.

35, 1. 300); — qu'il en devait être de même dans le cas ou un décret ayant classé une route, il s'agit de procéder au redressement de cette route, en suivant une autre direction. (Cass., 11 juillet 1838, *préfet de la Drôme*, S.-V. 38, 1. 787.) — Il a été jugé au contraire que, lorsqu'après l'entier achèvement des travaux d'utilité publique qui avaient été autorisés par une loi ou par une ordonnance, l'administration projette une mesure nouvelle tout à fait en dehors de cette autorisation, en décidant, par exemple, qu'un chemin intercepté par les premiers travaux et qu'on avait d'abord remplacé sur un point, sera reporté sur un autre point, ce qui doit nécessiter l'expropriation des terrains nécessaires au nouvel emplacement, cette expropriation ne peut être prononcée par les tribunaux qu'après une nouvelle déclaration d'utilité publique par une loi qu ordonnance, et qu'après que toutes les autres formalités de l'expropriation, telles, par exemple, qu'un arrêté du préfet indicatif des localités ou territoires à céder pour l'exécution du nouvel œuvre, ont été remplies. (Cass. 13 janv. 1840, *de Valbrune*, D. P. 40, 1. 91.) (Voy. enc. Cass. 21 nov. 1836, *préfet de la Drôme*, S. V. 36, 1. 820; 27 fév. 1849, *compagnie Heim*, S. V. 49, 1. 215; 27 fév. 1852, *Seytres*, D. P. 53, 1. 274; — C. d'État; 30 août 1847, *Tardy*, 612; 12 déc. 1851, *Godde*, 748.)

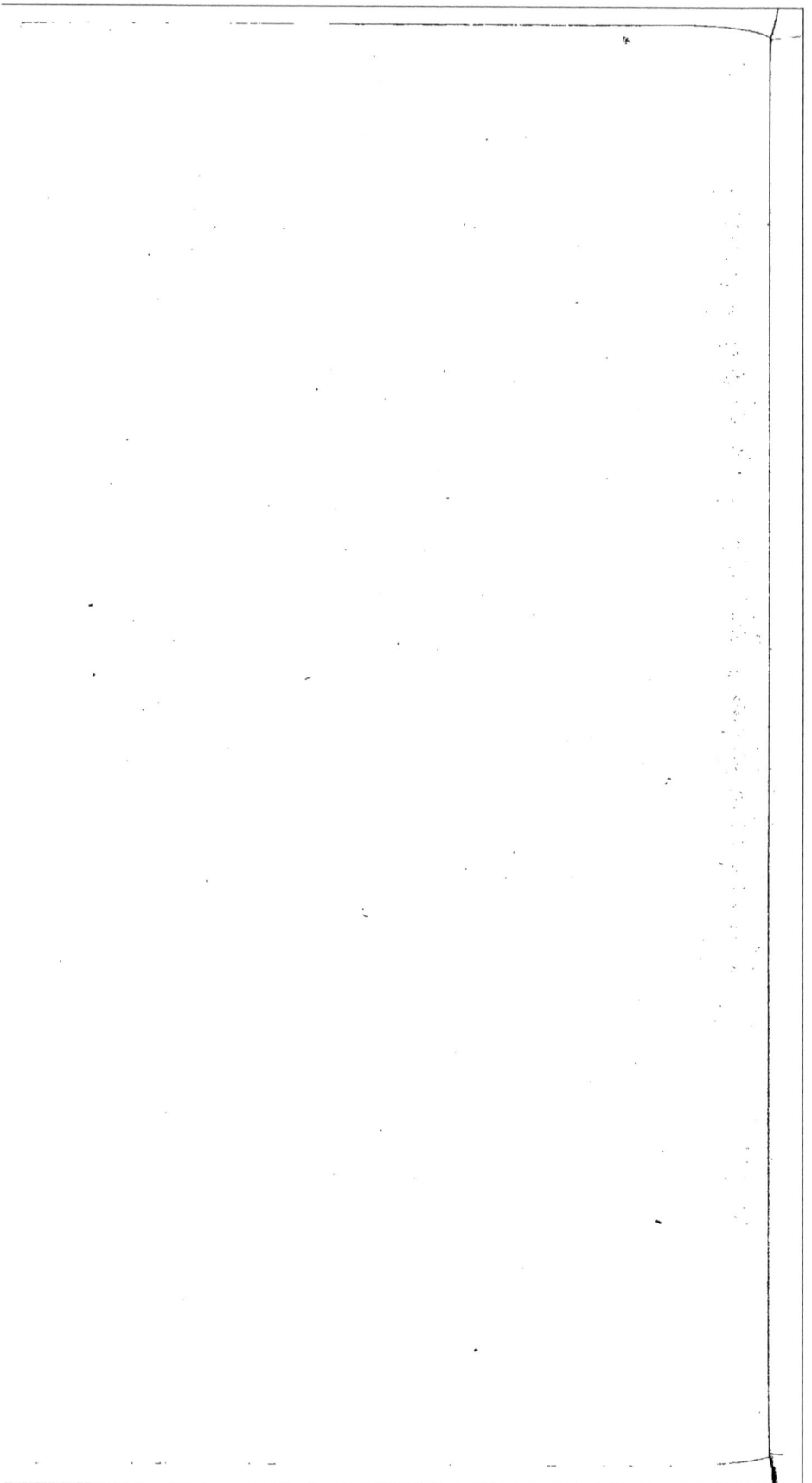

# DEUXIÈME PARTIE

## DES DIVERS MODES D'EXÉCUTION DES TRAVAUX PUBLICS.

---

## TITRE PREMIER

### DES FORMALITÉS ET DES CONDITIONS DE L'ADJUDICATION.

---

146. — Division du sujet.

146. — Tous les travaux publics ne s'exécutent pas de la même manière. — On compte cinq modes d'exécution bien distincts : 1° l'exécution à la journée ; — 2° la régie simple ou économie ; — 3° la régie intéressée ; — 4° l'adjudication ou entreprise au rabais ; — 5° la concession.

Ces modes d'exécution sont loin d'avoir la même importance. — Les deux premiers, à raison de leur simplicité, ne donnent lieu à aucune difficulté sérieuse : nous n'en dirons que quelques mots.

Les deux derniers au contraire appellent toute notre attention. — L'adjudication au rabais est le mode généralement suivi pour la plupart des travaux.—Quant au contrat de concession, son importance grandit chaque jour : nous aurons à le faire connaître sous tous ses aspects. Reste la régie intéressée qui n'est qu'un incident, trop commun du reste, de l'exécution à l'entreprise et dont nous nous occuperons en traitant de l'adjudication.

# CHAPITRE PREMIER

## DES FORMES DE L'ADJUDICATION.

### SECTION PREMIÈRE

*Du principe de la publicité des marchés.*

147. — Trois déclarations du roi en date des 21 février 1608, 13 février 1688 et 7 juin 1708 avaient réglé, sous l'ancien régime, le mode et les formes de l'adjudication des travaux exécutés au compte de l'État. — On y trouve l'origine des dispositions des ordonnances qui régissent actuellement la matière. — Ainsi, avant de commencer les travaux, l'architecte devait rédiger un devis. Ce devis, avec les clauses et conditions « pour la perfection des ouvrages, » était publié et affiché. L'adjudication se faisait devant les officiers royaux « au dernier moins disant, à l'extinction des feux. » — En cas d'urgence ou lorsque la dépense à faire n'excédait pas deux mille livres, l'accomplissement de ces formalités n'était

pas obligatoire. Le payement des ouvriers, des fournisseurs et entrepreneurs se faisait sur des rôles arrêtés par
les directeurs des travaux.

148. — Le principe de la concurrence et de la publicité des marchés de travaux publics était donc consacré par notre ancienne législation. — Mais il y resta
trop souvent enfoui à l'état de lettre morte. La plupart des marchés étaient passés de gré à gré. — Colbert
et Vauban, auxquels M. Cotelle attribue à tort l'initiative
des adjudications publiques au rabais, eurent du moins
l'honneur, pendant leur administration, d'en faire prévaloir l'usage.—Mais après eux, l'influence des traitants
reprit le dessus; et l'on ne tarda pas à revenir, dans la
pratique, à l'emploi des marchés occultes. — L'intrigue
et la cupidité, à une époque où le pouvoir ne subissait
pas de contrôle, devaient nécessairement être plus fortes
que les règlements.

149. — La chute de l'ancien régime n'amena pas
tout d'abord de changement notable sous ce rapport,
et ce fut seulement sous le Directoire que l'on songea
sérieusement à réformer les anciens abus. (Voy. arrêté
du 19 ventôse an XI (10 mars 1803), Duverg., 1829,
p. 181.)

Cet arrêté servit de règle jusqu'au 10 mai 1829.
À cette date parut une ordonnance sur le mode d'adjudication des travaux des ponts et chaussées. — Cette
ordonnance contenait des dispositions excellentes; mais
elle avait le tort d'être spéciale. Des voix s'élevèrent
pour demander un règlement général applicable aux travaux publics de toute nature. — Pour donner satisfaction
à ces justes réclamations, la Chambre des députés inséra
dans la loi de finances, en date du 31 janvier 1833, un
art. 12 portant : « Une ordonnance royale réglera les
« formalités à suivre à l'avenir dans tous les marchés

« passés au nom du gouvernement. » — En exécution de cet article, les ministres de la guerre, de la marine, des affaires étrangères, de l'intérieur, des travaux publics, de l'agriculture, de la justice et de l'instruction publique furent consultés ; ils émirent des avis et firent des propositions sur lesquelles le ministre des finances présenta un rapport au roi qui rendit le 4 décembre 1836 une ordonnance encore aujourd'hui en vigueur [1]. — Depuis cette époque, l'adjudication des travaux publics, à quelque ministère qu'ils appartiennent, a été soumise à des règles uniformes que nous allons faire connaître.

150. L'article 1er pose en principe que tous les marchés passés au nom de l'État seront faits avec concurrence et publicité, sauf les exceptions énumérées dans l'article 2.

Ce principe essentiel de notre droit public n'a pas besoin d'être justifié. — « Toutes les affaires, disait « récemment le ministre de l'intérieur dans son rap- « port à l'empereur sur le nouveau décret de décentra- « lisation, en date du 29 avril 1861, doivent être trai- « tées au grand jour, surtout quand il s'agit de travaux « et fournitures. Toutes les entreprises doivent être ad- « jugées sous les yeux des populations et sous l'aiguillon « de la liberté des enchères. Publicité et concurrence, « voilà, malgré des assertions contraires, les meilleures « règles en pareille matière ; et je connais trop les in- « tentions de Votre Majesté, pour ne pas être sûr, à l'a- « vance, qu'elle condamnerait toute mesure qui aurait « pour effet de restreindre dans son application le prin- « cipe si tutélaire et si moral de l'adjudication. — Il im-

1. Les dispositions de l'ordonnance du 4 décembre 1836 ont été textuellement reproduites par une autre ordonnance en date du 31 mai 1838 portant règlement général sur la comptabilité publique. (Art. 45 à 57.)

« porte au plus haut degré que l'administration échappe,
« non-seulement à l'abus, mais encore au soupçon. »
(Voy. aussi : Rapport de M. de Martignac sur l'ordon.
roy. du 10 mai 1829; Duverg., 1829, 2ᵉ part.; p. 18.)

151. — La disposition de l'article 1ᵉʳ de l'ordonnance
de 1834 est d'ordre public, et l'administration n'a pas
le pouvoir d'y déroger. — Nous n'hésitons pas, pour
notre part, à considérer comme nuls, soit au respect des
entrepreneurs, soit à l'égard de l'État, les marchés conclus de gré à gré, sans publicité ni concurrence, en dehors des cas où l'ordonnance autorise une exception au
principe. M. Cotelle est d'un avis contraire. Il pense
qu'un « contrat fait de gré à gré entre l'administration et
« les entrepreneurs ou fournisseurs ne peut pas être brisé
« par elle, sous le prétexte que la soumission n'aurait dû
« être accueillie que dans la forme d'une adjudication
« sur concours, *aucune loi n'imposant impérieusement*
« *à l'administration cette forme de contrat.* » (Voy. t. III,
p. 37.) — C'est là, nous le croyons, une inadvertance
échappée à l'estimable auteur. — Son observation était
vraie avant l'ordonnance du 4 décembre 1836; mais
aujourd'hui elle est en contradiction formelle avec l'article 1ᵉʳ de cette ordonnance. Il n'est pas nécessaire,
quoi qu'en dise M. Cotelle, qu'une loi proprement dite
ait restreint, au point de vue qui nous occupe, la capacité de l'administration. — Les ordonnances royales
ont l'autorité de la loi quand elles ont été rendues dans
les formes et dans les limites constitutionnelles établies
par la Charte. — «Ces sortes d'actes, dit fort exactement
un auteur en parlant des décrets portant règlement d'administration publique qui, depuis l'empire, ont remplacé les ordonnances royales, ont pour trait distinctif
de présenter les mêmes caractères que la loi dont ils
sont le complément : ils ont comme elle la force obliga-

toire, la généralité de disposition, la réglementation de l'avenir, la sanction pénale ; comme elle enfin, ils ne commandent que dans l'intérêt général et sont d'ordre public.» (Voy. M. Ducrocq, *Cours de droit admin.*, p. 14.)

L'ordonnance du 4 décembre 1836 réunit au suprême degré toutes ces conditions. — Elle a été promulguée en exécution d'une loi et en vertu d'une délégation expresse et régulière du pouvoir législatif. Elle est donc, suivant la définition que M. Trolley donne des ordonnances réglementaires, « une loi secondaire faite dans les limites de la loi pour son exécution. » (Voy. Hiérarch. adm., n° 27.) — La nullité des marchés de gré à gré passés au mépris de ses dispositions est la conséquence nécessaire de leur inobservation. — Quant aux arrêts du Conseil d'État cités par M. Cotelle (3 juin 1831, *Saint-Brix*, 223 ; 28 fév. 1834, *Méjan*, 147), ils n'ont aujourd'hui aucune autorité. Car ils ont été rendus à l'occasion de marchés de fournitures, et à une époque où l'administration jouissait d'une liberté absolue dans le choix des moyens propres à assurer cette espèce de service, l'ordonnance des 10-27 mai 1829 étant, ainsi que nous en avons précédemment fait la remarque, spéciale aux travaux des ponts et chaussées.

152. — Telle est sur ce point l'opinion de M. Dufour. (Voy. t. VII, n° 153.) — Le savant auteur se prononce de la manière la plus formelle pour la nullité des marchés de gré à gré passés en dehors des cas d'exception prévus par l'ordonnance de 1836.

Ce n'est donc pas sans étonnement que nous le voyons, dans une autre partie de son traité, professer en ce qui concerne les marchés de fournitures une opinion diamétralement contraire et s'armer, pour la fortifier, des ordonnances contentieuses citées par M. Cotelle. (Voy. t. V, n° 736.) — Comme depuis 1836 les marchés de fournitures sont régis, au point de vue des formalités de l'adjudication, par les mêmes règles que les marchés de travaux publics, il y a entre ces deux opinions une contradiction difficile à expliquer. Il importe donc d'examiner les arguments à l'aide desquels M. Dufour justifie sa thèse de la validité des marchés de gré à gré en matière de fournitures, puisque, nous le répétons, ces arguments pourraient tout aussi bien être invoqués dans le système pour lequel M. Cotelle s'est prononcé.

M. Dufour est tombé dans une erreur manifeste lorsqu'il a dit que bien loin que la nullité soit prononcée par la loi, elle s'en est remise à l'autorité administrative du soin de fixer le mode suivant lequel on devrait traiter. — C'est nier le caractère essentiellement impératif des dispositions des ordonnances. « *Tous* les marchés passés au nom de l'État, disent-elles, sont faits avec concurrence et publicité... » — Une pareille injonction ne laisse pas le choix à l'administration, et cela est si vrai que, dans l'article suivant, les ordonnances précisent avec un soin extrême les cas exceptionnels où des dérogations à la règle sont autorisées. (Voy. art. **3**, ordon. du 4 déc. 1836 ; — art. 46, ordon. du 31 mai 1838.)

D'un autre côté, on comprend aisément, quoi qu'en dise M. Dufour, que les ministres soient rigoureusement dénués de la faculté d'abandonner le mode ordinaire et habituel de traiter, tel qu'il a été déterminé par un acte du pouvoir exécutif lui-même. — Quelle serait en effet la portée de pareils actes, si après que le pouvoir exécutif a pris, en les édictant, l'obligation de s'y conformer, il lui était loisible cependant de n'en rien faire ? — N'est-ce pas oublier que les ordonnances de 1836 et de 1838 n'ont été promulguées qu'en exécution de la loi de finances à l'autorité de laquelle elles participent en quelque sorte ? Il n'est donc pas étonnant

qu'elles s'imposent à leurs auteurs comme une règle essentielle et permanente. — Vainement craint-on de dépouiller le gouvernement d'une faculté précieuse quand
il s'agit de répondre aux exigences de circonstances
d'autant plus impérieuses bien souvent qu'elles ont été
moins prévues. — Car les ordonnances stipulent précisément une exception à la règle ordinaire « pour les
« fournitures, transports et travaux qui, dans le cas
« d'une urgence évidente, amenée par des circonstances
« imprévues, ne peuvent pas subir les délais des adjudi-
« cations. » Il semble donc qu'à aucun point de vue la
thèse que nous combattons ne peut se justifier.

153. — La nullité des marchés de gré à gré peut,
avons-nous dit, être invoquée, soit par l'administration,
soit par l'entrepreneur. — Car il s'agit d'une nullité
radicale et absolue.

M. Dufour n'est pas de cet avis. (Voy. t. VII, n° 154.)
Il refuse à l'entrepreneur le droit que nous n'hésitons
pas à lui reconnaître.—D'après lui, le principe proclamé
par l'art. 1125 du C. Nap. ne permettrait pas au soumissionnaire déclaré adjudicataire de se prévaloir, pour
échapper à son engagement, de l'inaccomplissement des
formalités stipulées dans l'intérêt de l'administration. —
Je ne puis partager cette manière de voir.

D'après l'art. 1125, les personnes capables de s'o-
bliger ne peuvent opposer l'incapacité du mineur, des
interdits et des femmes mariées avec qui elles ont
contracté. — Mais il ne s'agit pas ici de l'application de
cet article. Il est fait pour le cas où la convention, valable si elle avait été consentie entre parties majeures,
peut être critiquée à raison de l'inaccomplissement des
formalités prescrites dans l'intérêt des incapables ; et
non pour celui où le contrat est nul parce qu'il est
contraire à l'ordre public. Dans ce cas, pour échapper

aux dispositions précises des art. 1131 et 1133 du C. Nap., les incapables invoqueraient vainement leur état de minorité. — Les formalités dont nous supposons l'omission, n'ayant pas été édictées pour la protection des parties, mais dans l'intérêt supérieur de la société, la nullité du contrat peut être demandée des deux côtés ; sous ce rapport les contrats passés avec les mineurs sont soumis aux mêmes règles que les contrats passés entre personnes capables de s'obliger.

Or les formalités prescrites par l'article 1er de l'ordonnance du 4 décembre 1836, et reproduites par les articles 45 et suivants de l'ordonnance du 31 mai 1838, n'ont pas été établies seulement dans l'intérêt de l'administration considérée comme incapable. — Sans doute, l'un des objets que l'on s'est proposé a été la protection du trésor, c'est-à-dire des intérêts généraux qu'elle représente, et que les ministres, chacun en ce qui le concerne, sont chargés de surveiller. — Mais on se trompe étrangement, nous le croyons, lorsqu'on dit que toutes ces précautions ont été prises seulement dans le but de défendre l'intérêt public contre les adjudicataires. — Elles sont dues, cela nous paraît certain, tout aussi bien à la nécessité reconnue de permettre l'accès des adjudications à tous ceux qui remplissent les conditions stipulées. On a voulu, dans l'intérêt des entrepreneurs de travaux publics, mettre un terme au système des préférences et des exclusions systématiques tant de fois attaqué et toujours debout, malgré d'universelles réclamations. La publicité de l'adjudication, en sauvegardant les droits du trésor, en lui donnant, contre une connivence intéressée, la meilleure et la plus sûre des garanties, offre aussi une protection certaine à quiconque présente les conditions stipulées pour l'admission au concours.

I.

9

On sait les criants abus des traités de gré à gré, dont l'usage avait traversé l'époque révolutionnaire jusqu'en 1836. Pour éviter le retour de semblables scandales, l'ordonnance a posé un principe qui y met obstacle, et dont l'entrepreneur peut, aussi bien que l'administration, revendiquer l'application, car il constitue une règle essentielle, une prescription indispensable, édictée dans l'intérêt de tous les citoyens, à un point de vue général et absolu. — Le système contraire, en mettant l'entrepreneur à la discrétion complète de l'administration, aurait pour conséquence de réduire à l'état de lettre morte l'article 1$^{er}$ de l'ordonnance de 1836. — L'administration, n'ayant pas à redouter l'action des tiers, serait promptement tentée de revenir à des errements irrévocablement proscrits. L'observation des règles dépendrait du zèle ou de la négligence de ses agents. Il n'en peut être ainsi : et le meilleur moyen d'éviter un pareil résultat, si essentiellement contraire au vœu des ordonnances, c'est de reconnaître à l'entrepreneur un droit dont son intérêt légitime et garantit l'exercice.

154. — Les marchés passés de gré à gré étant nuls absolument, l'exécution plus ou moins avancée du contrat n'aurait pas pour effet d'emporter ratification et d'obliger les parties à en continuer l'exécution. — Quant au règlement des travaux effectués, il faudrait suivre les règles posées par la jurisprudence civile, sur l'application des articles 1131 et 1133 du Code Napoléon. — Si le contrat est nul, c'est à cause de l'inobservation des formalités prescrites par les lois de la matière. Or, en pareil cas, il est de principe que la nullité ne s'étend pas au passé : on reconnaît au contrat, pendant tout le temps où il a reçu exécution, une existence de fait, — d'où la conséquence qu'il faut appliquer au règlement des opérations accomplies les stipulations annulées pour

l'avenir. — Vainement objecterait-on que, les marchés de gré à gré étant essentiellement contraires aux dispositions de la loi, reconnaître à l'entrepreneur le droit de se faire payer les travaux commencés serait, contrairement aux termes formels de l'article 1131, faire produire effet au contrat annulé. — Car on a toujours distingué entre les nullités qui proviennent de causes manifestement immorales et contraires à la conscience, et les nullités qui résultent uniquement de la transgression d'une loi positive. Dans ce cas, les parties ont pu être de bonne foi, et on ne peut pas les traiter aussi sévèrement que dans le premier. C'est ainsi qu'en matière de sociétés, on a décidé qu'une association, contractée pour l'exploitation d'un office, produit tous ses effets quant au passé, et qu'on doit appliquer les statuts sociaux au règlement des débats auxquels la liquidation donne naissance. (Voy. Cass. rej. 24 août 1841, S. V. 42, 1, 68; Cass. rej. 15 déc. 1851, S. V. 52, 1, 21.)

155. — Si essentiel qu'il soit, le principe de la publicité et de la concurrence comporte plusieurs exceptions. On a senti qu'il était nécessaire de laisser à l'administration une certaine liberté dans tous les cas où l'application des règles ordinaires eût présenté plus d'inconvénients que d'avantages, à cause, soit du chiffre peu élevé de la dépense, soit des circonstances, soit de la nature des travaux à exécuter. L'article 2 de l'ordonnance du 4 décembre 1836 énumère ces diverses exceptions.

« Il pourra, dit cet article, être traité de gré à gré :

« 1° Pour les fournitures, transports et travaux dont « la dépense totale n'excédera pas dix mille francs, « ou s'il s'agit d'un marché passé pour plusieurs an- « nées, dont la dépense annuelle n'excédera pas trois « mille francs;

« 2° Pour toute espèce de fournitures, de transports
« ou de travaux, lorsque les circonstances exigeront que
« les opérations du gouvernement soient tenues secrètes :
« ces marchés devront être préalablement autorisés par
« nous, sur un rapport spécial ;

« 3° Pour les objets dont la fabrication est exclusive-
« ment attribuée à des porteurs de brevets d'invention
« ou d'importation ;

« 4° Pour les objets qui n'auraient qu'un possesseur
« unique ;

· « 5° Pour les ouvrages et les objets d'art et de pré-
« cision dont l'exécution ne peut être confiée qu'à des
« artistes éprouvés ;

« 6° Pour les exploitations, fabrications de fournitu-
« res qui ne seraient faites qu'à titre d'essai ;

« 7° Pour les matières et denrées qui, à raison de
« leur nature particulière et de la spécialité de l'em-
« ploi auquel elles sont destinées, doivent être achetées
« et choisies aux lieux de production, ou livrées sans
« intermédiaire, par les producteurs eux-mêmes ;

« 8° Pour les fournitures, transports ou travaux qui
« n'auraient été l'objet d'aucune offre aux adjudications
« ou à l'égard desquels il n'aurait été proposé que des
« prix inacceptables ; toutefois, lorsque l'administra-
« tion aura cru devoir arrêter et faire connaître un
« maximum de prix, elle ne devra pas dépasser ce
« maximum ;

« 9° Pour les fournitures, transports et travaux qui,
« dans les cas d'urgence évidente, amenés par des cir-
« constances imprévues, ne pourront pas subir les délais
« des adjudications, etc. (Voy. des applicat. de ces dispositions aux travaux du ministère d'État : — Décr. des
10 nov. 1851 et 19 janv. 1853.)

156. — La première de ces exceptions à la règle de

la publicité des marchés est seule susceptible de critiques sérieuses en ce qu'elle donne à l'administration la facilité d'éluder l'exécution de l'art. 1$^{er}$. Il lui suffit pour cela de diviser les travaux à effectuer en fractions n'excédant pas dix mille francs. Les abus ne sont pas fréquents dans le service des ponts et chaussées : il est d'autres administrations où le § 1$^{er}$ de l'art. 2 de l'ordon. de 1836 est malheureusement devenu la règle et l'art. 1$^{er}$ relégué à l'état d'exception. — On l'a vu surtout dans les années où, des crédits considérables ayant été accordés dans certains services, des sommes relativement importantes se trouvaient disponibles dans les derniers mois de l'année. Quelques administrations, désireuses d'épuiser les crédits ouverts, jugeaient alors plus commode de traiter de gré à gré : elles évitaient ainsi les formalités et les lenteurs salutaires de l'adjudication publique. Pour rester dans les termes de l'ordonnance, on se faisait fournir par le soumissionnaire des factures ou des comptes qui, pris séparément, étaient inférieurs à la somme pour laquelle les traités de gré à gré sont autorisés, et qui pris en bloc la dépassaient souvent d'une manière considérable.

Il est donc désirable que le gouvernement renonce au droit que lui confère le § 1$^{er}$, art. 2 de l'ordonnance. C'est le seul moyen de mettre obstacle aux procédés que nous venons de signaler, procédés si contraires aux principes de l'économie publique et aux règles d'une bonne gestion financière. Cela est d'autant plus nécessaire que le contrôle de la presse, dans le régime actuel, est moins libre qu'autrefois et que les réclamations, si elles avaient à produire, ne trouveraient pas d'organe.

157. — L'art. 3 réserve à l'administration un terme moyen entre l'adjudication avec publicité et concur-

rence et les traités de gré à gré. — Cet article porte
que « les adjudications publiques, relatives à des four-
« nitures, à des travaux, à des exploitations ou fabri-
« cations qui ne pourraient être sans inconvénients
« livrées à une concurrence illimitée, pourront être
« soumises à des restrictions qui n'admettront à con-
« courir que des personnes préalablement reconnues
« capables par l'administration et produisant les titres
« justificatifs exigés par les cahiers des charges. » —
Dans cette troisième hypothèse, la concurrence est restreinte : mais toutes les formalités prescrites par l'ordonnance restent applicables et doivent être observées
comme dans les adjudications où la concurrence est
illimitée.

Ce sont ces formalités que nous devons maintenant
faire connaître.

## SECTION II

*De la forme des marchés.*

158. — Les formes prescrites pour les marchés de gré à gré sont d'une extrême simplicité. Ainsi l'exigeaient la nature même des besoins auxquels ils ont pour objet de pourvoir, et les circonstances exceptionnelles dans lesquelles leur emploi est autorisé.

Ces marchés sont passés par les ministres ou par les fonctionnaires délégués à cet effet. — Ils ont lieu :

1° Soit sur un engagement souscrit à la suite du cahier des charges;

2° Soit sur soumission souscrite par celui qui propose de traiter;

3° Soit sur correspondance, suivant l'usage du commerce.

Les marchés de gré à gré passés par les délégués d'un ministre et les achats qu'ils font sont toujours subordonnés à son approbation, à moins, soit de nécessité résultant de force majeure, soit d'une autorisation spéciale ou dérivant des règlements, circonstances qui sont relatées dans lesdits marchés ou dans les décisions approbatives des achats. (Ordon. du 4 déc. 1836, art. 12; ordon. du 31 mai 1838, art. 56.)

Les décrets sur la décentralisation administrative

n'ont rien changé à ces dispositions. — On a jugé indispensable de maintenir le contrôle de l'administration
supérieure. (Voy. M. Duf. t. 1er, n° 348.)

Dans ces derniers temps un certain nombre de préfets
ont réclamé une extension de leurs pouvoirs qui a été
à bon droit refusée par le gouvernement. — Ils vou-
laient qu'on stipulât pour eux le droit d'approuver les
marchés de gré à gré jusqu'à concurrence de 20,000 fr.
Mais cette mesure eût certainement eu pour effet de
restreindre dans son application le principe essentiel de
l'adjudication, et ce n'est pas dans ce sens à coup sûr
qu'une réforme est désirable. Il serait contraire aux
règles d'une bonne administration de faciliter l'usage
de ces traités. — Il faut donc féliciter l'administration
centrale d'avoir résisté aux tendances des préfets.

159. — Quand il s'agit de marchés qui par leur nature
sont nécessairement soumis à une adjudication publique,
les formalités à observer sont plus compliquées.

Voici comment on procède.

L'avis des adjudications à passer est publié, sauf les
cas d'urgence, un mois à l'avance, par la voie des affiches et par tous les moyens ordinaires de publicité.
— Quand le chiffre de l'adjudication est d'une certaine importance, il est d'usage que des exemplaires
d'affiches soient adressés au ministre des travaux publics par le préfet et insérés au *Moniteur*. (Voy. Circ.,
27 août 1837; — 6 octobre 1848.)

Les affiches font connaître : 1° le lieu où l'on peut
prendre connaissance du cahier des charges ; 2° les autorités chargées de procéder à l'adjudication ; 3° le lieu,
le jour et l'heure fixés pour l'adjudication. (Voy. art. 6,
ordon. du 4 déc. 1836; — art 50, ordon. du 31 mai
1838.)

160. — Ainsi prévenu, l'entrepreneur rédige sa sou-

mission, c'est-à-dire l'obligation qu'il prend d'exécuter les travaux à un prix déterminé. — La soumission exige, pour être faite en connaissance de cause, l'étude préalable et approfondie des devis et cahiers des charges de l'entreprise. Ces pièces, déposées à la préfecture, sont mises à la disposition des entrepreneurs. « Il leur « est loisible de refaire et de vérifier tous les calculs « d'appréciation ; ils peuvent, à cet effet, se livrer « à des études et à des expériences sur le terrain. » (Voy. M. Cotelle, t. III, p. 16.)

Toute soumission doit être accompagnée des pièces suivantes : 1° un certificat de capacité délivré au soumissionnaire soit par un ingénieur, soit par un architecte ; — 2° un acte régulier ou au moins une promesse valable de cautionnement. (Voy. art. 1er, Cl. et cond. génér.)

De plus, « il importe qu'elle indique les noms, prénoms, qualité et domicile du signataire ou des signataires ; si la soumission est signée par un fondé de pouvoirs, elle doit être accompagnée de la procuration du mandant. — Cette procuration devrait même être notariée, parce que le préfet peut très-bien ne pas savoir si la signature apposée au bas d'une procuration sous seing privé est ou non celle de l'individu qui est désigné comme l'ayant signée. Il ne faut pas d'ailleurs que la personne à qui la concession est accordée puisse à son gré maintenir ou annuler cette concession, en avouant ou en reconnaissant la signature qui lui a été attribuée. » (Voy. Delalleau, *Rev. de législ.* 1835, t. I, p. 362.) Le passage que nous venons de citer est relatif aux concessions de travaux publics ; mais comme les formalités sont les mêmes en matière d'adjudication d'entreprise, la recommandation du savant auteur s'y applique naturellement.

161. — Ces diverses pièces sont déposées au secrétariat de la préfecture. Le certificat de capacité et l'acte de cautionnement sont joints à la soumission ; mais celle-ci est placée sous un second cachet. (Voy. art 10, ordon. de 1829.)

162. — Le jour de l'adjudication, les paquets sont remis, toujours cachetés, au préfet, le conseil de préfecture assemblé, en présence de l'ingénieur en chef. Ils sont immédiatement rangés sur le bureau et reçoivent un numéro dans l'ordre de leur présentation. (Voy. art. 11, ordon. du 10 mai 1829.)

A l'instant fixé pour l'ouverture des paquets, le premier cachet est rompu publiquement : il est dressé un état des pièces contenues sous ce premier cachet. L'état dressé, les concurrents se retirent de la salle, et le préfet, après avoir consulté les membres du conseil de préfecture et l'ingénieur en chef, arrête la liste des concurrents agréés. (Art. 12 [1].)

Immédiatement après, la séance redevient publique : le préfet annonce sa décision. Les soumissions sont alors ouvertes publiquement, et le soumissionnaire qui a fait l'offre la plus avantageuse est déclaré adjudicataire. (Art. 13.)

Si les prix de la soumission excèdent ceux du projet approuvé, le préfet sursoit à l'adjudication. Il en rend

---

1. Antérieurement à l'ordonnance de 1829, ce droit d'élimination s'exerçait lorsque les soumissions étaient ouvertes et les rabais connus. La commission chargée de déterminer les formes nouvelles des adjudications pensa « que si une sorte d'arbitraire était absolument indispensable, il fallait au moins l'exercer avant l'ouverture des soumissions ; qu'il fallait préalablement discuter les qualités des entrepreneurs ; mais que, cette discussion une fois terminée et la liste des concurrents arrêtée, l'adjudication devait échoir de droit à celui des concurrents qui aurait déposé la soumission la plus favorable. » (Voy. rapp. sur l'ordon. de 1829.)

compte au ministre, qui lui transmet des instructions conformes aux circonstances.

163. — Dans le cas, enfin, où plusieurs soumissionnaires offrent le même prix et où ce prix est le plus bas de ceux portés dans les soumissions, il est procédé, séance tenante, à une réadjudication, soit sur de nouvelles soumissions, soit à extinction des feux, entre les soumissionnaires seulement. (Art. 8, ordon. du 4 déc. 1836.)

164. — Le préfet ne procède pas toujours lui-même à l'adjudication. Lorsqu'il s'agit de travaux d'entretien ou de réparations ordinaires, ou de travaux neufs dont la dépense n'excède pas 15,000 fr., il a la faculté de déléguer le sous-préfet pour passer l'adjudication au chef-lieu de la sous-préfecture. Le sous-préfet suit les formes et les dispositions ci-dessus indiquées ; il est assisté du maire du chef-lieu de la sous-préfecture, de deux membres du conseil d'arrondissement et d'un ingénieur ordinaire. (Art. 19, ordon. du 10 mai 1829.)

165. — L'adjudication ne se fait plus aujourd'hui en deux séances, comme sous l'empire de l'arrêté du 19 ventôse an XI, qui exigeait deux adjudications, l'une préparatoire, l'autre définitive.

Toutefois l'article 10 de l'ordonnance de 1836 autorise l'administration à insérer dans le cahier des charges une clause qui lui permet de recevoir, pendant un certain délai, des offres sur le prix d'adjudication. — Si, pendant ce délai, qui ne doit pas dépasser trente jours, il est fait une ou plusieurs offres de rabais d'au moins dix pour cent chacune, il est procédé à une réadjudication entre le premier adjudicataire et l'auteur ou les auteurs des offres de rabais. Il n'est guère besoin d'ajouter que les conditions imposées au premier adjudicataire sont également exigées de tous ceux qui se présentent à la réadjudication. (Art. 10, ordon. du 4 décembre 1836.)

166. — Les résultats de l'adjudication sont consignés sur un procès-verbal relatant toutes les circonstances de l'opération. (Art. 9.)

167. — L'article 11 de l'ordonnance de 1836 subordonnait toujours les adjudications et réadjudications à l'approbation du ministre compétent.

Le décret des 13-29 avril 1861 a dérogé à cette disposition.—L'article 2, 1°, a remis aux préfets « l'approbation des adjudications autorisées par le ministre pour travaux imputables sur les fonds du trésor ou des départements, dans tous les cas où les soumissions ne renferment aucune clause extraconditionnelle, et où il n'aurait été présenté aucune réclamation ou protestation. »

168. — L'adjudicataire dont la soumission n'est pas ratifiée n'est point recevable à se pourvoir par la voie contentieuse contre la décision portant refus d'approbation. Cette décision constitue un acte d'administration pure, qu'il n'appartient pas au Conseil d'État d'annuler. C'est là une conséquence nécessaire des dispositions de l'ordonnance du 4 décembre 1836. Le contrat n'étant irrévocable et définitif qu'après l'approbation de l'autorité supérieure, l'adjudication ne constitue, à proprement parler, qu'une promesse conditionnelle échangée entre l'entrepreneur et le chef de service. Le refus du ministre ou du préfet empêche donc le contrat de se former, et, par suite, la réclamation de l'adjudicataire ne repose sur aucune base légale. (Voy. 31 août 1830, *Nel*, 399; 25 mai 1832, *Colin*, 281; 21 mai 1840, *Gouffier*, 145; 17 janvier 1849, *Cosse*, 53.)

169. — Il faut même admettre, contrairement à l'o-

pinion de M. Dufour, qu'en aucun cas l'adjudicataire ne pourrait prétendre à une indemnité à raison du préjudice qu'il éprouve par suite du refus d'approbation. Vainement on allègue que les affiches et publications ont constitué une offre dont l'adjudicataire s'est mis en mesure de profiter, et que, par suite, l'administration a contracté envers lui une obligation qui doit, aux termes de l'article 1142 du Code Nap., se résoudre en dommages-intérêts. (Voy. Droit adm., t. v, n° 637.)

L'offre de l'administration n'est faite en effet que sous une condition connue de l'adjudicataire, les cahiers des charges réservant toujours l'approbation de l'autorité supérieure. L'adjudicataire s'est par conséquent soumis à toutes les chances résultant de cette réserve. Sous quel prétexte réclamerait-il alors une indemnité? — L'article 1142 du C. Nap., aux termes duquel toute obligation de faire se résout, en cas d'inexécution, en dommages-intérêts, ne s'applique que dans le cas où le contrat est pur et simple des deux côtés, et lorsqu'il existe entre les parties un véritable lien de droit irrévocablement formé, à partir du moment où leurs volontés se sont rencontrées. Ici, les choses se passent autrement. L'administration s'est obligé sans doute, mais sous une condition, et l'entrepreneur ne peut se plaindre qu'elle exerce, le cas échéant, un droit que les cahiers des charges prennent soin de stipuler. (Voy. art. 3, cl. et cond. gén.)

Je conviens que le droit de l'adjudicataire à une indemnité serait certain, s'il ne se voyait écarté que pour faire place à un concurrent, ne réunissant pas comme lui toutes les conditions exigées. (Voy. M. Dufour, t. v, n° 639.) Mais cette hypothèse est tout à fait différente de celle dans laquelle se place le savant auteur. — Nous avons supposé, en effet, que le ministre refuse purement et simplement son approbation, soit que l'administration renonce à exécuter les travaux, soit qu'elle entende procéder à une adjudication nouvelle. Dans ces deux cas, l'administration use de son droit, conformément aux stipulations du cahier des charges. Dans le premier, au contraire, elle agit au mépris de ses promesses expresses, et, qui plus est, contrairement aux dispositions des ordonnances; — il ne s'agit plus alors seulement de critiques dirigées contre un refus d'approbation, mais de réclamations contre une approbation illégale, intervenue en dehors des conditions stipulées et acceptées par les soumissionnaires. Le recours de l'adjudicataire est alors recevable, et la nullité de l'approbation peut être prononcée. (Voy. *infra*, n<sup>os</sup> 174 et suiv.)

170. — Le préfet, qui peut refuser son approbation, peut, si cela lui convient mieux, la subordonner à certaines conditions. — L'article 3 des clauses et conditions générales l'y autorise expressément, et c'est seulement dans le cas où les changements prescrits par lui dénaturent fortement le projet, en opérant sur le prix total une différence de plus d'un sixième, que l'entrepreneur devient libre de retirer sa soumission. — Hors ce cas, l'entrepreneur est tenu de se conformer aux modifications ordonnées dont il lui est fait état, soit en plus, soit en moins, au prorata des prix de l'adjudication, et sans qu'il puisse, en cas de réduction, réclamer aucune indemnité à raison des prétendus bénéfices qu'il aurait pu faire sur les fournitures et la main-d'œuvre. (Art. 3, Cl. et cond. génér.)

171. — Cette faculté est essentiellement contraire au droit commun, car si lorsque des offres me sont faites, je puis proposer moi-même d'autres conditions, il est bien certain que je ne puis les imposer à celui qui m'a fait ces offres. — Or la soumission non encore acceptée

ne constitue en réalité qu'une proposition de la part du soumissionnaire. Il serait donc juste de ne pas l'obliger à subir les conditions nouvelles auxquelles l'administration subordonne son acceptation. — C'est ce que l'on a compris au moment de la rédaction du cahier des charges des palais impériaux, qui n'a pas reproduit l'article 3 du cahier des ponts et chaussées.

172. — Tout au moins devrait-on, par réciprocité, accorder au soumissionnaire le droit, jusqu'à l'approbation du marché, de modifier sa soumission en stipulant des conditions nouvelles ; mais la jurisprudence le lui refuse (26 juillet 1854, *Matboz*, 704), et il faut reconnaître qu'en présence des termes précis de l'ordonnance de 1836 et des clauses et conditions générales, cette interprétation, bien que rigoureuse, ne peut être l'objet de critiques sérieuses.

173. — L'entrepreneur est-il libre de retirer sa soumission lorsque les changements prescrits par le ministre, au lieu de consister en une augmentation ou une diminution de la masse des travaux, portent sur les conditions mêmes de l'adjudication, par exemple, sur les prix fixés par le devis ? — Je suppose, par exemple, qu'en approuvant un marché relatif à l'empierrement d'une route, le ministre impose un mode de transport des matériaux plus onéreux, ou exige que le cassage s'en fasse dans des conditions beaucoup plus coûteuses ; l'entrepreneur sera-t-il lié irrévocablement, et tenu d'accepter les modifications si tardivement proposées ?

La négative n'est pas douteuse. En principe, l'adjudication n'engage l'entrepreneur que dans les conditions mêmes où elle s'est faite ; — l'exception stipulée par le cahier des charges pour les changements relatifs à la masse des travaux, ne peut pas être étendue à ceux qui ont pour objet les prix et les autres conditions de l'adjudication. — Ce serait mettre, contrairement à toute raison, l'entrepreneur à la discrétion absolue des représentants de l'administration.

Mais l'entrepreneur doit vérifier avec le plus grand soin l'approbation de l'autorité supérieure, lorsque les pièces lui sont remises pour l'exécution des travaux. — Il serait trop tard, en cours d'exercice, pour réclamer contre des innovations définitivement consacrées à son préjudice par la ratification tacite que l'on pourrait induire de l'exécution des travaux. C'est au moins ce que le Conseil d'État a jugé plusieurs fois. (Voy. 1er mars 1826, *Berdoly*, 139; 22 oct. 1830, *Lancesseur*, 486; 8 mars 1833, *Vasselle*, 157.)

L'administration, de son côté, demanderait en vain, après l'exécution des travaux, une indemnité à raison de modifications favorables à l'entrepreneur, et qui n'auraient pas été accompagnées d'une diminution correspondante dans les prix. (11 août 1824, *Delalande*, 537.)

174. — L'adjudication peut être, de la part des soumissionnaires évincés, l'objet d'un recours, lorsque les formes établies par les règlements n'ont pas été observées, — ou lorsque leurs réclamations ont trait à l'inaccomplissement par l'adjudication des conditions exigées pour être admis au concours.

Ces conditions ont pour effet de limiter le droit de concurrence, et de restreindre, entre ceux qui les remplissent, le choix à faire par l'administration. — Celle-ci, après les avoir imposées, ne peut plus se dispenser d'en tenir compte et traiter avec un soumissionnaire qui n'y a pas satisfait. — Ainsi, l'insuffisance du cautionnement fourni, l'irrégularité du dépôt, l'agrément d'une soumission supérieure au rabais des concurrents éliminés, en un mot, la violation des prescriptions réglementaires relatives aux conditions à remplir pour être déclaré adjudicataire, autorisent les intéressés à se pourvoir devant le Conseil d'État pour obtenir l'annulation de l'adjudication. (Voy. 28 janvier 1836, *Séguin*, 48 ; 26 juillet 1851, *Martin*, 537.)

L'acte d'approbation n'élève aucune fin de non-recevoir contre ces attaques. — Il a pour unique effet de rendre l'adjudication définitive entre l'administration et l'adjudicataire, et ne fait pas obstacle à l'action des tiers. Autrement l'accomplissement des formalités ou des conditions imposées serait totalement dépourvu de sanction.

175. — Un auteur a émis l'opinion que les recours de cette nature ne peuvent être formés que par le soumissionnaire qui a fait l'offre la plus avantageuse. Il faut, suivant lui, que le réclamant « prouve non-seule- « ment que la soumission accueillie par le préfet ne « devait pas l'être, mais encore que c'était la sienne « qui devait être admise. S'il y avait une soumission « plus avantageuse que la sienne, il n'a jamais eu de « droit acquis à la concession, et il n'a par suite aucune « qualité pour attaquer la décision du préfet. Pour que « sa réclamation soit recevable, il faut qu'il puisse, « dans ses conclusions, demander à être déclaré con- « cessionnaire de préférence à celui des concurrents à « qui le préfet avait accordé la concession. » (Delalleau, *Rev. de législ.*, 1835, t. I, p. 365.)

Ces observations de M. Delalleau s'appliquent spécialement à l'adjudication des concessions. Mais comme les adjudications d'entreprises sont soumises aux mêmes règles, il est nécessaire d'examiner la valeur des motifs sur lesquels il s'appuie.

Ces motifs ne me semblent pas concluants. Lorsque l'administration appelle les concurrents à l'adjudication, elle formule elle-même les conditions du concours.

Elle prend envers tous l'obligation d'observer les formes prescrites et de donner sa préférence à celui d'entre eux qui présentera le plus fort rabais en réunissant d'ailleurs toutes les autres conditions requises. — Si elle manque à cette promesse solennelle, elle y manque à l'égard de tous les soumissionnaires et non pas seulement à l'égard de celui qui a fait le plus fort rabais. Tous sont donc recevables, sans distinction, à demander la nullité de l'adjudication. — Mais, dit M. Delalleau, celui-là seul qui avait fait la proposition la plus avantageuse avait un droit acquis à l'adjudication ; donc lui seul est recevable à critiquer les opérations. Cette conclusion est erronée.

Toute soumission constituant seulement une offre que l'administration accepte ou refuse à son gré, il n'y a jamais, avant l'approbation définitive, un contrat proprement dit entre elle et les concurrents. Puisque, même après l'adjudication au profit de celui qui a fait l'offre la plus avantageuse, l'administration conserve la faculté de ne pas approuver l'adjudication, puisqu'en aucun cas elle n'a besoin de donner les motifs de son refus, il ne peut pas prétendre qu'il est à son égard placé dans une situation privilégiée. Je suppose qu'après qu'il aurait obtenu la nullité de l'adjudication, l'administration refuse d'approuver sa soumission, comme ce refus échappe à l'appréciation de la juridiction contentieuse, il se trouve nécessairement sur la même ligne que les autres concurrents évincés. — Il n'a donc, à aucun moment, un droit irrévocablement acquis, et les autres soumissionnaires ont, comme lui, la faculté de demander la nullité de l'adjudication prononcée au mépris des formes établies par la loi.

176. — Le même auteur soumet encore la légalité de la réclamation du soumissionnaire évincé à une autre condition. — Il pense qu'elle ne devrait pas être ac-

cueillie, si ce soumissionnaire avait, aussitôt après l'adjudication, retiré le cautionnement qu'il a dû fournir pour être admis à concourir. Le cautionnement est la garantie de ses engagements envers l'État. Il doit donc le laisser entre ses mains. Autrement, si sa réclamation venait à être accueillie, l'administration se trouverait sans action contre lui. « Il demandera au conseil d'État de le déclarer concessionnaire des travaux, à l'exclusion de tout autre, et le conseil d'État ne peut le faire qu'autant que le dépôt de garantie existerait encore au moment de sa décision, puisque sans cela le gouvernement n'aurait aucune garantie de l'exécution des travaux. » (Voy. *loc. cit.*, p. 364.)

J'hésite pour mon compte à adopter cette opinion. Il me paraît difficile d'obliger le soumissionnaire évincé à laisser ses fonds presque improductifs entre les mains du trésor pendant toute la durée du procès. — M. Delalleau prend un point de départ inexact. Il suppose à tort que le décret du conseil d'État qui annule une adjudication a pour effet immédiat de faire déclarer le réclamant adjudicataire au lieu et place de celui qui a été préféré. — Mais n'est-ce pas là une erreur? — L'adjudication annulée ne doit-elle pas être suivie d'une adjudication nouvelle où tous les concurrents seront de nouveau appelés? Et n'est-il pas temps alors de déposer le cautionnement exigé?

177. — Les règles que nous venons de faire connaître, relativement à la forme des adjudications, ont un caractère général. — Elles s'appliquent aux divers services, et il n'y a lieu de signaler que des différences de détail sans importance. Ainsi, dans le service de la guerre, les adjudications ont lieu en présence du sous-intendant militaire ou du maire qui en remplit les fonctions, et non pas devant le préfet. — Mais, comme cela

se pratique dans l'administration des ponts et chaussées, elles sont annoncées à l'avance par la voie des affiches, quinze jours au moins avant celui auquel elles sont fixées ; enfin, elles sont également subordonnées, pour être définitives, à l'approbation du ministre. (Voy. art. 3, Dev. mod.)

178. — L'ordonnance du 4 décembre 1836 est observée pour l'adjudication des travaux intéressant les départements. Seulement, par suite d'une innovation récente, le préfet, et non pas le ministre, approuve définitivement les adjudications, quel que soit le chiffre de la dépense. (Voy. Déc. du 25 mars 1852, tabl. A, n° 10 ; Décr. des 13-29 avril 1861, tabl. A, n° 10.)

La circulaire ministérielle du 5 mai 1852 porte à cet égard ce qui suit : « Les formes à suivre dans les marchés passés au compte de l'État ont été réglées par l'ordonnance du 4 décembre 1836.

« Les dispositions de cette ordonnance ont été étendues par analogie aux marchés pour les travaux et les autres dépenses à la charge des départements. Ces travaux continueront à faire l'objet d'adjudications avec concurrence et publicité, sauf les exceptions expressément prévues par l'ordonnance elle-même, et sauf les cas extraordinaires où vous croiriez devoir solliciter de l'administration centrale l'autorisation de déroger à cette règle.

« Le décret du 25 mars, ne changeant rien à cet état de choses, vous attribue seulement le droit de rendre les adjudications définitives par votre seule approbation ; il n'y a d'exception que pour les adjudications de travaux réservés par le § 9 ci-dessus. »

Les travaux, dont l'adjudication continue à être soumise à l'approbation ministérielle, sont ceux qui concernent les prisons départementales et les asiles d'aliénés, quand ils engagent la question de système ou de régime intérieur. Nous avons vu pourquoi l'administration centrale a tenu à conserver la haute main sur ces travaux. (Voy. *suprà*, n° 72.)

179. — Les travaux entrepris par les communes et les établissements de bienfaisance échappaient à l'application de l'ordonnance de 1836. On y a pourvu peu de temps après. Une ordonnance du 14 novembre 1837, portant règlement sur les entreprises pour travaux et fournitures au nom des communes et des établissements de bienfaisance, a reproduit la plupart des dispositions de l'ordonnance de 1836. — Ainsi, d'après l'article 1er, le principe de la concurrence et de la publicité est proclamé, sauf certaines exceptions identiques à celles que nous avons fait connaître. Les marchés de gré à gré sont approuvés par le préfet. (Décr. du 13 avril 1861, tabl. A, n° 55.) — L'avis des adjudications à passer est dressé dans la même forme. — Ses résultats sont également constatés par un procès-verbal, et l'adjudication ne devient définitive, à l'égard des communes et des établissements, qu'après cette approbation. (Art. 10; voy. aussi l. du 18 juillet 1837, art 1er et 16; Instruc. minist. des 9 juin 1838 et 14 fév. 1839.)

Ici cesse l'assimilation : l'exécution des travaux des communes est soumise en effet à des règles particulières, et les cahiers des charges rédigés pour les travaux de l'État ne leur sont pas applicables, à moins de stipulation expresse. (Voy. 17 fév. 1859, *ville de Bayonne*, 137; 7 avril 1859, *ville de Périgueux*, 270.)

180. — L'adjudication des travaux exécutés par les associations syndicales n'a pas été l'objet de dispositions réglementaires. Cela s'explique si l'on songe que ces travaux étant de nature très-diverse, il serait difficile de les soumettre à des règles uniformes. — L'acte

constitutif du syndicat stipule souvent que les travaux seront adjugés, autant que possible, d'après le mode adopté pour ceux des ponts et chaussées, en présence du directeur du syndicat. Mais la forme de l'adjudication ne convient pas dans tous les cas. C'est ce qui arrive notamment en matière de curage. Il est rare que ces travaux s'exécutent à l'entreprise, chaque riverain préférant faire lui-même le curage dans sa propriété. On procède le plus souvent par voie de régie et en vertu de marchés passés de gré à gré.

181. — L'article 412 du Code pénal punit d'un emprisonnement de quinze jours au moins, de trois mois au plus, et d'une amende de cent francs au moins et de cinq mille francs au plus, « ceux qui, dans les adjudications de la propriété, de l'usufruit ou de la location des choses mobilières ou immobilières, *d'une entreprise,* d'une fourniture, d'une exploitation ou d'un service quelconque, auront entravé ou troublé la liberté des enchères ou des soumissions par voies de fait, violences ou menaces, soit avant, soit pendant les enchères ou les soumissions. » — Les mêmes peines sont prononcées contre ceux qui par dons ou promesses auront écarté les enchérisseurs.

Ces dispositions ont été déclarées applicables en matière de travaux publics. (Voy. Cass. 23 nov. 1849, J. du P., 1851, 1, 381.)

182. — Les cahiers des charges, les affiches de l'adjudication, les plans et devis sont soumis au timbre.

Ces dernières pièces ne sont présentées au timbre extraordinaire ou au visa qu'après leur approbation par l'autorité compétente ; mais l'amende serait encourue s'il était procédé à l'adjudication des travaux avant que les plans et devis eussent été timbrés. Les feuilles de papier destinées aux marchés et procès-verbaux d'adjudication peuvent être admises au visa pour timbre en débet sous la condition que les adjudicataires acquitteront simultanément les droits de timbre et d'enregistrement. (Voy. M. Braff, *Princip. d'adm. com.*, t. II, p. 689.)

Les adjudications au rabais et marchés pour constructions, réparations et entretien... dont le prix doit être payé par les administrations locales et par les établissements publics, sont soumises au droit fixe de 1 p. 100. (L. du 22 frim. an VII, art. 69, § 2, n° 3 ; L. du 28 avril 1816, art. 51, n° 3.)

Les adjudications au rabais et marchés dont le prix doit être payé directement ou indirectement par le trésor public, ne sont au contraire assujettis qu'à un droit fixe de 2 fr. (L. du 15 mai 1818, art. 73 ; L. du 18 mai 1850, art. 8.)

Tous ces frais sont supportés par l'adjudicataire.

# CHAPITRE II

## DES CONDITIONS REQUISES POUR ÊTRE DÉCLARÉ ADJUDICATAIRE.

182. — Division.

182. — Ces conditions sont, comme nous l'avons déjà dit, au nombre de deux.

Tout soumissionnaire doit fournir : 1° un certificat de capacité ; 2° un acte régulier ou une promesse valable de cautionnement. (Art. 1, Cl. et cond. génér.)

### SECTION PREMIÈRE

*Du certificat de capacité.*

184. — Constatations du certificat.
185. — La production d'un certificat n'est pas nécessaire dans toutes les entreprises.

184. — Le certificat de capacité est délivré soit par un ingénieur, soit par un architecte sous les ordres duquel l'entrepreneur a travaillé.

Le fonctionnaire auquel il s'adresse pour obtenir ce certificat n'est pas tenu de le donner. Son refus, procédant d'une appréciation personnelle, ne peut être l'objet d'un recours devant la juridiction contentieuse. (19 août 1835, *Culhat-Chassis*, 52.)

Le certificat donne l'indication des travaux exécutés ou suivis par l'entrepreneur : il constate l'accomplissement de ses engagements ; sa date ne doit pas remonter au delà des trois années qui ont précédé l'adjudication. — Souvent même les cahiers des charges fixent une époque plus rapprochée.

185. — La production du certificat de capacité n'est pas toujours nécessaire. — En l'exigeant dans tous les cas sans exception, on eût écarté du concours tous ceux qui se présentent pour la première fois aux adjudications publiques et dont la capacité a pu être mise à l'épreuve dans des entreprises privées dirigées par des architectes ou par les particuliers intéressés à leur exécution.

D'un autre côté, le certificat de capacité n'a pas paru nécessaire pour toute espèce de travaux, et l'ordonnance du 10 mai 1829 en dispense expressément les fournisseurs de matériaux destinés à l'entretien des routes et les entrepreneurs des travaux de terrassements dont l'estimation ne s'élève pas à plus de 15,000 fr.

186. — L'appréciation des certificats produits est abandonnée au pouvoir discrétionnaire de l'administration. Elle a le droit de les admettre ou de les re-

jeter sans que sa décision, qui constitue un acte d'administration pure, puisse être déférée au Conseil d'État par la voie contentieuse. (25 nov. 1829, *Accolas*, 441; 9 janvier 1843, *Chovelon*, 13.)

187. — Le cahier des charges des palais impériaux a précisé avec soin les conditions que doit remplir le certificat de capacité.

D'après l'art. 2, ces certificats doivent être délivrés soit par deux architectes en chef des travaux publics, soit par un architecte en chef des travaux publics et un ingénieur en chef des ponts et chaussées ou un ingénieur militaire, chef de place ou directeur; — ils sont délivrés conformément au modèle déterminé par l'administration et spécialement pour les travaux mis en adjudication. Enfin il y est fait mention des travaux que les soumissionnaires ont exécutés, surveillés ou suivis, ainsi que de la manière dont ils ont rempli leurs engagements, soit envers les tiers, soit envers les ouvriers.

Ces certificats sont, de plus, soumis au visa de l'architecte en chef des travaux huit jours au moins avant l'adjudication.

En déterminant avec cette précision les formes du certificat de capacité, et les conditions qu'il doit remplir, l'administration semble avoir renoncé, quant aux travaux du ministère d'État, au droit d'appréciation qui n'est, dans les autres services, que la conséquence de la latitude laissée à l'entrepreneur pour le choix du certificateur.—Toutefois, il est douteux qu'un recours contentieux contre le refus d'un certificat réunissant toutes les conditions requises fût accueilli par le Conseil d'État.

188. — Dans le service du génie militaire, les candidats, outre le certificat de capacité délivré par le chef du génie, doivent être munis du certificat du maire de

leur commune attestant leur solvabilité et celle de leur
caution. (Art. 3, Devis-modèle.)

## SECTION II
*Du cautionnement et de la promesse valable de cautionnement.*

**189.** — L'article 10 de l'ordonnance du 10 mai 1829,
reproduit dans sa partie essentielle par l'article 1er des
clauses et conditions générales, exige en outre que les
soumissionnaires produisent un acte régulier ou une
promesse valable de cautionnement.

**190.** — Pour les travaux des ponts et chaussées, le
cautionnement peut ne pas excéder le trentième de
l'estimation des travaux, déduction faite de toutes les

sommes portées à valoir pour cas imprévus, indemnités de terrains et ouvrages en régie. (Art. 20, Ord. de 1829; art. 2, Cl. et cond. génér.) Il est quelquefois fixé par les devis spéciaux à un chiffre supérieur.

191. — Le cautionnement est mobilier ou immobilier, à la volonté des soumissionnaires. (*Ibid.*)

192. — Les valeurs mobilières déposées pour servir de cautionnement ne peuvent être que des effets publics ayant cours sur la place.

Dans ce cas, il n'est pas nécessaire, pour la régularité du cautionnement, que les rentes déposées soient transférées ou au porteur. Il suffit que les titres, calculés au pair, représentent exactement le chiffre du cautionnement. (28 janvier 1836, *Séguin*, 48.)

« Lorsque le cautionnement consiste en rentes sur l'État, qui, comme on le sait, sont insaisissables, l'inscription est déposée à la caisse des dépôts et consignations ou chez le receveur général du département. — Il se fait, par le ministère des agents de change, un transfert de forme, qui est inscrit sur un registre spécial ; la caisse des consignations ou le receveur général touche les arrérages ; à cet effet, un compte s'ouvre avec le déposant comme avec le trésor. Au terme fixé pour que le dépôt prenne fin, ou l'inscription est restituée au propriétaire, ou bien elle est vendue pour le compte de l'État, en exécution du traité dont il s'agit. Dans un cas semblable, il pourrait y avoir opposition au transfert de la rente ; cette opposition aurait l'effet d'une saisie, par exemple, si l'on contestait la validité du dépôt, comme fait par un mandataire infidèle qui se serait approprié des inscriptions appartenant à autrui. Le procès jugé, si l'État obtenait mainlevée de l'opposition, les choses reprendraient leur cours ordinaire, en vertu du jugement. » (Voy. M. Cotelle, t. III, p. 20.)

193. — Le cautionnement fourni en argent est aussi déposé soit à la caisse des dépôts et consignations, soit, dans les départements, chez les receveurs généraux et particuliers. Il produit intérêt à raison de 3 p. 100, à partir du soixante-unième jour qui suit le versement. Cet intérêt est acquitté du 1er janvier au 31 octobre, sur la représentation de la quittance de versement.

194. — Le cahier des charges du ministère d'État impose à chacun des concurrents le versement d'un cautionnement provisoire en numéraire à la caisse du trésorier général de la couronne, la veille au plus tard du jour indiqué pour l'adjudication. — A moins de stipulation spéciale, le montant de ce cautionnement est du trentième des travaux soumissionnés. (Art. 2.) L'adjudicataire doit, en outre, verser un autre trentième après l'adjudication. Le cautionnement ainsi constitué s'élève, par conséquent, au quinzième de l'estimation des travaux. (Art. 9.) — Mais le ministre a la faculté, en cours d'exercice, d'en autoriser la remise partielle, en ne réservant que la somme jugée suffisante pour assurer l'exécution des obligations de l'entrepreneur. (Article 10.)

Le cautionnement définitif doit être complétement constitué dans les huit jours qui suivent la notification faite à l'adjudicataire, de l'approbation de son adjudication ; à défaut de quoi, et après une mise en demeure, l'adjudication est annulée de plein droit, et le trentième, versé à titre de cautionnement provisoire, reste acquis à l'administration. (Art. 11.)

Les récépissés de cautionnement provisoire versés par les concurrents qui ne sont pas déclarés adjudicataires, leur sont rendus séance tenante. Ils peuvent faire immédiatement le retrait des sommes qu'ils ont avancées. (Art. 8.)

195. — Les entrepreneurs des travaux hydrauliques et bâtiments civils dans les établissements de la marine versent un cautionnement dont la quotité est fixée par les conditions particulières du marché, et calculée à raison du trentième au moins, et du quinzième au plus de l'importance de l'entreprise.

En cas de prélèvement, par suite d'application de mesures pénales, l'entrepreneur est tenu, à la fin de chaque année, de ramener son cautionnement au chiffre primitif. A défaut de l'accomplissement de cette obligation dans le premier trimestre de l'année suivante, le ministre a le droit de résilier le marché. (Art. 5, Cond. génér. de la marine.)

196. — Le cautionnement est affecté à la garantie de tous les engagements contractés par les soumissionnaires. Il garantit leur accomplissement dans les conditions de temps stipulées, ainsi que la bonne exécution des travaux et leur conservation, jusqu'à l'expiration des délais fixés par les marchés.

En conséquence, l'État possède sur les valeurs qui lui sont remises un véritable droit de gage qui lui permet, aux termes de l'art. 2073 C. Nap., de se faire payer sur ces valeurs de préférence aux autres créanciers. — Ce droit existe aussi bien quand le cautionnement mobilier est fourni par une personne autre que l'entrepreneur, puisque, d'après l'art. 2077, le gage peut être donné par un tiers pour le débiteur. — Toutes les autres dispositions du chapitre Ier du titre 17 du C. Nap. sont d'ailleurs applicables ici ; il n'y a été dérogé par aucune loi spéciale.

197. — Les cautionnements immobiliers sont réalisés par un simple acte passé entre le soumissionnaire et le préfet, ou quelquefois par un acte devant notaire. — Le soumissionnaire doit produire préalablement son

contrat de mariage, un état hypothécaire délivré par le conservateur de son arrondissement, et enfin un extrait de la matrice du rôle. Il est pris inscription au nom de l'État, du département ou de la commune.

198. — Le cautionnement immobilier s'apprécie d'après la valeur des immeubles, dégrevés des charges et hypothèques qui peuvent les frapper.

Le cahier des charges des palais impériaux exige que la propriété soit d'une valeur double du montant du cautionnement, et libre de toute inscription hypothécaire.

199. — L'État possède en outre une hypothèque sur les immeubles des entrepreneurs en vertu de l'adjudication, et sans qu'il soit nécessaire que l'affectation ait été consentie par une convention expresse.

La loi des 28 octobre et 5 novembre 1790 porte en effet (art. 14, tit. 2) « que le ministère des notaires n'est pas nécessaire pour la passation des baux des domaines nationaux, ni *pour tous les actes* de l'administration. Ces actes, ainsi que ces baux, emportent hypothèque et exécution parée. »

Une autre loi du 4 mars 1793, relative spécialement aux entrepreneurs et fournisseurs qui ont passé des marchés avec les agents de la république, a confirmé ces dispositions par son article 3, ainsi conçu : « Quoique les marchés (avec les entrepreneurs, marchands, fournisseurs) soient passés par des actes sous signature privée, la nation aura néanmoins hypothèque sur les immeubles appartenant aux fournisseurs et à leurs cautions, à compter du jour où les ministres auront accepté leurs marchés. »

200. — Ces dispositions, ainsi qu'on le voit, confèrent à l'État une hypothèque générale sur les biens des fournisseurs et entrepreneurs du jour où le ministre a

approuvé leurs marchés. — Mais sont-elles encore en vigueur?

La cour de Paris, par un arrêt en date du 29 mars 1830 (*Duplan*, S. V. 30, 2. 231), a jugé que les droits au profit de l'État résultant d'adjudications par l'autorité administrative et même par actes privés, emportent privilège ou simple hypothèque non déterminée et que le C. Nap. (art. 2098) a confirmé l'effet des dispositions ci-dessus citées.

Dans son traité des privilèges et des hypothèques, M. Troplong a combattu la doctrine de cet arrêt. Il lui reproche d'avoir confondu deux droits aussi distincts que l'hypothèque et le privilège, et d'avoir, en conséquence, cherché un motif de décider dans l'art. 2098, uniquement relatif aux privilèges, et qui ne réserve que pour ceux-ci les droits du trésor royal établis par des lois antérieures. (Voy. *Privil. et hypoth.*, n° 505 *bis*.)

Cette critique est certainement fondée. Il n'y a pas d'argument à tirer de l'art. 2098 pour la solution de la difficulté que la cour de Paris avait à résoudre. — Les lois des 5 nov. 1790 et 4 mars 1793 donnaient à l'État une hypothèque : elles ne lui conféraient pas un privilège. L'art. 2098, en déclarant que « le privilège à raison des droits du trésor royal, et l'ordre dans lequel il s'exerce, sont réglés par les lois qui les concernent, » est donc complétement étranger à la question.

Toutefois l'opinion de M. Troplong est vulnérable par d'autres côtés. Les dispositions du C. Nap. ont sans doute un caractère général, elles règlent toutes les matières qui ne sont pas soustraites à son empire par d'autres dispositions exceptionnelles. Mais cette observation n'est vraie que dans les matières purement civiles et de droit commun. Les matières spéciales, celles qui ont trait à des intérêts placés de tout temps en dehors de la loi

ordinaire, échappent nécessairement à sa réglementation, en vertu de la maxime : *Specialibus per generalia
non derogatur.* — Il faut donc reconnaître que le Code
Nap. n'a pas porté atteinte aux lois antérieures qui
créaient, en matière d'hypothèque, au profit de l'État
des droits particuliers. Une disposition comme celle de
l'art. 2098 n'était pas nécessaire pour réserver ces droits.
Il suffit que le texte nouveau soit muet pour que l'État
soit admis à invoquer l'ancienne législation, et l'argument qu'on prétendrait tirer de l'art. 2121, qui ne
donne d'hypothèque légale à l'État que sur les biens des
comptables, perd ici toute valeur.

Objecterait-on qu'antérieurement au Code Nap. les
lois de 1790 et de 1793 étaient déjà abrogées par l'art.
56 de la loi du 11 brumaire an VII, ainsi conçu : «Les
deux lois du 9 messidor an III, sur le régime hypothécaire et sur les déclarations foncières, ensemble toutes
les lois, coutumes et usages antérieurs *sur les constitutions d'hypothèque...* demeurent abrogées? — Mais la loi
de brumaire comme le Code Nap. ne contient que des
dispositions de droit commun. Ce qu'elle déclare abro-
ger, ce sont toutes les lois relatives aux objets que la
loi nouvelle embrassait, et non pas les lois spéciales établies en faveur du trésor public. Si l'on admettait une
autre interprétation, combien de dispositions exceptionnelles n'auraient-elles pas été mises à néant, qui cependant, de l'aveu de tout le monde, ont conservé toute leur
vigueur depuis la publication de nos lois générales?

201. — Mais ne faut-il pas admettre au moins, avec
M. le président Troplong, que si l'acte d'adjudication
emporte hypothèque sans stipulation spéciale, il est tout
au moins nécessaire que cet acte ait été passé devant
notaire?

La Cour de cassation a jugé que de la combinaison

des art. 14 de la loi du 28 oct. 1790 ; des art. 1 et 3
de la loi du 4 mars 1793 et des art. 2127, 2132 du C.
Nap., il résulte que le ministère des notaires n'est pas
nécessaire pour les marchés passés avec l'administration,
et que les actes administratifs contenant les stipulations
relatives auxdits marchés emportent hypothèque sur
les immeubles des entrepreneurs. (Voy. Cass. 12 janv.
1835, *de Gayrosse*, S. V. 35, 1. 11 ; Cass. 3 mai 1843,
*Séguin*, Dal., rép. v$^{is}$ privil. et hypoth. n° 1572, 2° ; rej.
9 juin 1847, D. P. 53, 1. 306 ; M. Cotelle, t. III, p. 15 ;
M. Châtignier, *Com. des cl. et condit. génér.* sur l'art.
2, n° 2. Dalloz, rép. v$^{is}$ privil. et hypoth. n° 1273 et
suiv.)

M. Troplong s'est prononcé vivement contre cette jurisprudence.—Suivant lui, l'art. 2127, en exigeant que
l'hypothèque soit constituée par acte notarié, s'oppose
invinciblement à ce que l'État fasse valoir des hypothèques consenties par actes sous seing privé. — Maintenez,
dit-il, la loi de 1790 ; dites que tout traité, toute adjudication où l'État sera partie emportera hypothèque
sur les biens des fournisseurs ou entrepreneurs ; mais
convenez au moins qu'en ce qui concerne les stipulations d'hypothèque, les marchés doivent être notariés.
(Voy. priv. et hypoth., n° 505 *bis*.)

L'art. 2127 n'a pas cette portée. Il parle des actes
notariés comme pouvant seuls conférer hypothèque.
Mais (et les raisons que nous avons données sur la précédente question nous dispensent d'insister) il n'exclut
pas par cela même, et dans les cas prévus par les lois
spéciales, les actes administratifs auxquels elles ont attribué cet effet. — Cette exception aux règles générales ne
présente d'ailleurs aucun danger pour ceux qui trai-
tent avec l'État. Les garanties que les parties trouvent
dans l'intervention d'un notaire, elles les trouvent aussi

bien dans celle des agents de l'administration. — Les formes solennelles de l'adjudication, l'approbation ministérielle ou préfectorale dont sa validité dépend, remplacent, sans inconvénient pour les entrepreneurs, qui savent fort bien à quoi ils s'engagent, l'intervention d'un notaire. — Le système préconisé par M. Troplong aurait pour unique résultat de mettre des frais considérables à la charge des entrepreneurs et d'apporter des lenteurs fâcheuses à l'expédition des affaires administratives. — La Cour de cassation a sagement agi en le condamnant.

202. J'ai déjà dit qu'on ne pouvait se méprendre sur le caractère du droit de préférence qui appartient à l'État sur les biens affectés au cautionnement de l'entrepreneur. Il s'agit d'une hypothèque et non pas d'un privilége.

Le texte des lois des 5 nov. 1790 et 4 mars 1793 ne permet pas l'hésitation. Toutes les deux parlent d'hypothèque, et comme les priviléges sont de droit étroit, on ne peut, en présence d'expressions aussi claires, prétendre qu'elles ont voulu établir un droit de cette nature. — Les droits des créanciers hypothécaires antérieurs à l'adjudication sont donc préférables aux droits de l'État : c'est à ses représentants à prendre les précautions nécessaires pour sauvegarder ses intérêts au respect des tiers.

203. Mais cette hypothèque n'a pas les caractères d'une hypothèque légale. — Au moment où la loi du 4 mars 1793 a été promulguée, tous les contrats authentiques emportaient hypothèque. Cette loi a eu pour effet d'attribuer aux marchés sous seing privé passés avec les agents de l'État, et pour son compte, les effets attachés aux contrats passés devant notaire, et par suite de leur faire produire hypothèque. Mais à la différence de l'hypothèque légale qui a pour cause la fa-

veur attachée à certaines personnes, et qui existe indépendamment de tout contrat, l'hypothèque accordée au
trésor par la loi du 4 mars 1793 ne peut dériver que
d'un acte administratif portant obligation ; c'est dire
que son origine est véritablement conventionnelle, puisqu'il faut un fait volontaire, une convention pour la
faire naître.

Elle est donc soumise à l'inscription. Sous ce rapport, les dispositions du C. Nap. seraient à bon droit
invoquées contre l'État. Le Code a établi, en effet, relativement à la publicité des hypothèques et à la nécessité de l'inscription, des règles générales à l'observation desquelles l'ordre public est intéressé. Vainement
prétendrait-on opposer à cette solution les motifs que
nous avons donnés nous-même pour combattre le système
de M. Troplong sur la question de savoir si le C. Nap.
a laissé en vigueur les lois de 1790 et de 1793. Il n'y
a entre les deux cas qu'une analogie trompeuse. L'hypothèque créée par ces lois n'a pas été atteinte par le
Code, parce que les lois générales ne dérogent pas aux
lois spéciales. Mais on ne peut rien conclure de là en ce
qui concerne la nécessité de l'inscription. Avant le C.
Nap., les hypothèques dérivant des lois spéciales, et
notamment de la loi de 1793, n'étaient pas assujetties
à l'inscription, à raison des principes généraux de la
matière. Elles n'avaient pas un caractère occulte par
exception : toutes les hypothèques étaient également
dispensées de l'inscription. Aussi ne trouve-t-on pas,
dans les lois de 1790 et de 1793, une disposition particulière à cet objet, qu'elle laisse soumis aux règles
alors en vigueur. En proclamant une règle diamétralement contraire, en déclarant qu'aucune hypothèque
conventionnelle n'est dispensée d'inscription, le C. Nap.
a virtuellement soumis aux nouveaux principes non pas

seulement les hypothèques dont il s'occupait, mais aussi celles créées par des lois antérieures qu'il respectait. La contradiction qu'on nous reprocherait est donc purement apparente.

204. — En général, les inscriptions hypothécaires ne peuvent être prises que pour une somme certaine et déterminée. (Art. 2132 C. Nap.) Mais cette énonciation n'a jamais été rigoureusement exigée pour les hypothèques dont nous nous occupons, à raison de la nature le plus souvent variable de la créance du trésor. (Arg., art. 2153.) On doit considérer comme valable, à ce point de vue, l'inscription prise par l'État sur les biens de l'entrepreneur, à raison de sa créance éventuelle pour le cas de non-exécution des travaux, bien qu'elle ne contienne pas une évaluation de la créance, si elle indique d'ailleurs le montant de l'adjudication. — « Les énonciations exigées par le C. Nap. n'ont pour but que de rendre les hypothèques tellement publiques et déterminées, que quiconque est dans le cas de traiter avec un autre ait les renseignements nécessaires pour faire toutes les vérifications qui l'intéressent, et pour qu'il ne puisse être induit en erreur sur les chances auxquelles se trouve exposée la propriété grevée d'hypothèque. » Or, l'inscription qui indique le montant de l'adjudication, pour sûreté et garantie de l'entière et parfaite exécution des travaux, et pour les sommes, indemnités et dommages-intérêts auxquels le défaut d'exécution pourrait donner lieu, réunit évidemment les caractères de clarté exigés par la loi. (Cass., 12 janv. 1835, *de Gayrosse, loc. cit.*)

205. — L'hypothèque de l'État sur les biens affectés au cautionnement date du jour où le marché acquiert un caractère définitif et irrévocable au respect de l'administration, c'est-à-dire du jour de l'approbation par l'autorité compétente. (Art. 3, L. du 4 mars 1793.)

206. — Elle s'étend, comme nous venons de le dire, sur tous les immeubles affectés spécialement à la garantie des obligations prises; mais elle ne frappe pas seulement les immeubles fournis à titre de cautionnement; les autres biens de l'entrepreneur en sont atteints. C'est ce qui ressort des termes de la loi du 4 mars 1793, suivant laquelle l'hypothèque de l'État frappe « les immeubles appartenant aux fournisseurs et à leurs cautions. » — M. Troplong lui donne avec raison la dénomination « d'hypothèque générale. »

Mais des expressions mêmes de la loi « immeubles *appartenant* » on peut, ce me semble, induire la preuve que les biens, qui entrent dans le patrimoine de l'entrepreneur postérieurement à l'adjudication, en sont affranchis. La loi ne parle évidemment que des biens présents. — C'est là sans doute une différence caractéristique entre cette hypothèque et les hypothèques générales créées par le C. Nap. Mais il faut obéir avant tout à la loi spéciale, et ne pas se décider par des analogies plus ou moins frappantes. — D'un autre côté, l'hypothèque créée par la loi de 1793, quoique générale, a, nous l'avons reconnu, une origine contractuelle. A ce titre, elle est régie par l'art. 2129 du C. Nap., qui permet bien d'hypothéquer par convention tous les biens présents, mais qui n'autorise pas l'affectation des biens à venir.

Cette restriction de l'hypothèque aux seuls biens appartenant à l'entrepreneur au moment de l'adjudication est d'ailleurs conforme à l'équité, l'administration ne prenant que ces biens en considération lorsqu'elle traite avec lui.

207. —L'hypothèque de l'État frappe-t-elle indistinctement tous les immeubles des cautions, ou seulement ceux qui ont été fournis et acceptés à titre de cautionne-

ment par l'administration? — Nous venons de dire que l'hypothèque du trésor frappe tous les immeubles appartenant à l'entrepreneur, qu'ils soient ou non spécialement affectés à la garantie de l'exécution des travaux. Mais supposons que l'entrepreneur n'ayant pas d'immeubles, et ne fournissant pas une caution mobilière, présente un tiers qui s'oblige en son lieu et place. Il y est autorisé, comme on sait, par l'ordonnance de 1836 et l'article 1ᵉʳ du cahier des clauses et conditions générales. Ce tiers fournit le cautionnement qui lui est demandé par l'administration; mais il a d'autres immeubles. Seront-ils aussi grevés de l'hypothèque du trésor?

A n'envisager que le texte de la loi de 1793, il faut répondre affirmativement, car elle dit expressément que la nation « aura hypothèque sur les immeubles appartenant aux fournisseurs et à leurs cautions. » — D'où l'on peut tirer la conséquence que non-seulement les immeubles affectés au cautionnement, mais tous les autres immeubles de la caution sont grevés de l'hypothèque.

Toutefois, cette interprétation ne nous semble pas admissible. — Que l'hypothèque ait un caractère général lorsqu'il s'agit de l'entrepreneur, on le comprend, bien que cela soit rigoureux; car on se demande déjà, en pareil cas, à quoi sert l'affectation qui résulte du cautionnement. Mais quand il s'agit de sa caution, cette solution devient inacceptable. Le tiers qui s'engage à fournir un cautionnement, n'entend évidemment courir de chances que relativement aux immeubles engagés. Il n'entend pas prendre une obligation indéfinie, comme l'entrepreneur qui s'oblige, lui, sur tous ses biens personnels, présents et à venir, et qui n'a qu'un intérêt fort mince à ce que l'hypothèque soit ou ne soit pas restreinte aux biens affectés au cautionnement. — Pour les tiers, il en est autrement, et le législateur aurait tendu un véritable piège à leur bonne foi, si on devait penser que par ces mots, « biens appartenant aux cautions, » il a voulu désigner autre chose que les immeubles acceptés par l'administration, à la garantie des obligations de l'entrepreneur.

208. — Nous n'avons pas à rechercher ici quels sont les droits des cautions au respect des entrepreneurs. Ces droits sont fixés d'une manière générale par les dispositions du C. Nap., dont les cautions des entrepreneurs de travaux publics peuvent en toute hypothèse invoquer le bénéfice.

Vis-à-vis de l'administration, le rôle des cautions est singulièrement effacé par la jurisprudence, qui ne leur permet pas de demander soit l'annulation des actes qui dérivent du marché (14 juillet 1830, *Jouvenel*, 367), — soit la résiliation de l'entreprise, — et qui les déclare même non recevables à critiquer le décompte. (15 mars 1849, *Rouvillois*, 152.) Nous aurons à voir si cette jurisprudence repose sur des motifs solides, lorsque nous nous demanderons si les créanciers de l'entrepreneur ont le droit d'exercer devant les tribunaux administratifs les droits de leurs débiteurs.

209. — Si l'immeuble affecté au cautionnement de l'entrepreneur vient à perdre la valeur qu'il avait au moment de l'affectation, l'administration peut exiger de l'entrepreneur de nouvelles sûretés. — Aux termes de l'article 2020 du C. Nap., lorsque la caution reçue par le créancier volontairement ou en justice est ensuite devenue insolvable, il doit en être donné une autre.

210. — Le cautionnement mobilier ou immobilier est affecté à la garantie des obligations prises par l'entrepreneur. — Il peut être retenu tant que ces obliga-

tions ne sont pas réputées accomplies, c'est-à-dire tant que la réception définitive des ouvrages n'a pas eu lieu. Mais, après cette époque, il doit être restitué, s'il a été constitué en valeurs sur l'État ou en argent. — Quant au cautionnement immobilier qui n'a pas changé de mains et qui est resté dans la possession, soit de l'entrepreneur, soit des tiers qui l'ont fourni, il redevient de libre disposition, et l'inscription cesse de produire, au profit du trésor, ses effets utiles. L'entrepreneur ou sa caution ont le droit d'en requérir, et au besoin d'en faire prononcer la radiation. — L'administration objecterait à tort que l'entrepreneur n'est pas quitte envers elle, par suite de la réception définitive, et qu'il reste soumis pendant dix ans à la garantie des ouvrages. — Le cautionnement n'est pas affecté à cette garantie, mais seulement à l'exécution des travaux, et il n'est pas applicable à la responsabilité décennale. (Voy. 2 déc. 1858, *Com. de Preigné*, 693.)

211. — Le retrait du cautionnement rend nécessaire l'accomplissement de certaines formalités prescrites par une ordonnance du 3 juillet 1816.

L'entrepreneur remet, soit au directeur de la caisse des dépôts et consignations, soit au receveur particulier, soit au receveur général, qui ont reçu le cautionnement, une réquisition de payement.

Cette réquisition contient élection de domicile dans le lieu où demeure le préposé de la caisse des dépôts et consignations. Elle doit être accompagnée de l'offre de remettre les pièces à l'appui de la demande, ou mieux encore, de ces pièces elles-mêmes, c'est-à-dire : 1° du récépissé de cautionnement remis à l'adjudicataire au moment du dépôt ; — 2° du certificat de non-opposition délivré par le bureau des oppositions si le versement a été fait à Paris ; — 3° du certificat de non-opposition délivré par le greffier du tribunal dans le ressort duquel les travaux ont été exécutés ; 4° enfin, de l'autorisation de rembourser le cautionnement donnée par le préfet au dépositaire.

Il est fait mention de cette remise dans le visa que doit donner le préposé, conformément à l'article 69 du Code de procédure civile.

Conformément à l'article 4 de la loi du 28 nivôse an XIII, les sommes consignées sont remises à l'entrepreneur dix jours après la réquisition de payement.

Les préposés qui ne satisferaient pas au payement, après ce délai, sont contraignables par corps, sans préjudice des droits du réclamant contre la caisse des dépôts et consignations.

Lorsque le cautionnement a été fourni en immeubles, il y a lieu seulement d'obtenir la radiation de l'inscription hypothécaire prise au nom du trésor par le conservateur des hypothèques de l'arrondissement où les biens sont situés. — A cet effet, l'entrepreneur doit présenter à ce fonctionnaire un arrêté du préfet constatant qu'il a rempli toutes ses obligations.

Le retrait du cautionnement effectué sans réserves, lorsque l'entrepreneur a déjà accepté purement et simplement le procès-verbal de réception définitive et le décompte général des travaux, lorsque enfin il a donné quittance pour solde, rend ses réclamations ultérieures contre le décompte non recevables. (Voy. 14 janvier 1839, *Hémery*, 48.)

# TITRE II

## DE LA NATURE DU CONTRAT D'ADJUDICATION ET DE SES DIVERSES ESPÈCES.

---

## CHAPITRE PREMIER

### NATURE DU CONTRAT D'ADJUDICATION.

212. — L'adjudication est un louage d'ouvrage.
213. — Même dans le cas où les matériaux sont fournis en totalité par l'entrepreneur.
214. — Le bénéfice de l'adjudication n'est pas susceptible de cession.
215. — La nullité des sous-traités n'est pas absolue.
216. — Tolérance de l'administration. — Ses effets.
217. — L'adjudication est un contrat commutatif.

**212.** — L'engagement pris par un entrepreneur qui a soumissionné l'exécution de travaux publics constitue un louage d'ouvrage.

L'art. 1710 du C. Nap. définit en effet le louage d'ouvrage, « un contrat par lequel l'une des parties s'engage à faire quelque chose pour l'autre, moyennant un prix convenu entre elles. »

**213.** — Le contrat ne change pas de caractère dans le cas même où les matériaux employés à la construction sont fournis en totalité par l'entrepreneur. L'art. 1787 du C. Nap., au titre des Devis et marchés, dit que « lorsqu'on charge quelqu'un de faire un ouvrage, on peut convenir qu'il fournira seulement son ouvrage ou son industrie, ou bien qu'il fournira aussi la matière. » — Quand l'entrepreneur fournit la matière, le louage d'ouvrage se trouve jusqu'à un certain point réu-

nir les caractères de la vente ; et il en résulte des conséquences importantes au point de vue de la perte des
matériaux en cours d'exécution. (Voy. art. 1788, 1789,
1790 C. Nap.) — Mais il n'y a jamais une vente pure
et simple : le travail, surtout en matière de constructions, est considéré comme la chose principale, et ce
sont par suite les règles du louage d'ouvrage et non
celles de la vente qu'il faut appliquer au contrat.

214. — Les marchés de construction qui intervien-
nent entre particuliers sont des contrats essentiellement personnels. On n'admet pas que l'entrepreneur
puisse céder à un autre le bénéfice de son traité et se
subtituer un tiers pour l'exécution des travaux. — Le
propriétaire n'est pas tenu de croire à la capacité de ce
tiers et d'avoir confiance dans son habileté. Lorsqu'il a
traité avec le cédant, il a pris en considération son intelligence, son honnêteté, ses qualités personnelles. Il est
libre de ne pas reconnaître chez un autre l'aptitude et
la capacité qui l'ont déterminé à conclure le marché.
Vainement objecterait-on que le cédant reste garant de
la bonne exécution des travaux ? Car, on ne peut forcer
le propriétaire à courir les chances d'un recours en garantie, qui suppose nécessairement l'inaccomplissement
des conditions du traité, et qu'il a la certitude d'éviter
en conservant l'entrepreneur comme obligé unique.
La cession n'est donc valable que lorsqu'elle est expressément approuvée par le propriétaire.

Les marchés de travaux publics sont soumis aux
mêmes règles. — Les obligations de l'entrepreneur ne
peuvent pas passer, par voie de cession, à des tiers qui
ne sont pas connus de l'administration et agréés par
elle. L'art. 4 du cah. des cl. et condit. génér. lève à
cet égard toute difficulté. Il est ainsi conçu : « Pour
que les travaux ne soient pas abandonnés à des spécula-

teurs inconnus ou inhabiles, l'entrepreneur ne pourra céder tout ou partie de son entreprise. Si l'on venait à découvrir que cette clause a été éludée, l'adjudication pourra être résiliée, et dans ce cas il serait procédé à une nouvelle adjudication à la folle enchère de l'entrepreneur. » (Voy. aussi art. 16, cah. des pal. impér.)

Mais cette clause est surabondante ; les conditions imposées par les ordonnances à l'admission des soumissionnaires seraient illusoires, s'il était permis à l'adjudicataire d'abandonner la direction de l'entreprise quand cela conviendrait à ses intérêts. — Nous pensons donc que la cession intégrale ou partielle devrait être considérée comme nulle dans les cas mêmes où, s'agissant de travaux autres que ceux des ponts et chaussées, la clause en question n'aurait pas été insérée dans le devis spécial de l'entreprise.

215. — La nullité des cessions consenties par l'entrepreneur sans le consentement exprès de l'administration est-elle d'ordre public, et peut-elle être invoquée soit par lui, soit par le sous-traitant ?

On a prétendu que la convention qui intervient entre l'entrepreneur et le sous-traitant en contravention aux clauses du marché, a une cause illicite et tombe conséquemment sous l'application de l'art. 1134 du C. Nap. (Rennes, 19 février 1849, *Lhommedé*, D. P. 50, 2. 17.) Mais cette doctrine est évidemment erronée. On comprend que l'administration partie au contrat ait le droit de ne pas reconnaître les sous-traitants. Mais pourquoi ? L'art. 4 des cl. et condit. génér. et à son défaut la nature même du contrat en donnent la raison ; c'est afin que l'exécution des travaux ne soit pas abandonnée à des spéculateurs inconnus ou inhabiles, — afin que l'administration, qui a contracté avec une personne dont elle a apprécié la capacité et la solvabilité, ne se voie pas forcée, en cours d'exercice, d'entrer en relations avec un tiers qui ne présente aucune des garanties expressément stipulées au moment de l'adjudication ou exigées par les ordonnances réglementaires. C'est donc uniquement dans l'intérêt de l'administration que les cessions sont interdites. Entre l'entrepreneur et le tiers sous-traitant, il n'en est pas de même. Il y a un contrat ; ce contrat fait la loi des parties, s'il n'est pas contraire à des dispositions légales, à l'ordre public ou aux bonnes mœurs. Or, aucune loi n'interdit ces sortes de traités dont le maintien ne compromet ni l'ordre public ni les bonnes mœurs. Si l'administration ne songe pas à invoquer la nullité du sous-traité, comment les parties qui y ont figuré pourraient-elles la demander? Comment seraient-elles admises à se prévaloir de la clause du cahier des charges écrite dans l'intérêt unique de l'administration? — Le contrat doit donc être exécuté par l'entrepreneur ou le sous-traitant jusqu'au jour où celle-ci entend s'armer contre l'entrepreneur du droit qu'elle tient du marché. (Voy. en ce sens : Lyon, 10 août 1858, *Brun*, D. P. 59, 2. 102.)

216. — La clause portant interdiction des sous-traités doit, dans la pratique, être appliquée avec discernement. — Cette stipulation n'a d'autre but, en effet, que de réserver en toute circonstance, à l'administration, les garanties qu'elle a cru trouver dans l'adjudicataire. Or ces garanties ne lui sont pas enlevées lorsque l'entrepreneur se borne à se substituer un tiers pour l'exécution de telle ou telle partie de l'entreprise, — s'il a entendu rester responsable vis-à-vis de l'administration, et si le sous-traité n'empêche pas celle-ci d'exercer la direction à laquelle il s'est expressément soumis.

Aussi voit-on tous les jours des entrepreneurs de travaux publics céder tout ou partie de leur entreprise, sans que l'administration songe à user de rigueur envers le cédant. — Elle tolère ces marchés, parce qu'ils n'ont pas pour effet de dégager l'adjudicataire de ses obligations, et qu'il reste garant de l'exécution des ouvrages de la manière et à l'époque convenues. (Voy. M. Dufour, t. VII, n° 177.)

Nous aurons ultérieurement à rechercher quel est l'effet de ces conventions au moment du règlement du compte, et à nous demander si les sous-traitants peuvent intervenir dans les débats qui s'élèvent à cette occasion.

217. — Les marchés de travaux publics sont soumis à de nombreuses chances de gain ou de perte. Les circonstances les plus diverses influent sur les résultats de ces entreprises. Les fluctuations de valeur des matériaux, l'état de la température, les accidents fortuits jouent ici un rôle considérable.

Cependant, il ne faut pas voir dans ces sortes de conventions des contrats aléatoires. Un contrat est aléatoire lorsqu'une partie promet de donner ou de faire quelque chose en vue d'une simple chance de gain. — Or le prix de l'adjudication, qui constitue l'équivalent des obligations prises par l'entrepreneur, n'est pas subordonné à un événement incertain; il est fixe et déterminé, et l'entrepreneur ne travaille pas en vue d'une pure éventualité. Il ne faut pas confondre ce prix, désormais certain, avec le bénéfice présumable de l'opération. — Dans les contrats où les obligations sont réciproques, il faut toujours faire la part des circonstances. Suivant les cas, leurs résultats sont plus ou moins avantageux. Mais le contrat lui-même n'est pas pour cela aléatoire, dans le sens légal du mot, lorsque à des obligations fermes correspond une obligation également certaine de payer un prix déterminé, et non pas seulement l'éventualité d'une pareille obligation.

C'est ce qui a lieu ici. Les adjudications sont des contrats à titre onéreux . (Voy. article 1104.)

# CHAPITRE II

## DES DIVERSES ESPÈCES DE MARCHÉS.

218. — Nous venons de faire connaître les caractères essentiels du contrat d'adjudication. — Mais ce contrat, en conservant ses conditions constitutives, se présente sous des modalités diverses. L'administration a la faculté de choisir entre les marchés *à forfait*, les marchés sur *séries de prix*, et les marchés *à l'unité de mesure*.

219. — On appelle marchés à forfait ou à prix fait, ou en bloc, ceux qui ont pour objet la confection d'un ensemble de travaux moyennant un prix fixe et déterminé. — Dans ces sortes de marchés, l'entrepreneur ne peut demander aucune augmentation de prix, ni sous le prétexte de l'augmentation de la main-d'œuvre ou des matériaux, ni sous celui de changements ou augmentations faits sur le plan, à moins toutefois que ces chan-

gements ou augmentations n'aient été autorisés par écrit, et le prix convenu avec le propriétaire. (Art. 1793 C. Nap.; 31 août 1837, *le département des Deux-Sè-vres*, 451.) — Réciproquement, celui-ci n'a pas le droit d'obtenir une réduction du prix fixé sous le prétexte de la diminution de la main-d'œuvre et des matériaux. (6 janvier 1853, *Com. de Brigneul*, 19.) Le bénéfice est essentiellement éventuel; les parties, avant de s'engager, doivent apprécier avec soin toutes les chances de gain ou de perte. La signature du traité les lie irrévocablement, et les rend non recevables à réclamer pour cause de lésion.

« Un marché en bloc, dit M. Tarbé de Vauxclairs,
« exclut tout métrage, tout décompte d'emploi du temps
« ou de fourniture de matériaux. Il est tellement
« aléatoire de sa nature, que l'on ne doit l'admettre que
« pour des ouvrages d'une exécution simple, d'une re-
« connaissance facile, et dont les prix courants sont
« bien connus. » (*Dict. des Trav. publics*, v° Marchés en bloc.)

220. — Ce qui caractérise essentiellement les marchés à forfait, c'est, comme nous venons de le dire, la détermination d'un prix fixe invariable. Lorsque le prix est susceptible de s'élever ou de s'abaisser suivant les circonstances, quelque dénomination que le contrat ait reçue dans les clauses et conditions, on peut être certain que le marché n'appartient pas à la catégorie des marchés à prix fait. — Il en est ainsi alors même qu'un plan a été arrêté et convenu, et que l'adjudication a été tranchée moyennant un prix déterminé. Cette circonstance est décisive, lorsque l'examen des clauses et conditions démontre que, dans l'intention des parties, elles ont voulu en faire la base irrévocable de leurs conventions. Si, au contraire, il se rencontre dans ces clauses

des stipulations incompatibles avec le forfait, la présomption disparaît, et il y a lieu de donner au marché une qualification différente.—Je suppose, par exemple, que l'on ait inséré dans le cahier des charges une clause portant que les ouvrages devront être mesurés et comptés pour ce qu'ils auront de dimensions réelles, et payés pour ceux non prévus, par assimilation aux prix réglés. En pareil cas, le prix de l'adjudication, bien que consistant, au moment où elle a eu lieu, en une somme fixe et déterminée, n'a pas ce caractère définitif et invariable qui n'appartient qu'aux marchés à forfait. Ces sortes de marchés excluent, comme le dit fort justement M. Tarbé de Vauxclairs (*loc. cit.*), tout métrage et tout décompte des travaux. Si donc le cahier des charges réserve expressément aux parties le droit de faire procéder à de nouveaux mesurages, c'est qu'elles ont voulu qu'il leur fût tenu compte des augmentations ou des diminutions opérées en cours d'exécution ; et une pareille réserve est incompatible avec les contrats à prix fait. (Voy. 17 novembre 1849, *Léger de Chauvigny*, 609 ; 30 avril 1852, *Com. de Villers-Bocage*, 125 ; 28 juillet 1853, *Com. de Campandré-Valcongrain*, 807 ; 12 mai 1859, *Dép. des Ardennes*, 350.)

221. Les marchés à forfait présentent cet avantage que le constructeur sait parfaitement dans quelle mesure il s'engage. Mais cet avantage est compensé par des inconvénients tellement graves que l'usage de ces sortes de marchés tend de plus en plus à disparaître. — « Il faut, » disait en 1853 M. le commissaire du gouvernement du Martroy, « que l'administration reste maîtresse de l'œuvre et qu'elle puisse à chaque instant modifier ses plans, faire ce qu'elle ne prévoyait pas, ne pas faire ce qu'elle prévoyait. » — Or le forfait ne laisse pas à l'administration une telle liberté : non—seulement le

prix fait ne peut pas être modifié : mais de plus la nature et la dimension des ouvrages sont invariablement
fixées. Pour éviter ces inconvénients, et en même
temps conserver dans une certaine limite les avantages
des marchés en bloc, certaines administrations ont pris
l'habitude de faire des *marchés sur séries de prix*.

222.—Un auteur que nous aimons à citer sur ces matières spéciales, donne de ces marchés la définition suivante.— « Ce mode d'exécution des travaux, dit M. Tarbé
de Vauxclairs, repose sur le soin qu'a pris l'ingénieur
de rédiger d'avance un tableau très-détaillé du prix de
toutes les natures d'ouvrages qu'il sera nécessaire d'exécuter pour conduire à leur fin les travaux adjugés...
On fait, pendant et après l'exécution, le métré de tous
les ouvrages et on leur applique les prix produits par le
rabais. Si le rabais a été fait avec discernement, ce
genre de marché est le moins aléatoire, puisque la totalité des ouvrages se trouve définitivement payée au prix
convenu. » (Dict. des trav., publ. vº Séries de prix.)

223.—Les marchés sur séries de prix sont d'un usage
fréquent, sinon exclusif, dans le service du génie militaire. La nature de ces travaux en comporte l'emploi
sans inconvénients. Il ne s'agit ordinairement, en effet,
que de terrassements ou de constructions en maçonneries à faire sur une grande échelle et dans des conditions presque toujours semblables. Il suffit alors de
bien calculer le prix d'unité de chaque espèce d'ouvrage : le mesurage, après l'exécution totale, détermine
le prix dû à l'adjudicataire.

Il est aussi d'usage dans l'administration des ponts
et chaussées « d'adjuger la fourniture des matériaux
« pour l'entretien des routes à tant du mètre cube
« de pierres ou du mille de pavés, sans désignation
« exacte des quantités à fournir, afin qu'on puisse les

« élever ou les réduire, selon que les fonds crédités par
« le budget le permettent. Le marché n'est autre chose
« qu'*une série* de prix convenus à l'avance, dont on fait
« l'application aux approvisionnements que l'adjudica-
« taire transporte sur la route, conformément à un ordre
« de service qu'on lui délivre au commencement de
« chaque campagne... » (Voy. 1er mars 1826, *Berdoly*,
139, et la note de l'arrêtiste.)

224.—Les marchés sur séries de prix sont donc ceux
dans lesquels le prix de chaque nature d'ouvrage, de
chaque série, sont invariablement fixés, l'administration
se réservant seulement le droit de faire, quant à la quantité, les modifications qu'elle juge convenables en cours
d'exécution. — De tels marchés tiennent du forfait, en
ce que les parties ne peuvent, sous aucun prétexte, revenir sur les prix consentis ; car si le prix total de l'adjudication reste indéterminé tant que les travaux ne sont
pas achevés, puisque l'administration a le droit d'augmenter ou de diminuer la masse des ouvrages, les prix
partiels de chaque nature d'ouvrage sont au contraire
définitivement fixés, et il est vrai de dire que relativement à ces prix, il y a forfait entre l'administration et
l'entrepreneur. — Ainsi, il a été jugé que lorsque le
devis porte que les comptes de l'entrepreneur seront réglés d'après le calculs des déblais, cette disposition
donne pour base invariable, au compte des transports,
le cube des déblais, c'est-à-dire le volume , avant l'extraction des matériaux à extraire, et ne permet pas à l'entrepreneur de réclamer un supplément de prix sous le
prétexte de l'augmentation donnée par le foisonnement
au volume des matières extraites. (24 mars 1853, *Dufour*,
386.) (Voy. aussi 26 juillet 1851, *Sainte-Marie*, 527.)

225.—Nous avons montré les avantages que présentent
les marchés sur séries de prix. — Ces avantages sont

compensés par de graves inconvénients. « L'administration sait bien d'avance quels prix elle payera ; mais elle n'en connaît pas exactement la somme. L'ingénieur peut se laisser entraîner à faire beaucoup d'ouvrages imprévus ; l'entrepreneur ne s'y opposera pas, puisqu'il est sûr d'être payé.

« Quelque précaution, quelque talent qu'on ait mis à la fixation des prix de la série, il s'en trouvera de plus ou moins favorables à l'entrepreneur. L'ingénieur demeure donc le maître de le favoriser ou de lui nuire. Par exemple, si le prix du mètre cube de maçonnerie en briques est trop élevé, et que celui de maçonnerie de moellons soit trop faible, la position de l'entrepreneur sera très-différente, selon qu'on lui donnera l'ordre de construire un mur en briques ou en moellons. Pour diminuer cet inconvénient, il faut que les marchés sur séries de prix soient accompagnés d'une description préalable des ouvrages, c'est-à-dire d'un devis bien précis sur la nature des constructions ; mais alors l'entrepreneur ne manque pas de prétextes pour obtenir des substitutions qui peuvent lui profiter... — Quand il s'agit d'ouvrages neufs d'une grande importance, une administration qui craint de s'aventurer doit faire rédiger des devis et passer des adjudications sur l'ensemble des ouvrages prévus, et quoique, en définitive, le travail doive être payé sur l'application des prix aux métrés de chaque partie d'ouvrage, ce qui semble rentrer dans le système des séries de prix, on devra reconnaître que ce mode d'adjudication a tous les avantages des séries de prix proprement dites sans en avoir les inconvénients, puisque le directeur des travaux et l'entrepreneur ne peuvent plus arbitrairement dépasser la somme fixée, ni changer le mode d'exécution. » (Dict. des trav. publ., v° Séries de prix.)

Cette troisième espèce de marché a pris dans la pratique la dénomination de *marchés à l'unité de mesure.*

226. — Ils diffèrent, comme on le voit, des marchés sur séries de prix en ce que la quantité des ouvrages est déterminée à l'avance. D'un côté, le prix de chaque série est invariablement fixé ; de l'autre, le marché détermine exactement le nombre de mètres cubes ou courants, de sorte que rien n'est laissé à l'arbitraire des agents chargés de la direction, de la surveillance et de l'exécution.

Ils diffèrent aussi des marchés en bloc ou à forfait, en ce qu'ils comportent en cours d'exécution certains changements. Les circulaires ministérielles recommandent, il est vrai, aux ingénieurs d'évaluer avec soin les quantités d'ouvrages et d'en faire la base de l'adjudication. Mais les conditions générales des ponts et chaussées, spécialement applicables aux marchés à l'unité de mesure, réservent expressément à l'administration la faculté de faire certaines modifications aux travaux. — D'après l'art. 40, elle a le droit d'augmenter ou de diminuer la masse des travaux jusqu'à concurrence du sixième. Ces stipulations sont exclusives du forfait qui ne comporte pas de changements, soit de la part de l'administration, soit de la part de l'adjudicataire.

Ces explications paraîtront peut-être un peu longues, mais nous les avons crues utiles. Elles nous offraient le moyen de faire connaître la nature et le vrai caractère des contrats qui vont maintenant, dans leurs détails et sous le rapport de leur exécution, faire l'objet de nos études.

# TITRE III

### DU PRIX DE L'ADJUDICATION ET DES PIÈCES QUI SERVENT A L'ÉTABLIR.

## CHAPITRE PREMIER

### DES PIÈCES DU MARCHÉ.

(Devis. — Cahier des charges. — Devis estimatifs. — Sous-détails. — Avant-métré.)

227. — Prix de l'adjudication.
228. — Pièces qui contiennent ses éléments.
229. — Devis. — Cahier des charges.
230. — Autorité du devis.
231. — Détail estimatif.
232. — Énonciations du détail estimatif. — Leur valeur.
233. — Cas où le procès-verbal d'adjudication ou le devis se réfèrent au détail estimatif.
234. — Sous-détail ou bordereau des prix.
235. — Importance du sous-détail dans les entreprises sur séries de prix.
236. — Avant-métré.

**227.** — Le procès-verbal de l'adjudication énonce le chiffre auquel les ingénieurs ont évalué les travaux. — Le véritable prix s'obtient en déduisant de ce chiffre le rabais offert par le soumissionnaire.

Mais cette opération fort simple se complique presque toujours, et des difficultés sérieuses surgissent au moment du décompte, lorsqu'il s'agit de fixer la somme due à l'entrepreneur. — Le prix de l'adjudication, sauf le cas de forfait, ne consiste pas dans une somme ronde dont les éléments ne sont pas à considérer. Il y a lieu fréquemment de décomposer les chiffres établis, et d'ap-

précier la valeur des pièces qui ont servi à les déterminer. — D'un autre côté, tous les travaux prévus ne sont
pas toujours exécutés : il y a des réductions à faire sur
le chiffre primitivement alloué. — Enfin des augmentations résultant des ordres donnés à l'entrepreneur en
cours d'exécution entraînent des dépenses supplémentaires dont le règlement est sujet à contestations. Essayons de fixer les règles à suivre en pareille matière.

228. — Pour établir le montant intégral de la dépense, les ingénieurs sont nécessairement forcés de se
livrer à des évaluations partielles de tous les travaux
qui sont à exécuter. Les terrassements, les fouilles et
extractions de matériaux, les transports, les ouvrages de
maçonnerie, de charpente, de menuiserie, etc., etc.,
sont successivement l'objet d'études préparatoires dont
les résultats sont consignés dans plusieurs pièces qui
forment la base de l'adjudication. Ces pièces sont :
1° l'avant-métré ; 2° les sous-détails ; 3° le détail estimatif ; 4° le devis général de l'entreprise ; 5° les plans et
profils.

Quelques mots sur chacun de ces documents sont
nécessaires. Commençons par celui qui les résume
tous.

229. — « Le devis-cahier des charges se divise en
« huit chapitres, dans lesquels on donne les indications
« générales et les profils en long et en travers, la des-
« cription des ouvrages accessoires, les indications des
« lieux d'extraction, des matériaux, de leur qualité et
« préparation. On y indique en outre le mode d'exécu-
« tion des terrassements et de la chaussée, le mode
« d'exécution des ouvrages accessoires, la manière d'é-
« valuer les ouvrages, et les conditions particulières et
« générales. » (Voy. M. Husson, *Lég. des trav. publ.*,
p. 488.)

« Le devis, dit M. Tarbé de Vauxclairs, est la description détaillée et circonstanciée de toutes les parties d'un
travail à adjuger ; c'est la base du contrat projeté entre
l'administration et l'entrepreneur. C'est d'après le texte
du devis que l'on juge le plus grand nombre des contestations auxquelles peut donner lieu l'exécution du travail : il est donc bien important de le rédiger avec le
plus grand soin. » (Voy. *Dict. des trav. publ.*, v° Devis ;
MM. Cotelle, p. 103 ; Dufour, t. 7, p. 48 ; Chatignier, p. 52 ; Husson, p. 488.)

230. — L'autorité du devis n'est pas absolue. Ses
énonciations font la loi des parties, lors même qu'elles
se trouvent en désaccord avec les autres pièces qui ont
servi à le préparer, notamment avec celles du sous-détail.
(Voy. 24 mars 1849, *Dard*, 194.) Mais elles peuvent
être corrigées par le procès-verbal d'adjudication. Bien
que ce procès-verbal soit rédigé par les représentants
de l'administration, l'entrepreneur se soumet en le signant aux modifications qu'il apporte au devis, et n'est
plus fondé à invoquer les stipulations auxquelles il a été
dérogé. — Il a été jugé en ce sens que si le devis d'une
adjudication a omis d'indiquer une partie de route, le
procès-verbal qui désigne clairement cette portion de
route comme faisant partie de celles dont la construction est l'objet du marché, supplée à l'insuffisance du
devis. (10 juin 1839, *Min. des travaux publics*, 361.)

231. — Le *détail estimatif*, qu'il ne faut pas confondre,
comme M. Cotelle (p. 112), avec le bordereau des prix,
est « l'état détaillé de l'estimation des dépenses à faire
pour l'exécution d'un travail projeté, dont les dimensions, proportions et qualités sont décrites dans une
autre pièce que l'on nomme le devis.

« Le détail estimatif est un compte que se rend d'a-
vance l'auteur du projet, afin d'éclairer l'administration

ou le propriétaire sur l'importance des obligations qu'il contractera sous le rapport des dépenses, dans le cas où il adopterait le projet. Il a aussi pour objet de se prémunir contre les prétentions exagérées des entrepreneurs, en exposant les véritables prix de chaque partie du travail à exécuter. » (*Dict. des trav. publ.*, v° Détail estimatif.)

232. — En principe, les indications du détail estimatif ne sont pas opposables aux énonciations du devis et ne peuvent pas suppléer à ses omissions. — « C'est un document propre à éclairer l'administration sur la fixation de la mise à prix des travaux (7 mars 1821 ; 17 fév. 1830), et qu'elle communique officieusement aux entrepreneurs. Ceux-ci n'ont donc aucun argument à y puiser à l'encontre des énonciations du devis et du bordereau des prix..... Le devis avant tout, le sous-détail, ou série de prix, ou bordereau, après ; il ne faut pas sortir de là, et prendre le reste comme des prévisions incertaines qui, dans l'exécution, peuvent être complétement bouleversées. » (Voy. M. Delvincourt, *Liv. des entrepr.*, p. 30.)

Les sieurs Bernard et Picard, adjudicataires d'une section du chemin de fer du Mans à Rennes, s'étaient pourvus contre un arrêté du conseil de préfecture de la Sarthe, qui avait refusé de porter au décompte de leur entreprise une somme de 41,986 fr. pour prix du pilonage de 419,864 mètres de remblais. Ils fondaient leur demande sur ce que le détail estimatif et l'avant-métré avaient expressément prévu les travaux dout ils réclamaient le prix ; mais leur pourvoi fut rejeté par les motifs suivants :

« Considérant que le détail estimatif et l'avant-métré ne renferment que des prévisions qui ne peuvent être invoquées par l'entrepreneur comme prouvant l'exécution des travaux faits par lui ; qu'aux termes de l'article 99 du devis, le décompte définitif doit être réglé au moyen des attachements dressés en cours d'exécution des travaux, conjointement par le conducteur des travaux et par l'entrepreneur, et acceptés ou refusés par celui-ci, avec indication des motifs du refus, et que, d'après ce même article, dans le cas où cette clause ne serait pas exécutée, les difficultés qui pourraient en résulter sont de plein droit résolues contre l'entrepreneur ;

« Considérant que le décompte définitif alloue aux entrepreneurs le prix du pilonage de m. c. 97,370, 14, qui sont portés au métré définitif, article par article, comme ayant seuls figuré sur les attachements dressés en cours d'exécution par le conducteur, et comme étant les seuls remblais pour lesquels le travail du pilonage ait été exécuté ; qu'il résulte de l'instruction que ces attachements ont été successivement acceptés par les entrepreneurs, sans observations ni réserves,... etc., etc. ; que dès lors c'est avec raison que le conseil de préfecture a rejeté leur demande. (Voy. 30 juin 1859, *Bernard*, 458 ; — voy. aussi : 7 mars 1821, *Min. de l'intérieur*, 356.)

233. — Le détail estimatif devient une pièce du contrat, et doit être consulté pour la détermination des prix, lorsque le devis ou le procès-verbal de l'adjudication s'y réfèrent expressément. Ses énonciations font alors la loi des parties qui ne sont pas fondées à leur opposer les indications fournies par les autres pièces du marché. Ainsi, lorsqu'un prix a été fixé par le détail estimatif auquel s'est référé le procès-verbal d'adjudication, à un chiffre plus élevé que celui porté à l'analyse des prix, l'analyse ne peut être opposée à l'entrepreneur. (Voy. 24 avril 1856, *Vanni*, 324).

Réciproquement, l'entrepreneur ne peut se prévaloir

des indications de l'analyse des prix qui lui sont favorables, pour les opposer à celles du devis estimatif auquel le procès-verbal d'adjudication s'est expressément référé. (Voy. 8 déc. 1853, *Barras*, 1033 ; voy. enc. 17 févr. 1830, *Maury*, 95.)

234. — Le détail estimatif contient des indications assez générales : il énonce le prix de chaque série de travaux, mais il n'indique pas les éléments divers qui entrent dans la composition de ces prix. Ces indications sont fournies par une autre pièce qu'on appelle sous-détail ou bordereau des prix. Dans le service du génie militaire, cette pièce prend le nom d'analyse des prix.

« Lors même, dit M. Tarbé, qu'on saurait *à priori* ce que coûtent sur les lieux ou par la voie du commerce, le bois, la pierre, le moellon, la chaux, le sable, il faut, pour établir le prix d'un mètre cube de maçonnerie, indiquer combien il entrera de moellons, briques, pierres et mortier dans le mètre cube de maçonnerie ; il faut évaluer le bardage des matériaux, leur emploi, les échafaudages et autres faux frais ; il faut donc entrer dans une foule de détails pour établir, à l'aide des prix élémentaires ou sous-détaillés, les prix de chaque unité d'ouvrage. » (*Dict. des trav. publ.*, v° Sous-détails.)

Comme le détail estimatif, le sous-détail n'a que la valeur d'un simple document : il ne peut servir de base aux réclamations de l'entrepreneur qu'autant que le devis ou le procès-verbal de l'adjudication s'y réfèrent. (Voy. 22 fév. 1851, *Andrieux*, 126). — En dehors de cette circonstance, l'entrepreneur ou l'administration ne sont pas fondés à s'emparer de ses indications pour les opposer à celles du devis. (Voy. 17 fév. 1830, *Maury*, 95 ; 24 mars 1849, *Dard*, 194 ; 8 déc. 1853, *Barras*, 1033.)

235. — Dans les entreprises par séries de prix, les

indications du détail estimatif ne peuvent prévaloir contre celles portées au bordereau. La raison en est simple. Dans ces sortes de marchés le bordereau ou sous-détail destiné à fixer le prix de revient de chaque unité de travail (tant le mètre cube de maçonnerie, etc.) devient nécessairement la pièce essentielle du marché. (31 mai 1855, *Loustalot et Dagonneau*, 380.)

236. — Il nous reste à parler de l'avant-métré qui sert aussi quelquefois à la fixation des prix.

« L'avant-métré a trois sections consacrées au cube des déblais et des remblais et au mouvement des terres, aux chaussées, caniveaux et cassis, et aux ouvrages d'art. » (Voy. M. Husson, *Lég. des trav. publ.*, p. 448.) L'avant-métré sert ainsi à désigner les quantités des ouvrages à adjuger. Il a, au respect de l'administration et de l'entrepreneur, la même valeur que le détail estimatif et le sous-détail, c'est-à-dire qu'il ne renferme que des prévisions et ne peut être invoqué comme prouvant l'exécution des travaux. (30 juin 1859, *Bernard*, 438.) Il ne fait la loi des parties que dans le cas où il existe à cet égard une stipulation suffisamment claire et précise : (26 mai 1842, *Planthié et Cavaillé*, 267.)

Cette stipulation est assez fréquente. Souvent une clause particulière du devis déclare obligatoire le chiffre de l'avant-métré, si l'entrepreneur ne réclame pas dans un délai déterminé à partir du piquetage. Le défaut de réclamation rend non recevable toute réclamation ultérieure même fondée sur des erreurs matérielles. L'opération du piquetage se faisant contradictoirement avec l'entrepreneur, son silence est considéré comme emportant acceptation des évaluations de l'avant-métré. (10 déc. 1846, *Casteœ*, 544 ; 13 fév. 1845, *Chapelle*, 66 ; 4 janv. 1851, *Oth*, 19 ; 6 mars 1856, *Passemard*, 183.) —

« Considérant, porte ce dernier arrêt, que les entrepreneurs n'allèguent pas qu'avant l'expiration du délai de vingt jours qui leur était accordé par l'art. 58, à dater du piquetage fait sur le terrain, pour se rendre compte du calcul des terrasses, ils aient provoqué la vérification contradictoire des parties de l'avant-métré qui leur auraient paru présenter des erreurs ; qu'ils se bornent à soutenir qu'en cours d'exécution, les emprunts dont il s'agit, d'ailleurs faits d'après les ordres et sous les yeux des ingénieurs, ont été constatés par attachements tenus contradictoirement avec les conducteurs des ponts et chaussées ; — Considérant qu'en admettant même que l'insuffisance des déblais prévue au devis doive être attribuée à une erreur de l'avant-métré, faute par les entrepreneurs d'avoir fait constater cette erreur dans les formes prescrites et dans le délai imparti par l'art. 58, ledit avant-métré a dû servir de base au règlement définitif du cube des terrasses et des distances auxquelles elles ont été transportées ; — qu'ainsi c'est avec raison que le conseil de préfecture a rejeté leur réclamation contre le règlement définitif..... »

# CHAPITRE II

## DU PRIX DE L'ADJUDICATION.

### SECTION PREMIÈRE

*Prix des ouvrages prévus.*

237. — Erreurs dans la composition des prix. (Art. 11, § 3, cl. et cond. génér.)
238. — Motifs de cette disposition.
239. — Principes qui dirigent l'administration quand il s'agit de l'appliquer.

**237.** — Nous venons de faire connaître les diverses
pièces destinées à fixer le prix de l'adjudication. Nous
avons vu quelle est leur importance relative. En résumé, il faut tenir pour certain qu'en principe et sauf
stipulation contraire, la seule pièce du contrat qui doive
être consultée lorsqu'il s'élève une difficulté sur le
prix des ouvrages adjugés, c'est le devis–cahier des
charges. Toutes les autres, soit qu'elles aient été, soit
qu'elles n'aient pas été communiquées à l'entrepreneur
au moment de l'adjudication, n'ont pas un caractère
obligatoire : elles ne font pas partie du contrat et peuvent seulement servir de renseignements dans le cas
où les stipulations du devis pèchent par obscurité ou
omission.

Mais ce principe, une fois fixé, il reste à rechercher
si les prix établis par le devis seul ou combiné (suivant
le cas) avec les autres pièces rédigées par les ingénieurs
avant l'adjudication, sont susceptibles de modifications,
et peuvent s'élever ou s'abaisser dans certaines circonstances déterminées.

A cet égard, on trouve une règle précise dans l'art. 11,
§ 3 du cahier des clauses et conditions générales pour
les travaux des ponts et chaussées, reproduit en termes

identiques par l'art. 43, § 2 du cahier du ministère d'État et l'art. 49 du cahier des charges du génie militaire.

Ces dispositions sont ainsi conçues : « Au moyen des prix consentis et approuvés l'entrepreneur fera l'achat, la fourniture, le transport à pied d'œuvre, la façon, la pose et l'emploi de tous les matériaux.

« Il soldera les salaires et peines d'ouvriers, les commis et autres agents dont il pourra avoir besoin pour amener la bonne et solide exécution des ouvrages.

« L'entrepreneur ne pourra jamais, sous prétexte d'omission dans la composition des prix du sous-détail, revenir sur les prix par lui consentis, attendu qu'il a dû s'en rendre un compte exact et qu'il est censé avoir refait et vérifié tous les calculs d'appréciation.

« Mais il pourra réclamer s'il y a lieu contre les erreurs de métrés ou de dimensions d'ouvrages. »

238. — L'adjudication ayant tous les caractères d'un contrat, il n'est pas permis à l'entrepreneur qui a librement accepté ce contrat d'en répudier les conséquences onéreuses, sous le prétexte que les prix convenus sont insuffisants.

C'est ici particulièrement qu'apparaît, dans les marchés de travaux publics le caractère de forfait. Le prix stipulé, telle est l'unique règle à suivre. Il n'appartient ni à l'entrepreneur, ni à l'administration qui l'ont proposé et accepté d'élever contre sa composition des critiques même fondées en fait. Les erreurs ou les omissions sont signalées tardivement, et elles font loi parce que l'entrepreneur est censé en avoir tenu compte, soit en plus, soit en moins, dans le système de compensation auquel il a dû soumettre les diverses parties du devis. Il a droit à l'équivalent promis : mais il n'a droit qu'à cet équivalent. — Sous ce rapport, l'art. 11

n'est que l'application rigoureuse mais logique des principes qui régissent les contrats à titre onéreux.

239. — « Il est du devoir de l'administration de ne se prêter à aucune dérogation qui serait préjudiciable aux intérêts de l'État. Si un entrepreneur réalise des bénéfices exagérés, l'administration n'a pas et ne peut avoir le droit d'exiger la révision des prix, et de diminuer le gain qui a été fait sur elle ; si, au contraire, l'entrepreneur essuie des pertes, il ne peut exiger que l'administration vienne à son aide, autrement les conditions de publicité et de concurrence seraient tout à fait illusoires, les marchés ne seraient plus sérieux, et, en définitive, l'État, qui ne profiterait jamais des spéculations heureuses, supporterait presque toujours les conséquences des mauvaises. Les intentions de l'administration, pas plus que les conditions du cahier des charges, ne se prêtent à aucun doute. L'administration n'accordera aux entrepreneurs que ce qui leur est dû d'après le droit. » (*Circ. minist.*, 23 juillet 1851.)

Dans les contestations qui s'élèvent entre les entrepreneurs et l'administration, la mission des conseils de préfecture se borne donc à appliquer les prix du devis ; ils ne peuvent prendre contre leurs termes formels et d'après des considérations d'équité, des mesures de conciliation auxquelles l'administration seule a le droit de consentir (28 mars 1816, *Lachaume* et *Daillant*.) Si favorables que soient les circonstances, toutes les demandes tendant à obtenir une augmentation du prix du marché ou une indemnité à raison des pertes subies, ne sont pas recevables par la voie contentieuse. Les conseils de préfecture doivent les repousser par une déclaration formelle d'incompétence. (30 mars 1854, *Foriel*, 267.)

Tel est le principe qu'il est nécessaire de ne jamais

perdre de vue quand il s'agit d'appliquer l'article 11 des clauses et conditions générales. L'interprétation de cet article ne présente pas d'ailleurs de difficultés sérieuses, et il suffira, pour en faire comprendre le sens et la portée, de rappeler quelques-unes des nombreuses applications que le Conseil d'État a été appelé à en faire.

240. — En premier lieu, l'insuffisance même reconnue des prix portés au devis, et provenant des erreurs ou omissions qui existeraient dans la composition du sous-détail, ne saurait justifier les réclamations de l'entrepreneur.

Le devis de l'adjudication du sieur Rambour, soumissionnaire des travaux de construction de la route nationale de Sedan à Nevers, allouait 15 fr. 75 c. par mètre cube de pierres cassées et transportées. Sur la réclamation de l'adjudicataire, l'expertise démontra que le prix réel était de 20 fr. Néanmoins le Conseil d'État refusa de lui accorder une indemnité. (28 déc. 1849, *Rambour*, 726. Voy. aussi : 12 février 1841, *Best*, 161 ; 23 juillet 1841, *Mieulet*, 397 ; 22 juin 1843, *Laperrière*, 298 ; 6 juin 1844, *Lesellier*, 338 ; 7 fév. 1845, *Delorme*, 60 ; 31 mai 1855, *Deschamps*, 384 ; 16 juin 1849, *com. de Chomérac*, 338 ; 9 fév. 1860, *Dupin*, 113.)

241. — L'entrepreneur étant censé, aux termes de l'article 11, avoir refait et vérifié tous les calculs d'appréciation, réclamerait aussi en vain contre les prix fixés, sous le prétexte des difficultés qu'aurait présentées l'exécution de travaux prévus. On lit dans un décret du 14 juin 1855 (*Dixmier et consorts*, 432) : — « Considérant que, qu'elle qu'ait été la difficulté d'extraction du granit rencontré par les entrepreneurs dans la tranchée du Cros, cette sorte de déblais se trouve comprise dans la dénomination générale de rochers vifs en masse compacte ; que dès lors les sieurs Dixmier et

consorts ne sont pas fondés à soutenir que les déblais dont il s'agit ne rentrent pas dans la prévision de leur marché, et qu'aux termes de l'article 11 des clauses et conditions générales, ils ne peuvent être admis à revenir sur les prix librement consentis par eux. » (Voy., en ce sens, 22 octobre 1830, *Lancesseur*, 486 ; 6 juin 1834, *Tisserand*, 374 ; 19 mars 1835, *Merle*, 365 ; 28 mai 1835, *Magny*, 379 ; 6 janv. 1837, *Chabert*, 3 ; 31 août 1837, *Dép. des Deux-Sèvres*, 451 ; 19 juin 1838, *François*, 384 ; 26 mai 1841, *Roger-Berdoly*, 210 ; 30 juin 1859, *Bernard*, 458.)

242. — Il a été jugé, dans le même ordre d'idées, que les entrepreneurs de la construction d'un môle, qui ont pris l'engagement de transporter les matériaux par mer, et qui ont fait leurs charrois par terre, ne sont pas admis à réclamer une indemnité sous prétexte que la mer n'était pas praticable, et que le trajet par terre a été onéreux pour eux (15 fév. 1833, *Tempier*, 110) ;

Que l'entrepreneur n'est pas fondé à soutenir que le prix du déblai, fixé par mètre cube transporté à 30 mètres, doit être augmenté, sous le prétexte que le transport ayant dû être fait sur des terrains en pente, la distance totale ne devait pas être calculée par relais horizontal de 30 mètres mais par relais en rampe de 20 mètres, considéré comme l'équivalent du premier, et payé au même prix, une pareille demande ayant pour objet de faire modifier, au profit de l'entrepreneur, le prix alloué par l'analyse (7 mai 1857, *Aubert*, 387) ;

Que l'entrepreneur n'est pas fondé à prétendre que le prix fixé uniformément et sans distinction aucune pour l'extraction des roches, n'est pas applicable aux blocs de nature granitique (29 mars 1851, *Caron*, 232) ;

Que si un seul prix a été fixé pour les déblais, l'entrepreneur n'a pas droit à un prix plus élevé, alors même qu'il se trouve dans ces déblais des difficultés imprévues, par exemple, des maçonneries à démolir (29 juin 1844, *Sicaud*, 405) ;

Qu'il n'a pas droit à une indemnité, à raison de l'augmentation des frais d'entretien survenus dans l'exploitation d'une carrière, par suite de sa dégénérescence. (17 sept. 1844, *Lespinasse*, 586.)

Le Conseil d'État a aussi appliqué l'art. 11 au cas d'erreur commise dans le calcul de la distance d'une carrière. Le rédacteur du projet avait supposé que cette carrière était à 22 kilomètres des travaux, tandis qu'en réalité elle en était distante de 29 kilom. La réclamation de l'entrepreneur a été néanmoins rejetée. (4 juin 1852, *Chovelon*, 222. Voy. enc. 4 juil. 1837, *Barbe*, 297.)

243. — L'entrepreneur n'est même pas fondé à réclamer contre les erreurs matérielles commises dans l'addition des prix du sous-détail. — Ainsi l'omission d'un ou de plusieurs éléments du prix n'est pas susceptible d'être réparée, comme si, dans l'évaluation du prix du mètre d'une chaussée d'empierrement, le rédacteur du devis néglige de faire figurer l'emmétrage des moellons (23 déc. 1852, *Micé*, 658); mais de plus, les erreurs commises dans le calcul de ces divers éléments n'autorisent aucune réclamation. Ce qui arrivera, par exemple, dans le cas où, après avoir énuméré séparément tous les éléments du prix d'un mètre cube de maçonnerie, et donné à chacun d'eux une évaluation exacte, le rédacteur du devis porte une somme inférieure au chiffre réel de ces éléments réunis.

Le sieur Rinjard, adjudicataire de la fourniture des matériaux destinés à l'entretien de la route de Briare à Angers, avait demandé et obtenu du conseil de préfecture la rectification d'une erreur qui s'était glissée dans le sous-détail du prix du mètre cube de jard à extraire de la Loire. Il faisait remarquer que, d'après le sous-détail, le total de ce prix était de 2 fr. 05 c., tandis que, d'après les éléments qui le composaient, il aurait dû être porté à 2 fr. 15 c.

Le ministre de l'intérieur se pourvut contre l'arrêté du conseil de préfecture. Il invoqua la violation de l'article 11 des clauses et conditions générales.

« On repousse, dit-il, l'application de cette clause, en disant que le sieur Rinjard demande, non pas qu'on revienne sur les prix du sous-détail, mais qu'on les lui alloue.

« Ce raisonnement ne tend qu'à déplacer la question: il est évident que l'entrepreneur a basé ses calculs et sa soumission sur le prix total du mètre cube de jard.

« En effet, si, comme il le soutient, il avait vérifié les éléments dont se compose ce prix, il aurait remarqué l'erreur dont il se plaint aujourd'hui, et n'eût pas manqué de la signaler au moment de l'adjudication.

« C'est dans la persuasion qu'il recevrait 2 fr. 05 c. par mètre cube de jard, qu'il a offert un rabais de 14 pour 100 sur le montant du détail estimatif, et il y a tout lieu de penser que ce rabais eût été encore plus fort, si l'entrepreneur avait compté sur le prix de 2 fr. 15 c.

« On ne pourrait, dès lors, sans nuire aux intérêts de l'État, allouer au sieur Rinjard un prix plus élevé que celui qui est indiqué dans le devis.

« En vain voudrait-on éluder les conditions du marché, en faisant une distinction relative aux erreurs d'addition,

« L'article 11, déjà cité, écarte toute distinction de cette nature, puisqu'il suppose que tous les calculs d'appréciation ont été refaits et vérifiés, et qu'il n'admet de réclamation que contre les erreurs de métrés ou de dimensions des ouvrages. » (Voy. Leb., 1835, p. 146.)

Le Conseil d'État se prononça pour cette interprétation. (20 fév. 1835, *Min. de l'intérieur*, 146.) On
peut citer comme l'ayant encore consacrée les arrêts
suivants : 24 fév. 1817, *Hayet ;* 16 avril 1823, *Perret
et Deplaces*, 278; 29 fév. 1836, *Charageat*, 106; 7 juin
1836, *Melchior*, 277 ; 23 juill. 1841, *Mieulet*, 397 ;
22 juin 1843, *Laperrière*, 298; 12 janvier 1845, *Sérager*, 25; 9 fév. 1845, *Delorme*, 60.

244. — Au surplus, l'administration est liée, aussi
bien que l'entrepreneur, par les chiffres portés au devis,
et elle n'a pas plus que lui le droit d'éviter l'application de l'article 11, sous prétexte, soit d'omission dans
la composition, ni d'erreur, même matérielle, dans
l'addition des prix du sous-détail. Cette solution, com-
mandée par l'équité, résulte de plusieurs arrêts, parmi
lesquels nous citerons celui du 6 juin 1844 (*Lesellier*,
338), ainsi conçu :

« En ce qui touche l'application du prix de 12 fr.
« 52 c. au lieu de celui de 12 fr. 42 c. aux 43 m. 99 c.
« de béton fourni par l'entrepreneur au pont de By : —
« Considérant que le prix de 12 fr. 52 c. est le prix du
« devis, et qu'il ne peut être modifié, ni au préjudice
« de l'entrepreneur, ni à son profit, sous prétexte d'er-
« reur, même matérielle, commise dans la composition
« de ce prix... » (Voy. enc. 16 nov. 1854, *Appay*, 877.)

Les erreurs de mètre échappent seuls à l'application
de l'article 11. (Voy. § 4.)

245. — M. Delvincourt s'élève contre cette jurisprudence. Il ne comprend pas qu'au moment du décompte
on refuse de rectifier les erreurs matérielles, les calculs erronés, les fausses additions. « Ajoute-t-on par là
quelque chose aux dépenses prévues? Non, sans doute,
car la somme à dépenser a été réglée indépendamment
des erreurs commises. Craindrait-on l'abus qu'on pour-

-rait faire du changement de la jurisprudence actuelle? Ce serait sans doute bien à tort. Depuis plus de trente ans, sept ou huit réclamations seulement, fondées sur des erreurs matérielles, ont été, si nous ne nous trompons, soumises au Conseil d'État, et les allocations qu'elles avaient pour objet ont été, en somme, peu considérables. » (*Liv. des entrepr.*, p. 154.)

Nous nous associons à cette protestation en ce qu'elle a d'équitable, et nous pensons qu'en présence d'une erreur matérielle démontrée, l'administration, qui doit à tous l'exemple de la justice et de la bonne foi, doit s'empresser de faire droit à la réclamation. — Mais la juridiction contentieuse est assujettie à d'autres règles. Le contrat, qui fait la loi des parties, est aussi la sienne. Or, la distinction proposée par M. Delvincourt entre les erreurs qui portent sur la composition même des prix et les erreurs d'addition, n'est pas compatible avec les termes formels de l'article 11. Dans l'un et l'autre cas, l'administration a fixé, pour certains travaux, dans la pièce fondamentale du contrat, un prix inférieur au prix réel. L'entrepreneur, qui est censé avoir refait tous les calculs après elle, s'est trompé comme elle. Mais cela n'empêche pas que, de part et d'autre, il y ait eu consentement sur la chose et sur le prix : *Duorum placitum in idem consensus.* — La seconde hypothèse, celle dans laquelle, les éléments du prix ayant été séparément prévus et évalués dans le sous-détail, il y a eu erreur d'addition dans le prix d'application, est même moins favorable à l'entrepreneur que la première. Car il lui suffisait, pour la relever, non pas de refaire l'appréciation du prix réel de revient, mais simplement de totaliser des éléments exacts et mis à sa disposition par la communication du sous-détail. — Tant que l'art. 11 sera maintenu dans les marchés, la juridiction conten-

tieuse sera donc forcée de repousser toutes les réclamations sans distinction, et il ne lui sera pas permis d'accorder, par voie de disposition gracieuse, une augmentation sur les prix consentis. L'administration active
seule, nous le répétons, a ce droit. (9 août 1836, *Min.
de l'intérieur*, 393.)

246.— L'entrepreneur n'est pas fondé non plus à demander une augmentation des prix fixés par le devis,
sous le prétexte que certains travaux avantageux et sur
lesquels il devait réaliser un bénéfice considérable lui
ont été retirés en cours d'exécution, si l'administration
s'était expressément réservé cette faculté et si elle n'en
a usé que dans les limites convenues. L'exercice de
ce droit a sans doute pour résultat de troubler tous les
calculs de l'entrepreneur et de mettre obstacle au
système de compensation qu'il a pu établir entre les
diverses parties de l'entreprise. Mais comment l'administration serait-elle responsable à son égard des
conséquences d'un changement qu'elle avait le droit
de faire? Si favorable qu'elle soit, la réclamation de
l'entrepreneur n'aurait pas de chances d'être accueillie
par la voie contentieuse. — Voici un exemple qui fera
bien comprendre l'inconvénient de ces calculs auxquels
nous faisons allusion.

Les sieurs Saint-Guily et Berdoly s'étaient rendus
adjudicataires de travaux à exécuter au palais de justice
de Paris. Les prix portés au devis pour les cintres
et la plate-forme en charpente de la voûte, considérés
isolément, étaient beaucoup trop faibles. Mais ces prix
avaient été établis dans la prévision du cas où l'adjudicataire de la maçonnerie aurait été en même temps
chargé de la charpente. Comme, dans cette prévision, les bois ayant servi à la maçonnerie auraient pu
encore être utilisés pour la charpente, l'entrepreneur

devait trouver dans cet emploi une économie qui justifiait le chiffre peu élevé porté au devis pour ces derniers
ouvrages.

Mais en cours d'exécution, et conformément à une
clause additionnelle annexée avant l'adjudication au
cahier des charges, l'administration avait jugé convenable de diviser l'entreprise en plusieurs lots. Les travaux de charpente adjugés aux sieurs Saint-Guily et
Berdoly se trouvèrent, par suite, séparés des travaux de
maçonnerie.

Au moment du décompte, ils réclamèrent une indemnité et prétendirent que l'établissement des cintres
et de la charpente devaient être comptés d'après leur
valeur réelle, comme travaux non prévus au devis. —
Mais on leur répondit que l'art. 11 ne permettait pas
de revenir sur les prix consentis; — que les travaux
pour lesquels ils demandaient une augmentation avaient
été prévus; — que le prix en avait été fixé par le devis
descriptif et l'analyse; — qu'enfin si l'administration
avait séparé, comme elle en avait le droit, l'adjudication
en plusieurs lots, les clauses additionnelles qui lui ré-
servaient cette faculté portaient que toutes les dispositions du cahier des charges seraient applicables à chacune des adjudications partielles; — que dans ces
circonstances, et alors même que les prix portés au
devis seraient insuffisants, les entrepreneurs n'étaient
pas recevables à réclamer par la voie contentieuse.
(2 février 1854, *Saint-Guily* et *Berdoly*, 77.)

247. — L'art. 11 cesse d'être applicable, bien entendu, lorsque des conventions particulières permettent
expressément d'élever ou d'abaisser, dans des circonstances particulières, les prix convenus.

Nous lisons dans un décret du 10 janv. 1856 (*Humbert-
Droz*, 42) : « Considérant que l'art. 20 du cahier des

« charges de l'entreprise porte : S'il est nécessaire d'en-
« foncer les pieux à une profondeur plus considérable
« que celle indiquée au § 19, la valeur des bois et le
« battage seront payés proportionnellement aux prix du
« détail estimatif ;

« Considérant qu'il résulte de l'instruction que, con-
« formément aux ordres donnés par les ingénieurs, la
« hauteur et le diamètre des pieux employés ont dépassé
« la prévision du devis et que le mode de battage a été
« changé ; que dès lors les entrepreneurs sont recevables
« à demander une modification du prix pour les pieux
« et le battage... »

248. — D'après l'art. 31 des cl. et cond. gén., toutes
les dimensions d'ouvrages, tous les prix, salaires et dépenses seront calculés d'après le système légal des poids
et mesures.

L'entrepreneur se prévaudrait en vain des usages locaux. — L'art. 30 porte que, dans aucun cas, l'entrepreneur ne pourra invoquer en sa faveur les us et coutumes
auxquels il est formellement dérogé par le présent article. Il existe, en effet, dans certaines localités des
usages qui autorisent les fournisseurs ou les entrepreneurs à ne pas livrer toute la quantité stipulée. Les
entrepreneurs doivent s'attendre à voir repousser toute
réclamation qui se fonderait uniquement sur ces sortes
de tolérance. (4 sept. 1856, *Saint-George*, 579.)

Les art. 30 et 31 ont été reproduits par les cahiers des
charges du génie (art. 49) et du ministère d'État (art. 43,
§ 2.)

## SECTION II

*Prix des ouvrages imprévus.*

249. — Réclamations relatives à des travaux imprévus.
250. — Exemple d'un travail imprévu.
251. — Autre exemple.
252. — Changement dans le mode de transport des matériaux. — Ordres donnés en cours d'exécution, etc., etc.
253. — Règlement du prix des ouvrages imprévus. — Assimilation aux prix prévus.
254. — Le prix des ouvrages imprévus n'est pas soumis au rabais de l'adjudication.
255. — Travaux d'épuisement.
256. — Leur constatation par attachements.
257. — Leur payement. — Quarantième en sus.

249. Il ne faut pas confondre les réclamations fondées sur l'insuffisance des prix, par suite de leur composition erronée ou des omissions du sous-détail, avec celles qui ont pour objet le payement des travaux imprévus que l'entrepreneur est souvent obligé de faire en cours d'entreprise. Aux termes de l'art. 22 du cah. des clauses et condit. génér., le règlement du prix de ces travaux se fait par assimilation aux travaux prévus ou sur estimation contradictoire, dans le cas d'une impossibilité absolue d'assimilation. — La tendance naturelle des entrepreneurs, lorsqu'une difficulté surgit dans l'exécution d'un travail prévu, est de faire considérer ce travail comme l'un de ceux dont l'art. 22 l'autorise à réclamer le payement. L'administration, il n'est pas besoin de le dire, est souvent animée d'une tendance contraire, et prétend faire ranger dans la classe des travaux prévus des travaux d'une nature essentiellement différente. C'est aux tribunaux administratifs qu'il appartient de faire les distinctions nécessaires et d'appliquer, en conséquence, soit l'art. 11, soit l'art. 22.

250. — A cet égard, on ne peut mieux faire que de recourir à la jurisprudence du Conseil d'État. Quelques exemples feront, mieux qu'un exposé théorique, comprendre la distinction à observer quant au règlement du prix, entre les travaux prévus et les ouvrages nouveaux.

Premier exemple. — Le devis de l'entreprise du sieur Bonnefons, entrepreneur de travaux de creusement du canal maritime au port de Cette, portait que les terrains à extraire étaient composés de sable, de vase et de quelques parties d'argile. Il fut reconnu en cours d'exécution par l'ingénieur en chef lui-même, que, contrairement à ces prévisions, l'entrepreneur avait rencontré dans la darse et dans la moitié du canal, une couche continue de tuf de 2 à 3 mètres de profondeur sous la basse mer. L'entrepreneur réclama, au moment du décompte, un prix spécial, et le Conseil d'État reconnut que l'exécution des déblais dans un pareil terrain constituait un travail non prévu, pour lequel il y avait lieu de procéder à un règlement particulier. (24 janvier 1856, *Bonnefons*, 93; 10 mars 1859, *Bonnefons*, 187.)

251. — Autre exemple. — Le sieur Anssart-Manem, adjudicataire des travaux du chemin de fer de Tours à Bordeaux, avait, devant le Conseil de préfecture de la Charente, réclamé le prix d'extraction de 109,038 mèt. cubes de roches, dont l'existence n'avait pas été révélée par les sondages insuffisants ou pratiqués en dehors du tracé du chemin de fer avant l'adjudication.

Le Conseil de préfecture repoussa cette réclamation par application de l'article 11. Mais son arrêté fut annulé par le décret suivant :

« Considérant que l'article 23 du devis porte que des sondes, ouvertes à l'avance sur toute la longueur de la partie à adjuger, mettent à même d'apprécier la nature des couches à déblayer, sous le rapport des mains-

d'œuvre de fouille et de charge;..... que, contrairement aux énonciations de cet article, aucune sonde n'a
été ouverte à la tranchée de Sillac; les sondes, à la
tranchée de l'Oisellerie, au lieu d'être ouvertes dans les
limites de la courbe que le chemin de fer décrit sur ce
point, ont été par erreur pratiquées sur le prolongement
de la tangente de cette courbe, à une distance de 12
et 15 mètres de tracé; et enfin, les sondes des tranchées
de l'Escalier, des Galants et des Brissants, n'ont pas été
conduites jusqu'au niveau de la voie à établir;.....
que les déblais du parcours curviligne sur lequel il
n'a été fait aucune sonde, et les déblais des couches inférieures jusqu'auxquelles les sondes auraient dû être
poussées, différaient totalement du terrain sablonneux
ou du rocher très-divisé, accusés par les sondages
effectués; que ces déblais consistaient en un rocher dur
et massif, et n'ont pu être arrachés qu'à la poudre;.....
que la position irrégulière de certaines sondes, et
les données inexactes résultant de ce que tous les
sondages ont été arrêtés à plusieurs mètres au niveau
de la voie, ont induit le sieur Anssart–Manem en erreur sur la véritable nature des travaux à exécuter;
que, dans ces circonstances, l'administration ne peut
être fondée à maintenir l'application du prix moyen
stipulé par l'article 23 du devis; qu'il résulte de l'instruction, et notamment des rapports dressés les 6 et
14 juin 1847 par l'ingénieur ordinaire Saige, et l'ingénieur en chef Duvignaud, chargés de la surveillance de
l'entreprise, que la perte subie par le sieur Anssart-
Manem, à raison de la nature imprévue du travail, s'é-
lève à une somme de 148,000 fr.... (Voy. 8 fév. 1855,
*Anssart-Manem,* 130.)

252.—Un autre arrêt du 16 juillet 1846 (*Bidou,* 402),
porte ce qui suit :

« Considérant que l'article 5 de l'adjudication consentie au profit du sieur Bidou, disposait que les moellons nécessaires à la confection de la route dont il s'agit,
seraient extraits des carrières de la Roque, et transportés par bateau jusqu'au chenal de Nayran, près de
Verdon ; que le sieur Bidou était tenu d'amener lesdits
matériaux à pied d'œuvre, et moyennant un prix de
transport calculé sur une distance moyenne de 2,400
mètres ; qu'il résulte de l'instruction que, par suite
de l'ensablement du chenal de Nayran, l'entrepreneur n'a pu transporter par la voie indiquée au devis
qu'une partie des moellons, et qu'en raison de cette circonstance, qui n'avait pas été prévue au devis, il a dû
déposer le surplus au port de Saint-Vivien, à une distance moyenne de 6,860 mètres ; que, dès lors, c'est
avec raison que le Conseil de préfecture de la Gironde a
décidé, par l'arrêté attaqué, qu'il serait tenu compte au
sieur Bidou, dans le règlement de son entreprise, de la
différence des distances parcourues par les matériaux
qu'il a débarqués au port de Saint-Vivien, au lieu de les
recevoir par le chenal de Nayran, qui était indiqué au
devis.

« Art. 1er. Les conclusions de notre ministre des travaux publics sont rejetées. »

Il a encore été jugé qu'il y a lieu de fixer un nouveau
prix : 1° lorsque l'entrepreneur a été obligé, en cours
d'exécution, de substituer un lieu et un mode de débar-
quement des matériaux à ceux établis par le cahier des
charges (30 juillet 1846, *Troye*, 435 ) ; 2° lorsque les
prix de matières et de transports de déblais ont été établis
d'après des calculs basés sur le travail de machines ayant
une puissance déterminée par le devis, si, en cours
d'exécution, cette puissance est diminuée par un ordre
des ingénieurs (18 août 1857, *Bucquoy*, 671); 3° lorsque,

en cours d'exécution, l'entrepreneur a reçu l'ordre de s'approvisionner à des carrières plus éloignées que celles indiquées au devis. (23 avril 1857, *Toussaint*, 327; consult. enc. 28 mai 1835, *Magny*, 378; 12 avril 1838, *Bouteillé*, 211; 6 août 1845, *Poulain*, 410; 9 janv. 1849, *Grass*, 354; 27 janv. 1853, *Causse*, 169; 12 janv. 1853, *Lavaurs*, 530; 22 août 1853, *Portanguein*, 871; 10 septembre 1855, *Troye* et *Danjou*, 626; 20 janvier 1856, *Humbert-Droz*, 41; 18 août 1856; *Billamboz*, 556; 20 mai 1859, *Bonnefous*, 157; 14 fév. 1861, *Greyvindelger*, 118.)

253. — Les prix des parties d'ouvrages non prévus sont réglés par assimilation aux ouvrages les plus analogues, ou, dans le cas d'une impossibilité absolue d'assimilation, sur estimation contradictoire, et prenant pour terme de comparaison les prix courants du pays. (Voy. art. 22.) L'impossibilité d'assimilation doit être *absolue*. L'entrepreneur n'est payé sur estimation et d'après les prix des journées et de la main-d'œuvre, qu'autant que les travaux ne sont pas susceptibles d'être mesurés et payés d'après les prix servant de base aux sous-détails. (Voy. 11 janv. 1837, *Chanard*, 11; 24 août 1846, *Pierron*, 450; 19 janv. 1850, *Varennes*, 75; 10 janvier 1856, *Humbert-Droz*, 41.) Dans le cas contraire, il faut fixer un nouveau prix. — Ainsi, lorsque l'administration a ordonné, pour le remplissage de batardeaux, la substitution du béton à la terre glaise, et qu'il y a déjà dans l'entreprise un prix fixé pour le béton destiné à la chappe d'un pont, on ne doit pas nécessairement adopter ce dernier prix pour le béton qui a servi au remplissage des batardeaux; il y a lieu de le payer à raison de sa composition spéciale. (Voy. 19 nov. 1837, *Coste*, 497.) — De même, lorsque le prix du dressement des talus de toute nature est porté au détail estimatif à 7 cent.

par mètre carré, l'entrepreneur exige à bon droit que le prix nouveau à appliquer aux dressements de talus en nature de rocher non prévu au devis, soit fixé après une estimation contradictoire, en prenant pour terme de comparaison les prix courants du pays, si l'entreprise ne comprend aucun ouvrage analogue. (Voy. 24 avril 1856, *Vanni*, 325 ; — voy. enc. : 4 mai 1825, *Alloard*, 239; 12 fév. 1857, *Mady*, 149; 19 fév. 1857, *Laborie*, 152 ; 18 mars 1858, *Sourreil*, 236 ; 12 juillet 1860, *Érard*, 537.)

254. — Les prix alloués par le conseil de préfecture ou antérieurement convenus pour des travaux non prévus et auxquels les prix de la série ne sont pas applicables, ne sont pas soumis au rabais de l'adjudication. (Voy. 19 juil. 1855, *Chanudet*, 545; 10 sept. 1855, *Troye* et *Danjou*, 626 ; 9 fév. 1860, *Dupin*, 112.)

255. — Parmi les ouvrages nouveaux que l'entrepreneur est tenu d'exécuter, malgré le silence du devis, figurent souvent des travaux d'épuisement. Les articles 23 et 24 du cahier des charges ont réglé le mode de constatation et de payement des travaux.

256. — D'après l'article 23, s'il y a lieu de faire des épuisements qui n'auraient pas été mis par le devis à la charge de l'entrepreneur, les dépenses y relatives sont constatées par attachement et sur des contrôles tenus sous la surveillance de l'ingénieur.—Ces formalités sont de rigueur. Aucune indemnité n'est due à l'entrepreneur qui ne les a pas remplies. (Voy. 15 déc. 1846, *Pluvinet*, 554; 24 juil. 1848, *Prévost*, 452 ; 30 juillet 1857, *Bourdon*, 619.) — «Nous avons de la peine à concilier ces décisions rigoureuses avec l'arrêt du 10 janvier 1856 (*Nepvaüet*, 452), dans lequel il s'agissait précisément de travaux d'épuisements. Cet arrêt pose au contraire en principe, très-justement suivant nous, que les articles

7 et 23 ne prononçant aucune déchéance en cas d'inobservation des formalités qu'ils indiquent, les entrepreneurs peuvent être admis à réclamer le payement des
travaux non prévus, *toutes les fois qu'ils justifient avoir
été obligés de les exécuter dans l'intérêt de l'entreprise.*»
(Voy. M. Chatignier, *Com. des clauses et cond. gén.*)

257. — L'article 24 règle le mode de payement de
ces travaux. Tous les payements pour épuisements, ouvrages par attachements, indemnités et autres articles
imputés sur la somme à valoir, sont remboursés à l'entrepreneur avec un 40e en sus pour le dédommager de
ses avances de fonds. — A cet effet, il est tenu de payer à
vue, en présence d'un employé désigné par l'ingénieur,
les rôles ou états qui sont dressés pour le compte des
travaux et de les faire quittancer par les parties pre-
nantes, avant de pouvoir en demander le remboursement.

Deux quarantièmes lui sont en outre alloués pour
ceux desdits articles qui nécessitent de sa part des outils,
soins, frais de conduite des travaux, fournitures et
entretien de machines. (Art. 24.) Sont exceptés de ces
dispositions les payements qu'on pourrait être obligé
de faire par l'intermédiaire de l'entrepreneur, mais qui
n'exigeraient réellement de sa part aucune avance de
fonds, et pour lesquels, conséquemment, il n'est alloué
aucune rétribution. (Art. 25.)

L'allocation d'un quarantième sur les sommes dépensées en régie est accordée à l'entrepreneur pour
le dédommager de l'avance desdites sommes : il ne
peut y avoir lieu à cette allocation lorsque l'administration ayant payé elle-même et de ses deniers, aucune
avance n'a été faite par lui. (Voy. 2 déc. 1853, *Mombrun,* 1013; voy. aussi 16 mars 1836, *Legrand,* 130;
23 juillet 1841, *Mieulet,* 396.)

Ajoutons que le quarantième accordé par l'article 24 des conditions générales pour dédommager l'entrepreneur des avances par lui faites, constitue la seule indemnité à laquelle il ait droit. Les intérêts des sommes qu'il a déboursées depuis le jour où il en a fait l'avance jusqu'au jour du remboursement ne lui sont pas dus. (10 sept. 1855, *Troye*, 626.)

# TITRE IV

DES OBLIGATIONS QUI NAISSENT DU CONTRAT D'ADJUDICATION.

---

258. — Division de ce titre.

258. — L'adjudication constituant un contrat synallagmatique engendre des obligations réciproques. —
Nous ferons connaître dans deux chapitres distincts :
1° les obligations contractées par l'entrepreneur ; 2° les
obligations contractées par l'administration.

---

## CHAPITRE PREMIER

DES OBLIGATIONS DE L'ENTREPRENEUR.

### SECTION PREMIÈRE

*De l'obligation de résider sur le lieu des travaux et de dénoncer les
contraventions commises dans le voisinage.*

259. — Art. 5, Condit. génér. — Art. 13, Devis-modèle. — Leur
    sanction.
260. — Visite des travaux.
261. — Surveillance des propriétaires riverains.
262. — Infractions aux lois de police commises dans l'exécution des
    travaux.

259.—Le droit commun n'oblige point l'entrepreneur
à résider sur le lieu des travaux pendant tout le temps
de leur exécution. Dans les entreprises privées, à moins
de clause expresse, le propriétaire ne peut exiger sa
présence continue sur les chantiers. Cette stipulation
est également nécessaire en matière de travaux publics.

Mais elle se trouve dans les conditions générales des ponts et chaussées et dans l'art. 13 du devis-modèle pour les travaux du génie. — Aux termes de ces articles, conçus en termes identiques, « pendant la durée entière de l'entreprise, l'entrepreneur ne pourra s'éloigner du lieu des travaux que pour affaires de son marché, et après en avoir obtenu l'autorisation. Dans ce cas, il choisira et fera agréer un représentant capable de le remplacer, et auquel il aura donné pouvoir d'agir pour lui et de faire les payements aux ouvriers, de manière qu'aucune opération ne puisse être retardée ou suspendue pour raison de l'absence de l'entrepreneur. » — L'inobservation de cette clause est susceptible d'entraîner la mise en régie ou même la résiliation de l'entreprise, lorsque des absences fréquentes et réitérées compromettent la bonne exécution des travaux ou leur achèvement dans le délai fixé. (1ᵉʳ fév. 1851, *Moneron*, 89.)

260. — La présence de l'entrepreneur sur le lieu des travaux a pour corollaire des obligations spéciales dont l'accomplissement est soumis aux mêmes pénalités. — D'après l'art. 27 des condit. génér., l'entrepreneur, soit par lui-même, soit par ses commis, est tenu de visiter les travaux aussi souvent que cela est nécessaire pour le bien du service. Il doit justifier de ces visites et accompagner les ingénieurs dans leurs tournées toutes les fois qu'il en est requis.

261. De plus, l'art. 28 l'oblige à surveiller, dans l'étendue de son entreprise, les propriétaires riverains et les cultivateurs qui se permettraient de labourer et de planter trop près des routes, canaux et autres propriétés publiques, ou qui détérioreraient les bornes, talus, fossés et plantations. — Il doit avertir sur-le-champ les ingénieurs « des contraventions qu'il apercevrait à cet

« égard, comme aussi de celles qui consisteraient en
« des dépôts de bois ou de fumier, ou autres encombre-
« ments quelconques, ainsi que des anticipations qui
« seraient faites sur le domaine de la voie publique. »

262. — Cette dernière disposition est dépourvue de
sanction. Aucune peine et aucune responsabilité ne sont
encourues par l'entrepreneur qui n'en tient pas compte.

Mais il en est autrement des infractions aux lois et
aux règlements de police commises par les agents ou
les ouvriers employés sur les travaux. L'entrepreneur
n'est pas soumis seulement aux ordres des ingénieurs,
et, si ceux-ci omettent de lui prescrire les précautions à prendre dans l'intérêt de la sûreté publique, il
n'en doit pas moins obéissance aux règlements locaux à
ce relatifs. — Il a été jugé que les art. 319 et 320 du
C. pén., qui punissent de peines correctionnelles l'ho-
micide et les blessures par imprudence, négligence ou
inobservation des règlements, sont applicables à l'entrepreneur, lorsqu'il ne s'est pas conformé aux dispositions des ordonnances et lorsque sa négligence a été
cause d'un accident. (Voy. Cass. rej. 1er mars 1862. ch.
crim.; le *Droit* du 2 mars 1862.)

## SECTION II

*De l'obligation de fournir les matériaux indiqués par le devis.*

263. Les cahiers des charges prennent soin d'indiquer les conditions que doivent réunir les matériaux, et autorisent l'administration à exercer un contrôle incessant sur leur emploi. La fourniture des matériaux, en effet, est une partie essentielle des travaux. La main-d'œuvre a beau être parfaite, elle ne corrige jamais le vice inhérent à la matière employée. Il a donc fallu prendre des précautions minutieuses contre la fraude, ou simplement la négligence de l'entrepreneur.

D'après l'art. 12 des condit. génér., « les matériaux « proviendront des lieux indiqués au devis; ils seront de « la meilleure qualité, parfaitement travaillés et mis en « œuvre conformément aux règles de l'art. On ne pourra « les employer qu'après qu'ils auront été visités par l'in-« génieur.—En cas de surprise, de mauvaise qualité ou « de malfaçon, ils seront rebutés ou remplacés aux frais « de l'entrepreneur. Toutefois, si l'entrepreneur conteste « les faits, l'ingénieur dressera immédiatement procès-« verbal des circonstances de cette contestation. L'entre-« preneur pourra consigner à la suite du procès-verbal, « qui devra lui être communiqué, les observations qu'il

« se croira en droit de présenter. — Il sera statué ensuite
« par l'administration ce qu'il appartiendra. »

264. — Telles sont dans leur ensemble les dispositions
destinées à assurer, sous le rapport de la fourniture des
matériaux, l'accomplissement des conditions du marché. — Les matériaux sont soumis à des réceptions au
fur et à mesure qu'ils sont amenés sur le chantier. Ceux
qui n'ont pas les qualités requises sont rebutés, et leur
emploi est interdit.

265. — L'emploi de ces mesures de rigueur ne peut
pas, on le comprend, accroître les charges de l'administration. Les conséquences du rejet ou du remplacement des matériaux reconnus vicieux ou ne réunissant
pas les conditions de poids ou de dimension prescrits
par le devis, sont, quelque préjudice qu'il en puisse
éprouver, au compte de l'entrepreneur. Il est tenu
d'enlever à ses frais les pièces dont l'usage est nuisible
à la solidité de la construction, ou contraire aux règles
de l'art et du goût (31 juin 1843, *Blondeau*, 323). —
Il supporte, sans recours contre l'administration, les frais
de transport et les droits d'octroi antérieurement acquit-
tés (2 juin 1837, *Hayet*, 227). — Il s'expose enfin à voir
refuser les travaux, si malgré les injonctions reçues, il
continue ses infractions aux clauses et conditions de
l'entreprise et si l'emploi des matériaux substitués à
ceux dont il devait faire usage est jugé contraire à la
destination des travaux.

266. — Le droit accordé aux ingénieurs de rebuter
les matériaux reconnus vicieux n'échappe pas au contrôle de la juridiction contentieuse, au moins en ce
sens, qu'une indemnité serait certainement accordée à l'entrepreneur dans le cas où il prouverait que
les matériaux refusés avaient la qualité requise et les
dimensions exigées par le devis. — Ses réclamations

seraient encore accueillies si le mode employé pour la constatation du rebut avait pour conséquence de faire perdre aux matériaux une partie de leur valeur. Dans le silence du cahier des charges, les ingénieurs excèdent leur droit en faisant imprimer sur les matériaux refusés une marque qui en rend la vente plus difficile. Une indemnité est due à l'entrepreneur pour la dépréciation résultant de ce mode de procéder. (5 juin 1846, *Jobert*, 327.)

267. — L'entrepreneur dont les matériaux sont rebutés à tort, doit immédiatement réclamer contre l'ordre des ingénieurs, et éviter tout ce qui pourrait ressembler à un acquiescement à la décision dont il croit avoir à se plaindre. On ne manquerait pas au moment du décompte de lui rappeler qu'il s'est soumis à cette décision et ses réclamations seraient à bon droit repoussées comme non recevables. (18 août 1857, *Bacanain*, 666.)

268. — Au lieu de rebuter les matériaux qui ne remplissent pas exactement les conditions du devis, les ingénieurs en autorisent souvent l'emploi, s'il ne leur paraît pas présenter d'inconvénients. C'est ce qui arrive surtout lorsque les matériaux présentés à la réception sont d'une qualité supérieure à celle exigée. — Mais la réception n'a d'autre effet que celui d'une simple tolérance. Elle n'autorise jamais l'entrepreneur à réclamer une augmentation de prix.

269.—De même, d'après l'art. 14 des condit. génér., tous les matériaux doivent avoir les dimensions prescrites par le devis et l'article prend soin d'ajouter que « si « l'entrepreneur leur donne des dimensions plus fortes, « il n'y aura pas lieu de lui allouer un supplément de « prix : les métrages et les pesées seront basés sur les di- « mensions du devis. »—L'entrepreneur averti par cette stipulation n'a donc pas d'indemnité à réclamer pour les excédants de dimension ou de mesure. — C'est un point sur lequel le conseil d'État s'est plusieurs fois expliqué en ce sens.

« Sur le chef relatif à l'excédant des dimensions qui aurait été donné aux bois employés dans les encoffrements : — Consid. que le sieur Courrière ne justifie pas avoir donné aux bois employés par lui dans les encoffrements, en vertu d'ordres qui lui auraient été prescrits, des dimensions autres que celles prévues au devis et portées dans le décompte général de son entreprise ; — que d'ailleurs, en admettant le fait comme prouvé, le sieur Courrière ne pourrait, aux termes de l'art. 14 du cah. des cl. et condit. génér., réclamer aucune augmentation de prix à ce sujet. » (18 août 1857, *Courrière*, 663.)

De même, il a été jugé que l'entrepreneur doit supporter seul, sans recours contre l'administration, le surcroît de dépense résultant de la substitution, sans ordre écrit, de bois neuf au vieux bois qu'elle s'était engagée à fournir. (30 juin 1843, *Blondeau*, 323.)

270. — Si l'entrepreneur donne aux matériaux des dimensions plus faibles, même avec l'autorisation des ingénieurs, les prix sont réglés non d'après le devis, mais suivant leur valeur réelle.—Telle est la disposition expresse de l'article 14 : « Dans le cas de dimensions plus « faibles, les prix sont réduits en proportion, et néan- « moins les pièces dont l'emploi serait reconnu contraire « au goût et à la solidité seraient également enlevées et « remplacées aux frais de l'entrepreneur. » —Le Conseil d'État applique cette disposition avec une grande rigueur.

« Considérant, porte un arrêt du 14 juillet 1848 (*Prévost*, 452), que, conformément à l'art. 14 des clauses « et conditions générales, dans le cas où les ingénieurs

« ont autorisé l'emploi de matériaux de dimensions
« plus faibles que celles portées au devis, les prix doi-
« vent être réduits en proportion ; — que si le devis de
« l'entreprise portait que les pavés fournis par l'entre-
« preneur seraient payés au mille, il résulte de l'ins-
« truction que ces pavés n'avaient pas la dimension
« prescrite de 19 cent. à 21 centimètres ; que dès lors
« c'est avec raison que l'ingénieur a établi le prix d'a-
« près le nombre de pavés contenus dans chaque mètre
« carré et non plus au mille..... »

271. — L'administration n'est plus recevable à invoquer l'article 14, et elle est tenue de payer les matériaux
au prix fixé par le devis, lorsque les ingénieurs n'en ont
pas fait vérifier la qualité au moment même de leur emploi, et lorsqu'il est impossible, lors du règlement du
compte, d'en fixer la valeur réelle contradictoirement
avec l'adjudicataire. — Il a été jugé, par exemple, que
l'emploi donné prématurément, sur l'ordre d'un ingénieur, à des matériaux sur le prix desquels il se propo-
sait d'opérer des retenues, ayant pour résultat de priver
l'entrepreneur des moyens de vérification auxquels il a
droit d'après le devis, les retenues opérées ne doivent
pas être maintenues. (Voy. 10 mars 1859, *Manot*, 189.)

272. — Quel est l'effet de la réception des matériaux ? — Les matériaux reçus et approvisionnés devien-
nent-ils la propriété de l'administration, ou restent-ils
au contraire celle de l'entrepreneur ?

La réception n'opère pas transmission de la propriété.
Elle prouve seulement que les matériaux ont paru aux
ingénieurs avoir les qualités exigées par le devis. Elle
autorise l'entrepreneur à les employer, et elle les affecte
définitivement à l'entreprise, de telle sorte qu'ils n'en
peuvent plus être distraits pour d'autres services, sans l'autorisation écrite des ingénieurs. (Voy. art 15, Cl. et cond.

génér.) Mais elle ne les fait pas passer aux risques et
périls de l'administration (sauf, comme nous le verrons,
le cas où leur perte est le résultat de la force majeure).
Si donc ils diminuent sur les chantiers, et s'il n'est
pas établi que cette diminution provient du fait de l'administration, l'entrepreneur n'a droit à aucune indemnité. (Voy. 30 juin 1843, *Blondeau*, 323.)

273. — Les matériaux doivent être extraits dans les
carrières indiquées par les devis. (Voy. art. 9, Cl. et cond.
génér.) — C'est pour l'entrepreneur une obligation rigoureuse. C'est en même temps pour lui un droit
dont l'exercice a été entouré par les cahiers des charges
de certaines garanties. L'article 9 autorise l'administration à changer les lieux d'extraction pendant la durée
de l'entreprise, si cette mesure est reconnue indispensable à la bonne exécution des travaux. Mais le changement, après avoir été soumis à l'approbation du préfet,
doit être signifié à l'adjudicataire, qui a le droit d'accepter ou de refuser les nouveaux prix d'extraction et
de transports établis par les ingénieurs pour la nouvelle
carrière, d'après les éléments de l'adjudication. S'il
refuse, il est tenu de déduire ses motifs dans le délai de
dix jours. (Voy. art. 9, Cl. et cond. génér.)

Cette disposition constitue une exception à la faculté
que l'administration prend soin de se réserver d'une
manière générale en ce qui concerne les changements
à opérer dans le cours de l'entreprise. (Voy. art. 7, Cl.
et cond. génér.) C'est, par conséquent, un retour aux
principes du droit commun, qui ne permet pas en matière de conventions synallagmatiques, à l'une des parties, de se départir du contrat sans le consentement de
l'autre partie. Ce retour se justifie d'ailleurs par l'importance de la mesure que l'article 9 a en vue, et par l'intérêt de l'administration elle-même au maintien d'une

stipulation aussi capitale. Il y a des entreprises pour lesquelles on ne trouverait pas de soumissionnaires, s'il était loisible aux ingénieurs d'imposer des changements de carrières en cours d'exécution, sans que l'entrepreneur eût le droit de résister à un ordre imprévu, ou tout au moins de demander une indemnité.

274. — L'entrepreneur peut donc, aux termes de l'article 9, refuser d'obéir aux injonctions qu'il reçoit à cet égard du directeur des travaux. — Mais quelle sera la conséquence de son refus? Aura-t-il le droit de demander la résiliation du marché?

Non, car il y a lieu à résiliation dans le cas seulement où l'administration manque à l'une de ses obligations. Or, on ne trouve pas ici une violation du contrat. L'article 9 autorise les changements de carrière en cours d'exécution, sauf le droit pour l'entrepreneur de ne pas les accepter. — L'administration, en usant de la faculté qu'elle a pris soin de stipuler, ne peut donc pas être exposée à une demande en résiliation.

L'entrepreneur n'est pas même fondé à réclamer une indemnité à raison des bénéfices dont il se trouve privé, et qu'il aurait pu faire sur les extractions et les transports dans les conditions prévues par le devis. En désignant de nouvelles carrières, l'administration use, nous le répétons, d'un droit consacré par la convention, et dont l'exercice, sauf stipulation contraire, ne peut pas la soumettre à l'obligation de payer une indemnité à l'entrepreneur qui refuse de se conformer aux ordres des ingénieurs. (Voy. 10 sept. 1855, *Troye*, 626.)

275. — Réciproquement, le refus de l'entrepreneur ne justifierait pas la mise en régie. La faculté qui lui est accordée eût été illusoire, si elle pouvait avoir pour conséquence l'application de mesures de rigueur. (Voy. 10 déc. 1846, *Castex*, 544.)

L'article 9 n'est pas conçu dans cette pensée. Il autorise seulement l'administration à considérer l'extraction
et le transport des matériaux comme ne faisant pas
partie de l'entreprise.— L'extraction dans les nouvelles
carrières est adjugée à un autre soumissionnaire ou
exécutée sous la surveillance des ingénieurs par voie
d'économie. L'entrepreneur reste étranger désormais
à cette partie des travaux. Il reçoit les matériaux des
mains du nouvel adjudicataire ou de l'administration
elle-même, et ne répond pas de l'augmentation de frais
résultant du mode employé.

276. — Nous supposerons maintenant que l'entrepreneur accepte la désignation des nouvelles carrières.
Que se passera-t-il alors ?

La première chose à faire, c'est évidemment de régler
les nouveaux prix d'extraction et de transport. Les
prix du devis ne peuvent plus servir au règlement du
compte dans les conditions nouvelles où s'effectue l'entreprise. Mais il est naturel de les prendre pour base
des nouvelles dépenses. C'est ce que veut l'article 9. Il
donne expressément mission aux ingénieurs de fixer les
nouveaux prix d'extraction et de transport d'après les
éléments de l'adjudication.

Ce devis particulier doit être rédigé immédiatement
et avant le commencement des travaux. Mais l'omission
ou la négligence des chefs de service ne compromettent
pas les droits de l'entrepreneur. Il y a lieu, en toute circonstance, de lui tenir compte, au moment du règlement définitif, des frais auxquels le changement a donné
lieu.

Un ordre de service pris par l'ingénieur en chef, et
approuvé par le directeur général des ponts et chaussées,
ayant constaté l'insuffisance et la mauvaise qualité des
pierres de taille de la carrière du Boulet, désignée dans

le devis de l'entreprise des sieurs Troye et Danjou, la carrière de la Brame fut substituée à la première par les ingénieurs. — Les entrepreneurs firent immédiatement diverses demandes à l'effet d'obtenir le règlement de nouveaux prix applicables aux matériaux de la Brame. Mais aucune réponse ne leur fut faite. — Lorsqu'il s'agit d'établir le décompte de l'entreprise, ils réclamèrent une indemnité. Ils soutenaient, et le Conseil d'État admit leur prétention, que l'omission des ingénieurs et le silence par eux gardé ne pouvait avoir pour conséquence d'anéantir leur droit à un supplément de prix, s'il était justifié que l'extraction des matériaux provenant de la carrière de la Brame leur avait occasionné des frais plus considérables que ceux qu'ils auraient faits dans l'exploitation des carrières désignées au devis. Le Conseil d'État ordonna en conséquence qu'il serait établi de nouveaux prix. (10 septembre 1855, *Troye* et *Danjou*, 626.)

277.— Les travaux exécutés par l'entrepreneur amènent souvent la découverte de carrières plus rapprochées que celles indiquées au devis. — On ne lui refuse pas alors l'autorisation d'y prendre les matériaux nécessaires à l'entreprise, s'ils sont d'une qualité au moins égale, et il ne subit sur les prix fixés aucune déduction pour cause de diminution de frais d'extraction, de transport et de taille. (Voy. art. 9, § 7.) « Considérant, porte un arrêt du 22 février 1855 (*Andrieu*, 172), que le roc d'empierrement était, pour la plus grande partie, extrait d'autres carrières en dehors du rayon de 500 mèt., et que si ces carrières sont plus rapprochées de la route que celles indiquées au devis, l'entrepreneur n'en doit pas moins, aux termes du § 7 de l'article 9 des clauses et conditions générales, bénéficier du prix de 8 fr. 19 c.; que, dès lors, c'est avec raison que le conseil de préfecture a décidé que ce prix... serait appliqué dans le décompte définitif..... »

Le Conseil d'État a fait respecter l'article 9 dans une autre circonstance qui mérite d'être rappelée.

Le sieur Santin, adjudicataire des travaux de construction d'un chemin vicinal, dont le marché se référait aux clauses ct conditions générales, avait découvert des carrières plus rapprochées que celles désignées au devis. Il fut autorisé à les exploiter ; puis l'administration, pour utiliser les prestations en nature, fit transporter à pied d'œuvre les pavés extraits de ces carrières, et elle se refusa ensuite à lui en payer le prix. — Mais cette prétention fut repoussée par le Conseil d'État. Il décida « qu'il n'y avait lieu de déduire du prix porté au devis, « pour chaque mille de pavés, que la somme afférente « au transport effectué par les prestations en nature. » (Voy. 18 janv. 1845, *Santin*, 20.)

278. — L'entrepreneur n'est donc pas exposé à subir une réduction sur le prix des matériaux extraits dans les nouvelles carrières. — Mais, d'un autre côté, l'autorisation qui lui est donnée n'a jamais pour conséquence l'augmentation des prix fixés par le devis. Il n'est pas fondé, par exemple, à réclamer une indemnité pour l'ouverture de l'ancienne carrière qu'il a abandonnée (16 août 1843, *Biesson*, 453), ou à raison des difficultés d'extraction qu'il rencontre dans la nouvelle carrière (16 août 1860, *Plagnol*, 644), alors surtout que les ingénieurs déclarent avoir donné l'autorisation sous la condition qu'il n'aurait droit à aucune augmentation sur les prix pour les carrières désignées au devis. (8 juin 1850, *Bernard*, 564.)

A plus forte raison en est-il de même lorsque l'exploitation a eu lieu sans l'autorisation préalable des chefs de service. En vain l'entrepreneur invoquerait alors l'insuffisance des carrières désignées, s'il n'avait pas fait constater régulièrement leur épuisement. (Voy. 24 juin 1833, *Thomas*, 344; 28 août 1837, *Clausel*, 436; 21 juillet 1839, *Pellée*, 401; 24 juillet 1847, *Bargy*, 488; 8 juin 1850, *Bernard*, 564; 9 août 1851, *Joly*, 610; 23 avril 1857, *Toussaint*, 327; 18 mars 1858, *Sourseil*, 336; 19 avril 1859, *Fournier*, 314.)

279.— Ainsi que nous l'avons dit plus haut, n° 273, l'administration ne trouve pas, dans les stipulations des clauses et conditions générales, le moyen de contraindre l'entrepreneur à accepter la désignation de nouvelles carrières. — Cette faculté est-elle réciproque? L'entrepreneur n'a-t-il pas, au contraire, le droit de se pourvoir, par la voie contentieuse, contre les décisions préfectorales ou ministérielles qui lui refusent l'autorisation d'extraire des matériaux dans une carrière non désignée au devis?

Le Conseil d'État s'est prononcé, à deux reprises, dans un sens défavorable aux entrepreneurs. En pareille circonstance, l'administration exercerait, suivant lui, un droit inattaquable devant la juridiction administrative. (Voy. 3 mai 1850, *Lavalette*, 435; 10 août 1850, *héritiers Lance*, 751.)

Les termes de l'article 9, § 7, me paraissent présenter une objection grave contre la doctrine consacrée par ces arrêts. Il porte : « Si l'entrepreneur parvenait, à découvrir de nouvelles carrières plus rapprochées... et offrant des matériaux d'une qualité au moins égale, *il recevra* l'autorisation de les exploiter...... » Ainsi le texte ne dit pas qu'il pourra lui être accordé une autorisation; non, il la *recevra*, — ce qui implique nécessairement le droit de la demander et de l'obtenir. — L'article 9 indique, en même temps, les conditions auxquelles cette demande est subordonnée. Il faut que les matériaux soient d'une qualité au moins égale à celle des carrières indiquées au devis. C'est donc sur ce point seulement que des difficultés peuvent naître. Mais qui donc les tranchera, si ce n'est la juridiction appelée à statuer sur toutes les contestations qui s'élèvent en matière de travaux publics entre l'administration et les entrepreneurs? — Les Conseils de préfecture sont saisis de débats de même nature, lorsque les ingénieurs refusent des matériaux qui paraissent à l'entrepreneur réunir toutes les conditions prescrites par les devis. (Voy. art. 12.) Tout le monde reconnaît alors que leur refus est susceptible d'être déféré à la juridiction contentieuse. Comment n'en serait-il pas de même, lorsqu'il s'agit de la question de savoir si les carrières plus rapprochées offrent des avantages égaux à ceux des carrières désignées dans le devis? On ne voit pas vraiment sur quelle raison sérieuse on pourrait appuyer une distinction.

Objectera-t-on que l'administration, n'ayant pas la faculté d'imposer à l'entrepreneur un changement de carrière, doit jouir d'un privilége semblable, et ne doit pas pouvoir être contrainte à accepter un changement qu'elle n'approuve pas. — Les deux situations ne se ressemblent qu'en apparence. L'article 9 donne à l'entrepreneur un droit indiscutable, en l'autorisant expressément à refuser les nouvelles carrières, et il le lui donne parce qu'un changement de carrières est chose trop importante pour être imposé sans son consentement, parce que l'administration a mille moyens de parer aux conséquences de son refus, parce qu'enfin elle a sur lui un pouvoir si considérable, qu'il n'est pas à craindre de le voir abuser de la faculté qu'on lui abandonne. — Ici, au contraire, tout est différent. — L'entrepreneur peut n'avoir pas d'autre moyen d'échapper à la ruine; il peut trouver, dans la faveur qu'il implore, une compensation

inespérée aux charges d'une entreprise onéreuse. Enfin, l'administration n'a aucun intérêt à conserver un
pouvoir illimité d'appréciation.

280. — Lorsque, aux termes du devis, l'entrepreneur
est tenu de démolir certains ouvrages, les matériaux
seront déplacés avec attention pour pouvoir être répa-
rés et mis en place, s'il y a lieu, avec les mêmes précautions que les matériaux neufs. (Art. 16.) Dans le
cas d'emploi de matières neuves ou de démolitions appartenant à l'État, l'entrepreneur n'est payé que des
frais de main-d'œuvre et d'emploi, sans pouvoir répéter
de dommages pour manque de gain sur les fournitures
supprimées. (Art. 17.) (8 mars 1860, *Fagot*, 204.)

## SECTION III

*De l'obligation de se conformer aux prescriptions du devis et aux ordres*
*des ingénieurs ou de l'administration.*

281. — Remise des plans et devis à l'entrepreneur.
282. — Obligation qui lui est imposée de s'y conformer exactement.
283. — Changements ordonnés en cours d'exécution.
284. — Limites des droits de l'administration.
285. — Changements relatifs au mode d'exécution.
286. — Modifications portant sur la masse des travaux.
287. — Travaux imprévus.
288. — Limite de l'obligation de l'entrepreneur à l'égard de ces
  travaux.
289. — Nécessité d'ordres écrits.

281. — Avant l'exécution des travaux, le préfet fait
remettre, sur sa demande, à l'entrepreneur les expéditions en bonne forme du procès-verbal d'adjudication,
du devis et du détail estimatif. (Art. 6, Cl. et cond. gén.)
Cette obligation imposée à l'administration n'avait guère
besoin d'être stipulée, car la condition la plus importante du marché, pour l'entrepreneur, est de se conformer exactement aux plans, profils et tracés sur lesquels a eu lieu l'adjudication. Or, comment pourrait-il

l'observer, si on ne lui remettait pas les pièces sans lesquelles l'exécution des travaux serait complétement impossible?

282. — Les plans et devis, telle est donc la loi de l'entrepreneur. Il doit s'y conformer en toute circonstance. Si onéreuses que soient les charges et conditions du marché, sa soumission le lie irrévocablement, et il ne peut s'en dégager sous aucun prétexte, lorsque l'administration, restant elle-même dans les termes du contrat, en exige l'exécution.

Le moment n'est pas venu de faire connaître les diverses sanctions que le cahier des charges assigne à l'accomplissement de cette obligation essentielle. Mais il fallait la signaler ici comme celle à l'observation de laquelle l'entrepreneur est le plus strictement soumis.

283. — Cela est d'autant plus remarquable, qu'elle ne repose pas sur un principe de réciprocité.

Le droit commun, en imposant aux entrepreneurs l'obligation de ne pas s'écarter des termes du contrat, astreint le maître de l'ouvrage à ne pas modifier en cours d'exécution les travaux commencés. Or, il n'en est pas de même en matière de travaux publics. Les conditions particulières de ces entreprises rendent presque toujours indispensable, au profit de l'administration, une dérogation importante aux règles ordinaires. Aussi l'art. 7 des Cl. et cond. génér., tout en déclarant que l'entrepreneur ne pourra, de lui-même et sous aucun prétexte, apporter le plus léger changement au projet et au devis, l'oblige expressément à se conformer aux changements qui lui seront donnés par écrit, pour des motifs de convenance, d'utilité ou d'économie.

284. — Quelques explications sont cependant nécessaires. — Le droit conféré à l'administration n'est pas absolu et sans limites. Il ne peut, on le comprend,

s'exercer que dans une mesure compatible avec le maintien des stipulations essentielles du contrat. Quand
cette mesure est dépassée, la résistance de l'entrepreneur aux ordres des ingénieurs ou de l'administration
devient légitime. L'exception au droit commun stipulée dans l'intérêt de celle-ci ne s'explique que par les
nécessités de l'entreprise, et ne peut pas avoir pour
conséquence la substitution d'une entreprise nouvelle à
celle dont l'adjudication a été prononcée. — Indiquons
à cet égard les règles à suivre.

285. — S'agit-il de changements qui intéressent seulement le mode d'exécution des travaux, sans influence
sur le prix de revient ou sans augmentation ni diminution de la masse des travaux, le droit des ingénieurs
est sans limites. Leur contrôle incessant dans le détail
des opérations est licite, et quelles que soient la nature et les conditions particulières de l'exécution qu'ils
substituent aux stipulations du devis, l'art. 7 impose à
l'entrepreneur le devoir de s'y soumettre.

286. — Il en est autrement des changements qui
portent sur la masse des travaux.

Nous avons déjà vu que l'administration s'est réservé le
droit de modifier le projet et le devis, au moment où le
ministre homologue l'adjudication, mais que cette faculté
ne va pas jusqu'à lui permettre de remplacer un projet
par un autre. (Voy. *suprà*, n°ˢ 170 et suiv.) L'art. 3 Cl. et
cond. gén. dispense, en effet, l'entrepreneur de l'obligation de se conformer aux changements ordonnés, lorsqu'ils dénaturent le projet en opérant sur le prix total une
différence, en plus ou en moins, supérieure à un sixième.

L'art. 39 du même cahier des charges prévoit de
même le cas où, « sans changer les charges et les prix, » il
serait ordonné en cours d'exercice, par l'administration,
« d'augmenter ou de diminuer la masse des travaux, » et il

ne lui impose l'obligation d'exécuter ces ordres sans réclamation que lorsqu'il n'a pas fait antérieurement, avec l'autorisation des ingénieurs, des approvisionnements de matériaux qui demeureraient sans emploi, et pourvu que les changements en plus ou en moins n'excèdent pas un sixième du montant de l'entreprise. Dans le cas contraire, l'art. 39 lui réserve expressément la faculté de demander la résiliation de son marché. (Voy. *infrà*, titre XI *De la résil.*)

287. — Enfin, les ordres donnés à l'entrepreneur peuvent porter sur des travaux complétement imprévus. Dans cette hypothèse, il ne s'agit plus de modifications relatives au détail des opérations, au mode d'exécution, ou portant sur la masse des travaux prévus, mais de changements ayant pour objet des travaux essentiellement nouveaux, que l'administration juge à propos d'ajouter ou de substituer aux travaux prévus, ou que des circonstances intervenant en cours d'exécution rendent indispensables. — L'entrepreneur sera-t-il tenu de les exécuter?

Si l'on consulte le droit commun, quelque peu importants que soient les ouvrages nouveaux, on doit décider que l'entrepreneur n'est point obligé de les exécuter; car l'objet du contrat ne peut pas être changé sans le consentement respectif des parties contractantes.

Le Conseil d'État a jugé notamment dans cet ordre d'idées (et en matière de travaux communaux qui, comme on le sait, sont soumis aux règles ordinaires pour tout ce qui n'est pas l'objet, dans les devis et les cahiers des charges, de stipulations exceptionnelles), que l'adjudicataire de la construction d'un pont qui avait pris l'obligation de rendre aux eaux leur libre écoulement et de faire des travaux de raccordement avec les chemins aux abords du pont, avait le droit de refuser à la commune l'exécution de tout autre ouvrage non spécialement prévu par le devis de son entreprise (3 mai 1837, *Roche*, 156.) — « Considérant, porte cet arrêt, que l'adjudicataire ne peut être obligé à effectuer que les travaux nécessaires pour le libre écoulement des eaux et le raccordement avec les chemins vicinaux dans le système de construction de la route aux abords du pont, adopté d'après le cahier des charges et le projet approuvé par le directeur général des ponts et chaussées ; que si, depuis lors, la ville de Montpellier a fait établir, avec l'autorisation de l'administration, des trottoirs ou contre-allées qui empêchent l'écoulement naturel des eaux et interrompent l'accès aux chemins vicinaux, et qui nécessitent de nouveaux travaux, l'adjudicataire ne peut être obligé à effectuer ces travaux non prévus ni imposés par le cahier des charges. »

M. Cotelle (t. 3, n° 125), dont l'opinion a été adoptée par M. Dufour (t. 7, n° 181), donne à cet arrêt une portée qu'il n'a pas. Il en étend le principe aux travaux exécutés pour le compte de l'État. L'estimable auteur n'a pas fait attention que l'arrêt, ainsi que nous l'avons déjà fait observer, est intervenu sur une contestation relative à des travaux communaux, lesquels ne sont pas régis (sauf le cas d'une stipulation expresse qui n'existait pas dans l'espèce) par le cahier des charges des ponts et chaussées, et qu'il ne peut dès lors être considéré comme interprétant l'art. 22 des Cl. et cond. gén.

L'art. 22 consacre, en effet, un système tout différent. Il impose à l'entrepreneur l'obligation d'exécuter les travaux même complétement nouveaux, pourvu que leur importance soit peu considérable relativement au chiffre primitif de l'adjudication. « Lorsqu'il sera né- « cessaire, dit-il, d'exécuter *des parties d'ouvrages non* « *prévues par le devis...;* » or, ces expressions sont clai-

res et le deviennent plus encore si l'on se reporte au
mode de règlement prescrit pour le payement de ces
parties d'ouvrages. L'article 22 ajoute, en effet, que
« les prix en seront réglés d'après ceux de l'adjudica-
« tion par assimilation aux ouvrages les plus analogues,
« et que, dans le cas d'une impossibilité absolue d'assimi-
« lation, les prix seront réglés sur estimation contradic-
« toire en prenant pour terme de comparaison les prix
« courants du pays. » — L'art. 22 prévoit donc le cas où
les ordres donnés à l'entrepreneur comprennent l'exécution d'ouvrages nouveaux. Car s'il s'agissait d'une simple augmentation de la masse des travaux prévus, il y
aurait lieu de prendre les prix de l'adjudication comme
base du règlement.

288. — Toutefois, l'obligation imposée à l'entrepreneur a des limites étroites. Elle n'a trait qu'aux ouvrages d'une importance minime. — S'agit-il, en effet, de
travaux « de quelque importance, » l'article 22 exige
qu'il en soit fait un avant-métré soumis à l'acceptation
de l'entrepreneur, tant pour les prix proposés que pour
l'indication des ouvrages. Sa soumission est présentée ensuite à l'approbation de l'administration. Or, en
donnant à l'entrepreneur, dans le cas où les travaux
imprévus sont considérables, le droit de présenter une
soumission particulière, l'art. 22 lui laisse implicitement la faculté de ne pas les exécuter, les conditions
de cette soumission pouvant être telles qu'elles ne soient
pas raisonnablement acceptables par l'administration. —
L'obligation d'exécuter les ouvrages nouveaux n'existe
donc véritablement que pour ceux qui ont une importance restreinte. C'est pour eux seulement qu'il a été
fait exception, par l'art. 22, aux principes du droit commun. — Encore est-il convenable d'étendre à cette hypothèse l'application de l'art. 39, et de reconnaître par

suite à l'entrepreneur le droit de demander la résiliation du marché, lorsque ces travaux excèdent le sixième du montant de l'entreprise.

289. — Si peu importants que soient les changements ordonnés par l'administration en cours d'exercice, l'entrepreneur n'est tenu de s'y soumettre qu'autant qu'ils résultent d'ordres écrits. C'est la disposition formelle de l'art. 7 dont une circulaire ministérielle du 23 juillet 1851 recommande instamment l'exécution aux ingénieurs. En l'absence d'ordres écrits, l'entrepreneur ne doit obéissance qu'aux stipulations des devis; toute mesure de coercition prise contre lui, avant leur remise, est prématurée, et ses conséquences restent à la charge de l'administration.

Réciproquement, la production d'un ordre écrit est indispensable à l'entrepreneur pour obtenir le payement des dépenses supplémentaires auxquelles il prétend que les changements ordonnés ont pu donner lieu. — Nous reviendrons bientôt sur ce sujet. (Voy. tit. V *des Tr. suppl.*)

SECTION IV

*De l'obligation de supporter les faux frais de l'entreprise et de réparer les dommages qui sont la conséquence de l'exécution des travaux.*

290. — Faux frais de l'entreprise.
291. — Cas exceptionnels où ils sont à la charge de l'administration.
292. — Indemnités aux propriétaires.
293. — Les dommages provenant du fait de l'entrepreneur sont seuls à sa charge.
294. — Dommages provenant de la nature ou de la disposition des ouvrages.
295. — Retenue de garantie.
296. — Consignation des indemnités réclamées.
297. — Dégradations aux ouvrages adjugés.
298. — Droits d'octroi.
299. — Subventions spéciales.
300. — Frais d'adjudication.

290. — D'après l'article 10, l'entrepreneur est tenu

de fournir à ses frais les magasins, équipages, voitures, ustensiles, outils de toute espèce, sauf les exceptions qui sont stipulées au devis. De plus, il doit supporter les frais de tracé d'ouvrages, de cordeaux, piquets et jalons, et généralement tout ce qui constitue les faux frais et menues dépenses de l'entreprise.

On entend par faux frais toutes les dépenses accessoires de l'opération qui sont destinées à la préparer, ou qui sont la conséquence de l'exécution des travaux. L'article 23 du cahier des palais impériaux fait une énumération assez complète de ces dépenses. — « L'adjudicataire, dit cet article, est tenu de se procurer, à ses frais, les moyens de mettre en œuvre les matériaux ou les matières qui doivent être employés à l'exécution de ses travaux ; sont, en conséquence, à sa charge : la location des chantiers dont il aurait besoin pour le dépôt, la taille ou la préparation de ces matériaux ou matières ; l'établissement des hangars et des emplacements nécessaires pour abriter les ouvriers ainsi que les outils, ustensiles et équipages de toute espèce ; les frais de clôture, de barrière, de gardiennage et d'éclairage des chantiers extérieurs ; les transports, quels qu'ils soient, et les mesures propres à garantir de toute dégradation les approvisionnements et les ouvrages jusqu'à la réception des travaux. Sont aussi à sa charge les frais de tracé et de constatation des ouvrages, ceux d'épures, de calibres ou de modèles, les cordeaux, piquets et jalons, et généralement toutes les menues dépenses et faux frais de l'entreprise. »

Il faut ajouter à cette énumération les dépenses que nécessite l'établissement des chemins nécessaires à l'exécution des travaux (voy. 23 nov. 1850, *Mourier*, 864), des échafauds, cintres, ateliers ou bureaux (voy. 14 août 1852, *Géoffroy*, 393) ; des ponts de service (voy. 12 juil.

1860, *Érard*, 536); des manéges et des bassins à chaux (voy. 12 fév. 1841, *Best*, 61), toutes celles enfin qui sont la conséquence du mode d'exécution prévu par le devis. Ainsi l'entrepreneur qui se charge du perfectionnement d'une route existante s'oblige par cela même à déposer ses matériaux de manière à laisser le passage complétement libre : aucune indemnité ne lui est due à raison des frais qu'il a faits dans ce but. (Voy. 7 mars 1834, *Palazzi*, 172.) De même, l'entrepreneur doit supporter les dépenses résultant du mode spécial prescrit par les ingénieurs pour le mouillage des briques (voy. 15 oct. 1826, *Pommeret*, 623); ou le transport des matériaux (voy. 3 avril 1841, *Puyoo*, 134); ou leur dépôt (voy. 12 avril 1843, *Serres*, 162.)

291. — Tous ces frais sont compris dans l'évaluation des prix fixés par le devis de l'adjudication, et ne peuvent, par conséquent, entrer en ligne dans le compte, sauf, bien entendu, le cas où des changements ordonnés en cours d'exécution les rendraient plus considérables. On ne saurait alors prétendre qu'ils ont été pris en considération lors de la rédaction du devis. (3 avril 1841, *Puyoo*, 134). — De même, une indemnité est due à l'entrepreneur, si l'administration utilise ces dépenses dans son intérêt personnel, lorsque, par exemple, elle se sert d'un chemin de service établi par lui pour des transports étrangers à l'entreprise et réalise ainsi une économie. (Voy. 23 déc. 1852, *Maget*, 655.) — Il est juste qu'alors elle paye une partie des dépenses d'établissement et surtout des frais d'entretien. (Voy. 23 nov. 1850, *Mourier*, 861.)

292. — Parmi les faux frais de l'entreprise figurent également les indemnités dues aux propriétaires qui ont à souffrir de l'exécution des travaux.

Telle est la disposition formelle de l'article 9, aux

termes duquel « l'entrepreneur payera, sans recours
« contre l'administration, tous les dommages que pour-
« ront occasionner la prise, le transport ou le dépôt des
« matériaux; il en sera de même des dommages pour
« l'établissement des *chantiers*, *chemins de service et*
*« autres indemnités temporaires* qui font partie des
« charges et faux frais de l'entreprise. »

293. — Pour déterminer les dommages qui sont à la
charge de l'entrepreneur sans recours contre l'administration, il faut s'attacher à l'esprit beaucoup plus qu'à la
lettre de cette disposition. Ainsi, bien que l'article 9
parle de dommages temporaires, il n'en faut pas conclure que tous les dommages permanents sont payés par
l'administration. Tel n'est certainement pas le sens de
cette clause. La distinction qu'elle établirait, à la prendre
à la lettre, serait injustifiable. Dirait-on, en effet, que
l'article 9 a entendu s'attacher à la gravité du dommage
et laisser seulement à la charge de l'entrepreneur, dans
une pensée de faveur, ceux qui, n'ayant affecté que momentanément les propriétés privées, sont d'une réparation facile et peu coûteuse. Mais l'expression « temporaires » ne justifie pas cette explication. Il y a des
dommages permanents qui sont beaucoup moins graves
que des dommages temporaires, et dont la réparation
demande beaucoup moins de dépenses. — La clause
ainsi entendue aurait donc, dans certains cas, des effets
que l'équité réprouverait, en ce qu'elle mettrait, par
exemple, à la charge de l'une ou de l'autre des parties
des dommages auxquels celle qui les supporterait serait
complétement étrangère.

Ce n'est pas, à coup sûr, ce qu'a voulu l'article 9 des
conditions générales. — L'expression impropre dont il
s'est servi trouve son explication dans la première partie
de cette disposition, lorsque, parlant des dommages qui

restent à la charge de l'entrepreneur, il désigne nom-
mément ceux qui résultent de l'extraction, du dépôt,
du transport des matériaux, de l'établissement de chantiers ou de chemins de service, etc. — Or, le caractère
général de ces dommages, celui qui justifie, en ce qui
les concerne, la responsabilité exclusive de l'entrepreneur, c'est qu'ils proviennent de son fait, de sa négligence, ou qu'ils ont pour cause l'accomplissement même
des obligations imposées par le marché. C'est donc à
cette condition, et à cette condition seulement qu'il faut
s'attacher, dans l'application de l'article 9, quand s'é-
lève la question de savoir si un dommage quelconque
doit être réparé par l'entrepreneur ou par l'administration. — Il a été justement décidé, d'après ces considérations, que les dommages causés aux propriétés voisines
des travaux, par suite de l'explosion de mines, rentrent
dans les indemnités qui, aux termes de l'article 9, font
partie des charges et faux frais de l'entreprise, et doivent
être payés par l'entrepreneur, sans recours contre l'administration. (7 mai 1852, *Alazard*, 147.)

Je suppose encore que pendant l'exécution des ouvrages, le mur de soutènement d'une propriété voisine
s'écroule faute d'avoir été convenablement étayé, — ou
bien que l'entrepreneur inonde une propriété en y jetant
les eaux qui le gênent,— ou bien encore que ses ouvriers
commettent des dégâts. Comme tous ces dommages
ont leur cause dans un fait qui lui est personnel, qu'ils
proviennent de sa faute ou de son imprudence, il en
doit la réparation, sans recours contre l'administration.

294. — Mais il en est autrement de ceux qui proviennent de la nature ou de la disposition des ouvrages, ou des
prescriptions du devis, ou des ordres auxquels l'entrepreneur est tenu d'obéir. Ainsi, un propriétaire se plaint

de ce que l'on a détourné, pour l'alimentation d'un canal, une partie des eaux qui passaient sous les roues de son usine, — ou que le changement du niveau de la voie publique a diminué les facilités d'accès de sa maison, — ou que les jours sont obstrués par les ouvrages construits, — ou que ses caves sont exposées à des inondations par suite de la disposition nouvelle des lieux.— L'entrepreneur actionné a le droit alors de mettre l'administration en cause, et d'obtenir d'elle le remboursement de l'indemnité due au propriétaire. La stipulation contenue dans l'article 9 n'est pas appelée à régir ces diverses hypothèses.

295. — Pour assurer le payement des indemnités mises à la charge de l'entrepreneur, le même article 9, dans son § 4, autorise l'administration à conserver le montant de la retenue de garantie, jusqu'à ce qu'il ait justifié ce payement par des quittances en forme. L'article 35 renouvelle dans les mêmes termes cette prescription, et le Conseil d'État, qui en maintient rigoureusement l'observation, décide en outre que l'entrepreneur n'est pas fondé à réclamer, dans les mêmes circonstances, les intérêts de cette retenue, même après la réception définitive. (26 juillet 1855, *Rouvière*, 562; 16 fév. 1860, *Trône*, 125.)

296. — La retenue de garantie se compose, comme nous le verrons, du dixième des à-compte versés à l'entrepreneur pendant l'exécution des travaux; elle s'élève, par suite, à un chiffre important dans les grandes entreprises. Les difficultés qui surgissent entre l'entrepreneur et les propriétaires ont pour effet de l'immobiliser entièrement entre les mains de l'administration. Pour remédier, autant qu'il est possible, à cet inconvénient, M. Delvincourt conseille aux entrepreneurs de consigner à la Caisse des dépôts le montant des indemnités récla-

mées, et de mettre, par un acte extrajudiciaire, l'administration, en la personne du préfet, en demeure de solder la retenue de garantie, en réclamant expressément les intérêts en cas de retard. — Nous ne contestons pas la valeur de cet expédient dans la pratique; mais rigoureusement l'administration peut se refuser à se dessaisir du montant de la retenue, même après consignation des indemnités réclamées. L'article 9, § 4, est formel, et quelque dure que soit, dans certains cas, son application, il peut être invoqué comme faisant la loi des parties.

297. — L'entrepreneur n'est pas obligé seulement à réparer les dommages causés par son fait aux propriétés particulières; il est de plus responsable des dégradations qu'il cause aux ouvrages à la construction ou à la réparation desquels il est préposé. — Ainsi, le Conseil d'État a jugé que les entrepreneurs chargés de la restauration d'un édifice public devaient être condamnés à supporter les frais de reconstruction d'une tour qui s'était écroulée à la suite d'une manœuvre maladroite exécutée dans le cours des travaux. (23 déc. 1845, *Destève et Brillant*, 590.) Les art. 1382 et suiv. du C. Nap. peuvent être invoqués contre l'entrepreneur aussi bien par l'administration que par les particuliers : il lui suffit d'établir que le dommage dont elle demande la réparation provient du fait de celui-ci pour qu'elle ait droit à une indemnité.

298. — Lorsque le détail estimatif a fixé le prix des matériaux rendus sur le chantier, sans s'exprimer sur les droits d'octroi auxquels ils ont été soumis à l'entrée, l'entrepreneur est-il fondé à réclamer le remboursement de ces droits?

L'art. 23 du cahier des palais impériaux met à sa charge, sans recours contre l'administration, tous les droits de douane et d'octroi qui existeraient au moment de l'adjudication ou qui viendraient à être créés ou augmentés pendant la durée du marché. — Il excepte seulement les matériaux ou matières que l'adjudicataire devrait se procurer à l'étranger, en vertu d'ordres exprès.

L'art. 12 des conditions du génie militaire renferme une disposition plus équitable. Il veut que l'entrepreneur supporte les droits établis antérieurement au marché : mais si de nouveaux droits sont imposés pendant sa durée, l'entrepreneur est autorisé à s'en faire indemniser par l'État.

Le cahier des charges des ponts et chaussées ne contient à cet égard aucune disposition particulière. Mais la jurisprudence s'est inspirée de la distinction faite par les conditions du génie militaire. — Si, au moment de la rédaction du devis, on ne pouvait avoir la pensée que les travaux seraient exécutés dans le périmètre de l'octroi, ou si les matériaux étaient affranchis de toute espèce de droit, ou si, enfin, des droits plus considérables viennent à être établis, l'entrepreneur est fondé à demander le remboursement des sommes qu'il a avancées. (12 août 1854, *Jourdan*, 789 ; 27 nov. 1856, *Seive*, 667.) — On lit dans le premier de ces arrêts : « Considérant « qu'il est déclaré par notre ministre des travaux publics « que la chaux devait, dans la pensée des ingénieurs, « être employée au lit de rivière et ne pas être soumise « au droit d'octroi ; — qu'il suit de là que le payement « de ce droit n'est pas entré comme élément dans la « composition du prix porté pour la chaux au sous-dé- « tail, et que c'est avec raison que le conseil de préfec- « ture a ordonné le remboursement des taxes acquittées « par l'entrepreneur sur cet objet. » — Il y a, au contraire, présomption que les droits d'octroi ont été pris en considération par le rédacteur du devis, lorsque les travaux projetés devaient s'exécuter et ont été en réalité exécutés dans l'intérieur d'une ville soumise à l'octroi. L'omission du sous-détail qui n'en fait pas mention dans la composition des prix constitue alors une de ces erreurs contre lesquelles l'art. 11 interdit toute réclamation. (10 mars 1843, *Belleville*, 116; 15 avril 1858, *Sarrat*, 307.)

Dans toute hypothèse, soit que les droits d'octroi restent à la charge de l'entrepreneur, soit au contraire qu'il puisse en exiger le remboursement, il doit en faire l'avance, et l'administration ne peut jamais être rendue passible des amendes et frais auxquels il est condamné par suite des contraventions commises par ses préposés. (18 janv. 1844, *Ville d'Avignon*, 29.)

299. — Sous l'empire de la loi du 28 juillet 1824, les entrepreneurs de travaux publics, considérés comme étant au lieu et place de l'administration, étaient affranchis de l'obligation d'acquitter des subventions spéciales sur les chemins vicinaux. (24 avril 1837, *min. des tr. publ.*, 147; 12 déc. 1838, *Guémy et Deroys*, 691 [1].)

La rédaction de l'art. 14 de la loi du 21 mai 1836 n'autorise plus l'exercice d'un semblable privilége. Il permet, en effet, aux communes de demander des subventions à raison des exploitations ou entreprises industrielles appartenant à des particuliers, à des établissements publics, à la couronne ou à l'État. — Or, l'administration n'ayant plus la prérogative dont elle jouissait antérieurement, les entrepreneurs en sont par conséquent privés eux-mêmes. Les marchés de travaux publics ont d'ailleurs le caractère industriel auquel

---

1. Il est à remarquer que ces ordonnances, postérieures à la loi du 21 mai 1836, sont relatives à des faits antérieurs et régis uniquement par les dispositions de la loi du 28 juillet 1824.

le payement de la subvention est subordonné, de sorte qu'à aucun titre les entrepreneurs n'en peuvent être affranchis. — Telle est, sur ce point, la jurisprudence constante depuis 1836. (9 janvier 1843, *Aubelle*, 20; 18 juin 1846, *Malâtre*, 347; 17 juin 1848, *Deguerre*, 387.) — Il a été jugé dans le même sens qu'en l'absence d'une stipulation particulière, les entrepreneurs ne sont pas fondés à réclamer de l'administration le remboursement des subventions qui doivent être considérées comme l'une des charges de l'entreprise. (4 fév. 1858, *Colin*, 127.)

300. — L'article 41 du cahier des clauses et conditions générales, et l'art. 9 du cahier des palais impériaux, imposent à l'entrepreneur l'obligation de payer comptant les frais relatifs à son adjudication. — Ces frais sont ceux d'affiches et de publications, de timbre et d'expédition du devis, du détail estimatif et du procès-verbal d'adjudication, enfin, le droit d'enregistrement, fixé à 2 fr. pour les travaux de l'État par l'article 8 de la loi du 15 mai 1850. (Voy. *suprà*, nº 182.)

L'entrepreneur doit supporter non-seulement les frais de timbre et d'enregistrement auxquels donne lieu l'adjudication des ouvrages énumérés et détaillés dans le devis principal, mais, de plus, tous ceux qui sont faits pour les travaux prescrits en dehors du devis, et qu'il est tenu d'exécuter en vertu du Cahier des charges. (3 fév. 1859, *Degréane*, 99.)

L'état des frais est arrêté par le préfet.

## SECTION V

*Des obligations de l'entrepreneur relativement à ses ouvriers.*

301. — D'après l'article 18 du cahier des charges, « l'entrepreneur aura soin de ne choisir pour commis, « maîtres et chefs d'ateliers, que des gens probes, in- « telligents, capables de l'aider, et même de le rem- « placer au besoin dans la conduite et le métrage des « travaux. — Il choisira également les ouvriers les plus « habiles et les plus expérimentés, et néanmoins il de- « meurera responsable, en son propre et privé nom, « comme en celui de la caution, des fraudes ou mal- « façons que ses agents pourront commettre sur les « fournitures, la qualité et l'emploi des matériaux, sous « les peines indiquées à l'article 12, » c'est-à-dire sous peine de voir rebuter les matériaux qui ne réuniraient pas les conditions requises.

302. — L'ingénieur a le droit « d'exiger le changement « ou le renvoi des agents et ouvriers de l'entrepreneur, « pour cause d'insubordination, d'incapacité ou de défaut « de probité. » (Art. 19.)

L'art. 20 veut en outre que le nombre des ouvriers, de quelque espèce qu'ils soient, soit toujours proportionné à la quantité d'ouvrages à faire, et que, pour mettre l'ingénieur à même d'assurer l'accomplissement de cette condition, et de reconnaître les individus, il lui en soit remis périodiquement, et aux époques qu'il fixe, une liste nominative.

303. — Le premier devoir de l'adjudicataire, au respect de ses ouvriers, est de payer les salaires convenus. — L'article 11 des clauses et conditions générales mentionne spécialement cette obligation, à laquelle il ne peut se soustraire sous aucun prétexte, même dans le cas où il ne pourrait obtenir lui-même le payement de ce qui lui est dû. (Voy. Nancy, 8 juin 1844, *Toussaint*, D. R., vº Trav. publ., nº 398.)

Dans les travaux exécutés au compte du ministère d'État, l'administration se réserve la faculté de pourvoir, au lieu et place de l'entrepreneur, aux payements des salaires qui n'ont pas été effectués au jour indiqué ou déterminé par l'usage et le règlement du chantier. Les avances sont précomptées sur les sommes à payer à l'entrepreneur, qui s'expose en outre à voir prononcer la résiliation du marché. (Art. 17, Cond. Pal. imp.)

Un décret du 26 pluviôse an II accorde aux ouvriers et fournisseurs de l'entreprise un privilége sur les fonds dus par l'État aux adjudicataires de travaux publics. — Ce privilége a donné naissance à des questions délicates que nous examinerons dans un chapitre spécial. (Voy. *infra*, tit. IX.)

304. — L'entrepreneur est-il responsable envers les ouvriers de ses sous-traitants des salaires qui leur sont dus, et peut-il être condamné à les payer dans le cas même où il ne devrait rien aux sous-traitants?

La cour de Cassation s'est prononcée pour l'affirmative.—Suivant elle, l'interdiction de sous-traiter (art. 4), et l'obligation imposée à l'entrepreneur de solder les salaires et peines d'ouvriers (art. 11) ont pour conséquence de faire considérer les sous-traitants comme ses préposés pour l'exécution des travaux, et de le soumettre à l'application de l'article 1797 du C. Nap., suivant lequel « l'entrepreneur répond des personnes qu'il emploie. » (Voy. 17 juin 1846, *Foriel*, S. V. 46, 1, 863.)

Plus d'une objection se présente contre la doctrine de cet arrêt. — Il est bien vrai que l'article 1797 impose à l'entrepreneur la responsabilité des personnes qu'il emploie. Mais l'arrêt reconnaît lui-même qu'en thèse générale, et lorsqu'il n'existe pas de circonstances particulières, « ce serait une interprétation forcée de l'appli-« quer au payement des ouvriers employés par un sous-« traitant sans le concours de l'entrepreneur. » C'est donc uniquement à la défense résultant de l'article 4, et à la stipulation contenue dans l'article 11, qu'il attribue l'effet d'apporter une exception aux règles ordinaires. Voyons donc si ces clauses peuvent justifier une pareille conséquence.

Un mot d'abord en ce qui concerne l'article 4.

Pour que les ouvriers employés par les sous-traitants pussent se prévaloir de cette défense contre l'entrepreneur, il faudrait, ce me semble, qu'elle eût été édictée dans leur intérêt et afin d'assurer leur payement. Dans ce cas, ils opposeraient à juste titre la disposition de l'article 1121 du C. Nap., qui permet aux tiers d'invoquer les stipulations faites à leur profit dans un contrat auquel ils sont étrangers. — Mais il n'en est pas ainsi. L'interdiction portée par l'article 4 est imposée (ses termes sont formels) dans l'intérêt exclusif de l'administration, pour conserver à celle-ci les garanties d'habileté et de solvabilité qu'elle croit trouver dans l'adjudicataire au moment où elle traite avec lui.

L'article 11 n'a pas davantage le caractère d'une stipulation pour autrui. Quel a été son but? L'administration a-t-elle voulu, en imposant à l'entrepreneur le payement des peines et salaires d'ouvriers, déroger au droit commun pour le cas où des sous-traités seraient conclus, et stipuler que, même dans ce cas, les ouvriers auraient l'entrepreneur pour créancier direct? — Je ne le crois pas. — Une semblable exception aux règles ordinaires doit être expresse et formelle. Or l'art. 11 n'a pas le moins du monde ce caractère. Il déclare que l'entrepreneur payera les ouvriers, mais il ne parle pas du cas où il y aurait des sous-traités. Et comment, en effet, aurait-il pu stipuler en prévision d'une rétrocession du marché, puisque l'article 4 défend expressément toute rétrocession? Comment admettre que l'article 11 a voulu assurer aux ouvriers la garantie personnelle de l'entrepreneur dans une situation où le rédacteur du cahier des charges lui interdit expressément de se placer? Évidemment, cette disposition est destinée uniquement à régir le cas le plus ordinaire, celui qui seul, d'après les clauses et conditions générales, constitue pour l'entrepreneur une situation normale et régulière, le cas, en un mot, où l'entrepreneur est le chef direct des ouvriers employés dans l'entreprise.

Mais à quoi bon, dira-t-on peut-être, prendre la peine de dire que l'entrepreneur « supporte les peines et salaires de ses ouvriers? » A quoi bon lui imposer une obligation qui dérive si naturellement du contrat d'entreprise? L'explication est toute simple. — L'administration a voulu déroger à l'article 1798 du C. Nap., et se soustraire à l'action directe établie par cet article au profit des ouvriers contre le maître de l'ouvrage. Elle a voulu décliner la responsabilité qui lui incomberait à ce titre, et se réserver la faculté, en présence d'un entrepreneur qui manque à ses engagements envers ses préposés, de prendre, le cas échéant, des mesures nécessaires pour assurer leur payement. Dans tous les cas, ce qui paraît certain, c'est que l'administration n'a pas entendu stipuler au profit des ouvriers, en vue des sous-traités qu'elle ne reconnaît pas, qui n'ont pas d'existence à son respect, et dont elle ne s'occupe que pour les interdire. — Mais comme ces contrats, nuls à son égard, sont cependant valables dans les rapports de l'entrepreneur avec les tiers, il n'est pas possible aux ouvriers employés aux travaux de prétendre qu'ils sont non avenus en ce qui les concerne. Ils sont les préposés des sous-traitants; c'est à eux seuls qu'ils ont loué leurs services ; c'est donc à eux seuls qu'ils peuvent demander le payement de leurs salaires.

L'état de la jurisprudence sur cette question importante impose néanmoins aux entrepreneurs une grande prudence, et nous leur recommandons de ne pas se dessaisir des sommes qu'ils doivent à leurs sous-traitants avant de s'assurer que les ouvriers employés par ceux-ci ont été intégralement payés.

305. — Il nous reste à faire connaître quelques dispositions prises dans l'intérêt des ouvriers blessés sur les chantiers de travaux publics.

A l'époque où Louis XIV s'occupait avec passion de la construction du palais de Versailles et de la restauration du Louvre, il avait, dans un accès de bienveillance pour une classe dont l'ancienne monarchie ne se préoccupait guère, ordonné que des gratifications ou même des pensions reversibles sur les veuves fussent accordées aux ouvriers tués ou blessés dans les travaux de ses bâtiments [1]. Cet acte de bienveillance fut-il suivi d'effet? L'histoire ne l'apprend pas. Dans tous les cas, il

[1]. M. Ossude, *le Siècle des beaux-arts et de la gloire*, ou la mémoire de Louis XIV justifiée, p. 272.

resta isolé, et bien des années, bien des gouvernements passèrent avant qu'on songeât à assurer le sort des infortunés pour lesquels la révolution de 1848 devait créer les Invalides civils. On avait trop oublié jusque-là les ouvriers : on tomba alors dans l'exagération contraire. Mais le gouvernement avait cédé à une pensée généreuse et il en devait rester quelque chose.

Après la suppression des Invalides civils, un arrêté ministériel du 15 déc. 1848, modifié sur quelques points par un arrêté du 22 octobre 1851, prit, dans l'intérêt des ouvriers blessés sur les chantiers de travaux publics, des dispositions excellentes. — D'après l'art. 1er, des ambulances doivent être établies par les soins des ingénieurs ou architectes sur les ateliers qui par leur importance, leur situation et la nature des travaux, rendent cette mesure nécessaire. — Les ouvriers atteints de blessures sont recueillis dans ces ambulances, y reçoivent les premiers secours et de là sont transportés à l'hôpital ou à domicile où ils sont soignés gratuitement (art. 3). Pendant la durée de l'interruption du travail, les ouvriers soignés à l'hôpital reçoivent la moitié de leurs salaires, s'ils sont mariés ou s'ils ont des charges de famille (arrêté ministériel du 22 oct. 1851, art. 4). La veuve ou la famille des ouvriers tués ou de ceux qui succombent d'une maladie occasionnée par les travaux ont droit à une indemnité de 300 fr. (art. 6). — En cas de mutilation qui rende l'ouvrier impropre au travail de sa profession, on lui alloue la moitié du salaire pendant une année, à partir du jour de l'accident (art. 5). — Ces secours peuvent, du reste, être augmentés par des décisions spéciales du ministre des travaux publics (art. 7).

Pour assurer le service médical et le payement des secours, une retenue de 1 0/0 est opérée sur le montant de l'ensemble des travaux adjugés. En cas d'insuffisance du produit de cette retenue, il y est pourvu au moyen d'une allocation dont le montant, réglé par le ministre des travaux publics, est prélevé sur le fonds des travaux. — Si, au contraire, le produit dépasse les besoins constatés jusqu'à la fin de l'entreprise, l'excédant est restitué à l'entrepreneur. — Enfin, lorsque les travaux sont exécutés par voie de régie, au compte de l'administration, les dépenses du service médical et les secours sont à la charge de l'État. (Voy. les arrêtés précités des 15 déc. 1848 et 22 oct. 1851.)

306. — Les dispositions que nous venons de faire connaître sont applicables seulement aux travaux dépendant du ministère des travaux publics. Mais les autres services imitant cet exemple n'ont pas tardé à les ériger en règle et à insérer dans les cahiers des charges des clauses qui tendent au même but.

Ainsi, dans le service du génie militaire, tous les ouvriers civils ainsi que les commis ou charretiers de l'entrepreneur qui sont blessés sur les travaux sont traités aux dépens de l'État dans les hôpitaux militaires. Ils y sont reçus aussitôt sur le certificat de l'officier du génie chargé de la conduite de l'ouvrage, visé par le chef du génie et par le sous-intendant. Le directeur des fortifications peut même faire accorder, d'après l'autorisation du ministre de la guerre, une indemnité à ces ouvriers pour le temps pendant lequel ils ne peuvent travailler et nourrir leur famille. (Voy. art. 23, cond. génér. du gén. mil.)

307. — Le cahier des charges du ministère d'État contient des dispositions analogues.

D'après l'art. 22, les ouvriers blessés dans les travaux reçoivent pendant la durée du chômage une indemnité qui est fixée à la moitié du prix de la journée des ouvriers de la même espèce à l'époque de l'accident. — Le nombre des journées de chômage est constaté par le chirurgien de l'administration. — L'adjudicataire est tenu de payer cette indemnité et de justifier du payement par des quittances en règle; sinon il y est pourvu à ses frais. — Si l'adjudicataire établit que l'accident ne résulte pas d'un défaut de soin ou de surveillance de sa part, ou de celle de ses agents, l'administration prend à sa charge la moitié de l'indemnité. — Enfin, en cas de mort par suite de blessure, l'adjudicataire est tenu, sans préjudice de l'action des héritiers, de payer à la famille de l'ouvrier décédé une indemnité fixée par l'administration et qui ne peut dépasser 500 fr.

308. — Un décret impérial, en date des 8 mars et 21 avril 1855, est venu compléter ces mesures en ordonnant la création sur le domaine de la couronne, à Vincennes et au Vésinet, de deux asiles pour les ouvriers convalescents ou qui auraient été mutilés dans le cours de leurs travaux.

309. — Les dispositions que nous venons de faire connaître ne sont appliquées que dans les travaux de l'État ou des départements. — En ce qui concerne les travaux communaux, le sort des ouvriers n'a pas été l'objet des mêmes préoccupations. Il est fâcheux que les cahiers des charges relatifs à ces travaux ne contiennent pas toujours une mention des arrêtés des 15 décembre 1848 et 22 octobre 1851. L'humanité n'aurait qu'à y gagner. Les institutions de prévoyance et de charité ont sur la tranquillité publique une influence qu'on ne saurait méconnaître. L'intérêt de la société, non moins que la philanthropie, exige impérieusement que l'administration dirige et surveille l'emploi des secours à donner aux ouvriers, à la suite des accidents qui sont la conséquence trop fréquente de l'agglomération

sur les chantiers d'un grand nombre de personnes et de la nature même des travaux. Cela est indispensable, afin que l'autorité ne porte pas la responsabilité de l'incurie et de l'indifférence des entrepreneurs. Les mesures prescrites par les arrêtés ministériels de 1848 sont excellentes; elles sont d'une exécution facile; leur application généralisée éviterait souvent d'injustes accusations et de regrettables procès.

310. — Les droits des ouvriers blessés ne se bornent pas à l'obtention des secours fixés par les dispositions dont nous venons de parler. L'allocation de ces secours n'a lieu qu'à titre gracieux, et ne fait pas obstacle aux réclamations que l'ouvrier ou sa famille croient devoir faire à l'administration, lorsqu'ils sont insuffisants.

Nous verrons ultérieurement quels sont les tribunaux compétents pour connaître de ces sortes de questions.

## SECTION VI

*De l'obligation d'achever les travaux dans le délai fixé par le devis.*

311. — L'une des principales obligations de l'entrepreneur consiste à livrer les ouvrages adjugés dans le délai fixé par le marché, ou, à défaut d'une convention formelle, dans un délai proportionné à la nature des travaux, à leur but et à leur importance.

Les cahiers des charges nc manquent pas de stipuler, pour le cas d'inaccomplissement de cette obligation, les peines les plus sévères. Nous en ferons une étude approfondie dans une autre partie de cet ouvrage : nous devons nous borner à les indiquer ici. Demandons-nous d'abord comment on constate les retards imputés à l'entrepreneur.

312. — En matière de travaux privés, la constatation des retards imputés à l'entrepreneur n'est soumise à aucune règle précise. Dans l'usage, le propriétaire adresse une requête au président, statuant en référé, afin d'obtenir la nomination d'un architecte, qui vérifie l'état d'avancement des travaux. Sur le rapport de cet architecte, le président statue et autorise le propriétaire à faire continuer les travaux par un autre entrepreneur, et aux frais du premier. La décision du juge du référé n'a, on le voit, qu'un caractère provisionnel, et ne fait nul obstacle à ce que le tribunal saisi des questions qui ne manquent pas de s'élever en pareil cas, apprécie les faits d'une manière toute contraire. — L'entrepreneur déclaré en retard est condamné à supporter l'excédant de dépenses auxquelles sa négligence a donné lieu, et de plus à des dommages-intérêts pour la réparation du préjudice que le propriétaire justifie avoir éprouvé par suite de l'inexécution, dans le délai convenu, des obligations qui lui étaient imposées. S'il était constaté, au contraire, que le propriétaire a induit en erreur le juge du référé et obtenu à tort l'exécution des travaux par un autre entrepreneur, nul doute qu'il dût être condamné à la réparation du préjudice causé au premier.

313. — En matière de travaux publics, comme les tribunaux civils sont essentiellement incompétents pour ordonner des mesures, même essentiellement provi-

soires, il n'est pas possible de recourir à la voie du référé afin de faire constater les retards. D'un autre côté,
les lois administratives contiennent sur ce point, comme
sur tant d'autres, une lacune complète. C'est aux
conventions des parties, c'est-à-dire aux cahiers des
charges, qu'il appartient de la combler. L'administration doit prévoir le cas où des retards auraient lieu,
et imposer à l'entrepreneur le mode de constatation
qui lui convient. Quand une pareille stipulation se rencontre, elle fait la loi des parties, et il faut nécessairement recourir au mode de constatation qu'elle indique.
Tout autre est irrégulier, et l'entrepreneur est fondé à
prétendre que l'administration, en ne l'employant pas,
a renoncé volontairement à exiger de lui l'exécution des
travaux dans le délai fixé. Il échappe, par suite, à l'application de la retenue stipulée ou aux conséquences de
la mise en régie. (4 nov. 1835, *préfet de police*, 612.)

314. — Mais le plus souvent le cahier des charges ne
renferme à cet égard aucune stipulation. Les clauses et
conditions générales, le devis-modèle pour les travaux
du génie militaire, le cahier des palais impériaux, ne
tracent à l'administration aucune règle précise. Comment constater les retards? — Ici la pratique supplée
à l'insuffisance des prescriptions réglementaires.

En général, on procède à la vérification contradictoire de l'état d'avancement des travaux. L'adjudicataire est mis en demeure d'avoir à se trouver à un jour
indiqué sur le lieu où ils s'exécutent. L'ingénieur ou
l'architecte directeur des travaux procède, en sa pre-
sence, à leur récolement, et dresse un procès-verbal de
sa visite. Ce procès-verbal lui est communiqué avant
d'être adressé au préfet, et il est admis à présenter ses
observations.

Tout autre mode de procéder est défectueux; il expose

l'administration à voir repousser son recours en indemnité contre l'entrepreneur ou à supporter les conséquences de la régie.—Ainsi, des lettres écrites à l'entrepreneur par l'architecte et par le maire d'une commune
afin d'activer l'achèvement des travaux n'ont pas été
considérées comme constatant régulièrement le retard, et comme pouvant justifier l'application de la
retenue imposée par le cahier des charges. (23 avril
1857, *Descamps*, 333.)

315. — Est-ce à dire qu'en l'absence d'un procès-
verbal dressé contradictoirement, le recours de l'administration devrait être nécessairement déclaré non recevable ? Je ne le crois pas.

L'accomplissement de cette formalité a pour résultat
de couper court à toute difficulté sérieuse. Elle donne à
la juridiction contentieuse un moyen facile de vérifier et
de constater la réalité des reproches adressés à l'entrepreneur. Les observations de celui-ci, jointes au procès-
verbal, lui permettent de statuer en connaissance de
cause, soit sur l'application de la retenue, soit sur les conséquences de la régie. Ce mode de constatation est donc
naturellement indiqué. —Mais, à défaut d'une stipulation précise du cahier des charges, il peut être suppléé
par l'instruction à la rédaction d'un procès-verbal ; et si,
par exemple, les informations des experts présentent à
cet égard un caractère de certitude et de netteté suffisant,
rien ne s'oppose à ce que les tribunaux administratifs les
prennent pour base de leurs décisions. (3 août 1849,
*ville de Paris*, 453.)

316. — En général, les cahiers des charges relatifs à
l'exécution des travaux publics stipulent contre l'entrepreneur en retard trois espèces de pénalités. — Ou bien
il est assujetti à une retenue sur le montant des travaux
adjugés ; ou bien il est convenu que les travaux seront

mis en régie ; ou bien l'administration se réserve la faculté de résilier le marché. Le plus souvent ces diverses pénalités sont cumulativement insérées dans le cahier des charges. Elles sont toutes les trois parfaitement légales et dérivent des principes les plus constants du droit commun. — Aux termes de l'art. 1142 du Code Nap., toute obligation de faire se résout en dommages-intérêts, en cas d'inexécution de la part du débiteur. — Ces dommages-intérêts, au lieu d'être laissés à l'appréciation du juge, peuvent être fixés par la convention elle-même. Il y a alors obligation avec clause pénale, et il est de principe que l'on peut demander en même temps l'exécution de l'obligation principale et la peine, quand la peine a été stipulée pour le simple retard. (Art. 1229 C. Nap.) Or la convention par laquelle l'entrepreneur, en cas d'inexécution des travaux dans le délai fixé, s'oblige à subir une retenue sur le montant des travaux adjugés, n'est qu'une application légitime de ces dispositions.

317. La mise en régie est aussi conforme aux règles du droit commun, puisque, d'après les termes formels de l'art. 1144, le créancier peut, en cas d'inexécution, être autorisé à exécuter lui-même l'obligation aux dépens du débiteur. — Enfin, la résiliation du marché peut être imposée dans le même cas, étant de règle certaine que les conventions se résolvent par le défaut d'exécution de la part du débiteur. La résiliation n'a même pas besoin d'être stipulée; car la condition résolutoire est toujours sous-entendue dans les contrats synallagmatiques, pour le cas où l'une des deux parties ne satisfait point à ses engagements. (Art. 1183 C. Nap.)

318. — Si la retenue a été expressément convenue, l'administration a le droit de l'appliquer à l'entrepreneur, lorsqu'elle met les travaux en régie ou lorsqu'elle

juge à propos de prononcer la résiliation. — Dans le cas de
régie (bien que le contrat d'adjudication continue à subsister, l'exécution des travaux étant seulement confiée à
un tiers pour le compte de l'entrepreneur), la retenue stipulée pour cause de simple retard est due par application
de l'art. 2229, C. Nap. Elle est due également en cas
de résiliation, parce que l'administration qui rompt le
contrat ne perd point son droit à des dommages-intérêts et peut toujours réclamer ceux qu'elle a fixés d'un
commun accord avec l'entrepreneur, pour le retard
dans l'exécution, sans préjudice de tous ceux auxquels
la résiliation en elle-même peut justement donner lieu.

319. — La stipulation d'une retenue constitue, avons-
nous dit, une véritable clause pénale. Mais elle ne doit
pas être appliquée lorsque le retard n'a pas été préjudiciable à l'administration, ou lorsqu'il a eu lieu dans son
propre intérêt. (4 mai 1854, *Cordier*, 374.) — Il en est
de même dans le cas où le retard provient de l'augmentation des travaux en vertu d'ordres auxquels l'entrepreneur est tenu de se soumettre (29 janv. 1841, *ville de
Chinon*, 33); ou de modifications faites au devis en
cours d'exécution sur l'ordre et dans l'intérêt de l'administration (31 août 1847, *com. de Bucy-le-Long*, 620); ou
enfin de la remise tardive des ordres de l'architecte (17
fév. 1859, *ville de Bayonne*, 137).

320. — Le cahier des charges pour les travaux des
ponts et chaussées n'impose pas de retenue aux entrepreneurs pour le retard d'exécution. La mise en régie
ou la résiliation sont seules en usage pour ces sortes
de travaux. — Nous expliquons plus loin tout ce qui
est relatif à ces matières.

# CHAPITRE II

## DES OBLIGATIONS DE L'ADMINISTRATION.

### SECTION PREMIÈRE

*De l'obligation de faire exécuter dans le délai convenu tous les travaux compris dans l'adjudication.*

**321.** — Nous venons de passer en revue les diverses obligations de l'entrepreneur. A ces obligations correspondent autant de droits dont l'exercice et le maintien lui sont assurés et reconnus.

Nous avons vu, par exemple, que le bénéfice de l'adjudication lui est exclusivement personnel, qu'il ne peut le transmettre et le céder qu'avec l'agrément de l'administration. Par voie de conséquence, celle-ci n'est pas fondée à céder à un tiers tout ou partie de l'entreprise. L'adjudicataire a un droit acquis à l'exécution de tous les travaux compris dans son marché. Personne ne doit lui être substitué sans son assentiment pour leur exécution totale ou partielle, et il peut prétendre à une indemnité si l'administration vient à méconnaître ce droit.

D'après l'avant-métré des travaux du chemin de fer du Mans à Rennes, le 2e lot adjugé aux sieurs Bernard et Picard commençait par un remblai auquel il devait être pourvu : 1° par les déblais de la première tranchée à sa suite ; 2° par une partie des déblais de la deuxième tranchée. L'excédant du déblai de la deuxième tranchée devait servir à l'exécution d'un second remblai interposé entre les deux tranchées. Or le second remblai, contrairement aux prévisions de l'avant-métré, absorba complétement les déblais de la deuxième tranchée ; par suite, les déblais disponibles pour le premier remblai furent insuffisants et un emprunt dut être fait pour combler ce déficit. L'entrepreneur du lot voisin fut chargé par les ingénieurs de l'exécution de ce travail supplémentaire. Mais sur la réclamation des entrepreneurs adjudicataires du 1er lot, le Conseil d'État décida qu'ils auraient dû être chargés d'exécuter, dans sa totalité, le premier remblai prévu par l'avant-métré et compris dans leur entreprise, et par suite d'effectuer l'emprunt ; que dès lors, ils avaient droit à une indemnité représentant le bénéfice dont ils avaient été privés. (30 juin 1859, *Bernard*, 458 ; 8 mars 1860, *Fagot*, 203.)

322. — Le droit qui appartient à l'adjudicataire d'exécuter seul les travaux expressément compris dans l'adjudication est quelquefois étendu par les stipulations du cahier des charges aux travaux quelconques qu'il conviendrait à l'administration de faire exécuter par addition aux travaux prévus. — Cette clause accessoire doit être respectée, comme s'il s'agissait des travaux prévus, et il est dû une indemnité à l'adjudicataire s'il n'a pas été mis en demeure de soumissionner les ouvrages nouveaux. — Ainsi, dans une espèce où le cahier des charges portait que, pour le cas où des travaux supplémentaires auraient pour effet d'augmenter de moitié ou de plus de moitié la dépense portée au devis primitif, il n'y aurait lieu à une nouvelle adjudication que si l'entrepreneur

ne consentait pas à les exécuter au prix de sa soumission, il a été jugé que celui-ci avait, aux conditions
prévues, un droit exclusif à l'exécution des travaux.
(Voy. 14 fév. 1845, *Saigne*, 77.)

323. — Mais cette stipulation est indispensable. —
Les ouvrages exécutés en augmentation et qui ne sont
pas réservés, par une clause spéciale, à l'entrepreneur
peuvent être confiés à tout autre. Le contrat d'adjudication ne lie l'administration à son égard que dans les
limites mêmes de ce contrat. En dehors des ouvrages
prévus, la liberté des contractants reprend son empire,
et les deux parties retrouvent leur indépendance.

Vainement l'entrepreneur, pour contraindre l'administration à lui confier l'exécution des ouvrages non
prévus, prétendrait-il s'armer des dispositions de l'article 22 des clauses et conditions générales. Vainement
soutiendrait-il qu'aux termes de cet article, l'administration ayant le droit de lui imposer l'exécution des ouvrages nouveaux, cette obligation à laquelle il est soumis
implique à son profit le droit de les exécuter si cela lui
convient. Cet argument est sans valeur. Le droit invoqué
par l'entrepreneur est contraire aux principes ordinaires,
nul ne pouvant être contraint de confier à un tiers l'exécution d'un travail quelconque. Une stipulation formelle est donc nécessaire pour le créer, et on ne peut
le faire sortir au moyen d'une interprétation équitable,
mais qui n'est rien moins que juridique, de la faculté
exceptionnellement accordée à l'administration d'imposer à l'adjudicataire l'exécution des ouvrages nouveaux. De ce qu'on m'impose une obligation rigoureuse, il ne s'ensuit pas logiquement que j'aie un droit
corrélatif plus large que celui qui est consacré par la
loi commune. C'est tout le contraire qui est vrai ; le
droit diminue à mesure que l'assujettissement augmente.

—Notons que le droit consacré au profit de l'administration par les articles 22 et 39 a des limites, qu'il s'étend
seulement aux ouvrages nouveaux n'excédant pas le
sixième du montant de l'adjudication, que, dès qu'il
s'agit d'ouvrages plus considérables, il y a lieu à une adjudication nouvelle à laquelle l'entrepreneur est appelé
en première ligne, et qu'il lui est toujours loisible et
facile, en ne se présentant pas ou en proposant un rabais
exagéré, de ne pas en prendre l'exécution à sa charge.
Or la prétendue faculté qu'invoquerait l'entrepreneur
de soumissionner, à l'exclusion de tous autres, les ouvrages nouveaux, n'a point été réglée par les conditions
générales. Il s'ensuivrait qu'elle serait absolue, qu'elle
pourrait s'étendre à des ouvrages importants, et qu'à
l'obligation restreinte qui lui est imposée par l'article 22 correspondrait un droit sans limites à tous les
ouvrages que l'administration jugerait à propos d'ajouter
aux travaux primitivement entrepris. Il n'en peut être
ainsi. Relativement aux ouvrages nouveaux, il est sur le
même rang que les tiers, et il n'a droit à aucune indemnité si l'administration prend le parti de les faire
exécuter par ses agents ou par tout autre entrepreneur.
(Voy. 19 août 1832, *Guinot*, 489 ; 31 déc. 1838, *ville
de Bourges*, 712 ; 18 août 1857, *Bacanain*, 666.)

324. — Non-seulement l'entrepreneur a un droit
acquis à l'exécution de tous les travaux compris dans
son marché, mais il a, de plus, le droit de les exécuter
dans le délai convenu, ou, à défaut de stipulation, dans
les délais reconnus nécessaires, eu égard à l'importance
et à la nature des ouvrages. Toute suspension des travaux qui provient de son fait permet à l'administration, soit d'établir la régie, soit de prononcer la résiliation. Il paraît donc juste que, par réciprocité, les
retards imputables à l'administration donnent à l'entre-

preneur le droit d'obtenir la réparation des pertes qui en sont la conséquence. — Le droit est-il ici d'accord avec l'équité, telle est la question que nous avons à résoudre. Nous distinguerons le cas où la suspension est indéfinie de celui où elle est purement temporaire.

325. — Dans le cas de suspension indéfinie ou d'ajournement absolu des travaux, l'art. 36 du cahier des cl. et condit. génér. autorise expressément l'entrepreneur à réclamer la résiliation du marché. — Nous nous occuperons avec détail de ce qui a trait aux questions que l'exercice de cette faculté a fait naître dans le titre XI, auquel nous renvoyons le lecteur.

326. — Lorsque la suspension des travaux n'a qu'un caractère provisoire, la résiliation du marché ne peut pas être demandée, cela est certain; mais l'entrepreneur n'a-t-il pas au moins le droit de réclamer une indemnité?

Si l'on ne consulte que les principes généraux, la réponse à cette question est facile. L'administration, liée envers l'entrepreneur par un contrat, n'a pas aliéné toutefois sa liberté d'action : elle reste maîtresse de retarder l'achèvement des ouvrages suivant ses convenances, et d'après des inspirations qu'il n'appartient à personne de contrôler. L'entrepreneur ne peut donc pas exiger, par la voie contentieuse, la révocation des ordres qui lui ont été donnés. — Mais l'exercice de ce pouvoir trouve nécessairement son contre-poids dans l'obligation de réparer le dommage qui lui est causé. L'administration n'est pas, en vertu de sa qualité seule, à l'abri des recours qui appartiennent aux tiers lésés par ses actes. Aucune loi n'a créé en sa faveur une semblable immunité. Elle doit donc la réparation du préjudice résultant des retards qu'elle apporte dans l'exécution des travaux. Cette solution trouve un appui dans un certain nombre d'arrêts du Conseil d'État.

Le sieur Henri Prévost s'était rendu adjudicataire des ouvrages de construction et d'agrandissement du quai nord du port de Calais. Tout à coup, et après le commencement des travaux, il reçut l'ordre de les arrêter, et l'administration, qui faisait étudier un nouveau projet, ne les fit reprendre qu'au bout de deux années. Prévost demanda alors, à raison de cette suspension prolongée, une indemnité qui lui fut accordée par un décret dont voici le termes : « Considérant que l'administration, en suspendant pendant deux années les travaux du port de Calais, a causé au sieur Henri Prévost un préjudice à raison duquel il avait droit à une indemnité, et qu'il résulte de l'instruction que le Conseil de préfecture, en fixant ladite indemnité à la somme de 10,000 fr., a fait une juste appréciation des circonstances de l'affaire... » (24 juillet 1848, *Prévost*, 452.) — Un décret plus récent consacre plus formellement encore, s'il est possible, la même doctrine, et décide que l'indemnité due à raison de la suspension provisoire des travaux « ne saurait être confondue avec celle « prévue par l'art. 40 des clauses et conditions générales, « laquelle s'applique aux réclamations motivées par la « cessation absolue des travaux et la résiliation des en-« treprises. » (27 janv. 1853, *Causse et Desmons*, 169) voy. aussi 26 juin 1845, *Dumoulin*, 366 ; 15 sept. 1847, *Lapito*, 642 ; 16 avril 1851, *Brouillet*, 284 ; 16 avril 1852, *Callou et consorts*, 111 ; 30 juin 1859, *Bernard*, 458.)

327. — Il paraît difficile de concilier ces arrêts avec d'autres décisions presque aussi nombreuses, d'après lesquelles l'entrepreneur n'a pas le droit de réclamer une indemnité pour cause de suspension temporaire. Un

arrêt du 28 janvier 1858 porte notamment qu'en dehors des cas prévus par les art. 36 et 40 du cahier des cl. et condit. génér., « les entrepreneurs de travaux publics « ne peuvent réclamer aucune indemnité à raison des « dommages que leur occasionneraient les retards ap- « portés par l'administration dans l'exécution des tra- « vaux de leur entreprise. » Après cette déclaration de principe, en opposition formelle avec l'arrêt ci-dessus cité du 27 janv. 1853, le Conseil d'État déclare que si le ministre peut, administrativement, accueillir la demande de l'entrepreneur, celui-ci n'est pas fondé à réclamer par la voie contentieuse. (Voy. 28 janv. 1858, *Thébault*, 102.)

D'autres arrêts ont cherché à justifier cette solution rigoureuse en invoquant l'art. 34 des cl. et condit. gén., qui porte qu'il ne doit jamais être alloué d'indemnité sous aucune dénomination pour retard de payement pendant la durée de l'entreprise. (14 juin 1855, *Dixmier et Bassinet*, 422 ; 19 juillet 1855, *Bardinon*, 549.) — Mais l'argument qu'on tire de cet art. 34 est assurément défectueux. Il prévoit, en effet, le retard de payement, mais non, ce qui est fort différent, la suspension tem- poraire des travaux. — Que dans le premier cas il n'y ait pas lieu d'indemniser l'entrepreneur qui comptait sur des à-compte, cela n'est guère équitable ; mais il faut bien se rendre à l'évidence, et l'art. 34 est formel. Au contraire, dans le second cas, et lorsque l'inter- ruption inopinée des travaux vient jeter le trouble dans l'entreprise, pourquoi donc n'appliquerait-on pas les règles du droit commun ? — On trouve dans le recueil des arrêts une explication de cette interprétation au moins singulière de l'art. 34. (Voy. 11 déc. 1856, *Ser- ret et cons.*, 711, et la note.) — « M. le commissaire du gouvernement a fait remarquer, dit M. Lebon, que les retards apportés par l'administration au payement des travaux non encore reçus ne donnant lieu à aucune indemnité au profit de l'entrepreneur, on se trouvait conduit à refuser également toute indemnité pour les retards apportés par l'administration à l'exécution ; qu'en effet c'est généralement dans le cas où l'administration manque de fonds, qu'elle diffère l'exécution ; que si les retards d'exécution devaient donner lieu à des demandes d'indemnité de la part de l'entrepreneur, l'administration, pour se mettre à l'abri de ces réclamations, aurait la ressource d'obliger l'entrepreneur à exécuter et de ne pas lui donner les fonds sur lesquels il aurait compté ; qu'ainsi, en définitive, la doctrine destinée à protéger les entrepreneurs aboutirait pour eux à de plus graves préjudices. » — Nous aimons à croire que les dangers contre lesquels on veut protéger l'entrepreneur ne sont pas aussi réels que ceux auxquels il reste exposé.

Si l'administration, ayant réellement des fonds à sa disposition et pouvant payer l'entrepreneur, retenait ces fonds pour obtenir pour ainsi dire de force le ralentissement des travaux et se dispenser de payer l'indemnité, il appartiendrait à la juridiction contentieuse de déjouer de pareilles fraudes et de faire justice d'un procédé aussi déloyal. Le système que nous combattons, loin d'être favorable, comme on le dit, aux entrepreneurs, leur est très-préjudiciable, et ne se concilie ni avec l'équité ni avec les stipulations des clauses et conditions générales.

Enfin, une autre raison a été invoquée. — On s'est fondé sur les dispositions de l'art. 36 des cl. et condit. génér., aux termes duquel l'entrepreneur a le droit, dans le cas où l'administration ordonne la cessation absolue ou l'ajournement indéfini des travaux adjugés, de requérir la réception immédiate des ouvrages exécutés. (11 déc. 1856, *Duprez*, 711.) Mais comment soutenir que cette disposition, faite pour le cas d'ajournement indéfini, exclut l'action en indemnité en cas de cessation temporaire? Une pareille interprétation n'est pas raisonnable; elle est contraire à tous les principes. — Les Conseils de préfecture doivent donc accueillir les réclamations de l'entrepreneur, lorsque le retard provient de dispositions prises par l'administration en violation des conventions arrêtées ou contrairement aux usages reçus.

## SECTION II

*De l'obligation d'indemniser l'entrepreneur des dommages causés aux ouvrages à la suite d'événements de force majeure.*

328. — D'après l'art. 1788 du C. Nap. : «Si dans « le cas où l'ouvrier fournit la matière, la chose vient « à périr, de quelque manière que ce soit, avant d'être « livrée, la perte en est pour l'ouvrier, à moins que le « maître ne fût en demeure de recevoir la chose. » — Cette disposition n'est qu'une application de la maxime

générale : *Res perit domino*. — Avant la livraison, l'ouvrier qui fournit la matière est seul propriétaire de la
chose à laquelle il ajoute son travail : si elle vient à périr, l'équité veut que la perte tout entière soit pour lui,
sans qu'il y ait à rechercher si la perte provient d'une
imprudence qu'il aurait commise, ou résulte d'un
événement de force majeure. Même dans ce dernier
cas, comment le maître pourrait-il supporter la perte,
puisque l'événement est en dehors des calculs humains,
qu'il était impossible à prévoir ou à prévenir, que par
conséquent le maître n'a point de faute à se reprocher?

Après la réception, la situation de l'ouvrier change
complétement. Il ne supporte pas la perte : la maxime *Res
perit domino* vient à son secours. — Il l'invoque même
à bon droit, avant la réception, lorsque le maître a été
mis en demeure : car sa négligence ou son mauvais
vouloir n'ont pas pour effet de prolonger au delà de sa
limite normale la responsabilité de l'ouvrier. — Mais,
sauf ce cas, l'application de l'art. 1788 est inévitable :
l'ouvrier n'a pas d'indemnité à attendre.

329. — Ces principes s'appliquent naturellement au
contrat d'adjudication. Le plus ordinairement l'entrepreneur prend l'obligation de fournir les matériaux :
il en est donc responsable jusqu'à la réception. Telle
est la règle ordinaire.

Mais en matière de travaux publics on n'a pas jugé à
propos de la suivre. — L'administration ne doit pas
traiter les adjudicataires avec la rigueur que comporte
le droit commun. Elle n'est pas, vis-à-vis d'eux, dans la
position où se trouve un propriétaire qui engage toute
sa fortune dans une construction. Elle est tenue à plus
de ménagements et trouve dans sa bienveillance même
des compensations et des avantages. De tout temps
on a compris que l'administration qui par ses agents

surveille incessamment les ouvrages, qui sait tout ce
que l'entrepreneur fait et tout ce qu'il ne fait pas, dont
l'action s'exerce sur les détails et sur l'ensemble des
travaux, qui a le droit de donner des ordres et de modifier à son gré les dispositions arrêtées, ne devait pas
laisser à sa charge les pertes et avaries causées aux travaux par suite d'événements de force majeure. L'administration a un immense intérêt à ce qu'il ne soit pas
ruiné subitement par un de ces cas fortuits qui surpren-
nent la prudence humaine. Au lieu de l'abandonner
à lui-même, elle lui tend la main, le relève, et par là
fait une chose utile au point de vue général, en favo-
risant l'esprit d'entreprise, dont le concours lui est si
nécessaire.

C'est en s'inspirant de ces idées que l'art. 26 des
condit. générales, après avoir posé en principe qu'il ne
serait alloué à l'entrepreneur aucune indemnité, à raison des pertes, avaries ou dommages, occasionnés par
négligence, imprévoyance, défaut de moyens ou fausses manœuvres, excepte de cette disposition « les cas
« de force majeure qui, dans les dix jours au plus
« après l'événement, auraient été signalés par l'entre-
« preneur. »

330. — On a depuis longtemps donné la définition de
la force majeure et des cas fortuits. — « *Quæque sine
culpa accidunt, rapinæ, tumultus, incendia, aquarum
magnitudines, impetus prædonum, a nullo præstantur.* »
L. 23, D. *De regul. juris.* —Vinnius a défini aussi le cas
fortuit : « *Omne quod humano cœptu prævideri non potest, nec cui præviso potest resisti.* » L. 5, § 2, *De loc.
cond.*

— « Deux grandes causes produisent les cas fortuits ou
de force majeure, ainsi appelés à raison de l'action invariable qu'ils exercent sur la faiblesse humaine : 1° la

nature ; 2° le fait de l'homme. — Les cas fortuits naturels
sont : l'impétuosité d'un fleuve qui sort de son lit (l. 15,
§ 2, Dig. *Loc. cond.*) ; les tremblements de terre (*id.*) ;
la chaleur excessive (*id.*) ; les neiges immodérées (l. 78,
§ 3, Dig., *De cont. empt.*) ; les gelées (C. civ. art. 1773) ;
la grêle (*id.*) les tempêtes (l. 2, § 6, Dig., *Si quis caution.*) ; le feu du ciel (C. civ. art. 1773) ; l'incendie
(Dig., *De incendiis*) ; la maladie (l. 5, § 4, Dig., *Commodati*) ; la mort (*id.*). —Mais les accidents de la nature ne
constituent des cas fortuits, dit très-bien M. Troplong
(Louage, n° 207) qu'autant que, par leur intensité et leur
force excessive, ils sortent de la marche accoutumée de
la nature. On ne doit pas, en conséquence, mettre au
rang des cas fortuits ou qualifier de force majeure les
événements non calamiteux en eux-mêmes et qui sont
le résultat du cours ordinaire et régulier de la nature,
comme la pluie, le vent, la neige, le froid, le chaud, les
crues ordinaires des fleuves et rivières. La raison en est
que les saisons ont leur ordre et leurs dérangements, et
leurs perturbations occasionnent seules des dommages
aussi nuisibles qu'imprévus.

« Les cas fortuits provenant du fait de l'homme sont
la guerre, l'invasion des pirates, l'assaut des voleurs (l. 5,
§ 5, Dig., *Commodati*), le fait du prince, la violence
exercée par un plus puissant (Médicis quæst. 13 ; M. Troplong, n° 208.) » Voy. Dalloz, repert. v° *Force majeure.*

331. — Tels sont, d'après les auteurs, les divers cas
de force majeure. Dans le principe, la jurisprudence du
Conseil d'État répudia les enseignements de la doctrine.
Inspirée sans doute par un désir exagéré de protéger les
intérêts du trésor, on la vit refuser le caractère de force
majeure à des faits que, de tout temps, on a considérés
comme le possédant à un haut degré. Ainsi, en 1820
et en 1829, le Conseil a refusé d'allouer des indemnités

à raison de pertes occasionnées par un fait de guerre. (28 juillet 1820, *Gignoux*; 8 juillet 1829, *Gilly*, 249.) — Mais sur ce point, comme sur tant d'autres, la jurisprudence a fait des progrès notables. Se dégageant des préjugés qui tendaient à faire de la législation administrative un droit essentiellement exceptionnel, elle n'a pas tardé à entrer dans une voie plus large et plus conforme aux saines notions de la raison et de l'équité, comme à l'esprit de bienveillance qui a dicté l'art. 26 des clauses et conditions générales. Il a été jugé dans cet ordre d'idées qu'on doit assimiler à la force majeure donnant à l'adjudicataire le droit de réclamer une indemnité :

1° Le passage d'une armée, qui a pour conséquence le renchérissement des matériaux (31 août 1830, *Hosp. de Dax*, 394);

2° L'interposition des travaux d'un chemin de fer entre le lieu où l'entreprise s'exécute et les carrières désignées au devis, lorsqu'elle crée, pour l'extraction et le transport des matériaux, des difficultés imprévues au moment de l'adjudication (8 déc. 1853, *Hémery*, 1040);

3° La crue subite d'une rivière faisant obstacle à ce que le charroi des matériaux s'effectue dans les conditions du marché et nécessitant un mode de transport plus onéreux (6 août 1855, *Joly*, 275; 10 sept. 1855, *Troye et Danjou*, 626; 5 janvier 1860, *Joly*, 13);

4° L'existence dans les terrains à draguer de pieux et de débris de matériaux que les ingénieurs n'avaient pas soupçonnés, et qui avaient rendu le travail plus difficile et plus dispendieux (22 fév. 1855, *Teyssier*, 169);

5° La survenance de froids excessifs (24 juin 1846, *Duché*, 367);

En un mot, tous les événements dus à des causes naturelles ou provenant du fait de l'homme en dehors des prévisions ordinaires, et pouvant, par leur gravité, apporter des obstacles à l'exécution normale des travaux. (Voy. 19 nov. 1837, *Coste*, 497; 8 fév. 1838, *Dagros*, 83; 16 juill. 1846, *Bidou*, 402; 20 août 1847, *Clauzel*, 587; 31 janv. 1848, *Martenot*, 59; 27 janv. 1853, *Baquey*, 172; 22 août 1853, *Morizot*, 866; 21 juin 1855, *Canal des Alpines*, 447; 19 juin 1855, *Decuers*, 542; 29 mai 1856, *Devaux*, 393; 22 sept. 1859, *Bouffier*, 659.)

332. — Les circonstances invoquées comme constituant la force majeure doivent, nous avons dit, avoir un caractère calamiteux et n'être pas susceptibles de prévision dans les limites de la prudence humaine. — Lorsque l'événement est de nature à être prévu par un homme vigilant et soigneux de ses intérêts, le droit à une indemnité disparaît. Ainsi l'augmentation notable du prix des matériaux pendant l'exécution des travaux, en dehors de toute cause extraordinaire et inattendue, donne droit seulement à la résiliation au profit de l'entrepreneur (art. 39, cond. génér.), et ne peut jamais justifier une demande d'indemnité. (8 fév. 1855, *Bertrand*, 128; 28 janv. 1858, *Marcelin*, 99; 3 fév. 1859, *Degréane*, 99.)

333. — D'un autre côté, il est bon de rappeler ici que si la force majeure a été précédée d'une faute commise par celui qui en souffre, il doit s'en prendre à lui-même et en subir les conséquences. — Cette règle a été plusieurs fois appliquée par la jurisprudence administrative.

Le sieur Tisserand, entrepreneur de travaux publics, avait construit dans le voisinage d'une rivière les fours destinés à cuire la chaux nécessaire aux travaux. Il en avait lui-même choisi l'emplacement. Une crue considérable des eaux vint tout à coup inonder ces fours et jeter la perturbation dans ses travaux. Il demanda une indemnité : mais elle lui fut justement refusée, parce que le dommage dont il se plaignait avait pour cause première la faute qu'il avait personnellement commise en ne prenant pas le soin d'éloigner ses fours à chaux de la rive et en ne les plaçant pas sur un lieu assez élevé pour les rendre inaccessibles aux crues ordinaires du fleuve. (6 juin 1834, *Tisserand*, 374; voy. aussi : 9 janvier 1828, *Hayet*, 39; 8 avril 1858, *Dalbiez*, 287; 26 août 1858, *Chemin de fer du Midi*, 616; 22 sept. 1859, *Bouffier*, 659.)

334. — L'article 26 des clauses et conditions générales constitue, ainsi que nous l'avons dit plus haut, une exception à la règle *Res perit domino*.—C'est une mesure de faveur contraire aux principes du droit commun, qui veut que l'entrepreneur subisse seul la perte de la chose dont le maître n'a pas encore pris livraison. Il n'y a donc pas à examiner, pour son application, si au moment où l'événement arrive, l'administration avait procédé à la réception des matériaux détruits ou endommagés. La prise de possession n'est pas nécessaire; autrement l'article 26, au lieu d'être une faveur, serait purement et simplement l'application aux travaux publics des principes ordinaires. Aussi est-ce, suivant nous, par une préoccupation intempestive de la maxime *Res perit domino*, que le Conseil d'État a décidé que la perte, même par force majeure régulièrement constatée, de matériaux non reçus et non approvisionnés, ne donne point droit à une indemnité au profit de l'entrepreneur. (Voy. 1er juin 1836, *Riondet*, 255; 31 janv. 1848, *Martenot*, 59.) Qu'importe, en effet, que les ingénieurs n'aient pas reçu les matériaux? La réception a pour effet de les affecter définitivement à l'entreprise ; l'entrepreneur ne peut plus les en distraire pour une autre destination. Mais la mainmise de l'administration, sa prise de possession, ne sont

pas ici plus nécessaires que lorsqu'il s'agit des travaux qu'un accident inattendu vient détruire avant la réception. Pour ce cas, la jurisprudence du Conseil applique sans hésiter l'article 26 des conditions générales. Pourquoi donc faire une distinction? Pourquoi priver l'entrepreneur du bénéfice de cette disposition, lorsque la force majeure et ses résultats ont été régulièrement constatés, lorsqu'il est certain qu'un préjudice lui a été causé, et lorsque les ingénieurs ont été mis en demeure d'en évaluer l'importance? — Le défaut de réception rend sans doute cette évaluation plus difficile; ce sera une raison pour mettre à la charge de l'entrepreneur la preuve de l'existence et de la quotité du préjudice causé; s'il ne fait pas cette preuve, on lui refusera justement toute indemnité. Mais, lorsqu'au contraire il établira clairement que les matériaux perdus ou endommagés étaient destinés à l'entreprise, qu'ils ont été approvisionnés dans ce but; lorsque enfin l'étendue du dommage sera aisément appréciable, nous ne voyons aucune raison sérieuse pour lui refuser l'application de la disposition si manifestement bienveillante de l'article 26.

335.—Nous déciderons, en vertu des mêmes considérations, que l'entrepreneur a droit à une indemnité pour la perte, non des matériaux (cela est constant), mais du matériel (outils, ustensiles, moyens de l'entreprise). — Dira-t-on que le matériel, étant la propriété même de l'entrepreneur, périt pour son compte? — S'il est vrai que l'article 26 est une dérogation à la règle *Res perit domino*, il n'y a pas de distinction à faire. Le texte de l'article 26 ne se prête pas d'ailleurs à cette distinction. Il accorde une indemnité à l'entrepreneur à raison des pertes, avaries ou dommages, sans limiter sa libéralité au cas où ces pertes portent seulement sur les ouvrages ou sur les matériaux. Il faut donc repousser toute interprétation restrictive. (Voy. 19 juillet 1855, *Decuers*, 542.)

La question ne peut présenter aucune difficulté lorsque les pertes ou avaries surviennent après la résiliation de l'entreprise prononcée dans l'intérêt de l'administration. Nous verrons en effet que l'entrepreneur a le droit d'exiger alors la reprise de son matériel, qui se trouve ainsi, sauf estimation, la propriété de l'État dès la résiliation.

336. — La seule condition à laquelle le droit à une indemnité soit subordonné, consiste dans l'obligation imposée à l'entrepreneur de signaler les cas de force majeure dans le délai de dix jours. « Ici, les règles spéciales du service s'écartant du droit commun dans des vues d'équité et de faveur pour l'adjudicataire, l'administration avait bien le droit d'y mettre la condition d'un délai pour constater les causes et l'étendue des dommages. » (Voy. M. Cotelle, t. III, p. 96.)

Passé ce délai, l'entrepreneur n'est plus admis à réclamer. (Voy. article 26, clauses et conditions générales, 29 juin 1844, *Sicaud*, 405; 15 déc. 1846, *Pluvinet*, 554; 17 juin 1852, *Caville*, 242; 14 sept. 1852, *Clausse*, 419; 3 mars 1853, *Coupa*, 283 ; 12 janv. 1854, *Sérager*, 25 ; 18 mars 1858, *Sourreil*, 225 ; 13 juin 1860, *Berneau*, 465; 16 août 1860, *Plagnol*, 664.)

337. — Mais rien ne l'oblige à réclamer dans les dix jours la constatation des dommages par les ingénieurs. En signalant l'événement, il les met en demeure de faire le nécessaire dans l'intérêt de l'administration. (24 janvier 1856, *Brion et Pochet*, 87.)

Le défaut absolu de constatation ne prive même pas l'entrepreneur de son droit à une indemnité. — Ainsi des avaries surviennent à un pont de service. L'entrepreneur remet immédiatement entre les mains des agents des ponts et chaussées un état des dégâts. Si les ingénieurs, au lieu de constater régulièrement et contradictoirement l'étendue du dommage, ne se livrent à aucune vérification , il y a lieu, lors du règlement du compte, de renvoyer les parties à débat contradictoire devant l'administration, sauf, si elles ne peuvent s'entendre, à faire juger la réclamation par le Conseil de préfecture. (Voy. 19 novembre 1837, *Coste*, 497 ; 14 nov. 1838, *Bagros*, 83.)

338. — La réception sans réserve de l'indemnité accordée par décision ministérielle pour pertes résultant de force majeure, rend l'entrepreneur non recevable à réclamer ultérieurement une augmentation d'indemnité, sous le prétexte que la somme par lui reçue était insuffisante. (10 janv. 1856, *Humbert-Droz*, 41.)

### SECTION III

*De l'obligation d'indemniser l'entrepreneur des pertes et dommages qui proviennent du fait de l'administration.*

339. — Réparation du préjudice causé à l'entrepreneur par le fait de l'administration.
340. — Principe auquel elle est subordonnée.
341. — Exemples divers d'application.

339. — L'entrepreneur est tenu d'exécuter le contrat avec exactitude et ponctualité ; mais l'administration est, de son côté, strictement obligée envers lui. On a dû, il est vrai, dans un intérêt supérieur, lui permettre de s'affranchir, dans certaines circonstances, d'une partie de ses obligations. Toutefois, si grande que dût être, à ce point de vue, la liberté dont elle jouit, il était impossible que cette liberté fût absolue et sans limites. C'est bien assez qu'on lui ait reconnu le droit, soit d'imposer à l'entrepreneur des changements imprévus, soit de

résoudre le contrat lui-même pour obéir à des exigences dont elle est seule arbitre. — Ce privilége considérable trouve nécessairement un contre-poids dans l'obligation de réparer le dommage causé aux entrepreneurs par l'exercice de ces facultés contraires au droit commun, et c'est en effet ce qui est unanimement reconnu par les auteurs et la jurisprudence.

340. — Il serait sans utilité de rechercher minutieusement dans quels cas particuliers il peut y avoir lieu de faire l'application du principe qui vient d'être posé. Une énumération serait certainement incomplète. Car le droit de l'entrepreneur est subordonné aux circonstances, et il est impossible de prévoir toutes celles où ses réclamations sont admissibles. Il nous suffira de dire, en thèse générale, que l'administration doit l'indemniser du préjudice qu'elle lui cause par son fait, son imprudence ou sa négligence, soit par l'inobservation des obligations qu'elle a contractées envers lui, soit par l'obstacle illégitime qu'elle apporte à l'exercice des droits qui lui sont garantis par les stipulations des cahiers des charges ou les dispositions de la loi.

Si de cette formule générale on veut passer à l'application, le mieux est de consulter la jurisprudence du Conseil d'État. C'est là seulement qu'on peut trouver les espèces (et elles sont innombrables) où les réclamations de l'entrepreneur ont paru dignes d'attention.

341. — Ainsi la jurisprudence a reconnu qu'il était dû une indemnité à l'entrepreneur : 1° lorsque les modifications apportées par les ingénieurs à l'exécution des devis ont eu pour résultat des dépenses plus considérables que les dépenses prévues, dans le cas, par exemple, où le transport des matériaux devant, aux termes du devis, avoir lieu par eau, un mode de transport plus onéreux a été imposé en cours d'exercice. (31 mars

1847, *min. des trav. publics*, 171.) — 2° Lorsque l'entrepreneur a dû faire des modifications onéreuses aux devis, par suite d'erreurs commises dans la rédaction des projets. (Voy. 18 mars 1858, *Sourreil*, 326.) — 3° Lorsque, l'administration ayant ordonné la cessation des travaux, certaines dépenses faites par l'entrepreneur, en vue des ouvrages prévus par le devis, se trouvent sans objet. (Voy. 1ᵉʳ août 1858, *Peaucellier*, 635.) — 4° Lorsque l'administration jette le trouble dans l'entreprise par d'autres travaux qu'aucune clause de son marché ne l'obligeait à souffrir sans indemnité. (Voy. 15 avril 1858, *min. des trav. publics*, 304). — 5° Lorsque, par suite de la réduction en cours d'exécution des travaux commencés, le matériel approvisionné n'a pas reçu l'emploi auquel il était destiné. (Voy. 28 janv. 1858, *Marcellin*, 99.) — 6° Lorsque, l'administration ayant interverti l'ordre des travaux, ou imposé l'exécution de travaux de nuit, il est résulté de l'obéissance de l'entrepreneur aux ordres des ingénieurs une augmentation notable de dépense. (Voy. 12 août 1854, *ville de Tarascon*, 789). — 7° Lorsque, par suite d'une omission des devis, certains travaux ont donné lieu à une dépense imprévue. (Voy. 2 juin 1837, *Hayet*, 227.) — Dans le cas, par exemple, où l'entrepreneur a été induit en erreur sur la nature des terrains à déblayer, par suite de sondages irréguliers et insuffisants prescrits par l'administration, et qui ont servi de base à la fixation des prix. (Voy. 8 fév. 1855, *Anssart-Manem*, 130; 10 mars 1859, *Bonnefons*, 187.) — 8° Lorsque, par suite de l'opposition des propriétaires qui n'ont pas reçu l'indemnité de dépossession à laquelle ils ont droit, l'entrepreneur ne peut commencer ses travaux à l'époque fixée, et se trouve forcé de laisser pendant un certain temps ses matériaux sans emploi. (Voy. 7 mars 1834, *Deschandeliez*, 171.) — 9° Lorsque l'administration, qui a pris l'engagement de fournir les carrières d'où les matériaux doivent être extraits, ne les met pas, dans le délai fixé, à sa disposition. (Voy. 12 avril 1838, *Bouteillé*, 211.) — 10° Lorsque, l'entrepreneur ayant stipulé le droit de fournir, au prix du bordereau, les ouvriers nécessaires à ceux des travaux de son entreprise qu'il y aurait lieu de faire en régie, l'administration emploie néanmoins d'autres ouvriers. (Voy. 16 mars 1826, *Legrand*, 130.) — 11° Lorsque la mise en régie ou la résiliation de l'entreprise ont été indûment prononcées. (Voir *infrà*, tit. V et XI.)

# TITRE V

---

342. — Division du titre.

342. — Nous abordons dans ce titre une matière qui a donné lieu à de nombreux débats. Pour mettre de l'ordre dans notre étude, nous la diviserons en quatre chapitres. — Nous ferons connaître :

1° L'objet et le but de la régie ;

2° Dans quels cas elle peut être ordonnée ;

3° Quelles sont ses formes et les conditions de son établissement.

4° Quels sont ses effets.

---

## CHAPITRE PREMIER

### OBJET DE LA RÉGIE.

343. — Définition de la régie. — Son but.
344. — Critique dont cette mesure a été l'objet.

343. — L'art. 1144 du C. Nap. autorise le créancier, en cas d'inexécution de la convention, à la faire exécuter lui-même aux dépens de son débiteur. La mise en régie, si fréquemment employée en matière de travaux publics, n'est qu'une application de cette règle du droit commun. Elle consiste, en effet, dans la substitution à l'entrepreneur d'un gérant, chargé, sous la surveillance des agents administratifs, d'exécuter les travaux

aux risques et périls de l'adjudicataire en retard. Elle ne fait pas disparaître le contrat qui reste obligatoire pour les parties et continue de produire tous ses effets légaux. Elle permet seulement à l'administration, en écartant un entrepreneur inhabile ou négligent, de poursuivre avec rapidité et dans les conditions stipulées par les devis l'exécution des travaux adjugés.

344. — La mise en régie a été l'objet de nombreuses critiques. — L'administration supérieure a plusieurs fois manifesté sa répulsion pour une mesure qui se termine le plus souvent par des procès. Elle se plaint d'être responsable du régisseur, de sa négligence ou de son improbité, et elle recommande à ses agents la résiliation qui lui paraît présenter bien plus d'avantages. D'un autre côté, les entrepreneurs voient dans la régie une cause presque certaine de ruine. La substitution en leur lieu et place, d'un tiers qui, touchant un traitement fixe, n'a point d'intérêt personnel à l'exécution économique des travaux, qui, avant tout, est l'homme de l'administration et toujours disposé à céder à ses exigences, quelque coûteuses qu'elles puissent être, amène en effet trop souvent pour eux les plus fâcheux résultats. — Cependant, malgré ces plaintes respectives, la mise en régie ne cesse pas d'être pratiquée. Il n'est point de mesure que les ingénieurs emploient plus souvent dans le cas où les travaux languissent et où il est à craindre qu'ils ne soient pas achevés dans le délai fixé par le marché; et il n'en est point à laquelle les entrepreneurs, s'ils avaient à choisir, ne préféreraient en général la régie. C'est qu'en effet, pour l'administration comme pour ceux-ci, cette mesure ayant un caractère essentiellement provisoire n'engage pas irrévocablement l'avenir : elle suspend l'exécution du contrat en ce qui concerne la direction de l'entrepreneur ; mais elle ne

le brise pas et, prescrite à propos, suffit souvent pour donner une nouvelle impulsion aux travaux ; les résistances disparaissent, la bonne volonté revient, les ressources surgissent comme par enchantement : en peu de jours la régie cesse d'être nécessaire, et l'adjudicataire, effrayé des conséquences que son mauvais vouloir ou sa négligence auraient pu produire, s'engage résolûment dans la bonne voie. — Pour l'entrepreneur réellement malheureux, la régie est un temps d'arrêt qui lui permet de reprendre haleine et de réunir les ressources qui, un instant, lui ont fait défaut. L'espérance dore la triste réalité et la lui fait trouver moins dure. Chaque jour, il se voit près du moment où l'administration, prenant en considération ses efforts et son zèle, lui permettra de ressaisir la direction des travaux dans des conditions plus favorables. Ce n'est trop souvent qu'une illusion chèrement payée. Mais tous la préfèrent à cette ruine immédiate qui s'appelle la réadjudication à la folle enchère. — Lorsqu'une situation est fortement engagée, il est difficile d'apprécier l'étendue des sacrifices qu'il est indispensable de subir, et il faut beaucoup de courage pour s'y résoudre. Voilà pourquoi, si nous ne nous trompons, une mesure que tout le monde condamne, dont tout le monde se plaint et qui n'est en effet sans inconvénients pour personne, est si généralement employée.

# CHAPITRE II

## DANS QUELS CAS LA MISE EN RÉGIE PEUT ÊTRE ORDONNÉE.

349. — Retards dus à des changements imposés en cours d'exécution.
350. — *Infractions au devis.*
351. — *Refus d'obéissance aux ordres des ingénieurs.*

345. — Dans quels cas la mise en régie peut-elle être
prononcée?—C'est, d'après l'article 21, « lorsqu'un ou-
« vrage languira faute de matériaux, ouvriers, etc., de
« manière à faire craindre qu'il ne soit pas achevé aux
« époques prescrites, ou que les fonds crédités ne puissent
« pas être consommés dans l'année. »—Si l'on s'en tenait
à ce texte, la mise en régie ne serait justifiée que par le
retard dans l'exécution des travaux. Mais il n'en pourrait pas être ainsi, sous peine de désarmer presque absolument l'administration dans un grand nombre de
circonstances où l'emploi de la régie est le seul moyen
de vaincre l'obstination et la mauvaise volonté de l'entrepreneur. On ne doit donc pas hésiter à recourir à cette
mesure toutes les fois qu'il s'écarte sciemment soit
des indications du devis, soit des ordres auxquels il est
tenu de se soumettre. L'administration n'a pas le droit
seulement d'exiger que les travaux soient achevés dans
le délai fixé; il faut bien lui reconnaître la faculté d'arrêter leur exécution, si elle n'est pas conforme aux conditions du marché. — Ainsi le retard dans l'exécution,
l'inaccomplissement des obligations prises, la désobéissance aux ordres des ingénieurs, telles sont, à un point
de vue général, les trois circonstances dans lesquelles
l'établissement de la régie est autorisé.

Reprenons successivement ces différentes hypothèses,
et voyons quels sont, dans chacune d'elles, les droits
et les devoirs soit de l'administration, soit des entrepreneurs.

346. — 1° *Retards dans l'exécution.* — Nous avons,
dans l'un des chapitres précédents, constaté que l'exécu-

tion des travaux dans le délai fixé par le marché constitue la principale obligation des entrepreneurs. (Voy.
*suprà*, nos 311 et suiv.) La jurisprudence du Conseil
d'État fournit de nombreux exemples de régies établies
pour vaincre leur lenteur ou leur négligence. (Voy.
22 fév. 1821, *Dubournial*, 272; 11 janv. 1837, *Chanard*, 12 ; 6 fév. 1846, *Parfait*, 72 ; 29 juin 1850,
*Lévy*, 634; 1er fév. 1851, *Moneron*, 89 ; 22 août 1853,
*Portanguein*, 871; 19 fév. 1857, *com. de Couterne*, 159;
29 juillet 1858, *Gâté*, 551; 10 mars 1859, *Manot*, 189;
7 avril 1859, *ville de Périgueux*, 269.)

347.— La négligence de l'entrepreneur ne trouve pas
d'excuse dans le défaut de payement d'à-compte. — Le
payement d'à-compte pendant l'exécution des travaux
est, sauf stipulations contraires, facultatif pour l'administration et subordonné à l'existence de fonds disponibles. Le retard de payement ne donne pas à l'entrepreneur le droit de réclamer une indemnité (article 34 des
clauses et conditions générales), et ne légitime pas davantage la suspension des travaux. (19 mars 1849, *Daussier*, 169.)

348.—L'obligation de terminer les travaux à l'époque
fixée par le devis est tellement rigoureuse, que l'entrepreneur invoquerait même en vain l'autorisation écrite
de l'ingénieur en chef de suspendre les travaux jusqu'au
règlement du compte des ouvrages exécutés. L'autorité supérieure a seule qualité pour modifier les conditions essentielles du contrat. L'autorisation de l'ingénieur n'enlève donc pas au préfet qui n'a pas approuvé
la suspension, le droit de mettre l'adjudicataire en demeure, et, en cas de désobéissance à ses injonctions, de
prescrire l'établissement de la régie. (15 juin 1841,
*Bau*, 245.)

349.—Il en est autrement, et la régie doit être considérée comme indûment établie, si les travaux qu'on prétend en retard ont été imposés en cours d'exécution. L'obligation de terminer les ouvrages à l'époque convenue ne s'étend qu'à ceux qui ont été l'objet des prévisions du devis (12 avril 1838, *Bouteillé*, 211 ; 14 février 1861, *Dupond*, 119.)

350. — 2° *Infractions au devis.* — L'inexécution des obligations imposées par le devis ou l'exécution défectueuse des travaux, autorisent également l'administration à prononcer la mise en régie. (Voy. 11 déc. 1838, *Bruneau*, 664 ; 20 nov. 1840, *Piedvache*, 404 ; 12 avril 1843, *Serres*, 162 ; 4 janv. 1851, *Orth*, 19 ; 3 janv. 1853, *Coupa*, 283.)

L'entrepreneur ne peut trouver d'excuse aux infractions au devis que dans les ordres des ingénieurs ou de l'administration supérieure. Mais la preuve de ces ordres le met pleinement à couvert. (19 juillet 1851, *Lavaud*, 518 ; Cons. *suprà*, n°s 284 et suiv., et *infrà*, n° 388.)

351. — 3° *Refus d'obéir aux ordres des ingénieurs.* — Placé sous les ordres des ingénieurs ou de l'architecte directeur des travaux, l'entrepreneur est tenu de se conformer à leurs prescriptions. Sa désobéissance non justifiée donne lieu à l'application de l'article 21. (31 mai 1848, *Richard*, 357.)

Nous n'avons pas à fixer ici l'étendue de cette obligation. Il nous suffira de rappeler qu'elle n'est pas absolue ; les stipulations du cahier des charges font la loi de l'administration comme celle des entrepreneurs ; elle crée à son profit des droits positifs, mais aussi des obligations. L'entrepreneur n'est pas obligé de se soumettre à des injonctions contraires aux indications du devis et aux droits qu'il tient des conditions générales. Tel est le principe général qui domine cette matière. (Cons. *suprà*, n°s 284 et suiv., et *infrà*, n°s 388 et suiv.)

La régie, qui n'est qu'une mesure de coercition dirigée contre l'entrepreneur en faute, sera donc justement établie lorsque les ingénieurs auront respecté les stipulations du contrat. Dans le cas contraire, le refus de l'entrepreneur ne justifie pas la mise en régie, dont les conséquences restent à la charge de l'administration. (Voy. 10 déc. 1846, *Castex*, 544 ; 19 fév. 1857, *Laborie*, 152 ; 22 sept. 1859, *Bouffier*, 659 ; 14 février 1861, *Dupond*, 119.)

Telles sont les diverses circonstances dans lesquelles la régie peut être ordonnée. — Nous allons maintenant faire connaître les formalités auxquelles l'application de cette mesure est subordonnée.

# CHAPITRE III

### FORMES ET CONDITIONS DE LA MISE EN RÉGIE.

352. — D'après le droit commun, c'est aux tribunaux seuls qu'il appartient d'enlever au débiteur négligent l'exécution personnelle de l'obligation qu'il a contractée. A moins de stipulation exceptionnelle, il n'est pas permis au créancier de substituer un tiers à son débiteur sans l'autorisation de la justice. C'est là une conséquence du principe que nul ne peut se faire droit à soi-même. Mais la mise en régie, pour être utile et efficace, devait être soustraite aux lenteurs inséparables de l'application des règles ordinaires. Une mesure que nécessite l'urgence doit pouvoir être prise au moment précis où le besoin s'en fait sentir. — Dans ce but, l'article 21 des Conditions générales donne au préfet le droit d'ordonner l'établissement de la régie.

353. — L'arrêté du préfet est notifié à l'entrepreneur ; il fixe l'époque à laquelle les opérations de la régie commenceront, si dans le délai fixé il n'a pas satisfait aux dispositions qui lui sont prescrites.

354. — A l'expiration du délai, lorsque l'entrepreneur n'a pas obéi aux injonctions de l'arrêté, la régie est organisée immédiatement et sans autre formalité. Il en est aussitôt rendu compte au directeur général, qui, selon les circonstances, ordonne la continuation de la mesure prise, ou prononce la résiliation du marché, et décide qu'il y aura une nouvelle adjudication sur folle enchère.

355. — Tels sont presque textuellement les termes de l'article 21 des Conditions générales. — Ses dispositions rigoureuses et laconiques laissent à l'administration un

pouvoir sans limites dont il serait facile d'abuser contre l'entrepreneur. On a senti depuis longtemps la nécessité de combler les lacunes qu'elles présentent, et de donner à l'adjudicataire quelques garanties. Une commission, chargée en 1817 de fixer d'une manière plus nette et plus claire les droits et les devoirs des agents adminis-tratifs au moment de la mise en régie, a heureusement complété le système dont l'article 21 ne contient que l'ébauche. Les conclusions de son rapport ont été re-produites par l'article 36 du cahier du ministère d'État, et sont observées, quoique sans force obligatoire, pour tous les autres travaux de l'État.

D'après ce rapport, « pour que les régies aient un ca-« ractère légal qui puisse ôter tout prétexte d'opposition « ou de réclamation aux entrepreneurs, il faut :

« 1° Qu'il soit constaté par un procès-verbal ou un « rapport bien motivé, que les conditions de l'adjudi-« cation n'ont pas été remplies ;

« 2° Qu'une décision de M. le directeur général, ou « du moins une décision de l'autorité locale autorise la « régie ;

« 3° Qu'un arrêté en détermine les conditions, nomme « le régisseur, qui doit fournir un cautionnement, et à « qui il doit être prescrit un mode de comptabilité tel, « qu'il ne puisse passer aucun marché, faire aucune « dépense sans l'ordre ou l'approbation formelle de l'in-« génieur, et qu'enfin les dépenses soient bien justi-« fiées, et puissent être vérifiées toutes les fois que cela « est nécessaire ;

« 4° Qu'au moment de l'établissement de la régie, « il soit dressé un inventaire des équipages, outils et « ustensiles de l'entrepreneur, et dressé un état de situa-« tion des travaux, approvisionnements et dépenses « exécutés par l'entrepreneur, conformément au devis,

« lesquels inventaire et état de situation, en cas de re-
« fus par l'entrepreneur de les reconnaître et de les
« signer, doivent être revêtus de toutes les formes né-
« cessaires pour établir leur authenticité ;

« 5° Que les marchés passés par l'entrepreneur soient
« maintenus, lorsque les parties avec lesquelles il a con-
« tracté offrent des garanties suffisantes pour l'exacti-
« tude de l'exécution ; qu'il ait connaissance de toutes
« les opérations de la régie, et ait la faculté de présenter
« des fournisseurs, sous-traitants et ouvriers auxquels
« on devra donner la préférence lorsque l'ingénieur les
« aura reconnus admissibles, et que la régie n'aura pas
« déjà pris avec d'autres des engagements définitifs ;

« 6° Enfin, que la régie ne puisse subsister que le temps
« nécessaire pour passer une adjudication à la folle en-
« chère, à moins que la situation des travaux ne per-
« mette d'en rendre la gestion à l'entrepreneur. »

Nous allons reprendre successivement l'examen de
ces diverses formalités, en indiquant les difficultés pra-
tiques auxquelles leur accomplissement peut donner
lieu.

356. — 1° *Rapport ou procès-verbal constatant que
les conditions de l'adjudication n'ont pas été remplies.* —
La rédaction de ce rapport ou procès-verbal n'est pas
exigée par les clauses et conditions générales et même
par le cahier des palais impériaux. (Voy. art. 38.)
Cependant tout fait un devoir à l'administration de ne
point omettre l'accomplissement de cette formalité.
Comment, en effet, serait-il possible, en cas de contestation, de fournir la preuve que les travaux étaient réellement en retard? L'entrepreneur ne manque jamais
de prétendre qu'il avait rempli toutes ses obligations.
Si un état de la situation des travaux n'est pas dressé au
moment de la mise en régie, il faudra nécessairement

recourir à une expertise pour éclairer les tribunaux administratifs. C'est faire dépendre le sort des contestations du résultat toujours douteux d'une vérification faite après coup et dans les conditions les plus défavorables. (Cons. *suprà*, n^os 313 et suiv.)

Le rapport doit être fait par les ingénieurs ou l'architecte directeur des travaux : il est communiqué à l'entrepreneur avant d'être adressé au préfet. S'il ne réclame pas immédiatement contre les énonciations de cette pièce, on admet difficilement, au moment du décompte, l'exactitude de ses protestations qui sont considérées comme tardives.

357. — 2° *Arrêté qui ordonne à l'entrepreneur de satisfaire dans un délai déterminé aux prescriptions du devis.* — Cette mise en demeure a pour but de signaler à l'entrepreneur les travaux à raison desquels l'administration croit nécessaire de recourir à la régie. Elle lui permet d'apprécier la nature de ses exigences et de constater d'une manière précise l'objet auquel elles s'appliquent.

L'arrêté fixe en outre le délai imparti à l'entrepreneur pour accomplir ses obligations, et il porte qu'à l'expiration de ce délai la régie sera immédiatement établie.

358. — C'est un acte purement administratif, qui n'est pas susceptible d'être attaqué par la voie contentieuse. L'entrepreneur a seulement le droit de le déférer à la censure du ministre, s'il le croit susceptible de réformation. Mais les Conseils de préfecture sont incompétents pour le rapporter ou même en suspendre provisoirement les effets. (19 juillet 1833, *Commission des digues de la Saône*, 402; 23 fév. 1844, *Dufour*, 110.)

Les sieurs Vivet et Paillotet s'étaient rendus adjudicataires des travaux de construction d'une écluse, avec perrés aux abords. En cours d'exécution, un arrêté du préfet de la Haute-Saône leur enjoignit, sous peine de mise en régie, d'avoir à démolir, dans un délai déterminé, une partie des perrés exécutés contrairement aux devis. Les entrepreneurs ne s'étant point soumis à cet arrêté, la régie fut établie. Le Conseil de préfecture, saisi de leurs réclamations, rendit un arrêté par lequel il ordonnait une expertise, afin de faire constater si les travaux dont la démolition était prescrite avaient été mal exécutés. L'arrêté portait en outre « qu'il ne serait rien changé à l'état de choses actuel, quant aux perrés et à leurs enrochements, jusqu'à la décision à intervenir. »

Le ministre des travaux publics se pourvut contre cette partie de l'arrêté, dont le Conseil d'État prononça l'annulation par les motifs suivants : « Considérant que si le Conseil de préfecture était compétent pour décider qu'il serait procédé par experts à la visite et reconnaissance des travaux exécutés par les sieurs Paillotet et Vivet, il n'a pu, sans excéder ses pouvoirs, ordonner qu'il ne serait rien changé aux constructions dont la démolition avait été prescrite par l'arrêté ci-dessus visé du préfet. Art. 1er. L'arrêté du Conseil de préfecture de la Haute-Saône, en date du 16 mars 1847, est annulé pour excès de pouvoirs dans celle de ses dispositions portant qu'il ne sera rien changé à l'état de choses actuel, quant aux perrés et à leurs enrochements, jusqu'à la décision à intervenir. » (5 juillet 1851, *Vivet*, 495.)

359. — Mais si les Conseils de préfecture ne peuvent, sous aucun prétexte, annuler l'arrêté et s'opposer aux mesures prescrites au préjudice de l'entrepreneur, il ne faudrait pas croire que celui-ci se trouve privé du droit de réclamer par la voie contentieuse contre les conséquences d'une régie indûment imposée. — L'ad-

ministration supérieure a seule qualité pour confirmer
ou rapporter les décisions des autorités locales qui prononcent la régie ; mais ce droit considérable et dont
l'exercice ne peut être entravé, ne fait pas obstacle à ce
que l'entrepreneur, qui sait ne pas se trouver dans l'un
des cas où la régie est autorisée, porte sa réclamation devant le Conseil de préfecture, seul juge des difficultés sur le sens et l'exécution des marchés de travaux
publics. Et il doit obtenir une indemnité, s'il prouve
qu'au moment où la mise en régie a été prononcée, il
avait satisfait aux prescriptions du devis et obéi aux
ordres des ingénieurs. (Voy. 11 juin 1837, *Chanard*, 12 ;
12 août 1848, *Nobilet*, 524 ; 19 mars 1849, *Daussier*,
169 ; 29 mars 1855, *Gâté*, 246 ; 12 juillet 1855,
*Lavagne*, 521 ; 14 fév. 1861, *Dupond*, 119.)

360. — 3° *Notification de l'arrêté.* — Le premier devoir de l'administration, au moment de la mise en régie, est de signifier à l'entrepreneur l'arrêté du préfet,
qui le met en demeure de se conformer aux prescriptions du devis. Comment, en effet, pourrait-il éviter
les conséquences souvent désastreuses de la mesure que
l'on se propose de lui infliger, s'il ignore qu'il en est
menacé ? Le Conseil d'État a proclamé, il y a longtemps
déjà, la nécessité d'une notification préalable, et consacré, pour le cas où elle est omise, le droit de l'entrepreneur à l'exonération des conséquences de la régie.
— On lit dans un arrêt du 2 juin 1837 (*Hayet*, 327) :
« Considérant que les travaux ont été mis en régie
avant que l'arrêté du préfet qui ordonne cette mesure
ait été régulièrement notifié à l'entrepreneur ; — qu'en
établissant la régie sans avoir observé les formalités préalables prescrites par le cahier des clauses et conditions
générales, l'administration a empêché l'entrepreneur
de prévenir les résultats onéreux de ce mode d'exécu-

tion des travaux, et doit, dès lors, l'indemniser du préjudice qu'elle a pu lui causer; considérant que l'entrepreneur aurait pu effectuer les travaux à des prix inférieurs à ceux de la régie, et qu'il est juste de réparer
tout le préjudice qu'a pu entraîner la mesure de rigueur
dont il a été l'objet... » (Voy. aussi 19 juillet 1833,
Dubost, 402 ; 23 avril 1840, André-Jean, 131 ; 25 mai
1841, Roger-Berdoly, 210.)

Ces arrêts exigent en outre que la notification de
l'arrêté soit régulière. Ceci ne veut pas dire qu'elle
doit avoir lieu nécessairement par le ministère d'un
huissier ; une simple notification administrative suffit,
pourvu que son existence puisse être ultérieurement
constatée. C'est à l'administration qu'il appartient
de prendre ses précautions à cet égard, pour le cas où
l'entrepreneur viendrait à nier l'accomplissement de la
formalité.

361. — 4° *Délai accordé à l'entrepreneur pour satisfaire
aux prescriptions du devis.* — L'arrêté du préfet détermine un délai dont l'entrepreneur peut profiter pour
se mettre en règle et réparer le temps perdu. L'article 21 ne fixe pas la durée de ce délai. C'est une omission regrettable qui laisse une part trop large à l'arbitraire. Le cahier des charges des palais impériaux a
comblé cette lacune : il exige que le délai à impartir ne
soit pas inférieur à dix jours, à partir de la mise en demeure. (Voy. art. 36.)

362. — Mais si l'article 21 laisse toute latitude à
l'administration, en ce qui concerne la durée du délai,
encore faut-il qu'un délai quelconque soit imparti. —
« Aucune disposition des clauses et conditions géné-
« rales n'autorise l'administration à établir de régie aux
« frais de l'entrepreneur, avant de l'avoir mis en demeure
« et lui avoir donné délai. » (Voy. 23 avril 1840, André-

*Jean*, 131 ; 6 juin 1841 , *Lesellier*, 338 ; 15 déc. 1846,
*Pluvinet*, 554.)

Exceptons toutefois le cas où l'on trouverait dans le
devis une stipulation particulière. Rien ne s'oppose à ce
qu'il soit dérogé aux formes prescrites par l'article 21.
Ainsi, lorsque dans le cahier des charges spéciales d'une
entreprise de travaux publics, il est dit que « si un travail
urgent n'est pas exécuté dans les délais prescrits, il sera
dressé procès-verbal de cette inexécution, et que l'administration pourra faire achever, *immédiatement et sans
autre formalité*, ledit travail aux frais des entrepreneurs, »
c'est à tort que ceux-ci se plaindraient de l'inobservation des formes établies par l'article 21 pour les mises
en régie ordonnées par application de cet article, et
demanderaient en conséquence à être déchargés des effets
onéreux de la régie. (Voy. 12 mai 1846, *Jobert*, 280.)

363. — L'administration a la faculté de proroger le
délai accordé en faveur de l'entrepreneur dont les efforts
prouvent la bonne volonté. — Mais ce n'est pas là, on
le comprend, un droit dont il puisse revendiquer l'exercice : l'administration est seule juge de ce qu'il convient
de faire.

Lorsque le délai primitivement imparti a été prorogé,
il n'est pas nécessaire de signifier à l'entrepreneur une
nouvelle mise en demeure. L'arrêté qui a fixé l'époque
de la mise en régie n'est pas périmé faute d'avoir été
mis à exécution à l'époque indiquée.

Les sieurs Leroy et Déculant s'étaient rendus adjudicataires de travaux à exécuter pour la construction
d'une route. Ils n'avaient pas achevé ces travaux à
l'époque convenue. Le préfet prit un arrêté qui ordonnait la mise en régie et en fixait l'époque au 1er octobre
1827 dans le cas où ils n'auraient pas mis à ce moment
les diverses parties de la route en état de réception. —

Cet arrêté ne fut mis à exécution que le 1er décembre 1835. Les entrepreneurs soutinrent alors que la régie avait été indûment établie, l'arrêté pris en 1827 ne pouvant plus, suivant eux, produire d'effet plusieurs années après. Mais le Conseil d'État repoussa avec raison cette prétention et décida que, l'administration ayant pu proroger le délai, ils étaient mal venus à invoquer contre elle un acte de bienveillance et de faveur. (26 fév. 1840, *Leroy et Déculant*, 62.)

364. — Quel est le point de départ du délai? — L'art. 36 du cah. des charges des palais impériaux le fait partir du jour de la notification de l'arrêté. Du silence de l'art. 21 des condit. génér. on a conclu qu'il ne commence à courir, en ce qui concerne les travaux des ponts et chaussées, que du jour de l'approbation de l'arrêté par le directeur général. Mais cette interprétation a été condamnée à juste titre par le Conseil d'État. Le préfet, dans chaque département, est le directeur des travaux : l'obligation qui lui est imposée par l'art. 21 de soumettre l'arrêté de mise en demeure à l'approbation de l'administration supérieure, s'explique par l'importance de la mesure ; elle est motivée par un sentiment de bienveillance envers l'entrepreneur : mais l'utilité de la mise en régie disparaîtrait totalement si cette obligation avait pour effet de suspendre l'exécution de l'arrêté pris dans les limites du pouvoir préfectoral jusqu'au jour où il est approuvé par le directeur général. (27 avril 1838, *Barbe*, 237.)

365. — Tant que dure le délai, l'action de l'administration est en suspens; elle doit respecter la condition qu'elle-même a mise à ses rigueurs; sous aucun prétexte il ne lui est permis de devancer l'époque fixée pour l'établissement de la régie.

Un débat s'étant élevé contre le sieur Nobilet, entrepreneur de travaux publics, et les ingénieurs relativement à la substitution de carrières nouvelles à celles indiquées par le devis, le préfet des Côtes-du-Nord prit un arrêté par lequel il enjoignait à l'entrepreneur de mettre immédiatement 200 ouvriers dans les carrières qui lui avaient été indiquées, et lui déclarait que, faute par lui de se soumettre à cette injonction dans le délai de dix jours, il y serait pourvu au moyen d'une régie établie à ses frais. L'arrêté du préfet fut notifié le 25 avril. Le 5 mai, l'ingénieur en chef visita les carrières, et n'y trouvant que 157 ouvriers ordonna l'établissement de la régie.

L'entrepreneur se pourvut devant le Conseil de préfecture. Il soutint que la régie était irrégulière en ce qu'elle avait été établie le dernier jour du délai qui lui était imparti et qu'en conséquence l'administration devait supporter les frais auxquels sa précipitation avait donné lieu. Le Conseil de préfecture rejeta la prétention de l'entrepreneur ; mais, sur le pourvoi, le Conseil d'État annula la décision attaquée par les motifs suivants : « Considérant que l'arrêté du préfet notifié au sieur Nobilet le 25 avril 1846 n'autorisait l'établissement d'une régie aux frais de l'entrepreneur que faute par lui de se conformer dans le délai de dix jours aux dispositions qui lui étaient prescrites ; — que c'est le 5 mai, *et avant l'expiration du délai de dix jours accordé à l'entrepreneur*, que l'ingénieur a prononcé la mise en régie de l'entreprise ; qu'ainsi la régie a été irrégulièrement établie, et que, dès lors, l'État doit supporter les pertes qui pourraient en résulter. (12 août 1848, *Nobilet*, 524. Voy. aussi : 22 fév. 1821, *Dubournial*, 272 ; 19 juillet 1833, *commission des digues de la Saône*, 402.)

366. — 5° *Établissement de la régie.* — A l'expiration du délai, si l'entrepreneur n'a pas satisfait aux disposi-

tions qui lui ont été prescrites, la régie est organisée immédiatement « et sans autre formalité. » (Art. 21, condit. génér.) Les termes précis de cet article autorisent l'administration à procéder à l'établissement de la régie, sans qu'un nouvel arrêté du préfet soit nécessaire. Il a été jugé, en ce sens, qu'après un premier arrêté qui ordonne la mise en régie de l'entreprise, si l'adjudicataire n'a pas mis sur les chantiers un nombre d'ouvriers déterminé, le préfet peut se dispenser de prendre un nouvel arrêté pour constater que la condition n'a pas été remplie. Si, à l'époque fixée, il n'a pas été satisfait à cette condition, les ingénieurs procèdent régulièrement à la mise en régie. (27 avril 1838, *Barbe*, 237.)

Le cahier des charges des palais impériaux exige au contraire que le préfet ou le ministre prenne un second arrêté. (Art. 36.)

367. — La nomination du régisseur est le premier acte qui suit l'établissement de la régie, et c'est à coup sûr l'un des plus importants. Comme en principe les frais de la régie sont à la charge de l'entrepreneur, qui après l'achèvement des travaux, a le droit d'exiger un compte de *clerc à maître*, l'administration doit apporter la plus grande circonspection dans le choix qu'elle fait. — « Elle doit, disait le ministre des travaux publics en 1837, « prendre toutes les mesures nécessaires pour qu'il n'y « ait pas dilapidation des deniers de l'entrepreneur et « pour que, en cas d'infidélité de la part du régisseur, « l'administration qui se constitue directement respon- « sable puisse exercer un recours utile. » (Voy. 31 août 1837, *le départem. des Deux-Sèvres*, 45.) — Dans ce but, l'arrêté du préfet qui nomme le régisseur lui impose l'obligation de fournir un cautionnement dont le chiffre est fixé par l'administration et dont l'importance varie

nécessairement suivant la nature des travaux. — Mais cette garantie serait bien souvent insuffisante, car il est rare qu'un cautionnement en rapport avec les dépenses à effectuer puisse être imposé au régisseur. Aussi est-il dans l'usage de lui prescrire un mode de comptabilité, tel qu'il ne puisse passer aucun marché et faire aucune dépense sans l'ordre ou l'approbation formelle de l'ingénieur. Enfin les dépenses ne sont admises en compte qu'après justification complète, et elles peuvent être vérifiées toutes les fois que cela est nécessaire. (Voy. le rapport de la commission de 1817 ; *suprà*, n° 355.) C'est à ces conditions seulement que la régie, toujours onéreuse pour l'entrepreneur, peut ne pas être aussi une cause de pertes pour l'administration.

368. — Dès qu'il est nommé, le régisseur fait procéder à l'inventaire des équipages, outils et ustensiles de l'entrepreneur, et dresser un état de la situation des travaux, approvisionnements et dépenses exécutés par lui, conformément au devis. Ces pièces lui sont présentées pour qu'il en reconnaisse l'exactitude et qu'il les signe. En cas de refus, la régie prend à ses frais toutes les mesures nécessaires pour que les énonciations de ces documents puissent, en cas de difficulté, au moment du règlement des comptes, lui être opposées. (Voy. le rapport de la commission, *suprà*, n° 355.)

369. — Les marchés passés par l'entrepreneur ne sont pas résiliés par le seul fait de la mise en régie, lorsque les parties avec lesquelles il a contracté offrent des garanties suffisantes pour l'exactitude de l'exécution. Le rapport de la commission de 1817 veut en outre qu'il ait connaissance de toutes les opérations de la régie, et lui réserve la faculté de présenter des fournisseurs sous-traitants et ouvriers auxquels on devra donner la préférence lorsque l'ingénieur les aura recon-

nus admissibles et que la régie n'aura pas déjà pris avec d'autres des engagements définitifs. — L'art. 36 du cahier des palais impériaux l'autorise même *à suivre les opérations* de la régie, tant que son intervention n'est pas de nature à entraver l'exécution des ordres de l'architecte.

370. — La mise en régie n'est point une mesure dont le caractère soit définitif de sa nature. Elle est, ainsi qu'on la vu, soumise à l'approbation du directeur général qui a le droit, soit d'en ordonner la continuation, soit de prononcer la résiliation et de prescrire la réadjudication sur folle enchère. Quand il se décide pour la continuation de la régie, l'entrepreneur peut encore en être relevé, si la situation des travaux permet de lui rendre la gestion. L'administration est juge des circonstances, et son refus ne saurait donner lieu contre elle à aucune allocation d'indemnité, dans le cas où la mise en régie est régulière et justifiée. L'entrepreneur prouverait vainement que, depuis, il a réuni les ressources nécessaires pour faire face aux dépenses ; aucune stipulation des condit. générales n'impose à l'administration l'obligation de faire cesser une régie justement prononcée dans le principe.

Le cahier des charges du ministre d'État contient, au contraire, une stipulation formelle dans l'intérêt de l'entrepreneur. — L'art. 36 porte qu'il « pourra être relevé de la régie, s'il justifie des moyens nécessaires pour reprendre les travaux et les mener à bonne fin. »

371. — Nous venons de voir que le directeur général a le droit de prescrire la réadjudication des travaux à la folle enchère de l'entrepreneur. Ce droit est-il réciproque, et l'entrepreneur est-il fondé à demander qu'il soit procédé à la réadjudication ? M. Cotelle s'est prononcé pour l'affirmative. (2e édit., t. III, p. 81.) —

« Nous croyons, dit M. Dufour, que c'est là une erreur. Il est dit (art. 21) que le directeur général pourra, selon les circonstances de l'affaire, ordonner la continuation de la régie ou ordonner une nouvelle adjudication. Il est appelé *à opter*, et ne doit se guider, dans son option, que par une appréciation des circonstances. L'esprit de la disposition n'est-il pas, d'ailleurs, exclusif de l'idée qu'il puisse dépendre de l'entrepreneur de faire adopter un parti plutôt que l'autre? La mise en régie et la résiliation avec adjudication nouvelle ne sont-elles pas destinées à remédier au retard d'exécution? Ne sont-elles pas inspirées et dominées par des motifs d'urgence, et, à ce titre, leur usage n'est-il pas abandonné au pouvoir discrétionnaire de l'administration? Eh quoi! nous avons démontré que la mise en régie ne pouvait être empêchée, ni entravée par les réclamations de l'entrepreneur, et il aurait le droit de la faire cesser en demandant qu'il soit procédé à une nouvelle adjudication! Il y aurait là une inexplicable contradiction. Disons-le donc sans hésiter, l'administration n'a à consulter que les exigences de l'intérêt public, lorsqu'il s'agit de maintenir la régie ou de recourir à une adjudication nouvelle. Ses déterminations n'ont rien que de spontané; et telle est la latitude dont elle jouit, qu'elle n'a même pas besoin de donner la régie pour préalable à la résiliation. Dès que le directeur général a connaissance de l'état de langueur des travaux, il est libre de prescrire au préfet de mettre l'entrepreneur en demeure ou de procéder immédiatement à la folle enchère de l'entrepreneur. » — La justesse de cette doctrine n'est pas sérieusement contestable, et M. Cotelle s'y est rallié lui-même dans sa troisième édition. (T. III, p. 151 et suiv.)

# CHAPITRE IV

## EFFETS DE LA MISE EN RÉGIE.

372. — Ainsi que nous l'avons déjà dit, la mise en régie ne met pas fin aux rapports de l'administration avec l'entrepreneur. Son unique effet est de substituer à celui-ci un agent salarié, payé de ses deniers, qui surveille et organise les travaux sous la direction des ingénieurs. Le régisseur n'étant qu'un mandataire, et le contrat d'adjudication continuant d'exister entre les parties qui y ont figuré, l'entrepreneur conserve les droits qui en résultent à son profit : il peut, notamment, réclamer l'établissement du décompte général de son entreprise, et la justification, par compte de *clerc à maître*, de toutes les dépenses et frais de régie que l'administration entend lui faire supporter. (14 fév. 1834, *Vourgère et Raquin*, 134.)

373. — Dans ce décompte, on doit naturellement mettre à la charge de l'entrepreneur les frais de la régie, tels que le traitement du régisseur, qui sont la suite

directe et nécessaire de la mesure à laquelle on a dû recourir contre lui. (Voy. cep. 30 mai 1861, *Bouchaud*, 464.) — De son côté, l'entrepreneur a le droit de rejeter du décompte toutes les dépenses qu'il démontre provenir d'une mauvaise gestion. Les avaries ou dommages causés aux travaux par la négligence, l'imprudence ou l'imprévoyance du régisseur, tous les frais occasionnés par le défaut de moyens ou par des fausses manœuvres restent à la charge de l'administration. Ainsi, lorsque les travaux exécutés par le régisseur ont coûté un prix supérieur à celui des travaux de même nature précédemment exécutés par l'entrepreneur, il y a lieu de faire supporter par l'administration cet excédant de dépenses, soit en totalité, soit en partie, suivant les circonstances. (31 août 1837, *dép. des Deux-Sèvres*, 451; 18 janv. 1845, *Richard*, 21.)

374. — Si l'exécution des travaux mis en régie, abstraction faite de toute faute commise par le régisseur, dépasse les prévisions des devis, l'entrepreneur supporte la perte qui en résulte pour lui. — « Les excédants de « frais ou de dépenses, dit l'art. 21, seront prélevés sur « les sommes qui pourront être dues à l'entrepreneur, « sans préjudice des droits à exercer contre lui et sa « caution, en cas d'insuffisance. »

375. — Mais « si la régie ou l'adjudication sur folle « enchère amenait au contraire une diminution dans les « prix et frais des ouvrages, l'entrepreneur ou sa caution « ne pourra réclamer aucune part de ce bénéfice, qui « restera acquis à l'administration. » (Art. 21, § dern.) — Le cahier des charges pour les palais impériaux contient une clause identique. (Art. 36, § final.)

Quoiqu'il n'arrive pas souvent que les régies se résolvent en un bénéfice sur le prix de l'adjudication, il est à regretter que l'on ait cru devoir insérer cette clause dans les cahiers des charges. On a été dominé par cette idée que la mise en régie constituant une peine, il serait singulier qu'elle eût pour résultat de donner un profit à l'entrepreneur. Mais on n'a pas fait attention que la mise en régie ne résout pas le contrat, et que, s'il est juste et convenable de punir l'entrepreneur qui ne remplit pas ses engagements, il ne faut pas que l'indemnité accordée à l'administration puisse jamais dépasser la réparation du préjudice causé. Autrement, on s'expose à violer la règle que nul ne doit s'enrichir aux dépens d'autrui. Or, c'est ce qui arrivera nécessairement si l'on abandonne à l'administration, dans toute hypothèse, le bénéfice de l'entreprise. On serait resté beaucoup mieux dans les convenances et la justice en laissant aux conseils de préfecture le soin de fixer la part que l'administration pourrait prendre dans ce bénéfice, pour lui tenir lieu des dommages-intérêts auxquels elle peut avoir droit suivant les circonstances.

376. — Les pertes ou les profits de la régie se répartissent d'une manière tout à fait différente, lorsque cette mesure a été prise à tort par l'administration. Rien ne justifierait alors l'application des derniers paragraphes de l'art. 21 des condit. génér. et de l'art. 36, § ultim. du cahier des charges des palais impériaux. — L'entrepreneur a le droit d'exiger le bénéfice réalisé par la régie (14 février 1834, *Raquin*, 136) et de laisser à la charge de l'administration les pertes qu'elle a occasionnées. Ce n'est point par sa faute que celle-ci lui a substitué un régisseur et s'est mise en son lieu et place : il n'avait aucun moyen de s'opposer à une mesure qu'elle a prise dans l'exercice souverain de ses pouvoirs, et dont elle doit, par conséquent, subir toutes les conséquences. (14 fév. 1861, *Dupont*, 119.)

Il a été jugé que, lorsque, eu égard à l'état d'avancement des travaux au moment de la mise en régie, l'entrepreneur avait encore un temps suffisant pour terminer les travaux à l'époque fixée par le contrat, il doit être déchargé des dépenses de la mise en régie. (19 fév. 1857, *com. de Couterne*, 159.) Dans l'espèce, l'entrepreneur avait été mis en demeure par un arrêté du sous-préfet, qui lui faisait injonction d'avoir à terminer ses travaux avant la fin du mois, contrairement aux stipulations du marché, qui fixait une époque plus éloignée pour l'achèvement des ouvrages.

De même, l'entrepreneur ne doit pas supporter les dépenses d'une régie prononcée par suite du refus qu'il a fait de réparer les dégradations survenues à un mur auquel, en vertu d'ordres exprès de l'architecte, il avait été donné une épaisseur insuffisante. Ces dégradations ne provenant pas de malfaçons qui lui fussent imputables, son refus était légitime, et la mise en régie non justifiée. (19 fév. 1857, *Laborie*, 152.) On a appliqué les mêmes principes dans une espèce, où les retards reprochés à l'entrepreneur provenaient du fait de l'administration. (16 mars 1857, *Roch-Vidal*, 183.)

377. — Si l'exécution des travaux par voie de régie, dans le cas où elle a été indûment imposée, procure une économie sur les prix de l'adjudication, l'entrepreneur est fondé, ainsi que nous l'avons dit, à réclamer le montant de la différence. (12 août 1848, *Nobilet*, 524.) Mais pourrait-il, en outre, exiger une indemnité pour la privation du bénéfice qu'il aurait réalisé sur les travaux exécutés en régie? Le Conseil d'État, saisi de cette question dans l'affaire Nobilet, l'a résolue contre l'entrepreneur. Est-ce avec raison? Il nous paraît difficile de l'admettre. — Comment! par le fait de l'administration l'entrepreneur se voit évincé, il voit ses travaux confiés à un tiers, qui n'est point, comme lui, appelé à prendre

part aux bénéfices de l'entreprise et n'y met pas nécessairement cette économie sévère et bien entendue avec laquelle il les aurait exécutés sans nul doute, et il n'aura pas le droit de demander à l'administration une indemnité pour lui tenir lieu du gain qu'il aurait réalisé et qu'elle lui a fait perdre par sa faute! Il faut convenir que cette rigueur ne s'accommode guère avec les principes généraux du droit contre l'application desquels, dans l'espèce, aucune exception ne peut être invoquée. — M. Cotelle (n° 258) semble approuver cette doctrine, à notre estime trop sévère, et il décide que l'administration ne doit à l'entrepreneur que la réparation *du dommage matériel* qui lui a été causé. Mais la privation du bénéfice que l'entrepreneur aurait fait ne constitue-t-il pas un dommage matériel? Le manque de gain n'a pas, que nous sachions, le caractère de dommage moral, et comme il provient directement et immédiatement de la faute de l'administration, comme il n'est pas une de ces conséquences éloignées dont l'auteur d'un quasi-délit peut en général être exonéré, nous ne voyons absolument aucune raison pour repousser la demande de l'entrepreneur. — Le Conseil d'État nous semble avoir été mieux inspiré, lorsqu'il a décidé qu'on devait tenir compte à un entrepreneur à tort mis en régie, « tant de l'influence que l'existence du bâtiment par lui élevé a pu avoir sur les salaires payés par la régie, *que de l'économie que cet entrepreneur aurait pu réaliser s'il était resté chargé de la direction des travaux.* » (21 fév. 1845, Hayet, 83.) Malheureusement cette décision est isolée, et elle est antérieure au décret rendu dans l'affaire Nobilet. La pensée du Conseil d'État sur cette question ne peut donc pas être considérée comme fixée dans le sens que nous préférons.

378. — D'après l'article 40 des conditions générales,

si la résiliation de l'entreprise est prononcée par l'administration, par suite d'une diminution notable dans le prix des ouvrages, l'indemnité à allouer à l'entrepreneur ne peut jamais excéder le 50ᵉ du montant des dépenses restant à faire en vertu de l'adjudication. Cette disposition est-elle applicable au cas qui nous occupe? L'administration a voulu assimiler les deux situations. Mais le Conseil d'État a repoussé cette prétention, et a décidé qu'en l'absence d'une clause spéciale du marché, limitant, en matière de régie, le pouvoir d'appréciation du juge, l'indemnité doit comprendre tout le préjudice causé, encore bien que la somme allouée soit supérieure au 50ᵉ des dépenses restant à faire. (24 janv. 1856, *Aubert*, 94.)

379. — Toute indemnité cesse d'être due s'il est établi que l'entrepreneur a acquiescé à la mise en régie. La vérification et l'approbation sans réserves des mémoires et pièces comptables des travaux faits pour son compte par voie de régie, le rend non recevable à réclamer ultérieurement, tant en la forme qu'au fond, contre la mesure prise contre lui. (Voy. 26 nov. 1846, *Hiers Jardin*, 510.) — On lit dans un autre arrêt : « Considérant qu'il résulte de l'instruction que non-seulement le sieur Darfeuille père, agissant en qualité de fondé de pouvoirs de son fils, a consenti à l'établissement de la régie ordonnée par l'arrêté préfectoral du 9 septembre 1846, mais que, par sa lettre du 23 octobre 1846, susvisée, le sieur Darfeuille fils a lui-même acquiescé à ladite régie; — que, dès lors, il en doit supporter toutes les conséquences, et qu'il n'y a lieu ni d'apprécier les motifs qui l'ont fait prononcer, ni de rechercher si, au moment de son organisation, le délai accordé par ledit arrêté préfectoral du 9 septembre 1846 était réellement expiré. » (29 déc. 1853, *Darfeuille*, 1126.)

380. — Les règles diverses que nous venons de faire connaître sont uniquement relatives aux travaux auxquels s'appliquent les cahiers des charges des ponts et chaussées ou des palais impériaux. — Quand il s'agit de travaux communaux, pour lesquels on ne s'est pas référé aux clauses et conditions générales, il faut recourir aux stipulations particulières du devis.

# TITRE VI

## DES TRAVAUX EXÉCUTÉS EN DEHORS DES PRÉVISIONS DU DEVIS.

---

381. — Division de ce titre.

381. — Il n'y a guère d'entreprise dont les devis soient assez complets pour ne point exiger des dépenses supplémentaires, et dont les prévisions soient si précises qu'aucune circonstance ne vienne rendre des modifications nécessaires. Presque toujours on sent le besoin, à cours d'exécution, d'augmenter ou de diminuer la masse des travaux, de faire exécuter des ouvrages nouveaux, et de modifier les plans, soit dans l'ensemble, soit dans les détails de l'exécution. L'économie des projets se trouve ainsi troublée, des charges nouvelles pèsent sur l'entrepreneur, et il y a lieu d'établir et de fixer les bases des dépenses supplémentaires qui prennent leur place dans le décompte.

Pour étudier ce sujet avec méthode, il est indispensable d'envisager séparément les travaux de l'État et les travaux des communes. Les premiers sont régis par les cahiers des charges spéciaux dont nous faisons le commentaire, et soumis par suite à règles inapplicables aux travaux communaux. Ceux-ci restent régis par le droit commun avec les modifications apportées de droit par les lois spéciales sur la tutelle des communes.

---

# CHAPITRE PREMIER

## DES DÉPENSES SUPPLÉMENTAIRES DANS LES TRAVAUX DE L'ÉTAT.

382. — Changements ordonnés en cours d'exécution.
383. — Nécessité absolue d'un ordre écrit.
384. — Les dépenses qui ne sont pas justifiées de cette manière restent à la charge de l'entrepreneur.
385. — Règles en usage dans les travaux du génie militaire.
386. — Ordres verbaux reconnus par les ingénieurs.
387. — Ordres dont l'existence est établie par l'instruction.
388. — L'entrepreneur n'a pas à vérifier la nécessité des ordres écrits.
389. — Ordres écrits donnés par les conducteurs.
390. — Règlement des travaux supplémentaires. — Renvoi.
391. — Responsabilité des ingénieurs et architectes du gouvernement.

382. — Les marchés passés au nom de l'État pour l'exécution des travaux publics sont en général des marchés à l'unité de mesure. Ces marchés, bien que le prix en soit fixé par l'adjudication, comportent cependant des changements nombreux en cours d'exécution. L'administration s'est, en effet, réservé le droit d'augmenter ou de diminuer, soit avant, soit après l'exécution, la masse des ouvrages adjugés. (Art. 3 et 39, cond. génér.; art. 33 et 34, cah. du min. d'État; art. 38, cond. du génie mil.) L'entrepreneur est tenu de se conformer à ces modifications, à moins qu'elles n'opèrent sur le prix total une différence de plus d'un sixième, en plus ou en moins, auquel cas il est libre soit de retirer sa soumission, soit de demander la résiliation du marché.

S'agit-il même d'ouvrages essentiellement nouveaux, l'entrepreneur est tenu de les exécuter quand ils ne dépassent pas certaines limites et qu'ils ne s'écartent pas par leur nature de sa spécialité et des conditions dans lesquelles il est présumé avoir voulu s'engager.

Nous avons vu quels étaient dans ces différentes hypothèses les devoirs de l'entrepreneur. (Voy. suprà, nos 283 et suiv.) Il s'agit maintenant de faire connaître les règles à suivre lorsqu'il s'agit du règlement de l'entreprise.

Nous allons montrer : 1° à quelles conditions le payement des travaux supplémentaires exécutés en cours d'exécution est subordonné ; 2° comment il faut procéder pour le règlement de ces travaux.

383. — Les modifications ordonnées en cours d'exécution, soit qu'elles portent sur le détail des opérations, soit qu'elles intéressent la masse des travaux, sont, sans distinction, assujetties à une condition commune.

Aux termes de l'art. 7 des Cl. et condit. génér., les changements doivent être ordonnés par écrit. C'est là une condition indispensable pour que, d'une part, les ordres soient obligatoires pour l'entrepreneur, et que, d'autre part, il ait le droit d'exiger le prix des travaux supplémentaires auxquels ils donnent lieu.

Cette formalité est trop souvent négligée, bien que l'administration ait plusieurs fois recommandé son observation aux ingénieurs. — « Je sais, » a dit le ministre des travaux publics, dans une circulaire en date du 23 juillet 1851, « que quelques ingénieurs regardent la « disposition de l'art. 7 comme une faculté plutôt que « comme un devoir : ils se bornent à donner des ordres « verbaux au lieu d'ordres écrits. Cette interprétation « n'est point exacte ; elle ne répond point aux vœux de « l'administration. C'est un devoir rigoureux pour « MM. les ingénieurs de laisser entre les mains de l'entrepreneur un ordre écrit, toutes les fois qu'ils s'écartent des conditions du devis pour des motifs de con-

« venance, d'utilité ou d'économie. En lui refusant cette
« garantie, ils le mettent à la merci de leurs souvenirs ;
« ils peuvent d'ailleurs avoir reçu une autre destination
« avant le règlement du compte, et leurs successeurs ne
« retrouvant aucune trace des ordres de service anté-
« rieurs à leur direction, sont conduits à conclure contre
« des réclamations souvent très-légitimes. »

L'art. 17 du cahier des palais impériaux contient sur
ce point une disposition qu'il serait désirable de voir
introduire dans celui des ponts et chaussées. — Il porte
« que l'adjudicataire se conformera également aux chan-
« gements qui lui seront prescrits pendant le cours du
« travail, mais seulement lorsque l'architecte les aura or-
« donnés par écrit et consignés au registre d'ordres. On
« ne lui tiendra compte de ces changements que s'il jus-
« tifie de l'ordre écrit et enregistré par l'architecte, qui
« alors en demeure seul responsable envers l'adminis-
« tration. L'adjudicataire sera tenu, à toute réquisition,
« d'apposer sa signature sur le registre des ordres de
« service, afin de constater qu'il a eu communication
« des ordres qui y sont portés. »

384. — L'imprudence de l'entrepreneur qui se con-
tente d'un ordre purement verbal n'a point d'excuse
devant la juridiction contentieuse ; ses allégations, si
vraisemblables qu'elles puissent paraître, n'ont aucun
poids. Il se prévaut en vain de la présence des ingénieurs
au moment de l'exécution des changements apportés au
devis et de leur consentement tacite. L'ordre écrit est
indispensable pour que ces changements soient portés en
compte. — Ainsi, l'exploitation, sans un ordre écrit de
l'ingénieur, d'une carrière autre que celle indiquée au
devis, ne donne pas droit, au profit de l'entrepreneur,
à une indemnité pour les travaux de mine qu'il a été
obligé de faire. (31 mai 1833, *Soullié*, 314 ; 9 août 1851,

*Joly*, 610.) — De même, l'entrepreneur qui prétend avoir été obligé, en cours d'exercice, de recourir à des emprunts de terre non prévus au devis, mais qui n'a pas fait constater cette nécessité, perd tout droit à une indemnité. (28 août 1837, *Clauzel*, 436.) — De même le Conseil d'État a repoussé la demande en supplément de prix formée par un entrepreneur qui se bornait à alléguer que les moellons des parements avaient été piqués au lieu d'être simplement souillés, comme le prescrivait le devis, les ingénieurs affirmant le contraire et l'entrepreneur ne reproduisant aucun ordre écrit relatif à ce travail. (11 déc. 1853, *Bassinet*, 1128.) Enfin, il a rejeté une réclamation pour le transport des matériaux extraits de carrières plus éloignées que celle prévues au devis, parce qu'il n'était pas établi, par la production d'un ordre écrit, que les ingénieurs avaient jugé indispensable d'extraire des matériaux dans ces carrières. (10 mars 1859, *Manot*, 189 ; 19 avril 1859, *Fournier*, 314. — Consult. dans des espèces diverses : 27 fév. 1836, *Charageat*, 106 ; 2 juin 1837, *Hayet*, 227 ; 29 janv. 1839, *Thibault*, 196 ; 30 juin 1842, *Beslay*, 343 ; 19 janv. 1850, *Pignier*, 83 ; 8 juin 1850, *Bernard*, 564 ; 8 juin 1850, *Mombrun*, 566 ; 11 mai 1851, *Brun*, 442 ; 18 mars 1858, *Sourreil*, 237.)

385. — Les règles que nous venons de rappeler, relativement à la nécessité d'un ordre écrit pour les changements aux travaux prévus par le devis, sont encore plus rigoureuses dans les entreprises qui concernent les travaux du génie. « D'après l'art. 34 du devis-modèle, « *aucuns* travaux ne seront exécutés que sur un ordre « écrit du chef du génie, sans quoi ils ne seront pas reçus, « quelque raison qu'on puisse alléguer; et aucun ouvrage « ne sera *commencé* avant que les attachements, c'est-à- « dire les cotes, mesures et renseignements nécessaires

« au mesurage, en aient été pris en présence de l'entre-
« preneur ou de son commis, par l'officier du génie
« chargé du détail dudit ouvrage, à moins que celui-ci
« n'ait jugé cette mesure inutile. »

L'obligation imposée aux entrepreneurs des travaux
du génie de rapporter un ordre écrit pour les travaux
quelconques faisant partie de leur soumission, s'explique
par le mode d'exécution en usage. — Ces travaux se
faisant par attachement, il était nécessaire que l'administration fût mise en demeure de vérifier les quantités
d'ouvrages en raison desquelles la somme due à l'entrepreneur est fixée. Il suit de là aussi que, lorsqu'en
cours d'exécution le chef du génie prescrit des changements, l'entrepreneur a le droit d'exiger une indemnité
qui est fixée par le directeur des fortifications, sous
l'approbation du ministre, et, en cas de contestation,
par la juridiction contentieuse. (Voy. art. 38, Devis-
modèle.)

386. — La jurisprudence du Conseil d'État se montre
disposée à faire fléchir la règle, lorsque les réclamations
de l'entrepreneur sont fondées sur des ordres verbaux,
mais reconnus par les ingénieurs. « Rien dans cet ar-
« ticle (art. 7) n'implique l'obligation expresse, pour les
« ingénieurs, de ne donner que des ordres écrits, sous
« peine de responsabilité personnelle ; l'art. 7 autorise
« seulement l'entrepreneur à ne point se soumettre à un
« ordre purement verbal : c'est une garantie réciproque
« entre l'entrepreneur et l'administration, pour éviter des
« contestations ultérieures où, la preuve écrite manquant,
« on serait partagé entre des affirmations et des dénéga-
« tions, sans autre moyen de trouver la vérité.—La con-
« séquence de cet article est que la simple affirmation de
« l'entrepreneur ne peut, dans aucun cas, prévaloir contre
« la déclaration de l'ingénieur ; mais si, à défaut d'ordre

« écrit, l'entrepreneur invoque un ordre verbal, et que
« l'ingénieur reconnaisse l'avoir donné, il n'existe plus
« de fin de non-recevoir à opposer à l'entrepreneur. L'ab-
« sence d'un ordre écrit est couverte par la déclaration
« de l'ingénieur ; la demande de l'entrepreneur doit être
« examinée et jugée au fond. » (Voy. Observat. du min.
des trav. publ., 19 nov. 1837, *Coste* et *Caminade*, 497 ;
8 juin 1850, *Mombrun*, 566 ; 24 fév. 1853, *Cressonnier*,
276 ; 12 août 1854, *Jourdan*, 793 ; 8 fév. 1855, *Lescure*, 127.)

387. — Alors même que les ingénieurs nient formellement les ordres allégués par l'entrepreneur, le Conseil
d'État décide qu'il doit être tenu compte des modifications au devis, si l'existence des ordres résulte de l'instruction.

Par suite du déplacement de l'axe d'une route, un
entrepreneur avait été obligé de faire un déblai supplémentaire. — L'instruction ayant prouvé que le conducteur spécialement chargé de la surveillance des travaux
avait implicitement donné son consentement à ces déblais, le Conseil d'État jugea qu'il devait en être fait
état dans le décompte des travaux. (19 janvier 1838,
*Pompidor*, 334.) Plus récemment, il a été décidé en ce
sens qu'un ordre des ingénieurs, même purement verbal, suffit, lorsque l'existence en est formellement reconnue *ou constatée par l'instruction*, pour justifier les
changements exécutés par l'entrepreneur. (8 fév. 1855,
*Lescure*, 127 : 10 sept. 1855, *Troye*, 626 ; 21 mars 1861,
*Harel*, 214.)

Les réclamations des entrepreneurs sont particulièrement favorables et la jurisprudence se montre disposée
à les accueillir, lorsque les ordres niés par l'administration sont relatifs à des travaux dont la nécessité n'est pas
contestée. Si, par exemple, il résulte de l'instruction

que l'entrepreneur a exécuté des travaux d'épuisement non prévus au devis, on l'admet à réclamer le payement de ces travaux qu'il justifie avoir été obligé d'exécuter dans l'intérêt de son entreprise, bien qu'il ne produise pas un ordre écrit de l'ingénieur pour l'exécution de ces travaux et des attachements constatant leur importance. (10 janv. 1856, *Nepvaüet*, 52.)

Cette décision, fondée sur ce que l'art. 7 des Cl. et cond. génér. ne prononce aucune déchéance à raison de l'absence d'ordres écrits, est empreinte d'un caractère d'équité remarquable. Mais les entrepreneurs feront bien de n'y voir qu'une dérogation exceptionnelle et justifiée par les circonstances de l'espèce à la disposition si précise de l'art. 7, et nous ne saurions trop leur recommander, dans leur intérêt, de se conformer scrupuleusement à l'obligation que cette disposition leur impose. C'est le seul moyen d'éviter des débats auxquels l'oubli ou le changement de résidence des ingénieurs, avant le règlement du compte, les expose si fréquemment.

388. — Les ordres écrits protégent en toute hypothèse l'entrepreneur, lorsqu'ils émanent des ingénieurs préposés à la direction des travaux. Ils sont alors considérés comme provenant de l'administration elle-même. L'art. 7 est formel : il impose à l'entrepreneur une subordination complète envers l'ingénieur, auquel il ne peut résister qu'à ses risques et périls, mais auquel il peut toujours obéir sans inconvénient.

Quand il est muni d'un ordre écrit, il ne lui appartient pas de vérifier si cet ordre a été régulièrement donné et d'en contrôler la nécessité ou la légalité. — Ce contrôle appartient à l'autorité supérieure, qui laisse aux ingénieurs la faculté d'ordonner, sous leur responsabilité, les changements qu'il leur paraît

utile d'apporter au devis. (Voy. circ. du 23 juillet
1851.)

Cette règle est depuis longtemps consacrée. On lit
dans un arrêt du 31 janv. 1838 (*Chérion*, 67) : « Consi-
« dérant que l'entrepreneur était tenu de se conformer
« aux ordres de l'inspecteur voyer chargé de la direc-
« tion des travaux, sans qu'il eût à vérifier préalable-
« ment si ces ordres étaient régulièrement donnés ; d'où
« il suit que les dépenses extraordinaires qu'ils ont pu
« occasionner ne sauraient être mises à la charge de
« l'entrepreneur ; sauf à l'administration des forêts à
« poursuivre, s'il y a lieu, contre son agent, les effets
« de la responsabilité stipulée par l'art. 6 du cahier des
« charges.... »

389. — En général, les ordres donnés par les conducteurs ne suppléent pas à ceux des ingénieurs. Ils ne
deviennent obligatoires qu'après l'approbation de ceux-
ci, et justifient seulement alors la demande d'un supplément de prix. (21 juill. 1839, *Pellée*, 401 ; 18 août
1857, *Courrière*, 663.)

Cependant, le Conseil d'État fait quelquefois fléchir
la rigueur de cette règle, à raison des circonstances, s'il
s'agit, par exemple, de travaux urgents ou indispensables. (24 juill. 1847, *Colonna-Lecca*, 493 ; 23 avril
1857, *Toussaint*, 327.)

390. — Les travaux non prévus au devis, et dont le
prix est dû à l'entrepreneur, sont réglés par assimilation
au prix des ouvrages prévus. En cas d'impossibilité d'assimilation, il faut recourir à une expertise contradictoire. Nous avons fait connaître plus haut (nos 253 et
suiv.) les règles à suivre à cet égard.

391. — Il n'y a pas d'exemple que la loi ait rendu les
ingénieurs passibles du surcroît de dépenses résultant
des ordres donnés en dehors des prescriptions des devis.

Le gouvernement a sur ces fonctionnaires assez de moyens d'action pour ne pas craindre que sa tolérance dégénère en abus.

Sous ce rapport, toutefois, le service du ministère d'État est soumis à une règle exceptionnelle. L'architecte est responsable, sans préjudice des dispositions de l'article 1792 du C. Nap. : 1° des travaux exécutés sans approbation ; 2° des changements apportés sans autorisation aux devis approuvés ; 3° de l'exactitude de l'imputation des dépenses par exercice et par chapitre. (Article 6, déc. du 16 avril 1852.) Cette disposition n'a pas encore été appliquée, et il est peu probable qu'elle le soit. Cependant nous avons cru utile de la signaler, car elle consacre expressément un principe que les usages suivis par l'administration n'infirment pas, et dont il lui sera toujours loisible de se prévaloir, le cas échéant.

# CHAPITRE II

## DES DÉPENSES SUPPLÉMENTAIRES DANS LES TRAVAUX COMMUNAUX.

392. — Les travaux communaux sont soumis à des règles qui leur sont propres. L'entrepreneur est le plus souvent abandonné, à lui-même : la surveillance de l'autorité municipale est quelquefois plus nuisible qu'utile ; des plans défectueux nécessitent des remaniements en cours d'exécution. De là, lorsque arrive le règlement de l'entreprise, des contestations et des débats sans fin. La commune, l'architecte et l'entrepreneur se rejettent réciproquement le fardeau d'une situation que chacun accuse son adversaire d'avoir créée. — La commune invoque sa qualité de mineure : elle se plaint à juste titre de la violation des formes de la tutelle administrative : elle montre l'épuisement de son budget, la nécessité de recourir à des ressources extraordinaires pour faire face à un excédant de dépenses qu'elle ne devait pas prévoir.

De son côté, l'entrepreneur rappelle à la commune les ordres qu'il a reçus soit du maire, soit des membres de la commission municipale préposée à la surveillance des travaux : il invoque la bonne foi et l'équité, qui ne permettent pas à la commune de désavouer ses administrateurs et de profiter des augmentations faites sous leurs yeux et avec leur assentiment. Il fait remarquer sa position subalterne, l'insuffisance des prévisions des devis et la nécessité où il s'est trouvé d'en réparer les lacunes.

L'architecte se retranche dans sa qualité même : il n'est pas un spéculateur ; il ne fait pas de gros bénéfices comme l'entrepreneur ; comment serait-il possible, sans injustice, de les placer sur la même ligne? On lui fait un crime de ne pas avoir tout prévu. Mais ne sait-on pas qu'il est impossible de tout prévoir, en pareille matière? Les travaux communaux sont le plus souvent d'une nature spéciale et peu ordinaire. Sa responsabilité, comme rédacteur des plans et devis et comme directeur des travaux, est déjà considérable. L'étendra-t-on encore? La commune a eu le tort de ne pas faire un marché à forfait qui l'aurait mise à l'abri des réclamations de l'entrepreneur. Toutes les difficultés viennent de là. S'il a cédé, comme lui, à des exigences qui se sont produites en cours d'exécution, peut-on équitablement lui en faire un reproche? Il n'est qu'un mandataire, un agent de l'administration communale. Le silence de celle-ci pendant l'exécution des travaux n'est-il pas une preuve qu'il a convenablement accompli sa mission, et ne constitue-t-il pas une approbation suffisante?

Ces récriminations, de quelque part qu'elles viennent, ne sont pas sans fondement : elles peuvent même quelquefois servir, quand elles sont justifiées, à la solution des débats qui les font naître, mais à la condition de les rapprocher des principes de la matière. C'est ce que nous voulons faire ; le moment est opportun : car, dans ces derniers temps, le Conseil d'État a été saisi de nombreuses questions de ce genre, et sa jurisprudence a judicieusement fait la part de chacun. Il ne s'agit plus pour la critique que de rassembler et de coordonner ses décisions; leur rapprochement suffira pour répandre une vive lumière sur une partie du droit administratif restée jusqu'ici inexplorée.

393. — Les communes, tout le monde le sait, sont des mineures placées sous la tutelle administrative : la gestion de leurs intérêts est assujettie à des formalités particulières. Cet état de minorité et ces formes spéciales sont, dans la matière qui nous occupe, des éléments essentiels dont il faut tenir compte, pour l'appréciation des difficultés que nous avons à examiner. Mais, bien que le règlement des ouvrages communaux exécutés en augmentation aux plans et devis soit dominé par des principes exceptionnels, il n'est pas inutile de rappeler sommairement les règles du droit commun. Cet exposé préliminaire est nécessaire pour faire comprendre les modifications que comporte leur application dans les débats relatifs aux travaux communaux.

394. — L'article 1793 du C. Nap. règle ce qui concerne les dépenses non prévues dans les devis et marchés exécutés pour le compte des particuliers. Ses dispositions ont eu pour but de mettre fin à des abus invétérés. L'exposé des motifs en indique l'objet et la portée.

« Un architecte ou un entrepreneur se charge de la construction *à forfait* d'un bâtiment d'après un plan arrêté et convenu avec le propriétaire du sol; le propriétaire avait calculé la dépense qu'il voulait faire et qu'il pouvait faire ; cependant, l'architecte vient parler d'augmentation de prix. Il ne manque pas de prétextes. Ici c'est l'augmentation de la main-d'œuvre, là c'est l'augmentation des matériaux. Quelquefois aussi l'architecte a fait quelques changements sur le plan, il a fait des augmentations qu'il prétend être nécessaires ou utiles, ou du moins agréables, et sur cela de longues et coûteuses contestations. L'architecte invoque la règle que nul ne peut s'enrichir aux dépens d'autrui. Il prétend que le propriétaire a été instruit des augmentations, qu'il les a tacitement approuvées, que, du moins, il ne les a pas contredites; qu'on ne fera aucun tort au propriétaire en l'obligeant à payer à dire d'experts. De son côté, le propriétaire dit qu'il a traité à forfait, que si les matériaux avaient baissé de prix, il n'aurait point été autorisé à demander un rabais; qu'il n'a point consenti aux changements, que les changements n'augmentent pas intrinsèquement la valeur de la chose, que sa position personnelle ne lui permet pas de plus grands déboursés. Notre loi a sagement décidé que lorsqu'un architecte ou un entrepreneur s'est chargé de la construction *à forfait* d'un bâtiment d'après un plan arrêté avec le propriétaire du sol, il ne peut demander aucune augmentation de prix, ni sous le prétexte d'augmentation de la main-d'œuvre ou des matériaux, ni sous celui de changements ou d'augmentations faits sur ce plan, si ces changements ou augmentations n'ont été autorisés par écrit, et si le prix n'a été convenu avec le propriétaire. (Discours de M. Jaubert dans la séance du Corps législatif du 16 ventôse an XII; voy. *Locré*, t. xiv, p. 462.)

395.—Ainsi, d'après le droit commun, lorsqu'il s'agit de constructions entreprises moyennant un forfait, l'entrepreneur ou l'architecte demeurent responsables des augmentations exécutées, par addition aux plans et devis, sans une autorisation écrite du propriétaire et sans que le prix en ait été convenu à l'avance. Cette double condition est indispensable pour que celui-ci soit tenu d'en payer le prix. L'autorisation écrite doit émaner du propriétaire lui-même, et elle doit être représentée dans le cas même où les travaux imprévus sont devenus nécessaires en cours d'exécution. Rien ne peut la suppléer; l'entrepreneur invoquerait vainement un commencement de preuve par écrit, fortifié de présomptions graves, précises et concordantes. Ni la preuve testimoniale, ni le serment, ni l'interrogatoire sur faits et articles ne pourraient être demandés. L'article 1793 n'admet point d'exception à ses rigueurs. (*M. Duvergier*, louage, n° 366 ; *M. Troplong, ibid.*, n° 1018 ; *M. Frémy-Ligneville*, législat. des bâtim., n° 25, Cass., 28 janv. 1846, *Urbain*, D. P. 46, 1, 245.) Une convention sur le prix est également nécessaire. Mais l'article 1793 n'exige point qu'elle soit constatée par écrit. A cet égard on peut recourir, pour établir son existence, à tous les modes de preuves autorisés par la loi.

396. — Quand l'entrepreneur ne s'est pas chargé des constructions pour un prix fixe et déterminé, les dispositions de l'article 1793 cessent d'être applicables, et l'action en supplément de prix n'est plus subordonnée à l'existence d'une autorisation écrite et d'une convention sur le prix des travaux faits en augmentation. Il suffit alors à l'entrepreneur de prouver que le propriétaire a eu connaissance des travaux exécutés sous ses yeux, et qu'il les a laissés faire sans opposition. Le prix ne doit même pas être réglé par assimilation aux prix des travaux prévus par les devis. Le propriétaire doit la dépense réelle et effective qu'ils ont occasionnée. (Voy. *Frémy-Ligneville*, n° 28.)

397. Telles sont les règles qui gouvernent les devis et marchés exécutés pour le compte des particuliers.— Elles reposent, ainsi qu'on vient de le voir, sur cette distinction fondamentale entre les entreprises à forfait et celles où l'action de l'entrepreneur ne se trouve point contenue par un prix convenu à l'avance, comme une

limite infranchissable [1]. — C'est à cette dernière catégorie qu'appartiennent, en général, les travaux communaux. Il est rare qu'on stipule un forfait. Mais les
obligations de l'entrepreneur ne sont pas pour cela moins
étroites. En toute hypothèse, son action en supplément
de prix à raison des travaux en augmentation, pour
être recevable, est assujettie, par les principes particuliers qui régissent les obligations des communes, à une
condition qui a la plus grande analogie avec l'autorisation écrite exigée par l'article 1793 en matière de travaux privés exécutés à forfait. — On sait, en effet, qu'aux
termes des articles 19 et 45 de la loi du 18 juillet 1837,
le conseil municipal est appelé à délibérer sur toutes les
dépenses ordinaires ou extraordinaires de la commune,
et qu'aucune construction nouvelle ou reconstruction
entière ou partielle ne peut avoir lieu sans l'approbation
préalable du préfet ou du ministre, suivant l'importance
de la dépense. Il suit de là que l'entrepreneur, qui fait des
augmentations au devis, est obligé, pour en obtenir le
prix, de justifier l'accomplissement de cette double formalité, soit qu'il y ait eu, soit qu'il n'y ait pas eu forfait. Dans l'un et l'autre cas, l'incapacité de la commune
la protège également. — Il a été jugé maintes fois, d'après
ces principes, que les ordres formels du maire n'autorisent pas l'entrepreneur à réclamer à la commune le
prix de travaux autres que ceux qui ont été compris dans
l'adjudication, s'ils n'ont pas été autorisés par le conseil
municipal et par le préfet. (11 fév. 1858, *Thureau*, 142;
29 fév. 1859, *com. de Vezac*, 767; 19 avril 1860, *com. de
Gonnord*, 338; voy. cep.  26 év. 1823, *Soubiron*, 334.)

---

1. Ces sortes de marchés sont appelés communément *marchés à
l'unité de mesure*. Ce sont ceux dans lesquels l'entrepreneur s'oblige
à exécuter des travaux pour un prix déterminé moyennant chaque
unité d'ouvrages. (Voy. *suprà*, n°s 225 et suiv.)

398. — Cette jurisprudence est peut-être rigoureuse en présence de l'art. 10 de la loi du 18 juillet 1837 qui donne expressément au maire *la direction* des travaux communaux. L'entrepreneur est placé sous ses ordres, il est à son égard dans une situation dépendante et subordonnée. En attribuant au maire la direction et la surveillance des travaux, la loi du 18 juillet 1837 entend, en effet, lui réserver autre chose qu'un droit d'inspection purement honorifique. Sans doute, l'entrepreneur auquel le maire voudrait, contrairement aux stipulations des devis, imposer des changements susceptibles de nuire à la solidité de l'édifice, a parfaitement le droit de se refuser à les faire. Responsable comme constructeur des malfaçons, il peut et doit repousser toute intervention qui a pour conséquence de porter atteinte aux conditions essentielles de toute construction conforme aux règles de l'art. Mais lorsqu'il s'agit de travaux qui entraînent simplement des augmentations de dépenses, il semble que l'autorisation du maire, représentant de la commune et spécialement commis à la direction des travaux, doive le sauvegarder contre des réclamations ultérieures. Est-ce à lui de s'assurer que le maire ou ses délégués outre-passent leurs attributions en approuvant, sans l'agrément de l'autorité supérieure, des dépenses excessives? L'entrepreneur n'est pas le tuteur de la commune, il n'est pas tenu de veiller à ses intérêts et de la protéger contre ceux-là mêmes qui la représentent. Si elle est mal administrée, qu'elle dirige son action contre qui de droit. La responsabilité, s'il y a lieu, doit remonter plus haut que lui.

Ces raisons sont graves : mais l'intérêt communal exigeait qu'on n'en tînt pas compte. C'est à l'entrepreneur à se défendre contre une ingérence illégale des membres de la municipalité : c'est à lui d'exiger, quand un changement lui est prescrit, qu'on lui présente les décisions administratives qui approuvent les travaux et ouvrent les crédits. L'accomplissement de cette obligation offre dans la pratique bien des difficultés, mais on ne saurait trop le recommander à l'entrepreneur : car on voit fréquemment des communes, invoquant la violation des formes administratives, refuser le prix des travaux exécutés sous les yeux et avec le consentement du corps municipal tout entier. L'administration supérieure trompée appuie ces réclamations, et les tribunaux administratifs, préoccupés avant tout de la loi et de l'intérêt communal, leur donnent un accueil favorable.

399. — La faute de l'entrepreneur qui fait des additions au devis, sur l'ordre pur et simple de l'administration locale, est aux yeux de la jurisprudence tout à fait inexcusable, lorsqu'une clause particulière du cahier des charges prohibe toute augmentation dans les ouvrages, qui n'est pas spécialement autorisée par le préfet, sous peine, pour l'entrepreneur, d'être déchu de toute demande en payement des travaux supplémentaires. Ainsi averti, l'entrepreneur sera difficilement admis à réclamer. (6 juil. 1858, *ville de Sarrebourg*, 496.)

Nous ne voulons pas dire par là que la clause dont il s'agit soit nécessaire. Nous la croyons, au contraire, complétement surabondante; on peut l'omettre sans inconvénients pour les communes. Le principe qu'elle a pour but de rappeler n'a pas besoin, pour être respecté, d'un pareil secours. Il se rattache aux règles essentielles de l'administration communale et n'emprunte aucune force aux conventions des parties.

D'un autre côté, il ne faut pas s'exagérer l'importance de ce principe. La formalité de l'autorisation n'est point,

I.                                                     21

dans certaines circonstances, d'une nécessité absolue, et comporte plusieurs exceptions qui tempèrent la rigueur de la loi dans quelques cas où l'équité aurait eu par trop à souffrir de son application littérale.

C'est ici que nous allons voir reparaître les caractères distinctifs qui séparent les travaux à forfait des travaux à l'unité de mesure, et donnent lieu à des solutions qui ne peuvent être étendues d'une hypothèse à l'autre. Nous nous occuperons d'abord des augmentations aux devis dans les marchés à l'unité de mesure : nous verrons ensuite ce qui concerne les marchés à forfait.

400. — *Travaux communaux à l'unité de mesure.* — Dans les travaux à l'unité de mesure, il se présente trois circonstances dans lesquelles la prohibition résultant de la combinaison des art. 17 et 45 de la loi du 18 juillet 1837, doit, suivant la jurisprudence, cesser de produire effet.

401. — La première exception est relative aux travaux dont la nécessité est démontrée en cours d'exécution, et dont l'urgence ne permet pas d'attendre l'accomplissement des formalités ordinaires. L'entrepreneur peut exécuter ces travaux, sur l'ordre pur et simple du maire, et la commune est tenue de lui en rembourser le prix.

Pendant les travaux de reconstruction du presbytère de la commune de Saint-Projet, des travaux supplémentaires, qui n'étaient pas prévus par le devis, et qui n'avaient été autorisés ni par le Conseil municipal, ni par le préfet, furent rendus nécessaires par le mauvais état des portions du presbytère que l'architecte, rédacteur du devis primitif, avait à tort jugées suffisamment solides pour être conservées. Les travaux furent exécutés d'urgence sur l'ordre du maire. — La commune s'étant re-

fusée de les payer à l'entrepreneur, sous le prétexte
qu'ils n'avaient pas été régulièrement autorisés, le Conseil d'État décida que les travaux, dont l'urgence et la
nécessité étaient constatées, devaient rester à sa charge.
(6 juillet 1858, *com. de Saint-Projet*, 493.)

C'est ce qui a été encore décidé par le décret suivant :
« Considérant qu'il résulte de l'instruction, notamment
de l'état d'avancement des travaux en date du 6 février
1844, et du nouveau devis en date du 25 janvier 1845,
que les travaux dont il s'agit, *reconnus nécessaires en
cours d'exécution*, ont été ordonnés et dirigés par l'architecte, et que les matériaux destinés à leur continuation
et à leur achèvement ont été également approvisionnés
par son ordre; qu'aucune disposition, soit des clauses et
conditions générales susvisées [1], soit du Cahier des
charges de l'entreprise, n'interdisait à l'entrepreneur
d'exécuter des travaux non prévus au devis sans un
ordre écrit de l'architecte, que dès lors c'est avec raison
que le conseil de préfecture a condamné la ville de
Bergues à payer au sieur Dewuef le prix desdits travaux et matériaux. » (13 déc. 1855, *ville de Bergues*,
727; voy. aussi : 15 nov. 1854, *Hamelin* et *Jouin*, 663;
18 août 1856, *Billamboz*, 556; 18 avril 1861, *com. de
Pierre-Buffières*, 289.)

402.— Cette première exception n'a pas besoin d'être
justifiée. — La nécessité fait loi, et il ne pouvait venir
à l'idée de personne de laisser à la charge de l'entrepreneur des dépenses absolument inévitables.

Il faut aller plus loin, et reconnaître que les travaux
qui n'ont pas ce même caractère d'urgence et de néces-

---

1. Il est question ici des clauses et conditions générales arrêtées
le 22 février 1815 par le préfet du département du Nord pour le
travaux du département et des communes.

sité absolue, doivent encore être payés par la commune, si leur utilité est hors de doute, et si elle en a pris possession par ses représentants légaux.

En effet, il est un principe applicable aux mineurs comme aux individus qui jouissent de la plénitude de leurs droits, c'est que nul ne peut s'enrichir aux dépens d'autrui : *Nemo alterius damno locupletari potest.*—C'est en considération de cette règle fondamentale dans toute législation basée sur les principes de l'équité naturelle, que le droit romain, pourtant si formaliste, accordait une action au tiers lésé par un acte du tuteur, accompli en dehors de son mandat, lorsque cet acte avait profité au pupille.— « Sed ex dolo tutoris, si factus est locupletior, « (pupillus) puto in eum dandam actionem...» L. 15, Dig. *De dolo malo*. La même loi prévoit même, dans son § 1ᵉʳ, l'hypothèse dont nous nous occupons. Ulpien se demande si les municipes pourraient être l'objet d'une action de cette nature, et il déclare qu'il n'y voit pas d'obstacle.— «Sed, an in municipes de dolo detur actio, « dubitatur? Et puto, ex suo quidem dolo non posse « dari : quid enim municipes dolo facere possunt? sed « *si quid ad eos pervenit ex dolo eorum, qui res eorum ad-* « *ministrant, puto dandam.* »

Je ne vois aucune raison pour ne pas appliquer aujourd'hui les mêmes règles. Notre opinion trouve d'ailleurs un appui inébranlable dans l'art. 555 du C. Nap., qui n'autorise le propriétaire du sol sur lequel des plantations, constructions et ouvrages ont été faits par un tiers et avec ses matériaux, à conserver ces constructions qu'à la condition de rembourser la valeur des matériaux et le prix de la main-d'œuvre. Or, l'entrepreneur qui dépasse les prévisions du devis se trouve exactement dans la situation prévue par l'article 555, car il est peu important au point de vue de l'application de cet article,

qu'il s'agisse de simples augmentations à une construction commencée, ou d'une construction entière. La commune a toujours le droit de refuser les ouvrages pour
lesquels il a été fait des dépenses non autorisées. Lorsqu'au contraire elle prend possession de ces ouvrages,
lorsqu'elle les reçoit définitivement et y installe les services communaux, elle déclare implicitement qu'elle entend, usant de l'option qui lui est donnée par l'art. 555,
conserver les augmentations qui ont pu être faites. Au
surplus, cette acceptation ne peut avoir de conséquences
pour la commune qu'en ce qui touche les travaux dont
l'utilité n'est pas contestée. Les dépenses d'ornementation et d'agrément, celles qui sont occasionnées par une
exécution plus parfaite qu'il n'était nécessaire, par
l'emploi de matériaux non pas plus solides, mais plus
luxueux, ne doivent pas entrer en compte. — Mais la
commune doit tout ce dont elle a réellement profité.
(Voy. 15 mars 1855, *com. de Saint-Nicolas de la Grave*,
196; 28 juin 1855, *consist. israélite du Bas-Rhin*,
30 mai 1861, *ville de Champlitte*, 469).

403.—Dans l'hypothèse que nous venons de prévoir,
aussi bien que dans le cas d'urgence, il n'y a aucune distinction à faire entre les simples modifications au plan
et les travaux nouveaux et distincts des travaux adjugés.
Dans l'un et l'autre cas, le prix doit en être payé à
l'entrepreneur par la commune qui en a pris possession,
et qui entend les conserver.—Pour les modifications au
plan dont l'urgence ou l'utilité sont certaines, on ne
peut pas reprocher à l'entrepreneur l'omission des
formes légales, puisque, si on y avait eu recours, il est
indubitable que les travaux auraient été autorisés. —
Pour les travaux entièrement nouveaux, et que les devis
n'ont pas prévus, cette raison peut fort bien ne pas
exister, mais la prise de possession couvre l'irrégularité

commise, et l'art. 555 du C. Nap. s'oppose à ce que la commune s'enrichisse aux dépens de l'entrepreneur. C'est ce qui résulte, au moins implicitement, d'un décret récent rendu dans l'espèce suivante.

Le sieur Pézin, entrepreneur de maçonnerie, avait construit les murs du cimetière de la commune de Vezac. — Quand il s'agit de régler le prix de la dépense, la commune ne consentit à payer que la construction du mur sud du cimetière, seul travail que, suivant elle, le sieur Pézin avait reçu l'ordre d'exécuter. — Celui-ci se défendait en invoquant l'autorisation du maire et l'utilité des travaux qu'il avait faits, et dont la commune profitait. — Le Conseil d'État admit sa réclamation par le décret suivant :

« Considérant qu'en admettant même que les travaux exécutés par le sieur Pézin dans le cimetière de la commune de Vezac aient été faits, comme le prétend l'entrepreneur, d'après les ordres ou avec l'autorisation du maire de Vezac, il ne résulte pas de l'instruction que ces travaux aient été, comme le prescrivent les articles 49 et 45 de la loi du 18 juillet 1837, autorisés par le conseil municipal et par le préfet ; — considérant toutefois que la commune elle-même a offert de payer au sieur Pézin une somme de 72 fr. 35 c. pour la partie des travaux exécutés par cet entrepreneur, *dont elle a profité* ; — considérant qu'il résulte de l'instruction qu'il sera fait une juste appréciation des travaux exécutés par le sieur Pézin, en fixant à 154 fr. la somme qui lui est due pour ceux de ces travaux dont la commune *a profité...* » ( 22 déc. 1859, *com. de Vezac*, 767. Consult. aussi : 26 fév. 1823, *Soubiron*, 334.)

404. — Il est une autre circonstance où les dépenses non autorisées, quoique faites en dehors des prévisions des devis, doivent être acquittées par la commune. —

C'est le cas où le cahier des charges enjoint à l'entrepreneur de se conformer, sauf règlement de compte, à toutes les modifications qui seraient jugées nécessaires par l'architecte, en cours d'exécution. « L'entrepreneur « est placé sous la direction de l'architecte; il est tenu de « se conformer à ses ordres et quant à la dimension des « matériaux, et quant aux conditions et aux moyens « d'exécution de certains ouvrages. Le mandat donné à « cet égard à l'architecte emporte virtuellement l'autori- « sation des dépenses qui peuvent être ainsi ordonnées. » (Observ. du com. du gouvern. M. Lebon, 1853, p. 809.) Cette doctrine de l'administration a été confirmée par la jurisprudence.

On lit dans un décret récent : « Considérant que le sieur Vallée était tenu, aux termes de l'article 6 du cahier des charges, de se conformer, pour l'exécution des travaux, aux ordres et aux prescriptions de l'architecte de la commune ; — considérant qu'il résulte de l'instruction que, dans les ouvrages exécutés par le sieur Vallée, celui-ci s'est conformé soit aux prescriptions du devis primitif, soit aux modifications indiquées sur les plans visés et approuvés par l'architecte de la commune ; — que dès lors, c'est avec raison que le Conseil de préfecture du Calvados a maintenu à 22,269 fr. le règlement des travaux dus au sieur Vallée par la commune de Campandré-Valcongrain... » (28 juillet 1853, com. de Campandré, 807. Voy. aussi : 5 déc. 1837, min. de la justice, 527 ; 30 avril 1852, com. de Villers-Bocage, 125 ; 7 mai 1857, Lépaulle, 379 ; 30 mai 1861, ville de Champlitte, 469.)

405. — Mais il est essentiel de remarquer que, à moins de stipulation expresse, le pouvoir conféré par cette clause à l'architecte ne s'étend qu'aux détails de l'exécution. Elle ne lui donne pas le droit de modifier

les plans d'ensemble ou les parties essentielles du projet. Les modifications qui intéressent l'ensemble de la construction, restent soumises à l'approbation préalable de l'autorité supérieure, et l'entrepreneur qui les exécuterait sur l'ordre pur et simple de l'architecte, dans un cas où la nécessité absolue n'en serait pas démontrée, serait certainement obligé d'en payer le prix. — Le Conseil d'État a fait plusieurs fois cette distinction entre les modifications de détail et les changements aux plans d'ensemble, et réservé seulement pour les premiers, à l'entrepreneur, un recours contre la commune.

Le Conseil de préfecture de Seine-et-Marne, statuant sur des difficultés relatives au règlement des travaux de reconstruction de l'hôtel de ville de Melun, dont le sieur Maret s'était rendu adjudicataire, avait refusé de lui allouer la somme de 21,391 fr. pour travaux supplémentaires. Le sieur Maret se pourvut devant le Conseil d'État. Il rappela qu'aux termes de l'article 12 du Cahier des charges de son entreprise, il était obligé de suivre les instructions qui lui étaient données en cours d'exécution par l'architecte de la ville ; — qu'en fait, les travaux en augmentation avaient été ordonnés par cet architecte, et consistaient uniquement en modifications relatives aux détails de l'exécution. — Sur ces conclusions intervint le décret suivant, qui détermine d'une manière précise le pouvoir que donne la clause dont s'agit à l'architecte, et fixe la limite exacte au delà de laquelle l'entrepreneur, n'étant plus tenu envers lui à une soumission aveugle, doit, sous peine d'engager sa responsabilité, exiger l'autorisation de l'administration supérieure. — « Considérant qu'il n'est pas contesté par la ville de Melun que les travaux supplémentaires ci-dessus mentionnés ont été effectués par le sieur Maret, confor-

mément aux prescriptions de l'architecte ; — que les
changements et additions qui résultent desdits travaux se
rapportent ou à de simples détails d'exécution, ou à des
nécessités qui se sont produites en cours d'entreprise ;
que, dans ces circonstances, l'absence d'autorisation
expresse de la part de l'administration municipale ne
saurait engager la responsabilité de l'entrepreneur,
*comme s'il sagissait de modifications apportées soit aux
plans d'ensemble, soit aux parties essentielles du projet ;*
— que, dès lors, c'est à tort que l'arrêté attaqué a décidé
que la somme de 21,394 fr., montant des ouvrages en
question, serait retranchée du compte du sieur Maret.. »
(25 juin 1857, *Maret*, 528 ; 12 mai 1859, *dép. des Ardennes*, 347.)

On voit que la solution eût été différente, et que l'entrepreneur se serait vu refuser le prix de modifications
non autorisées au plan d'ensemble. — C'est qu'en effet
le mandat confié à l'architecte, et qui contient en lui-
même la dispense de l'autorisation administrative, ne
peut avoir d'autre objet que la bonne exécution des travaux prévus. Il n'implique pas l'abandon des garanties ordinaires pour ce qui concerne les augmentations
relatives aux parties essentielles des projets. On veut
faciliter l'action de l'architecte, et non pas lui donner
une liberté absolue et complète. Pour ne pas entraver à
chaque instant l'initiative nécessaire à la bonne exécution des travaux, on le dégage de l'obligation de consulter l'administration à propos des détails infinis de la
construction. Mais autre chose est de changer le mode
d'exécution prescrit par les devis, de réparer une erreur
ou une omission commise au moment de la rédaction
des plans, autre chose de substituer aux constructions
prévues d'autres constructions entraînant des dépenses
considérables. — Quand l'architecte dépasse ainsi son

mandat, l'entrepreneur n'est plus tenu de lui obéir, et c'est à bon droit que la commune lui reproche une soumission à laquelle il avait le droit de se soustraire.

406. — En dehors des circonstances exceptionnelles que nous venons de mentionner, la règle générale reprend son empire, et la nécessité de l'autorisation administrative reparaît dans toute sa rigueur. — Mais l'entrepreneur qui n'a agi que d'après l'ordre du maire ou des membres de la commission municipale chargés de la surveillance des travaux, n'aura-t-il pas un recours contre les officiers municipaux? L'affirmative me paraît certaine. C'est bien assez que la faute commise par l'entrepreneur, qui obéit à tort aux injonctions ou aux désirs de l'autorité municipale, ait pour conséquence la perte de son action contre la commune. Le maire ou les membres de la commission sont aussi en faute vis-à-vis de lui. Leur qualité seule est contre eux un argument sans réplique; ils ne pouvaient ignorer que les travaux supplémentaires auraient dû être préalablement approuvés par le conseil municipal et par le préfet, et qu'en fait ils ne l'avaient pas été. Représentants légaux de la commune, chargés en son nom de veiller à l'exécution stricte des clauses du cahier des charges, leur premier devoir est de retenir l'entrepreneur qui s'en écarte. Si, au contraire, ils le poussent dans la voie où son intérêt le sollicite si puissamment d'entrer, ils substituent leur responsabilité personnelle à celle de la commune, parce qu'on ne peut voir en eux que des mandataires qui excèdent sciemment les limites de leur mandat[1]. Vainement objecterait-on, dans leur intérêt, que l'en-

---

1. La loi romaine accordait aux tiers une action contre les administrateurs des municipes qui avaient excédé leurs pouvoirs. « De « dolo autem decurionum in *ipsos* decuriones debetur de dolo « actio. » (L. 15, Dig., *De dolo malo*.)

trepreneur ne peut lui-même ignorer l'étendue de leurs pouvoirs, et que dès lors il y a lieu d'appliquer la disposition de l'article 1997 du code Napoléon, aux termes duquel « le mandataire qui a donné à la partie avec la- « quelle il contracte en cette qualité une suffisante con- « naissance de ses pouvoirs, n'est tenu d'aucune garantie « pour ce qui a été fait au delà, s'il ne s'y est person- « nellement soumis. » — L'entrepreneur, en effet, n'est pas réputé de plein droit connaître les délibérations du conseil municipal et les actes de l'administration supérieure relatifs aux travaux. Le conseil municipal prend souvent, en cours d'exécution, des déterminations nouvelles, et ses décisions sont approuvées par le préfet, sans que l'entrepreneur en soit nécessairement instruit. Les ordres qui lui sont donnés peuvent donc être le résultat de changements régulièrement approuvés, et rien ne l'oblige (au moins en ce qui les concerne) à demander aux administrateurs de la commune s'ils agissent en vertu d'autorisations régulières. Il y a donc en sa faveur une présomption de bonne foi, qui ne cède qu'à la preuve contraire, et si on n'établit pas, comme l'exige l'article 1997, qu'il a agi sachant réellement que les dépenses n'étaient pas approuvées, son action contre ceux qui lui ont donné des ordres doit être déclarée recevable et fondée.

On n'hésite pas, dans le droit commun, à déclarer le tuteur qui excède son mandat, personnellement obligé envers les tiers. — « L'équité non moins que l'intérêt social, dit à ce sujet M. Demolombe, exige que chacun soit directement et personnellement responsable de ses actes illicites ; et en aucun cas le tuteur ne pourrait chercher dans sa qualité ni dans son mandat une excuse à de tels actes : car son mandat bien entendu ne lui prescrit en aucune manière de violer les règles de la bonne foi, même dans l'intérêt du mineur... » Plus loin, l'éminent auteur ajoute : « Si en effet, le tuteur a dépassé son mandat et causé un dommage à un tiers, il en doit certainement la réparation. » (Cass. 17 avr. 1827, *Pinette*, S. 27-1, 456.) — M. Demolombe. t. VIII, p. 117 et 118.)

Il faut, de toute nécessité, appliquer ces principes dans l'hypothèse dont nous nous occupons. — En s'engageant dans cette voie, la jurisprudence rend hommage à la justice et à la vérité légale, et assure aux communes une protection sérieuse et efficace. (Voy. Cass. 13 mai 1818, *ville de Stenay*, C. d'État, 23 avr. 1839, *Pougin de Maison-Neuve*, 117; 19 avr. 1860, *com. de Gonnord*, 338. Cons. aussi M. Cotelle, t. II, p. 489; M. Husson, p. 766.) — « Sans doute, dit ce dernier auteur, la res-
« ponsabilité des maires est surtout morale, en présence
« des règlements généraux et des stipulations qui ar-
« ment les entrepreneurs du droit d'exiger des autori-
« sations régulières. Cependant, si sous prétexte d'ur-
« gence ou par d'autres motifs dont ils sont juges comme
« administrateurs, ces fonctionnaires prennent sur eux
« de faire exécuter des ouvrages non encore autorisés et
« qui ne sont point admis ultérieurement, il répugne
« d'admettre qu'en aucune circonstance ils ne puissent
« être actionnés pour le payement du prix des travaux
« irréguliers après les autorisations nécessaires. Il y a là
« un cas de responsabilité personnelle qui ne peut at-
« teindre que l'ordonnateur des travaux. »

407. — La responsabilité des administrateurs de la commune cesse de pouvoir être mise en doute, lorsqu'une clause du cahier des charges porte expressément que les travaux autres que ceux portés au devis seront payés par ceux qui les ordonneraient. Cela a été jugé à l'occasion de travaux diocésains au préjudice du préfet

qui avait prescrit les dépenses, sans l'autorisation de l'administration supérieure. L'espèce dans laquelle cette décision est intervenue, présente assez d'intérêt pour être rapportée avec quelques détails, car les principes sur lesquels elle est fondée s'appliqueraient sans difficulté en matière de travaux communaux.

Des réparations ayant été prescrites en 1829 par l'administration au petit séminaire de Tarbes, le sieur Ponts, entrepreneur, fit, sur l'ordre du préfet, des travaux non prévus par le devis. — Lors du décompte, l'administration refusa d'en payer les prix : Ponts assigna alors le préfet devant le tribunal civil de Pau. — Il soutint que ce fonctionnaire, sous les yeux et avec le consentement duquel les travaux supplémentaires avaient été exécutés, s'était obligé personnellement envers lui. Il s'appuyait particulièrement sur la clause du cahier des charges qui mettait les travaux en augmentation non régulièrement autorisés à la charge de celui qui les avait ordonnés. — Le tribunal ordonna une enquête : et le préfet ayant porté appel, la cour de Pau rendit l'arrêt suivant : « Attendu qu'il est constant et d'ailleurs convenu par toutes les parties que les travaux dont le payement donne lieu au procès actuel ne sont pas compris dans ceux prévus dans les devis estimatifs approuvés par le gouvernement ; — attendu que le cahier des charges, dans lequel l'ancien préfet est partie, porte expressément que tous les travaux non prévus au devis et qui seraient exécutés sans l'autorisation spéciale du ministre demeureront à la charge personnelle de ceux qui les auront ordonnés ; — attendu que le sieur Jahan, en sa qualité de préfet des Hautes-Pyrénées, était le mandataire spécial du gouvernement et le représentait en tout ce qui était relatif aux ouvrages dont il s'agit ; — que rien par conséquent ne pouvait être fait au séminaire que par son ordre et de son consentement ; que s'il était vrai, comme on l'a prétendu, que d'autres que lui se fussent immiscés dans la direction des travaux et eussent donné des ordres contraires aux plans et devis approuvés, le préfet se serait approprié ces ordres, et aurait voulu en assumer sur lui la responsabilité vis-à-vis de l'entrepreneur, en apposant sa signature au procès-verbal de réception des ouvrages et aux décomptes présentés par l'architecte... » (Pau 14 juillet 1831, *Ponts C. Jahan*, voy. Journal des Communes, t. VII, p. 9.)

408. — Le même arrêt décide encore que l'autorisation préalable, prescrite par l'art. 75 de la constitution de l'an VIII, pour la poursuite des fonctionnaires publics, à raison des faits relatifs à leurs fonctions, n'est pas nécessaire dans le cas qui nous occupe. Il s'agit alors, dit-il, d'une action purement civile : et la loi sainement entendue n'exige l'autorisation préalable du Conseil d'État que dans le cas d'abus de pouvoirs, ou autres faits coupables. « La justesse de cette distinction, ajoute
« l'arrêt, devient plus saillante en pénétrant dans l'esprit
« de la loi de l'an VIII ;— en effet, la garantie de la loi
« n'a été évidemment introduite que dans l'intérêt de
« l'État ;—on n'a pas voulu que les fonctions et la mar-
« che des agents du pouvoir fussent exposées à des pertur-
« bations fâcheuses par les poursuites inopportunes de la
« malveillance ou de la haine, et que l'on put jeter ainsi
« à tout propos la déconsidération sur les actes du gou-
« vernement dans la personne de ses agents. — Si des
« motifs aussi graves ont pu faire créer et conserver la
« disposition de la loi de l'an VIII, il convient de la cir-
« conscrire dans des cas spéciaux que la nécessité com-
« mande, lors surtout que les termes dont s'est servi le
« législateur sont d'accord avec l'esprit même de la loi ;
« les inconvénients auxquels on a voulu obvier ne se ren-

« contrent nullement ou du moins ne présentent jamais « la même gravité toutes fois qu'il ne s'agit d'appeler un « fonctionnaire en justice que pour des intérêts civils. »

Cette thèse est loin d'avoir pour elle l'assentiment unanime. Les auteurs et la jurisprudence se sont généralement prononcés en sens contraire. La Cour de cassation, notamment, a proclamé plusieurs fois la nécessité de l'autorisation du Conseil d'État en matière purement civile. Les termes généraux de l'article 75 de la Constitution de l'an VIII n'autorisent guère, en effet, la distinction consacrée par l'arrêt que nous venons de rapporter, distinction que repousse d'ailleurs, quoi qu'il en dise, l'esprit même de la loi. Les poursuites à fins civiles peuvent avoir, le cas échéant, au point de vue des intérêts administratifs, tous les inconvénients d'une action correctionnelle ou criminelle. L'immixtion des tribunaux dans le domaine de l'administration est également à redouter dans les deux hypothèses. (Voy. Cass., 23 oct. 1809, S. 10, 1, 59 et 288 ; Cass., 13 nov. 1809, S. 10, 1, 55 ; Cass., 21 août 1855 ; S. V. 55, 1, 244.) Ce dernier arrêt a décidé spécialement qu'on ne peut, sans autorisation, former une action possessoire contre un maire, à raison d'un trouble de possession qu'il aurait causé par abus d'autorité.

409. — Il faut donc reconnaître que l'entrepreneur auquel un maire a commandé, en sa qualité de maire et comme ayant à ce titre la direction des travaux de la commune, des ouvrages supplémentaires, ne peut poursuivre ce fonctionnaire sans autorisation préalable. Mais la garantie constitutionnelle est-elle due aux membres du Conseil municipal qui auraient été chargés de la surveillance des travaux, et auxquels l'entrepreneur attribuerait les ordres en vertu desquels il a agi ? — On reconnaît en général que l'autorisation du gouvernement

n'est pas nécessaire pour la mise en jugement des membres des conseils municipaux pour faits relatifs à leurs fonctions. Recevant leur mandat et leur qualité de l'élection, ils ne peuvent pas être considérés comme étant des fonctionnaires publics. (C. d'État, 4 déc. 1822, *Cons. municip. de Cassagnoles;* 21 mai 1823, *Thiebauld;* Cass. rej., 6 mai 1826, *Bourgeois*, S. 27, 1, 158.) Toutefois, ce principe cesse d'être applicable lorsque les membres du Conseil municipal ont agi en vertu d'une délégation spéciale du maire. L'article 5 de la loi du 21 mars 1831, et l'article 14 de la loi du 18 juillet 1837, sur l'administration municipale, donnent au maire, le premier implicitement, et le second d'une manière expresse, le droit de se substituer, dans l'exercice de ses fonctions, les conseillers municipaux en suivant l'ordre des nominations. Or, le délégué du maire doit jouir des mêmes prérogatives que le maire lui-même, et par conséquent du bénéfice de l'article 75 de la Constitution du 22 frimaire an VIII. (Voy. Cass., 31 juillet 1839, *Lavigne*, S. V. 39, 1, 558.)

410. — Jusqu'à présent nous ne nous sommes occupé que de l'entrepreneur. — Mais que faut-il décider relativement à l'architecte chargé de la direction des travaux. Lorsqu'il laisse exécuter ou lorsqu'il autorise expressément des travaux supplémentaires, avec ou sans l'assentiment de l'autorité municipale, mais sans recourir aux formes exigées par la loi du 18 juillet 1837, engage-t-il sa responsabilité? La commune a-t-elle le droit de le mettre en cause et de lui faire supporter seul ou conjointement avec l'entrepreneur les augmentations qu'il a approuvées ou prescrites?

M. Frémy-Ligneville émet l'avis qu'en général le propriétaire n'a point d'action contre l'architecte pour lui faire payer le supplément de dépense.—Il peut en effet, s'il y a eu forfait, invoquer contre l'entrepreneur l'art. 1793 du C. Nap. Si le travail s'est fait sur séries de prix, il n'a dû considérer les indications données par l'architecte que comme approximatives et ne peut raisonnablement se plaindre des augmentations de dépenses. (Voy. *Législ. des bâtim.*, n° 35.)

En est-il de même en matière de travaux communaux? Les dispositions spéciales que nous avons eu tant de fois à rappeler dans le cours de ce chapitre ne légitiment-elles pas au contraire l'action de la commune contre l'architecte? C'est ce que nous voulons examiner.

On sent tout d'abord que la difficulté ne peut se présenter lorsqu'il y a eu un marché à forfait. Le droit commun est alors parfaitement applicable : le débat reste sous l'empire de l'art. 1793 Code Nap. Mais dans le cas où les travaux sont exécutés à l'unité de mesure, on peut dire que la commune n'a pas voulu pour cela courir les chances d'une entreprise indéterminée; qu'elle a dû avoir égard aux indications du devis établi par l'architecte, et que si elle avait prévu les augmentations qui ont eu lieu en cours d'exécution, elle aurait ou passé un marché à forfait, ou renoncé à l'exécution des travaux. L'architecte est donc coupable de n'avoir pas mis plus de précision dans ses évaluations : il a induit la commune en erreur et il doit porter la peine de sa négligence ou de son inhabileté.

Il faut reconnaître que, dans la pratique, les faits donnent trop souvent lieu à ces reproches. Certains devis semblent rédigés dans l'unique but d'engager les communes à commencer l'exécution des travaux. On sait que les ouvrages une fois entrepris, il faudra bien les achever. Une pareille manière d'agir est blâmable au dernier point, et elle peut, nous le croyons, autori-

ser contre l'architecte l'exercice d'une action en responsabilité. On voit des communes épuiser leurs ressources pendant de longues années pour achever des
travaux dont la dépense primitive semblait calculée sur
leurs revenus. Il est donc juste que, dans une certaine
mesure, l'architecte soit tenu de réparer la faute qu'il
a commise. On doit faire ici l'application des règles
que la jurisprudence'a consacrées à l'égard des entrepreneurs. Ainsi, il faudra distinguer entre les dépenses
nécessaires ou utiles et celles qui n'ont eu d'autre but
que l'embellissement ou l'ornementation des ouvrages.
Dans le premier cas, l'action dirigée contre l'architecte serait certainement repoussée. (18 fév. 1860,
*Perrin*, 131.) On objecterait en vain qu'il a eu le tort
de ne pas prévoir toutes les dépenses au moment où il a
rédigé les plans et devis. Car il y a des dépenses dont la
nécessité n'est reconnue qu'au moment même de l'exécution. D'un autre côté, alors même qu'il s'agirait de
dépenses faciles à prévoir, la faute de l'architecte ne
semble pas de nature à engager sa responsabilité, puisque la commune qui profite des travaux n'a même pas
d'action contre l'entrepreneur, obligé bien plus strictement que lui à se conformer exactement aux plans
et devis. Enfin, la plupart du temps, une clause spéciale du cahier des charges donne à l'architecte le
droit de prescrire des modifications pour des motifs de
convenance, d'utilité ou d'économie, et on reconnaît
généralement que cette clause a pour effet de mettre à
la charge de la commune les changements qui se rapportent aux détails de l'exécution ou aux nécessités qui
se produisent en cours d'entreprise. (Voy. 28 juil. 1859,
*Hartmann*, 544.)

Mais il en est tout autrement lorsque les changements
ordonnés portent sur les parties essentielles du projet

ou lorsqu'elles ont pour résultat d'accroître la dépense sans utilité réelle pour la commune. — Dans le premier cas, l'architecte dépasse la limite de ses pouvoirs. Chargé de diriger et de surveiller les travaux, il n'a pas le droit de les modifier assez profondément pour en changer la nature ou l'importance. — Dans le second, il oublie que son premier devoir est de conduire les travaux avec toute l'économie désirable. L'approbation du maire ou celle de la commission municipale déléguée pour la surveillance des travaux ne suffit point pour le couvrir, sauf son action contre le maire et les membres de la commission, comme personnellement obligés, dans le cas où il n'a fait que suivre leur impulsion. (14 février 1861, *Ballereau*, 121.)

411. — Dans le cas où la commune peut mettre en cause l'architecte et obtenir contre lui une condamnation, cette condamnation ne doit être prononcée que subsidiairement à celle encourue par l'entrepreneur. — Le partage de la responsabilité doit être proportionnel aux fautes commises : or, la faute de l'entrepreneur, alors même qu'il n'a fait que se conformer aux ordres de l'architecte, est plus grave que celle de ce dernier. C'est par son fait surtout que les dépenses se sont accrues au delà des prévisions du devis, et il s'est prêté d'autant mieux à obéir aux prescriptions de l'architecte, qu'il y avait un intérêt beaucoup plus considérable que ce dernier. D'ailleurs, lorsqu'il reçoit un ordre relatif à des travaux non prévus, rien ne l'empêche de ne pas l'exécuter. Sa situation vis-à-vis de l'architecte n'est pas celle d'un employé vis-à-vis de son maître, d'un commis vis-à-vis de son patron. Il y a entre eux des rapports de subordination nécessaires, mais dans les limites de l'adjudication, et pour ce qui concerne seulement la bonne exécution des travaux prévus. En dehors des prévisions du

devis, tout ordre donné à l'entrepreneur peut et doit être repoussé par lui comme donné sans qualité et sans mandat. Il suit de là, par une conséquence nécessaire, que l'architecte n'est responsable vis-à-vis de la commune que lorsque l'insolvabilité de l'entrepreneur est constatée et que tous les moyens d'action contre celui-ci ont été épuisés. (Voy. analog., 20 juin 1837, *Perrin*, 262; 27 août 1846, *Bringol*, 1452.) Il en résulte encore que, dans toute hypothèse, le recours de l'entrepreneur contre l'architecte doit être écarté. La faute que celui-ci peut avoir commise ne justifierait pas ce recours, puisqu'il est vrai de dire que, sans son concours et son obéissance intéressée, l'entrepreneur n'aurait éprouvé aucun préjudice. (Cons. cep. Cass. rej., 23 nov. 1842, *Maillet-Duboullay*, S.-V. 43, 1, 414, qui admet implicitement la thèse contraire.)

412. — Ces considérations nous amènent directement à une autre question. — La condamnation prononcée contre l'architecte doit-elle comprendre l'intégralité des dépenses supplémentaires, ou, au contraire, ne doit-elle tomber que sur ses honoraires, dans la portion correspondante à l'excédant des travaux? — Une ordonnance du Conseil d'État du 23 octobre 1816 (*Dubut;* voy. aussi : 6 juill. 1858, *Ville de Sarrebourg*, 496) s'est prononcée en ce dernier sens, et c'est, nous le croyons, avec raison. L'architecte est un artiste, et non pas un spéculateur. Son rôle se borne à surveiller l'exécution des travaux, à diriger l'entrepreneur, auquel seul reviennent les profits de l'entreprise. Lorsque, entraîné par le désir de donner à son œuvre une plus grande perfection, il ordonne des dépenses non prévues, ce n'est point, en général, par esprit de lucre qu'il agit. Le profit qu'il en doit retirer est fort mince. Il est convenable que ce bénéfice lui soit enlevé, et qu'on lui

refuse les honoraires auxquels il aurait eu droit si les
travaux avaient été régulièrement autorisés; mais il serait vraiment inique de lui faire supporter la dépense
entière. La loi n'autorise point une semblable rigueur.
— L'art. 1382 veut sans doute que tout fait de l'homme
qui cause à autrui un dommage oblige son auteur à le
réparer. Mais y a-t-il là un dommage dans le sens de
cet article? Peut-on dire que la commune qui dépense
une somme supérieure à celle fixée par les devis éprouve
un véritable préjudice, puisqu'elle retient comme équivalent les travaux qui ont donné lieu aux dépenses supplémentaires? — La faute de l'architecte, en pareil cas,
a beaucoup d'analogie avec la faute de celui qui donne
un mauvais conseil, mais qui ne le donne point dans le
but de s'enrichir aux dépens d'autrui. Celui-là n'est
responsable que de son dol; *Consiliarius præstat dolum
tantum non culpam.* (*Cujas*, cod. X, p. 732.) Pourquoi
serait-on plus sévère pour l'architecte? — Il a excédé
ses pouvoirs; mais c'est grâce à la complaisance intéressée de l'entrepreneur que la commune en souffre.
La perte de ses émoluments et de la confiance de l'administration constitue un châtiment assez sévère. — Il
n'y a pas d'exemple que l'on ait traité avec plus de
rigueur les ingénieurs de l'État qui, dans le cours des
travaux, se laissent emporter au delà des prescriptions
des devis. Leur responsabilité purement morale a toujours paru suffisante à l'administration pour sauvegarder
ses intérêts. L'architecte est dans la même position
vis-à-vis d'elle. La seule différence, c'est qu'au lieu
de recevoir un traitement fixe, il touche une rémunération proportionnelle à la dépense. Qu'on lui retranche
une partie de ses honoraires, soit; mais on ne peut
aller au delà sans l'assimiler, au moyen d'une confusion contre laquelle tout proteste, avec l'entrepreneur

qui n'a d'autre mobile que le gain et dont la responsabilité est, par conséquent, plus étendue.

Il y a en faveur de cette solution un précédent législatif qui nous paraît avoir une grande importance. —
Dans une loi du 27 juin 1833, relative à d'immenses
travaux que le gouvernement de juillet voulait achever
ou entreprendre, on inséra, sur la proposition de M. Ben-
jamin Delessert, un article ainsi conçu : « Il ne sera accordé aux architectes aucun honoraire ni indemnité
pour les dépenses qui excéderont les devis. » (Art. 20.)
Il est regrettable que cette disposition, applicable seulement aux travaux que la loi de 1833 avait en vue, n'ait
pas été généralisée. Mais si elle ne peut être considérée
dans tous les cas comme ayant force de loi, elle trace
cependant la voie dans laquelle la jurisprudence doit
s'engager.

413.—*Entreprises à forfait.*—Tout ce que nous venons
de dire concerne uniquement les travaux pour lesquels
on n'a pas stipulé un forfait. Dans les entreprises à prix
fait, les règles à suivre sont essentiellement différentes.
L'article 1793 du C. Nap. s'applique alors dans toute sa
rigueur. Toutes les augmentations, quelle qu'en soit
la nature, qu'elles soient relatives à l'ensemble des travaux ou seulement aux détails de l'exécution, restent à
la charge de l'entrepreneur seul, lorsqu'elles n'ont pas
été régulièrement autorisées. Leur nécessité survenue en
cours d'entreprise, l'utilité des améliorations que l'entrepreneur a faites, le bénéfice qu'en peut retirer la commune, l'insuffisance des prescriptions des devis, les ordres formels du maire, de la commission municipale ou
de l'architecte, ne sauraient modifier les conditions essentielles du traité, et ouvrir à l'entrepreneur une action
en supplément de prix ou en indemnité contre qui que
ce soit.—En acceptant le forfait, il s'est soumis d'avance

à toutes les chances favorables et défavorables, et il a renoncé à toute demande en supplément de prix. ( Cass., 28 juillet 1846, *Urbain*, D. P. 46, 1, 245.) C'est à lui de ne point céder à des ordres ou à des exigences qui s'écartent des conditions du devis; s'il agit autrement, il ne peut que s'imputer à lui-même les conséquences fâcheuses pour ses intérêts dues à sa trop grande facilité et à son manque d'énergie.

Le sieur Nonnon s'était rendu adjudicataire des travaux de reconstruction du clocher de l'église de Revin. L'article 5 du Cahier des charges stipulait que l'entreprise était concédée à forfait, et que, « dans aucun « cas, le total des sommes à allouer à l'entrepreneur ne « pouvant excéder le montant de l'adjudication, il ne « pourrait être admis aucun plus-fait, et les plus-faits « exécutés sans une autorisation spéciale du préfet res- « teraient à la charge de l'entrepreneur. »

Quand il s'agit de régler le montant des dépenses, l'adjudicataire réclama, en dehors du prix stipulé, une somme de 2,840 fr. pour travaux supplémentaires qui n'avaient pas été approuvés par le préfet, mais pour lesquels il justifiait d'une autorisation donnée par le maire et l'architecte. — Le Conseil de préfecture constata ce fait, et, reconnaissant d'un autre côté que les travaux exécutés par le sieur Nonnon étaient nécessaires à la solidité de la construction dont il avait été chargé, fit droit à sa réclamation. Mais sur le pourvoi de la commune, le Conseil d'État laissa de côté ces circonstances favorables, et s'attacha uniquement à la stipulation du forfait. Il décida, en conséquence, que les dépenses non régulièrement autorisées devaient être rejetées du décompte de l'entreprise. (7 mai 1852, *com. de Revin*, 134; 14 fév. 1861, *Legay*, 120.)

414. — En décidant que l'entrepreneur qui, ayant

traité à forfait, exécute des travaux supplémentaires reconnus indispensables en cours d'entreprise, n'a pas cependant droit à un supplément de prix, nous n'avons pas
voulu dire que, dans toute hypothèse, il serait tenu de
les faire. — On admet généralement que, bien que le
contrat soit essentiellement aléatoire, l'entrepreneur n'a
pas entendu prendre à sa charge, d'une manière absolue,
tous les risques de l'entreprise. « Lorsque, par exemple, les
« fouilles font découvrir qu'il faudra dépenser 30,000 fr.
« pour consolider le sol d'une construction dont le prix a
« été fixé à 200,000 fr., il n'a certes pas été dans l'inten-
« tion des parties qu'une augmentation aussi considé-
« rable entrerait dans les possibilités du forfait; elle
« change l'objet sur lequel elles ont voulu contracter;
« cet objet n'est plus le même. Il y a erreur considérable
« sur la chose et sur le prix. Par conséquent, le pro-
« priétaire ne pourra pas forcer l'entrepreneur à sup-
« porter cette augmentation de dépense en vertu du for-
« fait, et l'entrepreneur ne pourra pas obliger le pro-
« priétaire à la subir ; chacun d'eux pourra demander
« la nullité du marché pour cause d'erreur, en vertu
« des articles 1109, 1110 et 1117 du C. Nap. » (Voy.
M. *Frémy-Ligneville*, p. 30.) Mais si l'entrepreneur n'use
pas, dans ce cas particulier, de la faculté qui lui est ouverte, l'article 1793 est évidemment applicable. — « Il
« ne pourra pas demander une augmentation de prix ; la
« nécessité des travaux ne serait point un motif suffisant
« pour le lui faire accorder ; car le propriétaire, averti
« de la dépense, se serait peut-être arrêté et n'aurait
« pas continué la construction. » (Voy. *Législ. des bâtim., ibid.*) .

415. — Nous avons vu que l'article 1793 ne permet
à l'entrepreneur de réclamer le prix des dépenses en
augmentation qu'à la double condition de rapporter un

ordre écrit, et de prouver qu'il y a eu convention sur le prix. — L'autorisation du Conseil municipal et l'approbation du préfet, en matière de travaux communaux, satisfont amplement à la première de ces conditions. Mais supposons qu'aucun devis n'ait été dressé, et que la dépense relative aux augmentations n'ait pas été fixée. L'entrepreneur pourra-t-il en exiger le prix? — S'il s'agissait de travaux privés, l'autorisation écrite du propriétaire ne suffirait pas. — Mais ici, il faut prendre garde d'exagérer la sévérité de la loi. Les formes particulières auxquelles l'autorisation est soumise font nécessairement présumer que cette autorisation n'a pu être donnée à la légère. Il n'est pas à craindre que la commune soit entraînée à des dépenses trop considérables ; l'approbation du préfet n'est intervenue qu'en connaissance de cause et il y aurait quelque chose d'odieux à repousser la demande de l'entrepreneur, faute de convention sur le prix.

# TITRE VII

## DES RÉCEPTIONS PROVISOIRES ET DÉFINITIVES ET DU DÉLAI DE GARANTIE.

**416.** — « Immédiatement après l'achèvement des travaux, il est procédé à la réception provisoire; la réception définitive n'a lieu qu'après l'expiration du délai de garantie. » (Art. 35, Cl. et condit. génér.)

« La réception est l'acte par lequel l'agent chargé de diriger les travaux les visite, les reconnaît, les contrôle et constate, par un procès-verbal, qu'ils sont exécutés conformément aux règles de l'art, du devis et que l'entrepreneur a rempli ses obligations. » (Voy. M. Delvin-court, *Liv. des entrepren.*, p. 273.)

417. — Le droit de faire la réception des travaux de l'État appartient, en vertu du décret du 7 fructidor an XII, aux ingénieurs chargés de leur direction. Aux termes de l'article 14, les ingénieurs ordinaires sont chargés, sous les ordres de l'ingénieur en chef, de suivre et de faire exécuter les travaux des ponts et chaussées. Ils font, à ce titre, toutes les vérifications et toisés qui doivent précéder la réception des travaux et la réception elle-même.

418. — Les architectes chargés de la direction des travaux communaux procèdent aussi le plus souvent à leur réception. — Mais est-il essentiel de faire observer que l'opération n'est régulière qu'autant que le cahier des charges leur donne à cet égard une mission formelle. « En principe, le droit de faire des réceptions d'ou- « vrages ne résulte pas nécessairement de la fonction de « directeur des travaux; à moins de convention particu- « lière, c'est le maître qui doit y procéder, c'est-à-dire « celui qui administre et paye. En matière de travaux pu- « blics, plusieurs décrets et ordonnances réglementaires « ont conféré le droit dont il s'agit aux ingénieurs des « ponts et chaussées. Mais c'est là une dérogation au « principe qui n'est pas susceptible d'être étendue d'un « cas à un autre par voie d'analogie. » (Observat. du minist. de l'intér. M. Lebon, 1846, p. 385.)

Ces observations du ministre de l'intérieur étaient présentées en 1846 à l'occasion d'un pourvoi formé par le sieur Sauvage, entrepreneur de travaux hydrauliques exécutés pour la ville de Brives. — L'ingénieur des ponts et chaussées, chargé par la ville de la surveillance des travaux, avait délivré à l'adjudicataire des attestations que celui-ci voulait faire considérer comme ayant le caractère de véritables procès-verbaux de réception. Il se refusait, en conséquence, à exécuter des travaux reconnus nécessaires à l'achèvement complet des travaux. — Devant le Conseil d'État, la ville soutint en droit qu'on ne pouvait les lui opposer, l'ingénieur n'ayant pas eu qualité pour les délivrer. Cette prétention fut appuyée, comme on l'a vu, par le ministre, mais le Conseil d'État ne jugea pas la question et se borna à décider que, dans l'espèce, les certificats n'équivalaient pas à des procès-verbaux de réception. (9 juillet 1846, *ville de Brives*, 384.) On ne peut donc tirer de cet arrêt aucune induction favorable à la thèse de droit soutenue dans l'intérêt de la ville : mais les raisons invoquées par le ministre nous semblent fondées, et nous sommes disposés à nous rallier à ses conclusions. (Consult. 25 sept. 1830, *Dardel*, 438.)

419. Toutes les réceptions d'ouvrages sont faites par l'ingénieur en présence de l'entrepreneur, ou lui dûment appelé par écrit : en cas d'absence il en est fait mention au procès-verbal. (Art. 38, Cl. et condit. génér.)

Quand il s'agit d'une réception provisoire, le procès-verbal est dressé en triple expédition : l'une des expéditions est envoyée à l'ingénieur en chef, une autre remise à l'entrepreneur, et la troisième conservée dans le bureau de l'ingénieur ordinaire.

A l'expiration du délai de garantie, l'ingénieur ordinaire se transporte de nouveau sur les lieux pour examiner les travaux, et s'il reconnaît qu'ils satisfont aux conditions du devis et sont en bon état d'entretien, il déclare qu'il y a lieu d'en accorder la réception définitive. — Il dresse un nouveau procès-verbal et l'adresse à l'ingénieur en chef, pour être vérifié et approuvé par lui. (Art. 28, régl. du 28 sept. 1849, sur la compt. des trav. publ.)

L'accomplissement de ces formalités est indispensable

pour que les réceptions provisoire ou définitive produisent les effets qui y sont attachés. — Ainsi, lorsqu'il n'a pas été procédé régulièrement à la réception provisoire des ouvrages, le délai de dix-huit mois dans lequel, suivant les Clauses et conditions générales, doit avoir lieu la réception définitive, ne court pas au profit de l'entrepreneur (14 déc. 1837, *Dormont et Commoy*, 545.) Il importe donc essentiellement à celui-ci de veiller à l'observation de ces formes.

420. — En ce qui concerne les travaux communaux, les formes des réceptions provisoire et définitive sont réglées par le cahier des charges. — Trop souvent, il y a une lacune complète dans ce cahier, et la réception définitive ne résulte en fait que de la prise de possession par l'administration communale. On se trouve alors réduit, pour appliquer les conséquences de ces faits, à en déterminer le caractère suivant les circonstances.

Quant aux travaux exécutés pour le compte des agences syndicales, c'est à l'acte constitutif de l'association qu'il faut en général se reporter. On y trouve le plus souvent une clause qui donne soit aux membres du syndicat, soit aux ingénieurs le droit de procéder aux réceptions, et qui indique les formalités à suivre.

421. — Quels sont les effets de la réception provisoire?

La réception provisoire est le point de départ du *délai de garantie*. — En matière civile, lorsque les travaux sont terminés, l'entrepreneur a le droit de contraindre le propriétaire à en prendre livraison. Il suffit que les ouvrages soient en état de réception, c'est-à-dire, conformes aux conditions du marché, pour qu'aussitôt après leur achèvement il puisse en obtenir le payement. — Il en est autrement en matière de travaux publics. Les cahiers des charges stipulent, par dérogation au droit commun, que pendant un certain laps de temps, qui court à partir de la réception provisoire des ouvrages, l'entrepreneur sera tenu de les entretenir, et ne pourra obtenir le solde qui lui est dû qu'après la réception définitive. C'est un temps d'épreuve assez long pour permettre à l'administration de voir si les ouvrages réunissent les conditions de solidité requises pour être définitivement livrés à l'usage du public. On a appelé ce temps d'épreuve, délai de garantie.

422. — Le délai de garantie est plus ou moins long, suivant la nature des travaux. — Dans le service des ponts et chaussées, il est de trois mois pour les travaux d'entretien, de six mois pour les terrassements et les chaussées d'empierrement, d'un ou de deux ans pour les ouvrages d'art, selon les stipulations du devis. Quand le devis est muet à cet égard, c'est le délai d'un an qui doit être préféré. (22 août 1853, *Morizot*, 866.)

Dans le service du génie militaire, le délai de garantie est d'une année, quelle que soit la nature des travaux. (Dev.-Mod., art. 48.) Dans le service de la marine, il n'y a pas de réception provisoire, partant pas de délai de garantie. (Art. 56, Cond. trav. hydraul.)

En matière de travaux communaux, le délai de garantie est fixé par le cahier des charges.

423. — Nous avons dit que pendant le délai de garantie, les travaux d'entretien sont à la charge de l'adjudicataire. Cette obligation subsiste jusqu'à ce que les ouvrages aient été mis en état complet de réception. (Voy. 27 août 1846, *Hamelin*, 451.) Elle est indépendante de l'époque de leur achèvement. (Voy. 23 août 1837, *min. de l'int.*, 22.) Il a été jugé qu'il n'y a pas lieu d'accorder à un entrepreneur des indemnités pour les déblais qu'il a été obligé de faire par suite d'éboulements survenus

aux travaux d'une route avant l'expiration du délai de garantie, et pendant qu'il était encore responsable de ses ouvrages. (Voy. 28 août 1837, *Clauzel*, 436.)

424. — Mais il est essentiel de remarquer que l'entrepreneur cesse d'être tenu de pourvoir aux dépenses d'entretien, lorsque ces dépenses sont nécessitées par des circonstances particulières dont la responsabilité ne peut lui être imputée. Ce qu'il doit, c'est la réparation des défectuosités ou des détériorations, qui ont pour cause l'inexécution ou la mauvaise exécution des conditions du marché. Mais si, ces conditions ayant été observées, une circonstance fortuite, étrangère à l'entrepreneur, exerce sur les ouvrages une action destructive, en dehors des prévisions de l'administration elle-même, les dépenses qui en résultent restent à la charge de celle-ci.

Le sieur Force s'était rendu adjudicataire des ouvrages et fournitures à faire pour l'établissement du chemin vicinal de Saint-Jean à Saint-Pierre sur Erve. — La réception provisoire eut lieu le 2 avril 1845. Le procès-verbal constatait que l'entrepreneur avait rempli toutes ses obligations. Mais le chemin, immédiatement après la réception, ayant été livré au public, une circulation énorme, et tout à fait en désaccord avec les prévisions des devis, s'établit. Comme l'épaisseur de l'empierrement avait été calculée sur des données de beaucoup inférieures à la circulation réelle, des dégradations considérables eurent lieu, et le sieur Force, sur l'ordre du maire, dut verser sur la chaussée 510 mètres cubes de pierre broyée. — Quand il s'agit de régler le décompte, la commune se refusa à payer ces fournitures, sous le prétexte que l'entrepreneur était tenu de pourvoir à l'entretien des ouvrages pendant le délai de garantie. Mais le Conseil d'État repoussa cette prétention, à raison des circonstances que nous venons de signaler, et en appliquant ce principe, que l'entretien n'est dû qu'à raison des détériorations qui ont pour cause la négligence et l'inhabileté de l'entrepreneur. (28 juillet 1849, *com. de Saint-Jean sur Erve*, 422.)

Antérieurement, et par des considérations analogues, le Conseil d'État avait jugé que lorsque aucune clause du Cahier des charges ne met à la charge de l'entrepreneur les dépenses nécessaires pour protéger les ouvrages terminés contre les accidents et dégradations indépendants de la bonne confection des travaux, il ne doit pas supporter ces dépenses; qu'ainsi un entrepreneur de maçonnerie n'est pas, en dehors de toute convention spéciale, tenu de faire les frais des travaux de défense usités dans les grands monuments publics, et destinés à protéger les arêtes vives des constructions et les membres d'architecture délicats et fragiles des détériorations que peuvent occasionner les ouvriers en menuiserie, en serrurerie, étrangers à son entreprise. (3 mai 1839, *Saigne*, 265; Voy. enc. 26 juillet 1851, *Bitard-Evrat*, 538.)

425.—L'expiration du délai fixé pour la garantie des ouvrages met l'administration en demeure de procéder à leur réception définitive; si, intentionnellement ou par négligence, elle refuse de le faire, l'entrepreneur devra lui adresser une sommation qui servira ultérieurement à déterminer le point de départ des intérêts du solde, pour le cas où sa résistance serait reconnue mal fondée. (8 déc. 1853, *Rouvière-Cabane*, 1036.)

426. — Le refus de l'administration peut provenir de causes légitimes. — Ainsi, lorsque le procès-verbal de réception provisoire met à la charge de l'entrepreneur les réparations ou les réfections nécessaires au complet accomplissement des obligations de l'entrepreneur, l'administration ne peut être contrainte de procéder à la réception définitive, tant que les conditions stipulées par

les procès-verbaux de réception provisoire n'ont pas été remplies. Le délai de garantie se trouve alors prorogé par le fait même de l'entrepreneur, dont les réclamations seraient à bon droit écartées. (8 juin 1850, *Mombrun*, 566; 23 déc. 1852, *Bitard-Évrat*, 660; 8 fév. 1855, *Lescure*, 127.)

427. — Pour vaincre la résistance de l'entrepreneur, toutes les mesures de coercition qui ont été stipulées par le marché peuvent être employées. La réception provisoire des ouvrages ne met pas obstacle à ce que la régie, ou au besoin la résiliation du marché soient prononcées, sous la réserve, bien entendu, des droits de l'entrepreneur, et sauf à mettre à la charge de qui de droit les conséquences des mesures adoptées suivant les principes que nous avons indiqués. (Voy. *suprà*, nᵒˢ 372 et suiv., *infrà*, nᵒˢ 546 et suiv.)

428. — La réception définitive est expresse ou tacite : expresse, elle résulte du procès-verbal dressé par les ingénieurs dans la forme que nous avons ci-dessus fait connaître ; tacite, elle résulte de la prise de possession par l'administration, sauf, bien entendu, le cas où la prise de possession n'aurait lieu que sous la réserve acceptée par l'entrepreneur des droits respectifs, relativement à la réception des travaux. (24 juin 1858, *Laffont*, 456.) Elle résulte même de la seule expiration du délai de garantie, sans prise de possession effective, si la réception provisoire ayant eu lieu sans conditions, les ingénieurs laissent passer le délai sans faire de réclamations.

429. — Lorsque l'État, comme cela arrive souvent, s'est engagé à exécuter les travaux d'art nécessaires pour la construction d'un chemin de fer, la réception définitive de ces travaux ne résulte pas, au profit de l'adjudicataire, de la prise de possession effective et sans condi-

tion par la compagnie concessionnaire. Cette prise de
possession n'a point pour effet de le dégager de ses obligations envers l'État, et si les ingénieurs, au moment de
la réception provisoire, avaient prescrit des réparations,
il appartient à l'administration, sauf tout recours de
droit, d'en apprécier l'utilité et d'en ordonner l'exécution, dans le cas même où la compagnie se déclare satis-
faite. L'État est en effet responsable, d'après les stipulations des cahiers des charges, des ouvrages dont il se
réserve l'exécution pendant un délai de deux ans après
la livraison, et, d'un autre côté, c'est avec lui que
l'adjudicataire a traité. Il a donc seul qualité et intérêt
pour donner à l'entrepreneur la décharge qui résulte de
la réception définitive. (26 juillet 1851, *Bitard-Évrat*,
538.)

430. — La réception définitive libère l'entrepreneur
des charges relatives à l'entretien. De plus, elle l'affranchit de la responsabilité quant aux réfections, changements et réparations d'ouvrages défectueux, ou contraires au devis, ou irréguliers et incomplets. Lorsque
les travaux ont été reçus définitivement, l'administration se plaindrait vainement qu'ils sont mal conçus,
qu'ils présentent des dispositions mauvaises et contraires
aux indications des devis ou aux ordres des ingénieurs.
Tous les vices apparents, tous ceux qui pouvaient
aisément être l'objet de rectifications au moment de la
réception se trouvent ainsi purgés par le fait de la
réception. Le Conseil d'État a jugé qu'après la réception définitive une ville est sans droit pour demander l'établissement de rejets d'eau adaptés aux châssis
des croisées (29 juillet 1846, *ville de Gien*, 415) ; —
que, de même, l'administration n'est plus recevable à
prétendre que l'entrepreneur était obligé à porter à huit
mètres, conformément aux conditions du cahier des

charges, la largeur d'un chemin définitivement reçu avec une largeur inférieure. (23 juillet 1846, *Châtelet*, 414.) — Enfin, lorsque la réception définitive a eu lieu, l'administration n'est plus fondée à contester, en alléguant des erreurs de métrage, la quantité des travaux reçus et payés, et à demander, en conséquence, par voie de remboursement, une portion du prix qu'elle a payé. « Considérant que la réception des travaux a eu lieu le « 19 juillet 1848, et que le prix en a été soldé; — que, « dans ces circonstances, la ville d'Orange n'est plus re- « cevable à contester la quantité des travaux reçus et « payés et à demander la restitution des sommes qu'elle « aurait payées en trop par suite de ces erreurs; qu'ainsi « c'est à tort que le Conseil de préfecture a décidé que le « sieur Léaune serait tenu de restituer à la ville d'Orange « 2,584 fr. 02. » (12 juillet 1855, *Léaune*, 518 ; 26 nov. 1857, *Pinel*, 748.)

Il n'est pas besoin de dire que la réception faite sous toutes réserves ne dispense pas l'entrepreneur de rem- placer ou de réparer tout ce qui est reconnu défectueux ou contraire aux stipulations du marché. (12 mai 1859, *dép. des Ardennes*, 349.)

431. — Elle ne couvre pas davantage les vices de construction qui proviennent des fraudes commises par l'entrepreneur au moment de la confection des ouvrages, et qui ont pour résultat d'en altérer la solidité. Le délai de garantie n'est, comme nous l'avons déjà dit, qu'un temps d'épreuve stipulé dans l'intérêt unique de l'administration, et qui lui permet de ne se dessaisir du solde dû à l'entrepreneur qu'à un moment où il est probable qu'aucune action en responsabilité ne devra être ultérieurement intentée. — On sait que les défec- tuosités apparaissent presque toujours dans les premiers temps qui suivent l'achèvement des travaux. Le dé-

lai de garantie a été calculé de manière à leur donner
dans la plupart des circonstances le temps de se manifester. Mais la stipulation de ce délai n'a pas eu pour
objet, en ce qui concerne les vices latents, de déroger
aux prescriptions du droit commun et de porter atteinte
au droit qui résulte, pour tout propriétaire qui construit,
des art. 1792 et 2270 du C. Nap. Pendant dix ans,
l'entrepreneur reste donc soumis à l'obligation de réparer les vices de construction et les malfaçons qui sont
de nature à entraîner la ruine totale ou partielle de l'é-
difice.

Dans la pratique, la distinction que nous admettons
sera sans doute d'une application quelquefois difficile;
mais elle repose sur des données exactes au point de vue
théorique. Nous reviendrons sur cette question quand
nous nous occuperons de la responsabilité décennale des
architectes et des entrepreneurs. (Voy. 2 août 1851,
*Desfosseux*, 576; 12 juill. 1855, *Léaune*, 518.)

432. — La réception définitive des travaux donne
encore à l'entrepreneur le droit de réclamer : 1° le solde
de ce qui lui est dû ; — 2° la restitution du dixième de
garantie; — 3° la restitution de son cautionnement.
Nous traitons dans les chapitres suivants des difficultés
que l'exercice de ces droits peut soulever.

Ajoutons, en terminant, que l'acceptation par l'entrepreneur des procès-verbaux de réception, si elle n'a
pas lieu sous réserves précisées avec détails dans le délai
de dix jours, a pour effet de rendre non recevable toute
réclamation qui tendrait à infirmer la valeur de ces
pièces. — Nous reviendrons sur cette déchéance, que
nous devons nous borner à mentionner ici, lorsque nous
parlerons du décompte. (Voy. le tit. suiv., nos 440 et
suiv.)

# TITRE VIII

## DES DÉCOMPTES PARTIELS ET GÉNÉRAUX.

## CHAPITRE PREMIER

### DE LA COMMUNICATION DES DÉCOMPTES ET DE SES EFFETS.

433. — Pour faciliter la comptabilité et préparer les éléments du compte final de l'entreprise, un certain nombre d'opérations préparatoires sont nécessaires en cours d'exécution. Les pièces qui les constatent sont ordinairement communiquées à l'entrepreneur. Dans un délai déterminé, il accepte ou refuse de tenir pour exactes les évaluations qui s'y trouvent énoncées.

L'art. 32 des Cl. et cond. génér. a pour objet de régler soit les formes de cette communication, soit les conséquences de l'acceptation ou du refus de l'entrepreneur. — Il est ainsi conçu :

« Les métrages généraux et partiels, les états d'atta-« chement, les états de dépenses, les états de situation « et les procès-verbaux de réception, devront être com-« muniqués à l'entrepreneur et acceptés par lui.

« En cas de refus, il déduira par écrit ses motifs dans « les dix jours qui suivront la présentation desdites « pièces, et, dans ce cas seulement, il sera dressé pro-« cès-verbal de l'acte de présentation et des circons-« tances qui l'auront accompagné. Un plus long délai « mettrait souvent dans l'impossibilité de rechercher et

« de constater les causes d'erreur qui auraient pu donner
« lieu à quelques réclamations. En conséquence, il est
« expressément stipulé que l'entrepreneur ne sera jamais
« admis à élever de réclamations au sujet des pièces ci-
« dessus indiquées après le délai de dix jours, et que,
« passé ce délai, lesdites pièces seront censées acceptées
« par lui, quand bien même il ne les aurait pas signées.

« Le procès-verbal de présentation devra être toujours
« joint à l'appui des pièces qui n'auront pas été accep-
« tées. »

434. — Cet article, comme on le voit, crée une déchéance rigoureuse contre les réclamations qui se produisent après le délai fatal de dix jours. Il a donné lieu
à des difficultés nombreuses sur la plupart desquelles la
jurisprudence est aujourd'hui fixée. Avant d'en commencer l'examen, il n'est pas inutile d'indiquer suc-
cinctement l'objet des divers documents soumis à
l'acceptation de l'entrepreneur.

Les *métrages* généraux ou partiels constatent et déter-
minent la quantité des travaux, en longueur, largeur et
épaisseur.

Les *états d'attachement* comprennent les dépenses
établies d'après les rôles de journées et les fournitures
faites dans les travaux en régie.

Les *procès-verbaux de réception* constatent l'état d'a-
chèvement des travaux, ou les modifications à apporter
pour que l'achèvement soit considéré comme complet.

L'art. 32 ne parle pas des *décomptes partiels et généraux*, omission singulière, car ce sont les pièces les plus
importantes au point de vue du règlement des travaux.
Ce sont celles contre lesquelles l'entrepreneur a le plus
d'intérêt à réclamer. Elles donnent, en effet, le résumé
complet et détaillé de toutes les autres; elles fixent
non-seulement les quantités exécutées, mais les prix de

chaque espèce d'ouvrage, et contiennent l'application aux travaux exécutés des conditions du marché. Ce sont, le mot l'indique, les comptes de l'entreprise.

Les décomptes sont partiels quand ils embrassent seulement une campagne ou une période déterminée; les décomptes généraux sont le résumé de tous les décomptes mensuels ou annuels.

435. — Outre les décomptes, l'art. 32 a omis de mentionner une foule d'autres documents tels que les mentions portées au carnet des conducteurs, les ordres de service, les relevés de travaux, etc., etc., auxquels ses dispositions s'appliquent incontestablement. — L'énumération qu'il donne dans son § Ier est donc purement indicative : elle n'a aucun caractère limitatif, et l'on doit tenir pour certain que, quelles qu'en soient la nature et l'espèce, les documents présentés à l'acceptation de l'entrepreneur doivent être l'objet d'une protestation, s'ils contiennent une erreur préjudiciable à ses intérêts, soit dans l'évaluation des quantités exécutées, soit dans l'application inexacte des prix convenus. C'est là, sans aucun doute, une exception à la règle que les déchéances ne peuvent pas être étendues à des cas autres que ceux formellement prévus : et cette exception ne repose pas, dans l'espèce, sur une base juridique bien solide. Mais la jurisprudence est constante, et il n'y a point d'espoir de la voir se modifier. Que les entrepreneurs se tiennent pour avertis : lorsqu'un document quelconque a été accepté par eux expressément ou tacitement, on n'admet point leurs réclamations, sous le prétexte qu'il s'agit d'une pièce dont l'art. 32 n'a pas parlé. (Voy. 12 mars 1846, *Cuvelier*, 147 ; 15 mars 1849, *Rouvillois*, 153 ; 31 mai 1851, *Roussel Agnus*, 409.)

Ceci posé, voyons quelles sont les conditions d'application de cet article.

436. — « Les métrages généraux et partiels, les états d'attachement, etc., etc., devront, dit-il, être *communiqués* à l'entrepreneur... »

Quelle est la forme de cette communication? Les ingénieurs doivent-ils lui délivrer une copie complète et exacte des pièces destinées à l'établissement du compte? Ou suffit-il que ces pièces soient mises à sa disposition dans les bureaux pour qu'il en prenne connaissance sans déplacement?

Dans l'usage on procède par voie de notification : mais ce n'est là qu'une faveur dont l'entrepreneur n'est pas en droit de réclamer le bénéfice, si l'administration juge à propos de ne pas la lui accorder. Une simple lettre suffit pour le mettre en demeure. — « Considérant que, mis en demeure par lettre du 8 fév. « 1843, reçue le 12 dudit mois, de prendre communi- « cation du métré général des travaux par lui exécutés, « le sieur Colonna-Lecca a laissé écouler, sans prendre « communication ni présenter de réclamation contre « ledit métré, le délai de dix jours déterminé par l'art. « 32 des Clauses et condit. générales ; que dès lors, le « métré dont il s'agit était devenu définitif et devait « constituer, sans que l'entrepreneur pût être admis à « demander qu'il y fût fait de modification, l'un des « éléments du décompte de son entreprise... » (7 fév. 1845, *Colonna-Lecca*, 61. Voy. aussi : 15 mars 1849, *Rouvillois*, 152.)

M. Delvincourt critique ces décisions. — Il rappelle qu'aux termes de l'art. 32, il doit être dressé procès-verbal de la présentation, que le procès-verbal de présentation devra toujours être joint à l'appui des pièces qui n'auront point été acceptées et qu'enfin l'entrepreneur a pour réclamer les dix jours qui suivront la présentation desdites pièces. Or, ajoute-t-il, com-

ment concilier ces dispositions avec le système qui permet
à l'administration de communiquer sans déplacement?
« Comment dresser et joindre un procès-verbal de pré-
« sentation quand il n'y a pas eu de présentation, et
« comment faire courir une déchéance quand l'événe-
« ment qui en est le point de départ n'a pas eu lieu? »
(Liv. des entrep., p. 262 et 263.)

Ces observations sont justes et attireront peut-être
l'attention des rédacteurs du cahier des charges, depuis
si longtemps promis et attendu.

437. — La communication doit comprendre toutes
les pièces nécessaires pour éclairer l'entrepreneur et le
mettre en mesure de formuler ses réclamations. La
déchéance est subordonnée à cette condition, et elle ne
serait pas encourue si la communication était assez incomplète pour ne pas permettre à la partie intéressée de
se rendre compte des prétentions de l'administration.
Comment reprocher à l'entrepreneur de n'avoir pas fait
de réserves, si ces prétentions ne se sont pas clairement
manifestées? On ne peut encourir une déchéance que
lorsqu'il a été possible de l'éviter. (30 juin 1842, *Beslay*, 343.)

Mais cette condition est seule nécessaire, et l'administration n'est pas tenue de communiquer en une seule
fois toutes les pièces dont elle entend se servir. Elle
peut faire plusieurs communications en cours d'exercice, et le délai court, pour chacune des pièces, du
jour de la présentation. Il suffit, nous le répétons, que
chaque communication considérée isolément soit complète et permette à l'entrepreneur de faire sur chacune
d'elles ses réclamations. (15 mars 1838, *Delavault*, 165.)

438. — La communication doit être faite à l'entrepreneur, non à ses associés ou à sa caution. Pour
être valable, la renonciation au droit de critiquer les

pièces communiquées ne peut émaner que de celui avec lequel l'administration a traité et avec lequel doit se régler le compte. Les sous-traitants ou la caution de l'entrepreneur n'ont pas qualité pour l'engager par leur acceptation. A plus forte raison, en serait-il ainsi de l'acceptation émanée d'un simple commis agissant sans une autorisation régulière. (30 juin 1842, *Beslay*, 343; 14 déc. 1843, *Richard*, 597.)

439. — Il n'est pas dressé de procès-verbal de communication lorsque l'entrepreneur accepte les pièces communiquées. C'est seulement dans le cas de refus que cette formalité doit être accomplie. Lorsque l'entrepreneur accepte, on se borne dans l'usage à lui faire signer le décompte et les autres pièces.

Cette signature équivaut à une acceptation formelle, et l'entrepreneur, qui l'a apposée sans faire de réserves, ne peut, pour repousser la déchéance, invoquer le défaut de rédaction d'un procès-verbal. (26 nov. 1839, *Thomas*, 544.)

Réciproquement, l'absence de signature au bas du décompte ou d'un procès-verbal constatant le refus de l'entrepreneur, emporte nécessairement la preuve que les pièces n'ont pas été présentées : elles n'acquièrent point alors un caractère contradictoire, et ne peuvent être invoquées qu'à titre de simples renseignements. (14 juillet 1830, *Jouvenel*, 367.)

Il a été jugé que les décomptes mensuels, et les états partiels dressés en cours d'exécution, contiennent seulement, lorsqu'ils n'ont pas été soumis à l'acceptation de l'entrepreneur, des énonciations approximatives ; qu'ils ne lui donnent pas un droit acquis à l'allocation des quantités d'ouvrages et des prix portés dans ces décomptes et états, et ne forment tout au plus qu'un commencement de preuve par écrit. (16 avril 1851, *Broulliet*, 281.) Les états mensuels sont dressés dans le seul but de permettre aux ingénieurs d'apprécier par aperçu quels à-compte il peut être convenable, dans le cours d'un exercice, d'allouer aux entrepreneurs. (12 juillet 1851, *syndics Lespinasse*, 513.) Ils ne prennent un caractère définitif qu'après avoir été notifiés et approuvés par l'administration. (19 janv. 1839, *Tilly-Kerveno*, 8.) S'ils portent des prix supérieurs à ceux du devis, ils ne font pas obstacle à ce que l'erreur soit rectifiée lors du décompte général. (6 août 1855, *Peltier*, 576 ; voy. aussi : 10 décembre 1846, *Castex*, 544 ; 3 fév. 1859, *Degréane*, 99.)

440. — L'entrepreneur a dix jours pour réclamer contre le décompte.

Ce délai, reconnu insuffisant, a été porté à vingt jours par le cahier des palais impériaux pour les travaux de construction neuve. (Art. 49.) Il est quelquefois augmenté par une stipulation spéciale du devis. Mais les ingénieurs n'ont pas le droit de le proroger. Leur consentement formel n'empêcherait pas l'administration d'opposer et de faire prononcer la déchéance.

Dans l'usage, et pour remédier à l'insuffisance de ce délai, les ingénieurs donnent connaissance des pièces à l'entrepreneur, avant le jour fixé pour la communication officielle ; et ils ne font courir le délai qu'à partir du moment où il a pu étudier complétement le dossier. (Voy. M. Cotelle, t. III, n° 325.) Leur bienveillance corrige ainsi la rigueur des dispositions du cahier des charges.

441. — L'acceptation des pièces communiquées est expresse ou tacite.

L'acceptation expresse résulte de la déclaration formelle de l'entrepreneur ; l'acceptation tacite, de l'expiration, sans protestations, du délai imparti par le cahier des charges.

Toutes deux produisent les mêmes effets ; les pièces acceptées deviennent irrévocablement les éléments du compte ; elles en forment la base, et ne peuvent plus, sous aucun prétexte, être écartées ou méconnues.

442.— Comme tout acte qui implique renonciation à un droit, l'acceptation s'interprète restrictivement. — Elle n'emporte une fin de non-recevoir contre les réclamations de l'entrepreneur, que relativement aux pièces qui en ont fait l'objet. Ainsi, l'acceptation des métrages n'emporte pas, par elle seule, celle des pièces qui ont pour objet de fixer le prix des travaux ; réciproquement, on peut contester les métrages si on a seulement accepté le décompte. « Considérant que le sieur Colonna-Lecca, n'ayant été mis, par aucun acte des agents de l'administration, en demeure de prendre communication du décompte lui-même, cet entrepreneur était recevable dans les réclamations par lui formées contre ledit décompte, en tant que lesdites réclamations ne tendaient pas à remettre en question les quantités d'ouvrages énoncées au métré... » (7 fév. 1845, *Colonna-Lecca*, 61.)

443. — L'acceptation des décomptes partiels ne permet pas à l'entrepreneur de revenir sur leurs énonciations au moment de la présentation du décompte définitif, cette pièce n'étant que la reproduction des décomptes partiels antérieurement acceptés. (Voyez 17 sept. 1838, *min. des trav. publ.*, 503 ; 12 mars 1846, *Cuvelier*, 146 ; 28 janvier 1858, *Caillavet*, 95.)

444. — L'acceptation du décompte définitif emporte approbation de toutes les opérations qui y figurent. — Il n'y a pas de distinction à faire entre les travaux prévus par le devis primitif de l'entreprise et les modifications ordonnées en cours d'exécution. La forclusion qui en résulte s'applique aussi bien aux réclamations relatives aux changements prescrits par les ingénieurs qu'à celles

qui concernent les parties non modifiées des travaux. Le Conseil d'État a jugé que ces changements deviennent partie intégrante des travaux à faire, et se confondent avec eux dans l'exécution, et par suite dans les métrés et les états de dépense; que l'article 32 des Clauses et conditions générales comprenant dans ses termes tous les métrés généraux et partiels, tous les états d'attachement de dépense et de situation, s'applique par conséquent à toutes les réclamations qui pourraient s'élever, soit sur la qualité, soit sur le prix d'ouvrages ordonnés en cours d'exécution, et nécessairement compris dans le même décompte; que dès lors on doit considérer comme atteintes par la déchéance les réclamations de cette nature qui sont présentées par l'entrepreneur plus de dix jours après la notification du décompte. (Voy. 22 août 1853, *Morizot*, 866.)

445. — Mais il en est autrement en ce qui concerne les ouvrages entièrement nouveaux : l'acceptation des décomptes définitifs n'empêche pas l'entrepreneur de réclamer le prix des travaux supplémentaires non compris dans ces décomptes, et qui ont été exécutés en vertu d'ordres écrits ou verbaux, lorsque ces ordres ne sont pas déniés. — « Considérant que si le sieur Cres-
« sonnier a accepté purement et simplement les dé-
« comptes définitifs des entreprises dont il s'était rendu
« adjudicataire, lesquels ne contenaient que le règle-
« ment, pour tout ou en partie, des fournitures et tra-
« vaux prévus au devis, il résulte de l'instruction et il
« est reconnu par l'administration qu'en dehors des
« prévisions des devis, ledit sieur Cressonnier a exé-
« cuté sur les lignes de grande communication nos 49,
« 50 et 53, en vertu d'ordres qui ne sont pas déniés,
« des travaux supplémentaires qui n'ont pas été compris
« dans lesdits décomptes, et qui devaient faire l'objet

« de règlements particuliers; qu'ainsi c'est à tort que
« le Conseil de préfecture a rejeté, comme non rece-
« vable, la réclamation du sieur Cressonnier relative
« auxdits travaux supplémentaires, par le motif qu'il
« avait accepté, sans réserve, le décompte définitif ci-
« dessus énoncé, et qu'en présence des contestations qui
« s'élevaient en présence desdits travaux, il y avait lieu
« d'ordonner l'expertise demandée par ledit sieur Cres-
« sonnier... » (Voy. 24 fév. 1853, *Cressonnier;* voy.
aussi 5 janv. 1850, *Saudino et Léo,* 37.)

Il a été jugé dans le même ordre d'idées que lorsque
l'administration a employé, sans le consentement des
entrepreneurs, des matériaux approvisionnés par eux à
des travaux qui ne faisaient pas partie de l'entreprise
dont ils étaient adjudicataires, ils ne sont pas tenus de
réclamer le prix de ces matériaux dans les dix jours à
partir de celui où ils ont eu connaissance du décompte
de l'entreprise; et que c'est à tort qu'en pareil cas
leur demande est déclarée non recevable, par application de l'art. 32 des Cl. et condit. génér. (10 janv. 1856,
*Humbert-Droz,* 42.)

446. — Ces décisions sont fondées en droit et en
équité. On comprend, en effet, que lorsque les réclamations sont étrangères au décompte lui-même, et
n'ont pas pour objet d'en infirmer les résultats, l'acceptation de cette pièce ne puisse avoir pour effet de porter
atteinte aux droits de l'entrepreneur. De ce qu'il a renoncé à attaquer le décompte, on ne peut raisonnablement induire qu'il entend également renoncer à telle
autre demande dont la base est en dehors de la pièce
acceptée et reconnue. Les renonciations sont de droit
étroit et se renferment exclusivement dans l'objet qu'a-
vait en vue le renonçant.

Le Conseil d'État, qui, dans les arrêts ci-dessus cités,

a si bien compris et appliqué cette règle, nous semble l'avoir mal à propos mise en oubli dans l'espèce suivante.

L'entreprise du sieur Juve a été résiliée le 3 déc. 1850. Le 12 décembre, postérieurement à l'acceptation sans réserves du décompte définitif, Juve présenta une demande d'indemnité fondée sur ce que la résiliation prononcée dans l'intérêt exclusif de l'administration, en dehors de toute faute commise par lui, lui avait causé un préjudice considérable. — Le Conseil de préfecture de la Seine accueillit en partie cette réclamation ; mais sur le pourvoi du ministre des travaux publics, elle fut déclarée non recevable. — Le Conseil d'État décida qu'il y avait lieu d'appliquer dans l'espèce la déchéance prononcée par l'art. 32 des Cl. et condit. génér., la réclamation s'étant produite plus de dix jours après la présentation du décompte de l'entreprise. (Voy. 24 mai 1854, *Juve*, 486.)

On ne trouve pas dans cette décision la rectitude de doctrine qu'on rencontre ordinairement dans les arrêts du Conseil d'État, et l'on est fondé à se demander en quoi l'acceptation du décompte peut faire obstacle à la réclamation d'une indemnité à raison des pertes provenant d'une résiliation indûment prononcée. Le décompte contient le règlement des diverses dépenses de l'entreprise. Il n'y est pas question des conséquences de la résiliation, qui, par le seul fait de son existence, a mis fin aux opérations, et forme la limite extrême à laquelle les comptes doivent nécessairement s'arrêter. Le décompte n'embrassant ainsi que la période antérieure, l'entrepreneur qui l'accepte renonce certainement à critiquer le règlement des dépenses de cette période ; mais il ne renonce qu'à cela. Il n'est pas plus juste de l'obliger à faire des réserves pour le préjudice qu'il a éprouvé par suite de la résiliation que pour les dépenses occasionnées par des travaux ordonnés en cours d'exécution et dont le règlement n'est pas compris dans le décompte.—Le Conseil d'État, qui, dans ce cas, refuse à bon droit de prononcer la déchéance, se met donc, nous le croyons, en contradiction avec lui-même lorsqu'il la prononce dans le second. Ces deux situations sont exactement semblables, s'il est vrai (et cette règle ne semble pas contestable) que l'acceptation d'une pièce quelconque destinée au règlement de l'entreprise ne lui donne un caractère définitif qu'en ce qui concerne les travaux et les opérations qu'elle concerne exclusivement.

447. — L'acceptation des pièces communiquées n'élève pas une fin de non-recevoir contre les réclamations relatives aux erreurs matérielles. — L'article 34 des Clauses et conditions générales ne stipule pas cette exception à la déchéance qu'il prononce ; mais il ne l'exclut pas expressément, et cela suffit pour qu'on doive l'admettre. Erreur ne fait pas compte, c'est un adage vulgaire et qui repose sur les principes les plus certains du droit. L'article 541 du C. de procéd. civile porte qu'il ne sera procédé à la révision d'aucun compte, sauf les cas d'erreurs, omissions, faux ou doubles emplois, et le Conseil d'État ne fait point difficulté d'appliquer cette disposition en matière de travaux publics. (31 oct. 1833, *min. du commerce*, 612 ; 19 nov. 1837, *Coste*, 497 ; 17 janv. 1838, *Jacob*, 37 ; 20 janv. 1843, *Blandin*, 32 ; 10 déc. 1846, *min. des trav. publics*, 542 ; 1er fév. 1851, *Monneron*, 89 ; 18 août 1857, *Bucquoy*, 671.)

448.— Si, dans le compte de l'entreprise, on n'a pas fait figurer une dépense qui a été réellement faite, il y a omission autorisant la réclamation de l'entrepreneur. (26 juillet 1851, *Émery*, 542.)

Il y a double emploi, et par conséquent lieu à réduc-

24

tion, si, pour indemniser l'entrepreneur du changement de matériaux, on ajoute aux prix alloués pour les matériaux primitifs le prix des matériaux nouveaux. (19 nov. 1837, *Coste,* 497.)

On doit considérer comme une erreur matérielle donnant lieu à révision, l'omission au décompte définitif de travaux qui ont été compris au premier décompte de l'entreprise. (10 déc. 1846, *min. des trav. publics,* 542.)

Mais l'erreur, qui tient au choix de la base même du décompte, n'est pas susceptible de rectification. (31 oct. 1833, *min. des trav. publics,* 612.)

449. — Bien que l'administration rédige elle-même le décompte, elle a le droit, même après avoir présenté et approuvé cette pièce, de rectifier les erreurs matérielles dont elle reconnaît l'existence, et de saisir le Conseil de préfecture de ses réclamations. (19 nov. 1837, *Coste,* 497 ; 23 avril 1837, *min. des trav. publics,* 134 ; 10 déc. 1846, *min. des trav. publics,* 542.) Mais sa demande en rectification, pour être recevable devant la juridiction contentieuse, doit être préalablement présentée à l'entrepreneur dans les termes de l'article 32. Tant que cette formalité n'est pas remplie, le Conseil de préfecture ne peut être appelé à statuer sur la question de savoir si une somme doit être retranchée du décompte, parce qu'elle y aurait été indûment portée par suite d'erreurs matérielles commises dans le calcul. (18 août 1857, *Bucquoy,* 671.) Il n'est pas besoin d'ajouter que l'entrepreneur, auquel une omission ou un double emploi sont signalés régulièrement, doit s'empresser de contester la rectification proposée dans le délai que lui réserve le cahier des charges ; la déchéance s'appliquerait certainement dans ce cas comme en tout autre. (Cons., 16 fév. 1856, *Trône,* 125.)

450. — L'entrepreneur qui a l'intention d'élever des réclamations contre le décompte, doit se garder de toucher le solde qui lui est offert. L'acceptation d'un mandat de payement emporte nécessairement déchéance. (Voy. 28 avril 1824, *Lappotterie*, 258 ; 2 juin 1837, *Hayet*, 227.)

Il a été jugé plus récemment dans le même sens, que l'acceptation sans réserves du prix des métrés, qui avaient été acceptés au fur et à mesure de l'exécution des travaux, et, après leur complet achèvement, du montant des retenues de garantie, rend l'entrepreneur non recevable à attaquer soit le mode de vérification, soit les résultats obtenus. (20 avril 1847, *min. de la guerre*, 220. Voy. aussi : 23 juillet 1857, *Bouchet*, 586.)

La même fin de non-recevoir est également susceptible d'être opposée par l'entrepreneur à l'administration, qui, après l'approbation du compte et le payement du solde, tenterait de revenir sur cette approbation sous le prétexte d'erreur dans l'interprétation des clauses du marché. (Voy. 31 oct. 1833, *Cayla*, 612 ; 16 juillet 1857, *Gidel*, 553 ; 22 sept. 1860, *Vinyes*, 660.)

Des réserves expresses font obstacle à l'application de la déchéance. (16 nov. 1854, *Théaux*, 879.) Mais il faut, bien entendu, que ces réserves soient dûment constatées soit par le décompte, soit par un acte extrajudiciaire adressé au préfet.

451. — Même après l'acceptation formelle par l'entrepreneur des états qui lui sont présentés, l'administration conserve le droit d'y apporter, jusqu'à son approbation par le ministre, toutes les modifications qu'elle juge convenable. Ce droit considérable résulte des dispositions du décret du 7 fructidor an XII sur l'organisation du corps des ponts et chaussées. L'article 14 charge les ingénieurs ordinaires, sous les ordres des in-

génieurs en chef, de faire les réceptions d'ouvrages, et de régler *provisoirement* les comptes des entrepreneurs. Le ministre ou le préfet, dans le cas où il n'y a pas eu d'augmentation sur les dépenses autorisées (décret du 29 avril 1861, tableau D, nº 14), ont seuls le droit d'arrêter définitivement les comptes. — Il a été jugé en ce sens : 1º que l'acceptation des décomptes par l'entrepreneur ne fait pas obstacle à ce que le ministre des travaux publics fasse procéder à leur révision, et en modifie les résultats en cas d'inexactitude; (31 mai 1855, *Loustalot* et *Dagonneau*, 380); 2º que le décompte dressé par l'ingénieur ordinaire, qui a été présenté à l'acceptation de l'entrepreneur avant d'avoir été soumis à la vérification de l'ingénieur en chef et à l'approbation du ministre, ne lie pas l'administration. (12 janv. 1853, *Courrière*, 113); 3º qu'une transaction entre les ingénieurs et l'entrepreneur, et signée par eux, ne constitue qu'un simple projet, et n'est obligatoire pour l'administration qu'autant qu'elle a été approuvée par l'autorité supérieure. (25 juin 1857, *Pelet*, 526. Voy. aussi : 18 août 1857, *Bucquoy*, 671.)

452. — L'approbation des pièces rédigées par les ingénieurs peut être complète, absolue. — Au contraire, le ministre ou le préfet peuvent élever des critiques sur quelques-uns des éléments du compte. Dans la première hypothèse, il n'y a pas de difficulté sur les conséquences de l'approbation donnée par l'administration au travail des ingénieurs; l'entrepreneur est lié par son acceptation, et l'administration se trouve définitivement engagée par l'approbation ministérielle ou préfectorale. Mais dans la seconde hypothèse, que faut-il décider? L'entrepreneur, en acceptant en bloc le décompte, fait souvent une compensation entre ses divers éléments. Certains prix, peut-être, lui ont paru faibles; mais il

n'a pas jugé à propos de réclamer, parce que d'autres lui ont semblé assez avantageux pour compenser la perte.

Les réserves faites par l'administration ayant pour résultat de soumettre ceux-ci à un débat, ne le dégageront-elles pas de son acceptation, et ne lui rendront-elles pas la liberté de critiquer les premiers? Puisqu'il est forcé de lutter pour faire maintenir les prix avantageux, ne doit-il pas reprendre le droit de faire porter au chiffre qu'ils doivent avoir les prix qui le sont moins?

La jurisprudence ne l'entend pas ainsi. Suivant elle, le décompte accepté par l'entrepreneur fait sa loi quand même et toujours. A l'administration seule, désormais, il est permis de le critiquer; pour lui, son rôle se borne à le faire maintenir. Cette inégalité de situation est contraire à l'équité; elle est contraire aux principes les plus certains des conventions. L'acceptation de l'entrepreneur contient implicitement la condition que l'administration acceptera elle-même les pièces communiquées. Si cette condition ne se réalise pas, les parties reprennent nécessairement leur liberté, et l'entrepreneur doit être admis à faire valoir toutes les réclamations qu'il n'avait pas eu, jusqu'à ce moment, intérêt à formuler.

Dans l'état actuel de la jurisprudence, les entrepreneurs doivent donc ne jamais accepter les pièces où se trouvent ces sortes d'équivalents; l'équilibre pouvant se trouver rompu par la seule volonté de l'administration, la prudence les oblige à présenter tous leurs griefs lors de la communication, sauf à y renoncer si, de son côté, l'administration n'élève point de réclamations contre le décompte.

453. Jusqu'ici nous nous sommes occupés de l'acceptation des pièces communiquées et de ses effets sur le règlement du décompte. — Voyons maintenant dans

quelles formes l'entrepreneur doit énoncer ses griefs, sur quelles pièces ses refus doivent porter, et quelles en sont les conséquences.

454. — En cas de refus, dit l'art. 32, l'entrepreneur déduira par écrit ses motifs dans les dix jours qui suivront la présentation.

*Par écrit* : c'est là une condition absolue, essentielle. La déchéance est encourue, si l'entrepreneur se borne à faire verbalement des observations (10 janv. 1856, *Chanudet*, 55.) — Dans l'espèce de cet arrêt, les ingénieurs reconnaissaient qu'au moment de la signature du décompte des réclamations orales avaient été présentées par l'entrepreneur, et l'on invoquait pour celui-ci la jurisprudence en matière d'ordres verbaux, relatifs aux changements en cours d'exécution et qui acquièrent la valeur d'ordres écrits quand leur existence est constatée par l'instruction. Mais le Conseil d'État repoussa l'analogie : il n'admet point d'exception à la disposition précise de l'art. 32. (Voy. 12 mars 1846, *Cuvelier et Maltête*, 146; 7 mai 1854, *Dubuc et Deroy*, 394; 10 janv. 1856, *Humbert Droz*, 41; 23 avril 1857, *Toussaint*, 327.)

455. — En second lieu, les réserves de l'entrepreneur doivent être *motivées*. — Des réserves générales et dont l'objet n'a pas été spécifié dans les dix jours ne préservent pas l'entrepreneur de la déchéance (12 mars 1846, *Cuvelier*, 146; 10 déc. 1846, *Ardenne*, 546; 10 janv. 1856, *Humbert-Droz*, 41; 23 avril 1857, *Toussaint*, 327.)

Ainsi, le Conseil d'État a déclaré insuffisante la déclaration d'un entrepreneur qui s'était borné à dire qu'il refusait d'accepter le décompte « vu qu'il lui était « dû une somme bien plus forte que 9,912 fr. qu'on lui « retranchait, somme qu'il n'abandonnerait jamais. » (1er juin 1850, *Robert Merle*, 534.)

Mais en exigeant des réserves motivées, l'art. 32 ne demande pas un exposé complet des moyens à faire valoir dans l'intérêt de l'entrepreneur. Il suffit que les réserves indiquent nettement les divers chefs de réclamation. Le but de l'art. 32 a été de donner à l'administration la possibilité de rechercher et de constater l'exactitude et la réalité des erreurs signalées. Les réserves assez explicites pour permettre cette recherche remplissent donc les conditions exigées (31 mai 1851 *Simard et Hubert*, 260.)

456. — Il importe peu, d'ailleurs, que les réserves de l'entrepreneur ne soient pas consignées sur le décompte ou le procès-verbal. La voie qu'il prend pour formuler ses griefs et les faire connaître à l'administration est indifférente au succès de ses réclamations. Il peut, à son choix, employer le ministère d'un huissier, ou remettre lui-même sa protestation soit au ministre, soit au préfet, soit aux ingénieurs chargés de la direction des travaux, soit à tout autre agent de l'administration. Mais il agira prudemment en demandant un accusé de réception de son mémoire, afin de constater, si cela était ultérieurement nécessaire, la remise à qui de droit dans le délai légal.

457. — Aucune loi n'exige que l'entrepreneur qui a fait des réserves régulières, saisisse le Conseil de préfecture dans les dix jours (23 fév. 1854, *Aubry de Miramont*, 166 ; 27 nov. 1856, *Seive et cons.*, 667 ; 9 déc. 1858, *Toussaint*, 707.) L'art. 32 veut seulement que les motifs soient déduits dans ce délai.

La déchéance qui résulte de son expiration est d'une rigueur injustifiable. Elle a été critiquée par tous les auteurs qui se sont occupés de ces matières spéciales, et elle disparaîtra sans aucun doute dans la rédaction nouvelle du cahier des charges. Dans la pratique, le

Conseil d'État trouve quelquefois le moyen de venir au secours de l'entrepreneur lorsqu'une réclamation digne d'être accueillie se présente. Mais ce n'est là qu'un palliatif insuffisant; il est toujours fâcheux pour celui dont le droit est évident, de ne pouvoir se confier qu'aux sentiments intimes de justice dont ses juges sont animés. Le juge lui-même qui, pour satisfaire sa conscience, se voit en opposition directe avec la loi du contrat, est tenté d'introduire dans sa décision ces systèmes de conciliation et de compensation qui ne sont jamais qu'une demi-justice. Rarement la lutte qui s'établit ainsi dans son esprit tourne à l'avantage du justiciable. Il faut donc espérer, dans un avenir prochain, la réformation d'une disposition que le cahier des charges des palais impériaux a déjà repoussée comme exorbitante.

458. — L'application de la déchéance prononcée par l'art. 32 donne lieu à d'assez nombreuses difficultés.

Je suppose que, pendant le cours des travaux, différents états de situation aient été successivement communiqués à l'entrepreneur qui ne les a acceptés que sauf erreur ou omission, mais sans déduire les motifs dans le délai fixé par l'art. 32. Lors du décompte général, il formule de nouveau tous ses griefs et les développe alors régulièrement. Pourra-t-on lui opposer la déchéance pour toutes les demandes qui se réfèrent aux indications contenues dans les états partiels soumis à son acceptation?

Il n'est pas douteux que la déchéance s'applique aux décomptes partiels comme aux décomptes généraux. — Mais quand des réserves ont été faites au moment de la communication, il y a quelque rigueur à la prononcer.

Dans ce cas, en effet, l'entrepreneur a pu assez naturellement renvoyer au moment de la présentation du décompte général le développement de ses réserves. Le texte de l'art. 32 porte qu'en cas de refus d'accepter, il sera dressé procès-verbal de l'acte de présentation et des circonstances qui l'auront accompagné. Si l'administration, considérant l'acceptation avec réserve, comme un refus d'accepter, faisait dresser un procès-verbal de présentation, nous ne verrions pas de difficulté à ce que le délai de déchéance courût à partir de ce procès-verbal, lequel serait une mise en demeure d'expliquer les réserves. Mais si la présentation de la pièce se trouve seulement constatée par la signature que l'entrepreneur a mise au bas de son acceptation sous réserve, la déchéance se trouve rigoureuse, parce que le texte de l'art. 32 n'avertissait pas (au moins explicitement) l'entrepreneur qu'il était dans un cas de déchéance, et parce qu'il pouvait lui sembler sans inconvénient de renvoyer au moment de la présentation du décompte général, des réserves que l'administration ne le mettait pas en demeure d'expliquer immédiatement. » (Voy. M. Lebon, Observ. sur le décret du 23 avril 1857, *Toussaint*, 327.)

459. — Mais que faudrait-il décider si, au moment de la présentation des décomptes partiels, les réserves avaient été régulièrement développées dans les dix jours? Les protestations de l'entrepreneur contre les énonciations erronées de ces pièces ont-elles besoin d'être renouvelées lors d'une présentation ultérieure, si on lui communique d'autres pièces contenant les mêmes erreurs? Ainsi un décompte partiel est présenté à l'acceptation de l'entrepreneur, qui le refuse parce que le prix de la maçonnerie a été porté à un prix inférieur au prix convenu. Plus tard, un nouveau décompte, rédigé sur les mêmes bases, lui est présenté. Faudra-t-il qu'il proteste derechef contre le prix indiqué?

Cela n'est pas nécessaire. — Quand l'entrepreneur

a contesté un prix dans un décompte partiel, il est bien certain que son silence, lors de la communication d'un décompte ultérieur, ne prouve pas qu'il accepte ce prix. Ce silence s'explique facilement par la protestation antérieure. Obliger l'entrepreneur à renouveler, lors de la présentation de chacune des pièces qui doivent servir à l'établissement du compte, toutes les réclamations antérieures relatives aux divers éléments que ces pièces reproduisent, prononcer la déchéance en cas d'oubli, c'est exagérer évidemment la rigueur déjà si grande de l'art. 32. Le rédacteur du cahier des charges a eu soin d'expliquer les motifs de cette disposition. On a voulu que l'administration avertie pût immédiatement faire les vérifications nécessaires pour apprécier la valeur des réclamations de l'entrepreneur. L'administration, une fois prévenue, peut-elle raisonnablement se plaindre d'avoir été dans le cas de laisser échapper les moyens de vérification à sa disposition ?

Le Conseil d'État s'est prononcé plusieurs fois en ce sens. — Voici l'une de ces décisions : « Sur le moyen « tiré par notre ministre, de ce que le sieur Marcelin « ayant accepté sans réserves le décompte définitif de « son entreprise, ses réclamations devraient être déclarées non recevables ; considérant qu'il résulte de l'ins- « truction, et qu'il n'est pas contesté, qu'en acceptant « le décompte définitif de son entreprise en date du « 28 décembre 1854, le sieur Marcelin n'a pas renoncé « aux réclamations antérieurement formées par lui le « 22 août 1853 ; que dès lors c'est avec raison que le « Conseil de préfecture a statué au fond sur lesdites « réclamations... » (28 janvier 1858, *Marcelin*, 100.)

460. — Si la réclamation formulée contre un des éléments du compte subsiste, sans qu'il soit nécessaire de

la renouveler contre chacune des pièces ultérieurement
communiquées et où l'erreur se représente, à plus forte
raison en est-il ainsi lorsque le Conseil de préfecture a
été, dans les dix jours, saisi de la contestation. — « Considérant que le sieur Bertrand avait saisi le Conseil de
préfecture de l'Yonne d'un recours contre les états de
situation provisoire de son entreprise dans les délais
fixés par l'art. 32 du cahier des Cl. et cond. génér., et
que ledit conseil n'avait pas encore statué lorsque le
décompte définitif a été communiqué à l'entrepreneur,
que, dans ces circonstances, le silence gardé par le
sieur Bertrand ne peut être considéré comme l'abandon
des réclamations antérieures qu'il avait formées et qui
n'avaient pas encore été jugées; que, dès lors, c'est
à tort que le Conseil de préfecture lui a opposé la
déchéance prononcée par l'art. 32 du cahier des
Cl. et cond. génér. ci-dessus visé... » (4 mai 1854,
*Bertrand*, 396; voy. aussi 29 mai 1856, *Chanudet*,
395.)

Le recours formé devant la juridiction contentieuse
renferme la protestation la plus énergique contre les
prétentions de l'administration : elle dispense l'entrepreneur de toute réclamation dans une autre forme; il
n'en est point qui ait au même degré le caractère de
mise en demeure. (3 fév. 1854, *Aubry de Miramont*,
166.)

461. — Les réclamations adressées directement à
l'administration produisent les mêmes effets. Bien que
ces sortes de demandes n'aient pas un caractère contentieux, il est impossible de ne pas les considérer
comme suffisantes pour protéger le droit de l'entrepreneur contre toute déchéance. Elles doivent être considérées comme le développement des réserves faites au
moment de la présentation du décompte. Elles prouvent

que l'entrepreneur n'a jamais songé à renoncer au redressement des griefs dont il se plaint. — L'administration est-elle bien venue, en pareil cas, à se prévaloir du défaut de développement des réserves, puisqu'elle trouve dans les réclamations qui lui ont été faites tous les motifs, ou au moins les motifs essentiels sur lesquels elles sont fondées? — N'a-t-elle pas été dès ce moment mise en demeure d'y faire droit, et n'était-elle pas en mesure de contrôler les allégations de l'entrepreneur et de faire les vérifications nécessaires? (27 nov. 1856, *Seive et consorts*, 667.)

462. — Nous avons déjà eu l'occasion de dire et on ne saurait trop répéter que toutes les pièces présentées, quels qu'en soient la nature et le caractère, doivent être l'objet des réclamations de l'entrepreneur, lorsqu'elles contiennent des erreurs ou des omissions susceptibles de lui causer préjudice. Il n'y a pas à distinguer sous ce rapport entre les documents destinés à appliquer les prix du marché et ceux qui ont pour objet de constater la quotité des travaux. Cette distinction a été souvent présentée et n'a jamais été accueillie par le Conseil d'État. — Elle a cependant, il faut le dire, quelque chose de spécieux. Le but de l'art. 32 est indiqué par l'exposé de motifs que le rédacteur des Cl. et cond. génér. a inséré dans son texte. L'administration a voulu être en mesure de rechercher et de constater les erreurs contre lesquelles l'entrepreneur réclame. Voilà pourquoi il faut que les réserves soient motivées; voilà pourquoi il faut qu'elles le soient dans le délai de dix jours. — Mais, lorsqu'il s'agit de réclamations qui s'attaquent uniquement, non à la dimension et à la quotité des ouvrages, mais bien aux prix établis dans le décompte, le motif à raison duquel la déchéance a été établie ne se présente plus, et, par conséquent, il répugne

à la raison que la déchéance elle-même puisse être encourue. — S'il n'est pas toujours possible de reconnaître et de constater, après l'achèvement des ouvrages, le chiffre exact en mètres et en cubes des travaux effectués; si, relativement à cet objet, les résultats des recherches et des vérifications seraient fort souvent incertains et problématiques, on peut toujours, après comme au moment de l'exécution, savoir quel est le prix fixé par le devis pour chaque espèce d'ouvrages. Or, ce prix est acquis à l'entrepreneur; il est la base du marché, sa condition essentielle, et sa quotité ne peut pas dépendre de l'inaccomplissement d'une formalité inutile et sans intérêt pour l'administration.

Ces considérations ne sont pas sans force; mais la jurisprudence n'en tient nul compte (16 mars 1850, *Laurent*, 259; 11 mai 1854, *Deroy* et *Dubuc*, 394); et il est certain que l'interprétation rigoureuse qu'elle donne de l'art. 32 est conforme, sinon à l'esprit, au moins à la lettre formelle de cette disposition. Il serait difficile peut-être, en présence de termes aussi explicites, de créer des exceptions là où le texte n'a pas fait de distinctions. Il est à souhaiter que le cahier des Clauses et conditions générales, tant de fois annoncé, se montre sur ce point plus favorable aux entrepreneurs.

L'art. 32 est une stipulation exorbitante. Ses rigueurs sont exagérées et bien souvent sans utilité. On comprendrait que l'absence de réserves mît à la charge de l'entrepreneur la preuve de ses allégations et que l'administration ne fût condamnée à payer que les travaux dont on pourrait reconnaître l'exécution au moment du décompte. Mais il est manifestement contraire à l'équité de la voir échapper à une obligation aussi étroite, sous le prétexte que l'entrepreneur a omis de réclamer en temps opportun. Cela n'est point

digne de l'administration, qui doit donner l'exemple de
la bonne foi, et qu'il est choquant de voir se réfugier,
comme un plaideur peu sûr au fond de la bonté de
sa cause, dans les chicanes et les exceptions. Je sais
qu'on invoque la nécessité de régler promptement et
sans trop de difficultés les grandes entreprises auxquelles
le pays doit une partie de sa prospérité. Mais c'est
acheter bien cher un tel avantage, et le moyen n'est pas
aussi merveilleux qu'on se l'imagine. Ces conditions
exorbitantes écartent des adjudications bon nombre de
concurrents : on s'habitue à considérer l'administration
comme une ennemie contre laquelle toutes les ruses
sont permises; l'entente si essentielle au succès fait
défaut et fait place à des sentiments de défiance réciproques; on cherche enfin à regagner d'un côté ce
qu'on est certain de perdre de l'autre; les procès et les
contestations naissent ainsi de la rigueur même de
la clause qui a eu pour but de les prévenir. — Il nous
semble que l'administration aurait tout à gagner en renonçant à des stipulations qui font naître contre elle
tant de rancunes et dont les résultats sont aussi contes-
tables.

463. — Les rédacteurs du cahier des palais impériaux ont apporté aux dispositions de l'article 32, des
Clauses et conditions, quelques innovations heureuses.

D'après l'article 49, les réclamations de l'adjudicataire doivent être produites dans un délai déterminé par
les conditions particulières de chaque entreprise, et
dont le maximum est fixé à vingt jours pour les travaux de construction neuve et à dix jours pour ceux de
réparation.

La peine de nullité n'est pas prononcée pour l'omission de la production des griefs dans le délai imparti.
Les réclamations sont encore recevables après ce délai,

lorsque les clauses particulières de l'entreprise n'imposent pas une condition plus rigoureuse. — Ceci me paraît résulter clairement de l'économie des dispositions de l'article 49.

En effet, le § 1er porte que l'adjudicataire devra se conformer aux délais fixés pour la production des réclamations qu'il aurait à faire, et le § 3 ajoute que, « faute « par l'adjudicataire de produire ses réclamations dans « les délais voulus, il sera passé outre à l'envoi du dé- « compte à l'administration, et par suite à la liquida- « tion et au payement de la créance constatée. » — Telle est la seule sanction établie pour contraindre l'adjudicataire à réclamer dans le délai fixé. Disposition équitable d'ailleurs, la négligence de l'adjudicataire ne devant pas avoir pour résultat de retarder indéfiniment la liquidation de l'entreprise.

Quant à la non-recevabilité des réclamations après le délai fixé, rien n'indique que l'article 49 ait entendu la maintenir. Le § 2 en fournit la preuve; il réserve la peine de nullité aux réclamations qui ne sont pas présentées par écrit et dans la forme déterminée par le ministre : disposition juste aussi, car des réclamations purement verbales n'ont jamais été considérées comme des mises en demeure suffisantes. Or si les rédacteurs de l'article 49 avaient voulu maintenir la rigueur de l'article 32 des Clauses et conditions générales, au lieu de placer les mots « à peine de nullité » dans le § 2, ils les auraient également insérés dans le § 1er. Cette différence de rédaction, qui se justifie si bien d'ailleurs, indique nettement la pensée des auteurs du cahier des palais impériaux.

Ces dispositions nouvelles ne contiennent donc pas seulement, comme le pense M. Delvincourt (p. 271), un simple changement de forme ou de délai; il y a une modification radicale et essentielle qu'on ne saurait trop approuver.

464. — Dans le service du génie militaire, les articles 52 et 53 du devis-modèle présentent des dispositions particulières dont l'expérience a démontré les avantages. D'après l'article 52, tous les éléments qui doivent servir à établir la comptabilité des travaux sont inscrits jour par jour par les officiers du génie et par l'entrepreneur ou ses commis sur leurs carnets respectifs. Les inscriptions comprennent les journées d'ouvriers, de voiture et autres, les mesurages de toute espèce, les objets à la pièce ou au poids, les ouvrages à l'estimation, ceux exécutés à prix fait ou à l'économie, les fournitures diverses, les dépenses sèches et généralement tous les objets de dépenses relatifs aux travaux... Les mesurages indiqués par leur dimension, la nature des ouvrages, le point où le mesurage a été fait, le jour où il a été fait, sont désignés avec clarté... Chaque dimanche, l'entrepreneur ou les commis chargés par lui de la conduite des travaux signent à la suite des inscriptions faites pendant la semaine, au carnet de l'officier du génie, et celui-ci signe les inscriptions faites au carnet de l'entrepreneur ou de ses commis, préalablement coté et paraphé par l'officier chef d'atelier.

L'article 53 impose en outre à l'entrepreneur l'obligation de signer, à chacune des époques fixées par le chef du génie, l'arrêté de chaque article de dépense au registre de comptabilité, en même temps que l'officier du génie chargé du détail de cet article. — S'il refuse de le faire, le chef du génie l'inscrit en note, et on passe outre, sauf à l'entrepreneur à adresser sa réclamation à qui de droit.

On transcrit sur ce registre de comptabilité tous les objets de dépenses inscrits sur les carnet des officiers.

Les ouvrages de même nature y sont réunis en masse, et on y applique les prix primitifs du bordereau ou ceux résultant des analyses spéciales.

Grâce à ces dispositions simples et précises, à cette comptabilité de tous les jours, les contestations dans le service du génie sont rares et tous les intérêts sont heureusement sauvegardés.

465. — Les travaux des communes ou des établissements publics n'ont pas, à cet égard, de règles fixes. Tout dépend, en ce qui les concerne, des stipulations particulières du marché. Le plus souvent, on se réfère au cahier des ponts et chaussées.

# CHAPITRE II

### DE L'ACTION EN RÈGLEMENT DE COMPTE.

466. — Objet de ce chapitre. — Règlement du compte.
467. — L'entrepreneur a qualité pour le demander.
468. — *Quid* de ses héritiers?
469. — Droits de ses créanciers.
470. — Réclamations des sous-traitants.
471. — Réclamations des cautions.
472. — Recevabilité de l'action des syndics.
473. — Contre qui l'action en règlement doit être dirigée.
474. — Travaux des départements.
475. — Jurisprudence relative aux travaux des routes départementales.
476. — Action de l'administration contre l'entrepreneur.

466. — Nous venons d'étudier tout ce qui concerne la communication des comptes de l'entreprise et les effets de l'acceptation ou du refus des pièces communiquées. Il nous faut maintenant, prenant le cas où des

difficultés s'élèvent entre l'administration et l'entrepreneur, faire connaître les personnes qui ont le droit, à un titre quelconque, de s'adresser à la juridiction contentieuse pour obtenir le règlement définitif de l'entreprise.

467. — En première ligne, l'entrepreneur, partie au contrat, a évidemment qualité pour agir.

468. — L'héritier de l'entrepreneur, continuant sa personne, jouit des droits qu'il avait lui-même, et il est admis à réclamer au lieu et place de son auteur, contre les opérations du décompte, sauf, bien entendu, à voir repousser ses réclamations par toutes les fins de non-recevoir ou les moyens du fond qui auraient pu être invoqués contre celui-ci.

469. — En est-il de même des créanciers de l'entrepreneur? — Ont-ils le droit d'intervenir devant la justice administrative, soit en vertu de l'art. 1166, comme le représentant et exerçant ses droits, soit en vertu de l'art. 1167, pour attaquer les actes faits en fraude de leurs droits ou tout au moins pour surveiller et contrôler l'établissement du décompte?

Sur ce point la jurisprudence paraît fixée. Le Conseil d'État se prononce en toute hypothèse pour la non-recevabilité de l'action ou de l'intervention des créanciers. (Voy. 22 fév. 1821, *Dubournial*; 14 juillet 1830, *Jouvenel*, 367; 14 fév. 1834, *Raquin*, 136; 12 fév. 1841, *Best*, 61; 15 mars 1849, *Rouvillois*, 152; 26 mars 1850, *Painchaux*, 314; 10 fév. 1859, *Brenon et Consorts*, 120; voy. cep. 15 avril 1857, *Velut*, 276.) — Ces divers arrêts sont conçus en termes à peu près identiques : ils se bornent à résoudre la question par la question. Ainsi le décret du 10 fév. 1859 porte « que les sieurs Brenon et « consorts, en supposant qu'ils soient créanciers des « sieurs Vinot et Sevin, entrepreneurs de travaux publics,

« ne peuvent être admis, en cette qualité, à les repré-
« senter vis-à-vis de l'administration et à intervenir en
« leur nom dans le règlement du décompte de leur en-
« treprise ; que dès lors c'est avec raison que le Conseil
« de préfecture les a déclarés non recevables dans leur
« demande. »

Cette rédaction laconique n'est pas de nature à éclairer la question : on trouve dans ces arrêts des autorités ;
on y chercherait vainement des lumières. Ce laconisme
s'explique peut-être par la difficulté qu'a dû rencontrer
le Conseil d'État pour donner une bonne raison à l'appui
de ses décisions. Comment, en effet, expliquer l'exception qu'il crée ici aux principes du droit commun ? L'art.
1166 autorise tous les créanciers, sans distinction, à
exercer les droits que leur débiteur négligent laisse
périr, hormis ceux qui sont attachés à sa personne. Or,
il ne s'agit pas ici de droits de cette nature. Tous les
auteurs qui se sont occupés de l'explication de l'art. 1166
reconnaissent que les droits purement pécuniaires n'appartiennent pas à cette catégorie, sauf le cas où la loi a
stipulé des exceptions particulières. (Art. 631, 634,
481, 1446, C. Nap.) Il faut qu'à l'intérêt pécuniaire
vienne se joindre un intérêt moral pour que l'exercice
de l'action soit interdit aux créanciers. Or, d'une part,
le droit qui appartient à un entrepreneur de travaux publics de critiquer le décompte et de demander le payement du solde est essentiellement et purement pécuniaire.
D'un autre côté, aucun texte de loi n'interdit, en matière administrative, aux créanciers, l'exercice de ce
droit. — La loi du 28 pluv. an VIII, en attribuant aux
Conseils de préfecture la connaissance des contestations
qui s'élèvent entre *les entrepreneurs* et l'administration,
à l'occasion des marchés de travaux publics, ne peut pas
s'interpréter en un sens restrictif, sous le prétexte qu'en

parlant des entrepreneurs elle n'a pas parlé de leurs
créanciers. Ne pas nommer ceux-ci, ce n'était pas les
exclure. Devant les tribunaux, le créancier représente
son débiteur; il est son ayant cause; il est, par une
fiction légale, mais très-réelle, ce débiteur lui-même.
La loi du 28 pluv. an VIII, en donnant aux entrepreneurs le droit de porter leurs réclamations contre le
décompte devant les Conseils de préfecture, appelle donc
virtuellement à l'exercice de ce droit tous ceux qui, d'a-
près la loi commune, ont la faculté d'agir en son nom
et en son lieu et place.

Pour que l'interprétation contraire fût admissible, il
faudrait que l'application des principes ordinaires ne
fût pas compatible avec la nature et l'organisation particulière des juridictions administratives. Mais il n'en
est pas ainsi. On admet les héritiers à la discussion du
décompte, et il le fallait bien, en vérité, à moins de déclarer l'administration libérée quand l'entrepreneur vient
à mourir avant le règlement définitif de l'entreprise.
Mais pourquoi donc en écarter les créanciers? Dira-t-on
qu'ici des difficultés particulières peuvent se présenter;
que l'intervention des tiers fera naître des questions
préjudicielles dont la solution devra être renvoyée devant les tribunaux administratifs? Mais verra-t-on là
un argument vraiment sérieux? Tous les jours, les conseils de préfecture sont tenus de s'arrêter devant des
questions préjudicielles. C'est un inconvénient inévitable, parce qu'il est la conséquence même de la nature
de l'institution et du caractère exceptionnel des juridictions administratives. — Dira-t-on, enfin, que les débats
sur le compte, entre l'administration et les tiers, sont
pour ainsi dire impossibles, parce que les éléments du
procès sont, en partie au moins, entre les mains de l'entrepreneur? Je reconnais la gravité de l'objection au

point de vue pratique. Mais je ne puis y voir un obstacle insurmontable à l'exercice d'une faculté reconnue et consacrée par la loi. Il ne faut pas, d'ailleurs, s'en exagérer l'importance. Les réclamations de l'entrepreneur ne sont recevables devant le Conseil de préfecture que lorsqu'elles ont été formulées dans les dix jours de la présentation du décompte, avec motifs à l'appui. Le droit de ses créanciers est naturellement subordonné à l'accomplissement de cette formalité. Ils ne peuvent poursuivre le redressement de leurs griefs contre le décompte qu'autant que cette condition a été remplie. Il n'y a donc pas à craindre que leurs réclamations s'égarent et se multiplient à l'infini. Enfin, la crainte de s'exposer à des frais inutiles, quand ils n'auraient pas en main la justification de leurs demandes, rendrait leur intervention très-rare et sans danger pour l'intérêt public.

470. — En ce qui concerne les sous-traitants de l'entrepreneur principal, les arrêts se fondent spécialement sur les dispositions de l'art. 4 du cahier des clauses et conditions générales, d'après lequel l'entrepreneur ne peut céder tout ou partie de son entreprise. On en tire la conséquence que le sous-traitant qui a contracté au mépris de cette clause a dû s'attendre à n'avoir affaire qu'avec l'entrepreneur.

Mais il me semble que le Conseil d'État s'est mépris sur la portée de cette prohibition, édictée uniquement en vue de l'exécution des travaux. (Voy. 19 mars 1848, *min. des trav. publ.*, 649; 26 mars 1850, *Painchaux*, 314.) — L'administration, qui soumet l'admission de l'adjudicataire à des conditions d'aptitude, ne veut pas comme le dit expressément l'art. 4, qu'au moyen de sous-traités « les travaux soient abandonnés à des spéculateurs inconnus ou inhabiles. » Mais l'exclusion des sous-traités n'implique pas la négation des droits attachés en général à la qualité de créancier.

Les sous-traitants ne viennent pas demander à l'administration le règlement de leur entreprise. Ils n'entendent pas faire intervenir dans le débat les conditions particulières de leur traité. L'administration est étrangère à ces conventions ; elle les interdit, et il est juste que ce compte particulier se règle en arrière d'elle et devant les juges ordinaires. Mais ce que les sous-traitants peuvent demander, c'est, en leur qualité d'ayants cause de l'entrepreneur principal, le règlement du compte qui est dû à celui-ci, abstraction faite de ses obligations envers eux. Ils se présentent alors, en un mot, comme créanciers de l'entrepreneur, et non pas comme sous-traitants. L'interdiction des sous-traités contenue dans l'art. 4 n'a donc rien à faire ici. — L'administration n'est pas fondée à dire qu'ayant traité avec l'entrepreneur seul, elle ne connaît pas, même pour ce qui concerne l'établissement du compte, les tiers qui exercent ses droits. Car c'est là le sort commun de tous ceux qui contractent des obligations réciproques et qui ont des comptes à régler avec une personne ayant des créanciers. On ne peut y échapper que dans les cas formellement prévus par la loi. Or, nous le répétons, la loi est muette, et l'art. 4 des condit. génér. n'a pas la portée d'une stipulation de nature à écarter les créanciers de l'entrepreneur.

471. — Quel que soit le mérite de ces considérations, la jurisprudence du Conseil d'État ne paraît pas disposée à en tenir compte et n'admet pas même les cautions à la discussion du décompte, si l'entrepreneur est seul désigné dans le procès-verbal de l'adjudication. (6 juin 1830, *Gogcœcha;* 14 juill. 1830, *Jouvenel*, 367; 15 mars 1849, *Rouvillois*, 152.) Cependant, aux raisons que nous

venons de signaler, vient s'ajouter celle-ci, savoir que si la caution n'est pas précisément partie au contrat, cependant elle est connue de l'administration, par laquelle elle a dû être agréée. De plus, l'État possède, en vertu de la loi du 4 mars 1793, une hypothèque sur les immeubles affectés par les tiers à la garantie des obligations de l'entrepreneur. Ne semble-t-il pas conséquent de donner à celui qui s'est porté caution le droit de défendre ce gage, en prenant part à la discussion du décompte, puisque sa dette s'élève ou s'abaisse suivant que le solde dû à l'entrepreneur est plus ou moins élevé ?

472. — Ce qui montre bien le vice du système adopté par le Conseil d'État, c'est l'exception qu'il admet pour le cas où l'entrepreneur est tombé en faillite. On ne voit pas alors qu'il fasse difficulté de reconnaître aux syndics le droit d'intervenir dans les débats du compte. — Or, qu'est-ce qu'un syndic, sinon le représentant de la masse et de chacun des créanciers, agissant en leur lieu et place, et exerçant leurs droits ? — A ce point de vue, il paraît certain que si les créanciers, pris individuellement, n'ont pas le droit d'agir, les syndics, considérés comme leurs représentants, devraient être également déclarés non recevables. Le Conseil admet, au contraire, leurs réclamations, appliquant ainsi les dispositions du droit commun en matière de faillite. — Vainement dirait-on, pour justifier cette exception à sa propre jurisprudence, que, dans le cas de faillite, l'entrepreneur lui-même est destitué de l'administration de ses biens et du droit d'ester personnellement en justice, et qu'il faut bien admettre, en son lieu et place, les représentants que la loi lui a donnés. Car il n'eût pas été plus contraire à la loi de refuser, dans le cas de faillite, tout droit d'action aux syndics que de le refuser aux

créanciers lorsque la faillite n'est pas déclarée. Le Conseil pouvait déclarer les règles en matière de faillite inapplicables devant les juridictions administratives aussi bien que toute autre règle empruntée au droit commun. Si l'entrepreneur failli est légalement empêché d'agir, il peut l'être physiquement dans l'autre hypothèse : il peut être interdit, ou sous le coup de poursuites criminelles ou absent; il peut apporter des lenteurs calculées à l'établissement du compte, en un mot, compromettre volontairement ou involontairement les intérêts de ses créanciers, ce qui nous paraît suffire pour expliquer et justifier, sans exception, leur intervention devant la justice administrative. Il n'y a pas, tout au moins, de raison pour leur permettre d'exercer ce droit par l'intermédiaire des syndics de la faillite, et le leur interdire personnellement.

473. — Soit l'action de l'entrepreneur ou de ses héritiers, soit l'action des créanciers ou des syndics de la faillite doit être dirigée contre l'administration qui a fait exécuter les travaux. — L'État, les départements ou les communes doivent être mis en cause suivant qu'il s'agit de travaux publics généraux, départementaux ou communaux. Il n'y a pas à se préoccuper, à ce point de vue, des subventions fournies par des parties intéressées. Ainsi il arrive souvent que l'État contribue à l'exécution de travaux exécutés pour le compte d'une commune, et que, de même, une commune ou un département s'engagent à verser un certaine somme pour l'exécution d'un travail d'utilité générale. Dans le premier cas, les travaux n'en conservent pas moins leur caractère de travaux communaux; dans le second, ils ne perdent pas celui de travaux de l'État. Voilà ce qu'il ne faut pas oublier quand il s'agit de savoir contre qui l'action à fin d'exécution ou de règlement du

marché doit être intentée. (26 mai 1846, *Escarraguel*, 290.)

474. — Les mêmes règles doivent être observées en matière de travaux exécutés pour le compte des départements. — D'après la loi du 10 mai 1838, sur l'administration départementale, le préfet exerce les actions intéressant le département, véritable personne morale distincte de l'État. Le préfet seul a donc qualité pour réclamer contre le décompte, et réciproquement c'est contre lui seul que doivent être formées les réclamations des entrepreneurs.

475. — Le Conseil d'État a déclaré à plusieurs reprises qu'il fallait faire une exception à cette règle pour le cas où il s'agit de travaux aux routes départementales. — Il admet, par exemple, la recevabilité d'un recours formé par le ministre des travaux publics contre l'arrêté qui statue sur les réclamations de l'entrepreneur d'une route départementale. Il en donne pour motifs qu'aux termes de l'art. 24 du décret du 16 déc. 1811, « les travaux de construction, de reconstruction et d'en- « tretien des routes départementales sont projetés, les « devis faits, discutés et approuvés dans les formes et « les règles suivies pour les routes impériales, et que les « travaux sont exécutés sous la direction des ingénieurs « des ponts et chaussées. » (Voy. 9 août 1836, *min. de l'int.*, 393; 19 avril 1859, *Erambert*, 312; 8 mars 1860, *Dental*, 197; 20 juin 1861, *de Laverrie-Vivans*, 530.)

« Un pareil motif ne prouve nullement ce qu'il s'a- girait de prouver. Qu'importe que l'État en 1811, au moment où il se déchargeait de l'établissement, de l'en- tretien de certaines routes, ait à la fois accordé et im- posé aux départements les concours de ces agents pour ce service nouveau? Quel que soit leur propriétaire, les routes départementales intéressent éminemment la viabilité publique : celles d'entre elles qui acquièrent le plus d'importance sont destinées à être tôt ou tard éle-vées au rang de routes impériales ; enfin, pourquoi au-rait-on mis les départements dans le cas de créer, et par conséquent de rétribuer des fonctionnaires spéciaux, alors que le corps des ponts et chaussées existait et n'avait qu'à conserver une attribution dont il était déjà investi? Certes, il y a là plus de raisons qu'il n'en fallait pour expliquer et justifier la disposition de l'art. 24 du décret de 1811 ; mais il ne s'agit pas d'en enlever le bénéfice aux départements, puisque les ingénieurs rédigeront aussi bien les projets, dirigeront aussi bien les travaux, dresseront et débattront aussi bien les comptes, si l'ac-tion doit être exercée aux deux degrés de juridiction par le préfet au nom du département, que si elle ne doit l'être par lui qu'au premier degré.

« Signalons enfin, au point de vue pratique, les ré-sultats que va produire cette jurisprudence.

« Un conseil général se décide, par exemple, à cons-truire ou à rectifier une route départementale. Son vote ne suffit pas, mais il est indispensable pour une telle entreprise dont les frais doivent peser sur le départe-ment. L'opération s'exécute ; les ingénieurs dressent le décompte des travaux, et des difficultés s'élèvent à ce sujet entre l'entrepreneur et l'administration départe-mentale. Ces difficultés sont suivies devant le Conseil de préfecture au nom du département par le préfet, et il les y suit, soit comme demandeur, soit comme défen-deur, avec l'autorisation, ou au moins sauf la ratifica-tion du Conseil général. Le Conseil de préfecture statue, et nous supposons qu'il donne gain de cause sur la plu-part des chefs à l'entrepreneur. Examen fait de la déci-sion, le préfet ne croit pas qu'il y ait lieu d'en appeler, et le Conseil général partage son opinion, ou bien le préfet laisse expirer le délai du pourvoi sans consulter le Conseil général. Mais sur un rapport de l'ingénieur, le ministre des travaux publics en juge autrement. Désintéressé dans le débat, puisque ce n'est pas l'État qui payera, il saisit le Conseil d'État, et il le saisit soit contrairement à l'appréciation du préfet et du Conseil général, soit même sans les consulter, puisque les actions de l'État ne sont pas subordonnées à leur assentiment. Ainsi le département se trouve engagé, sans le savoir, peut-être malgré lui, dans un procès dont il sera seul à subir les conséquences.

« Mais, dira-t-on, ces conséquences ne peuvent jamais lui être onéreuses ; car, si le pourvoi du ministre est accueilli, le département en profitera, et, si ce pourvoi est rejeté, le département n'aura pas de dépens à payer, puisque l'État, devant le Conseil d'État, jouit de l'inexplicable privilége de n'être jamais condamné aux dépens. . . .

« L'assertion n'est pas toujours exacte. En effet, l'entrepreneur peut fort bien, dans l'hypothèse que nous avons posée, ne pas se contenter de défendre au pourvoi du ministre ; il peut fort bien, sur ce pourvoi, former un recours incident quant aux chefs de ses réclamations que le Conseil de préfecture n'avait pas accueillis, et si le Conseil d'État, rejetant le pourvoi principal, admet le recours incident (il y en a déjà des exemples), les condamnations prononcées en première instance contre le département seront aggravées à son détriment, sur un appel qu'il n'aura ni formé ni même autorisé. . . . .

« On ne dira pas, sans doute, que le droit d'action accordé au ministre n'exclut pas celui du département. En pareille matière, la même action ne peut pas appartenir à deux personnes distinctes : il n'est pas possible

que le département soit recevable à contredire le ministre, ou que le ministre soit recevable à contredire le
département. Le ministre, assurément, peut et doit être
appelé à émettre son avis; il ne peut pas agir comme
partie, si cette qualité est reconnue au département, et
réciproquement[1]. . . . »

476. — Il ne peut pas s'élever de difficultés lorsqu'il
s'agit des réclamations de l'administration contre l'entrepreneur. — Elle s'adresse naturellement à celui avec
lequel elle a traité ou à ses héritiers.

Cependant on s'est demandé si, dans le cas où l'entrepreneur tombe en faillite, l'action ne doit pas être
dirigée uniquement et exclusivement contre les syndics.
En général, les syndics ont seuls qualité pour représenter le failli, privé, par le fait de la déclaration de
faillite, du droit d'ester personnellement en justice.
Mais il y a des circonstances, et c'est ce qui a lieu en
matière de règlement de décompte, où la présence de
l'entrepreneur au débat peut être, on le comprend, d'un
intérêt essentiel; cela suffit, croyons-nous, pour autoriser l'administration à l'y appeler ou à l'y maintenir.
Il a été jugé que lorsque l'entrepreneur chargé d'une
régie de travaux publics est tombé en faillite après
l'achèvement des travaux, et que l'administration, pour
le compte de laquelle ils ont été faits, intente une demande en dommages-intérêts, à raison de vices graves
et de malfaçons, l'action doit être dirigée à la fois contre
l'entrepreneur et contre les syndics : l'entrepreneur as-
signé personnellement ne peut être mis hors de cause.
Si l'art. 443 du C. de comm. exige qu'après la déclaration de faillite, toutes les actions mobilières ou immo-

1. Nous empruntons ces judicieuses observations à une disser-
tation remarquable de notre ancien confrère M. Reverchon. (Voy. le
*Droit* du 15 mai 1860.)

bilières soient exercées contre les syndics, aucune disposition législative ne défend d'appeler le failli en cause,
soit pour fournir des renseignements, soit pour répondre
aux conclusions qui seront dirigées contre lui personnellement. (26 juill. 1854, *Morèle*, 718.)

# TITRE IX

### DES PAYEMENTS ET DE LA DÉCHÉANCE.

---

## CHAPITRE PREMIER

### DES PAYEMENTS D'A-COMPTE ET DÉFINITIF ET DE LA RETENUE DE GARANTIE.

**477.** — En général, à moins de convention formelle, l'entrepreneur n'a droit au payement de ses dépenses qu'après l'achèvement intégral des travaux et leur réception définitive. Mais cette règle est d'une application impossible en matière de travaux publics. On ne trouverait pas d'adjudicataire assez riche pour avancer les sommes énormes nécessaires à la confection des travaux exécutés pour le compte de l'État, des départements et quelquefois même des communes. Les cahiers des charges contiennent donc des clauses qui autorisent l'administration à verser des à-compte en cours d'exercice.

478. — Aux termes de l'article 15 du cahier des Clauses et conditions générales, il peut « être accordé « des à-compte sur le prix des matériaux approvisionnés « jusqu'à concurrence des quatre cinquièmes de leur « valeur.—De plus, l'article 34 porte que « les paye-« ments d'à-compte pour ouvrages faits s'affectuent en « raison de l'avancement des travaux, en vertu de man-« dats du préfet, expédiés sur des certificats de l'ingé-« nieur en chef, d'après les états fournis par l'ingénieur « ordinaire, *jusqu'à concurrence des neuf dixièmes de la* « *dépense*, et déduction faite des avances qui auront pu « être-délivrées sur les approvisionnements avant leur « emploi. »

479. — Le règlement du 28 septembre 1849 sur la comptabilité des travaux publics complète ces dispositions, en indiquant le mode à suivre pour la délivrance des certificats de payement.

« Lorsqu'il y a lieu de faire un payement à un entre-« preneur, l'ingénieur ordinaire rédige *un certificat* « *pour payement*, indiquant la nature et le montant des « dépenses.

« Cette pièce doit être accompagnée d'un décompte « en quantités et deniers des ouvrages exécutés et des « dépenses faites par l'entrepreneur pour justifier la « proposition du payement. Le décompte contient une « situation comparative des fonds ordonnancés mis à la « disposition de l'ingénieur ordinaire sur le chapitre du « budget qui doit supporter le payement proposé, et des « certificats pour payement précédemment délivrés.

« Le certificat pour payement et le décompte sont
« envoyés à l'ingénieur en chef : *le certificat de paye-*
« *ment est seul produit au payeur à l'appui du mandat.* »
(Art. 29.)

Les mandats de payement sont délivrés par les ingénieurs en chef : à cet effet, les préfets leur sous-délè-
guent les ordonnances de délégation mises à leur disposition par le ministre des travaux publics. (Art. 7.)

480. — Les articles 15 et 34 ne créent pas au profit
de l'entrepreneur un droit susceptible d'être exercé par
la voie contentieuse, et ne lui permettent pas d'obtenir
une indemnité, sous le prétexte d'un retard de payement pendant l'exécution des travaux. Telle est la disposition formelle de l'article 34, § 2, appliqué avec
rigueur par le Conseil d'État. (Voy. 6 mai 1836, *Rey-Gi-
raud*, 226 ; 31 janv. 1848, *Martenot*, 59 ; 24 mai 1854,
*Fougeron*, 494 ; 10 sept. 1855, *Troye et Danjou*, 626.)

La demande d'une indemnité doit être repoussée,
sous quelque forme qu'elle se présente. Ainsi, le prix
de l'adjudication n'étant rigoureusement exigible qu'a-
près la réception définitive, l'entrepreneur réclame vainement, avant cette époque, les intérêts des sommes restées entre les mains de l'administration. (22 août 1853,
*Morizot*, 866.)

Le défaut de payement n'autorise pas davantage la
suspension des travaux de la part de l'entrepreneur, et
l'expose à supporter les conséquences de la régie ou de
la résiliation prononcées à la suite de cette suspension.
(19 mars 1849, *Daussier*, 169.)

Enfin, la délivrance des mandats ne constitue pas
même un droit acquis au payement, et il appartient au
préfet, qui les considère comme délivrés à tort à l'entrepreneur eu égard à l'avancement des travaux, d'en ordonner la restitution. (1er déc. 1852, *Bertrand*, 574.)

**481.** — Heureusement pour les entrepreneurs, l'administration elle-même a un grand intérêt à la délivrance des à-compte, car de leur payement exact dépend, la plupart du temps, le succès de l'entreprise et son achèvement dans les délais fixés. Les retards ne sont donc pas aussi fréquents qu'on serait tout d'abord disposé à le croire. Dans l'usage, l'ingénieur ordinaire délivre chaque mois à l'entrepreneur un certificat de payement. « Très-souvent aussi, dans les entreprises importantes, il reçoit en outre, vers le 20, un mandat d'à-compte sur le mois de travail suivant. » (Voy. M. Chatignier sur l'art. 34.)

**482.** — Sur les sommes payées chaque mois à l'entrepreneur, l'administration est dans l'usage, dans le service des ponts et chaussées, de conserver le dixième de la dépense : ce dixième s'appelle *retenue de garantie*. L'art. 37 des Cl. et cond. génér. permet de stipuler que la retenue cessera de croître lorsqu'elle aura atteint un maximum déterminé.

La retenue de garantie pour les travaux du ministère d'État s'élève à une somme beaucoup plus considérable. Les à-compte proposés ne peuvent jamais dépasser les sept dixièmes de l'évaluation des travaux. (Art. 53.)

Au contraire, dans le service de la guerre, l'entrepreneur n'est jamais tenu en avance que du sixième de la dépense à faire dans l'année. (Art. 57, Dev.-Mod.)

La restitution des sommes retenues à titre de garantie n'a lieu qu'après la réception définitive. Toute demande antérieure à cette réception, soit qu'elle porte sur la totalité, soit qu'elle n'ait pour objet que le payement d'une provision, n'est pas recevable devant la juridiction contentieuse. L'entrepreneur n'a d'autre ressource qu'un recours par la voie gracieuse. (14 déc. 1837, *Dormont*, 545 ; 27 janv. 1848, *Legrand*, 30.)

483. — La retenue de garantie a principalement pour objet de pourvoir au payement des indemnités qui peuvent être dues par l'entrepreneur à des tiers. — L'art. 9, § 4 porte, en effet, qu'il ne sera entièrement soldé du montant de la retenue qu'après avoir justifié, par des quittances en forme, qu'il a payé les indemnités et dommages mis à sa charge. Et c'est dans l'intérêt de l'administration, et non pas dans l'intérêt des tiers, que cette clause a été insérée ; on a voulu qu'elle conservât entre les mains un gage suffisant pour répondre aux recours dont elle pourrait être l'objet en cas d'insolvabilité de l'entrepreneur. Les créanciers de celui-ci seraient donc mal fondés à se plaindre de ce que l'administration a jugé convenable de renoncer à l'exécution de cette clause. (12 juillet 1851, *Syndics Lespinasse*, 513.)

484. — Le payement du solde dû à l'entrepreneur se fait dans la même forme que les payements d'à-compte, c'est-à-dire par mandats du préfet expédiés sur les certificats de l'ingénieur en chef.

Le droit au payement s'ouvre par la réception définitive des travaux : mais, en fait, l'exercice de ce droit est retardé fréquemment par les contestations qui s'élèvent à l'occasion du décompte définitif. — Le § 3 de l'art. 34 des Cl. et cond. génér. vient, en ce cas, au secours de l'entrepreneur. Il porte : « Si, les travaux étant entière- « ment reçus, l'entrepreneur ne pouvait pas être entiè- « rement soldé à l'expiration du délai de garantie, il « pourra prétendre à des intérêts pour cause de retard « de payement de la somme qui lui restera due à dater « de cette époque. »

Les cahiers des charges dérogent quelquefois à l'art. 34 en reportant le point de départ des intérêts au jour de l'approbation par le préfet du procès-verbal de réception (7 mai 1857, *Lépaulle*, 379) ; ou au contraire, en

rendant exigible tout ou partie du solde avant la réception définitive. (12 avril 1851, *Béguery*, 268.)

485. — Les intérêts du solde, alloués au taux de
5 pour 100 (voy. 10 août 1850, *Lance*, 751 ; 7 mai 1857,
*Lépaulle*, 379), ne courent pas de plein droit à dater
du jour de la réception définitive. Aux termes de
l'art. 1153 du C. Nap., une demande est indispensable
pour faire courir les intérêts fixés par la loi, et il n'y a
aucune raison pour ne pas appliquer cette disposition
en matière administrative.

Il a été jugé que si, d'après l'art. 34 des Cond.
génér., les entrepreneurs dont les travaux ont été définitivement reçus sont fondés à réclamer les intérêts des
sommes qui leur sont dues, ces intérêts ne peuvent remonter, aux termes de l'art. 1153 du C. Nap., au delà
du jour de la demande qui en a été faite (26 juill. 1856,
*Min. des trav. publ.*, 562) ; — que les intérêts des sommes
dues à l'entrepreneur courent seulement du jour où ils
ont été demandés et non pas de l'expiration du délai de
garantie, ou à partir de l'époque où les demandes par
lui faites, à l'effet d'obtenir son solde, ont eu le caractère de mise en demeure. L'art. 1153 du C. Nap. doit
s'entendre en ce sens que les intérêts sont dus du jour où
il y a demande d'intérêts et non pas seulement demande
du capital (voy. 24 mars 1853, *Lespinasse*, 383 ; 26 déc.
1856, *Brousse*, 733) ; — que les intérêts auxquels, d'a-
près le cahier des charges de son entreprise, un entrepreneur peut prétendre, ne courent pas de plein droit à
l'expiration du délai de garantie, lorsqu'il n'existe pas
à cet égard dans le marché une stipulation spéciale,
mais seulement du jour de la demande. (10 déc. 1857,
*Crouy*, 810 ; voy. enc. 1er déc. 1849, *Syndicat de la digue
de Balafray* ; 10 août 1850, *Hiers Lance*, 751 ; 5 avril 1851,
*Dagieu*, 251 ; 20 janv. 1853, *Raoult*, 151 ; 22 août 1853,

*Morizot*, 866; 26 juill. 1855, *Rouvière*, 562; 25 juin 1857, *Petit*, 780; 19 avril 1859, *Fournier*, 314; 3 juill. 1861, *Girard*, 577.)

Les intérêts des sommes, devenues exigibles postérieurement à la demande des intérêts, ne sont dus qu'à partir du jour de l'échéance (7 avril 1859, *ville de Périgueux*, 269.) Si on ne peut préciser le jour de la demande, les intérêts courent seulement à partir du 31 décembre de l'année dans laquelle la réclamation a été présentée (10 mars 1859, *Monot*, 189.) Mais, pour faire courir les intérêts, il n'est pas nécessaire que la demande en soit faite par la voie contentieuse. Il suffit qu'elle soit adressée au préfet ou au maire, suivant qu'il s'agit de travaux exécutés pour le compte de l'État ou d'une commune.

486. — L'administration est-elle fondée à refuser le payement des intérêts, lorsque le retard apporté à la délivrance du solde provient des difficultés inhérentes à la liquidation de l'entreprise?

Le § final de l'art. 34 semble avoir été inséré dans le cahier des charges en prévision de ces difficultés. Il porte que « si les travaux étant définitivement reçus, « l'entrepreneur ne pouvait pas être entièrement soldé... « il pourra prétendre à des intérêts... » Le rédacteur n'a pas eu en vue certainement le cas où les fonds manqueraient dans les caisses publiques : *Fiscus semper dives*. Les retards dont il s'occupe sont ceux qui sont la conséquence des débats relatifs à l'apurement des comptes.

Cependant la jurisprudence a fait à ce sujet plusieurs distinctions. — Si le retard dans la délivrance du solde provient de contestations mal fondées élevées par l'entrepreneur, elle lui refuse tout droit aux intérêts. (15 mars 1849, *Bourdonnay-Duclesio*, 153; 10 mai 1851,

*Mourral*, 336; 8 déc. 1853, *Rouvière-Cabane*, 1036.) —
Réciproquement, elle condamne l'administration à les
payer, lorsque les difficultés suscitées par celle-ci paraissent sans fondement sérieux. (Voy. 6 mai 1836,
*Ghefaldy*, 228; 28 mars 1838, *Court*, 189; 10 janv.
1839, *Combe*, 23; 6 janv. 1853, *Schwind*, 46; 24 mai
1854, *Garreau*, 490.)

Enfin plusieurs arrêts ont posé comme règle que dans
le cas où le retard n'est que la conséquence de circonstances étrangères à l'administration, et non de contestations mal fondées, les intérêts ne sont pas dus. (Voy.
16 mai 1837, *min. des trav. publics*, 165; 31 août
1837, *Saigne*, 456; 26 nov. 1839, *Thomas*, 543; 3 avr.
1841, *Puyoo*, 134; 15 mars 1849, *Bourdonnay-Duclesio*,
153.)

« Ces décisions nous paraissent prêter à la critique à
tous les points de vue; le payement des intérêts n'est pas
une peine, ce n'est qu'une restitution; il est dû, dit l'art.
1153 du C. civ. sans que le créancier soit tenu de justifier d'aucune perte. A admettre donc, en toute rigueur,
que l'administration pour laquelle les travaux ont été
exécutés puisse bénéficier des intérêts des sommes restant dues par elle à l'entrepreneur quand ce dernier a à
s'imputer les retards apportés aux payements, on ne
saurait comprendre pour quelle raison ce dernier, alors
qu'il n'a à ce sujet rien à se reprocher, serait privé de
l'intérêt des sommes qui lui appartiennent, et dont un
autre a sans droit profité. Le droit de cette autre partie aux intérêts de sommes dont elle est débitrice, doit
avoir une cause légitime; cette cause, où la rencontrer,
dans les espèces que nous examinons? Les retards, dit-
on, sont provenus des difficultés inséparables de toute
liquidation d'entreprise : mais l'existence de ces difficultés inévitables, étant comme un cas de force majeure,

ne peut pas plus nuire à l'entrepreneur que profiter à la partie stipulante. Il était donc rigoureusement nécessaire de se maintenir, en pareil cas, dans les termes du droit commun, et d'accorder les intérêts au créancier non soldé à l'échéance de sa créance. » (Voy. M. Delvincourt, p. 308.)

487. — Les sommes retenues à titre de garantie ne sont pas productives d'intérêts avant la réception des travaux. La retenue de garantie n'est, en effet, qu'une partie du prix de l'adjudication, et l'administration, nous l'avons vu, ne doit les intérêts de ce prix qu'après la réception définitive. (2 juin 1837, *Hayet*, 227.)

Même après la réception définitive, les intérêts de la retenue de garantie ne sont pas exigibles, lorsque l'entrepreneur n'a pas entièrement soldé les dommages dus aux propriétaires. La retenue, on le sait, a principalement pour objet de pourvoir au payement des indemnités qui peuvent être réclamées par des tiers à l'entrepreneur. D'après l'art. 9, § 4, il n'en peut obtenir le montant qu'après avoir justifié par des quittances en forme qu'il a payé les indemnités et dommages mis à sa charge. D'où il suit que, le principal n'étant pas dû tant que les quittances d'indemnité ne sont pas rapportées, les intérêts de la retenue ne courent pas même après la réception définitive. (Voy. 26 juil. 1855, *Rouvière*, 562 ; 16 fév. 1860, *Trône*, 125.)

488. — Les intérêts exigibles peuvent eux-mêmes produire des intérêts, quands ils sont dus pour une année entière, et quand, après cette période, ils ont été l'objet d'une demande spéciale. Cette demande fait courir les intérêts des intérêts à partir du jour où elle a été faite. (Voy. art 1154 du C. Nap. ; 26 juillet 1855, *min. des trav. publ.*, 562 ; 15 avril 1857, *ville d'Alger*, 267 ; 3 déc. 1857, *Com. de la Carneille*, 757 ; 15 avril 1858, *Roulet*, 303 ; 19 avril 1859, *Bodeau*, 309 ; 12 mai

1859, *Dép. des Ardennes*, 347 ; 18 juin 1860, *Hémery*, 486.)

489. — Le payement du solde a pour effet de libérer complétement l'administration envers l'entrepreneur désormais non recevable dans toute critique qu'il prétendrait élever contre le décompte (voy. 28 avril 1824, *Lapotterie*, 258; 2 juin 1837, *Hayet*, 227), sauf toutefois le cas où l'acceptation du mandat pour solde n'aurait eu lieu que sous réserve. (Voy. 16 nov. 1854, *Théaux*, 879, et *suprà*, n° 450.)

Ce payement a également pour effet de mettre obstacle à toute réclamation que l'administration pourrait, de son côté, adresser à l'entrepreneur. (Voy. 16 juillet 1857, *Gidel*, 553; 26 nov. 1857, *Pinel*, 748, et *suprà*, n° 450.)

A plus forte raison, un ministre ne peut, sans excéder ses pouvoirs, ordonner le reversement par un entrepreneur, sous menace de contrainte, d'une somme qu'il aurait reçue en trop dans le prix de ses travaux liquidés et payés, sans aucune contestation, lors de la liquidation. (22 sept. 1859, *Vinyes*, 660.)

Mais, si puissante qu'elle soit, la fin de non-recevoir qu'on prétendrait tirer du payement du solde cède devant l'autorité de la chose jugée. (Voy. 3 juillet 1861, *Girard*, 577.)

490. — Les contestations qui s'élèvent sur le décompte ayant pour résultat immédiat d'empêcher l'entrepreneur de toucher le solde qui lui est dû, le Conseil d'État lui accorde quelquefois une provision dont la délivrance doit lui être faite immédiatement, et à valoir sur le chiffre définitif de sa créance. (Voy. 24 mai 1854, *Garreau*, 490.) — Mais ce n'est pas là qu'une mesure de faveur : en droit strict, l'entrepreneur ne peut prétendre à aucune partie du solde avant la liquidation

définitive. (14 déc. 1837, *Dormont*, 545.) — Il y a
à cet égard, dans le cahier des charges, une lacune regrettable, et l'équité voudrait tout au moins que l'entrepreneur pût toucher immédiatement, sans crainte de
voir repousser par une fin de non-recevoir ses justes
réclamations contre le décompte, la somme que l'administration reconnaît elle-même lui devoir. Combien
de fois n'arrive-t-il pas que, pressé par les nécessités du
moment, il préfère renoncer aux demandes les mieux
fondées moyennant le chétif appoint que l'administration lui présente? La lutte n'est possible que pour celui
qui peut attendre, et combien peu d'entrepreneurs sont
dans ce cas !

491. — L'entrepreneur peut être empêché de toucher
le solde par des saisies-arrêts pratiquées à la requête
soit de ses créanciers particuliers, soit des créanciers de
l'entreprise, ouvriers et fournisseurs, auxquels un décret du 26 pluviôse an II accorde un privilége spécial
sur les fonds dus par le trésor public. (Voy. *infrà*,
titre X.)

Ces saisies-arrêts, quel qu'en soit l'auteur, ont été, de
tout temps, soumises à des règles particulières (voy. L.
des 14-19 fév. 1792 et 30 mai 1793). Toutes les dispositions relatives à cet objet ont été réunies dans un décret
du 18 août 1807, duquel il faut rapprocher l'art. 13 de
la loi de finances du 9 juillet 1836.

Outre les formalités exigées par le C. de procéd.
civ., la saisie-arrêt doit contenir la désignation de
l'objet saisi et énoncer la somme pour laquelle la
saisie ou l'opposition est faite. — Cette formalité,
prescrite à peine de nullité, a son explication dans les
exigences de la comptabilité, et elle est favorable au
saisi, parce que, d'après l'art. 4 du décret de 1807, la
saisie-arrêt n'ayant d'effet que jusqu'à concurrence de

la somme portée en l'exploit, il peut toucher l'excédant.

Les payeurs, agents ou préposés sur la caisse desquels les ordonnances ou mandats doivent être délivrés, ont seuls qualité pour recevoir les actes d'opposition ou de saisie-arrêt. Néanmoins à Paris, et pour tous les payements à la caisse du payeur central du trésor public, ils doivent être faits exclusivement, à peine de nullité, entre les mains du conservateur des oppositions, au ministère des finances. (Art. 13, L. du 9 juil. 1836.)

Ces fonctionnaires visent l'original. Ils sont tenus de délivrer, sur la demande du saisissant, un certificat qui tient lieu, en ce qui le concerne, de toutes les formalités prescrites par le titre 7, liv. V du C. de proc. civ. Ce certificat énonce qu'il n'est rien dû au saisi, ou le montant de la somme due, si elle est liquidée. Il fait de plus mention des saisies-arrêts antérieures, des noms et élections de domicile des saisissants, et des causes de leurs oppositions.

S'il survient de nouvelles saisies après la délivrance du certificat, le saisissant peut exiger un extrait contenant les mêmes énonciations.

Enfin les receveurs, dépositaires ou administrateurs, ne peuvent vider leurs mains sans le consentement des parties intéressées ou sans y être autorisés par justice.

492. — Tel est l'ensemble des formalités prescrites par les lois spéciales pour la validité des saisies-arrêts pratiquées entre les mains des agents du fisc. Leur effet est également soumis à des dispositions exceptionnelles. Nous avons déjà dit que, contrairement à ce qui a lieu en matière civile, la saisie-arrêt ou opposition n'a d'effet que jusqu'à concurrence de la somme portée

en l'exploit. (Art. 4, déc. du 18 août 1807; art. 8, L. du 8 juin 1793.)

L'art. 14 de la loi du 9 juillet 1836 limite de même l'effet de la saisie-arrêt quant à sa durée. D'après cet article, les saisies-arrêts, oppositions ou significations ne sont valables que pendant cinq ans à compter de leur date, si elles n'ont pas été renouvelées dans ledit délai, quels que soient d'ailleurs les actes, traités ou jugements intervenus à leur occasion. En conséquence, elles sont, après cette époque, rayées d'office des registres dans lesquels elles auraient été inscrites, et ne sont pas comprises dans les certificats prescrits par l'art. 14 de la loi du 29 juillet 1792 et par les art. 7 et 8 du décret du 18 août 1807. (Consult. instruct. du min. des fin. du 27 août 1845.)

# CHAPITRE II

## DE LA DÉCHÉANCE QUINQUENNALE.

493. — Les règles particulières de la comptabilité de
l'État ne permettaient pas, en matière de prescription,
l'application des règles consacrées par les lois civiles.
L'État ne pouvait sans danger rester pendant trente ans
exposé aux demandes de ses créanciers. A diverses reprises, des lois ont été promulguées dans le but de réduire ce délai et, en même temps, de fixer le caractère
et les conditions de la prescription spéciale dont il peut
se prévaloir. La première en date remonte au 24 frim.
an VI. Cette loi ordonna la liquidation de toutes les
sommes dues par l'État et déclara que tous ses créanciers
seraient tenus de produire leurs titres avant le 1er ger-
minal de la même année, sous peine de déchéance. —
Depuis cette époque, on trouve dans la législation un
grand nombre de dispositions analogues, parmi lesquelles
nous citerons les décrets des 25 févr. 1808 et 13 déc.
1809, les lois de finances des 15 janv. 1810, 28 avril
1815, 25 mars 1817 et 17 août 1822.

494. — Toutes ces lois ont un caractère commun.
Elles ont pour but de régler l'arriéré, d'en obtenir la
prompte liquidation, et de prononcer la peine de la
déchéance contre les créanciers qui ne présenteraient
pas leurs titres dans le délai imparti. En un mot, elles
gouvernent le passé, et ne statuent pas pour l'avenir.
Cette manière de procéder avait un immense inconvénient : elle plaçait les créanciers de l'État sous l'empire
de dispositions variables et susceptibles d'être incessam-

ment modifiées. — On comprit bientôt qu'il était convenable et possible de poser des règles uniformes, et de
fixer les principes essentiels de la matière. Dans ce but,
on inséra dans la loi de finances du 29 janvier 1831 les
dispositions suivantes : « Article 9 : Seront prescrites et
« définitivement éteintes au profit de l'État, sans préju-
« dice des déchéances prononcées par les lois anté-
« rieures ou consenties par des marchés ou conventions,
« toutes créances qui, n'ayant pas été acquittées avant la
« clôture des crédits de l'exercice auquel elles appar-
« tiennent, n'auraient pu, à raison de justifications suf-
« fisantes, être liquidées, ordonnancées et payées dans
« un délai de cinq années, à partir de l'ouverture de
« l'exercice, pour les créanciers domiciliés en Europe,
« et de six années pour les créanciers résidant hors du
« territoire européen. — Le montant des créances frap-
« pées d'opposition sera, à l'époque de la clôture des
« payements, versé à la caisse des dépôts et consigna-
« tions. Le terme de prescription des créances portant
« sur l'exercice de 1830 et antérieurs, est fixé au 31 dé-
« cembre 1834 pour les créanciers domiciliés en Eu-
« rope, et au 31 décembre 1835 pour les créanciers rési-
« dant hors du territoire européen. — Article 10. Les
« dispositions des deux articles précédents ne seront pas
« applicables aux créances dont l'ordonnancement et le
« payement n'auraient pu être effectués dans les délais
« déterminés par le fait de l'administration ou par suite
« de pourvois formés devant le Conseil d'État. Tout
« créancier aura le droit de se faire délivrer, par le
« ministre compétent, un bulletin énonçant la date de
« sa demande et les pièces produites à l'appui. »

Essayons de bien faire comprendre le sens et la portée
de ces articles dans leur application aux marchés de travaux publics.

495. — La déchéance établie par la loi de 1831 contre les créanciers qui ne font pas valoir leurs droits dans les cinq ans de l'exercice auquel leur créance appartient, emprunte aux considérations qui l'ont fait introduire un caractère d'ordre public incontestable. Le terme ordinaire de prescription a paru insuffisant pour exprimer la nature spéciale de la peine infligée aux créanciers négligents du trésor. Cette peine consiste dans une déchéance radicale et absolue. Elle ne comporte dès lors que les exceptions expressément prévues par la loi qui l'établit, et c'est à tort qu'on voudrait combler les lacunes de cette loi par les dispositions du droit civil. Réciproquement, il faut écarter toutes les analogies au moyen desquelles on chercherait à l'étendre à des cas autres que ceux qui ont été spécialement et expressément prévus. C'est le propre des lois exceptionnelles d'être soumises à une interprétation en quelque sorte judaïque, et de ne point admettre ces tempéraments, que les tribunaux sont disposés à adopter dans l'application du droit commun. Ces observations préliminaires étaient indispensables avant d'étudier les difficultés spéciales de la matière.

496. — En principe, toutes les créances sur l'État sont assujetties à l'application des lois relatives à la déchéance. — Les entrepreneurs de travaux publics ne peuvent, sous ce rapport, invoquer aucun privilége particulier : ils sont soumis à la loi qui régit tous les autres créanciers de l'État pour les sommes dont il est débiteur envers eux, sans distinction entre le principal de la créance et les frais faits dans le but de la conserver. La déchéance applicable au principal d'une créance atteint les frais faits à l'occasion de cette créance, dont ils sont l'accessoire et dont ils doivent suivre le sort. (2 juin 1837, *Pelletier-Dulas*, 218;

19 déc. 1839, *Mathieu de Reichsoffen*, 589; 8 fév. 1855, *com. de Prétin*, 115.)

497. — Toutefois, en disant que les créances de l'entrepreneur contre l'État tombent sous le coup des lois de déchéance, nous n'avons voulu parler que de celles qui sont le résultat du décompte. De tout temps, certaines créances dues à des causes particulières ont paru devoir être, à raison de leur nature, l'objet d'une exception spéciale. Parmi elles, figure en première ligne l'action en restitution du cautionnement versé par l'entrepreneur ou ses bailleurs de fond. Le cautionnement n'est pas autre chose qu'un dépôt. Or la créance qui naît du dépôt n'est pas régie par les lois applicables à toutes les créances en général. Ainsi, d'après l'art. 1293 du C. Nap., la compensation n'a pas lieu en matière de dépôt ; le dépositaire est tenu de restituer intégralement ce qu'il a reçu. Le dépôt est chose sacrée pour celui qui l'a pris en garde : il ne peut s'en emparer et le conserver sous aucun prétexte. — Frappé de la nature spéciale de l'action qui appartient au déposant, le législateur a tenu à la soustraire aux règles faites pour les autres créances sur l'État. Le projet de la loi du 9 juil. 1836, portant règlement définitif du budget de l'exercice 1833, contenait une disposition ainsi conçue : « La prescription « établie par l'art. 9 de la loi du 29 janv. 1831, sera « appliquée aux capitaux et intérêts des cautionnements « de toute nature versés au trésor public..... » Mais la commission de la Chambre des députés demanda la suppression de cet article. « Les cautionnements, dit M. Du- « faure, peuvent être fournis de trois manières : ou en « immeubles, ou en rentes, ou en sommes versées dans « les caisses sur l'État. Dans tous les cas, ce sont des « propriétés. Le cautionnement est une véritable pro- « priété qui ne cesse pas un instant d'appartenir à celui

« qui l'a versé, si bien qu'il en perçoit toujours les inté-
« rêts s'il est en fonds, les arrérages s'il est en rentes,
« et les fruits s'il est en immeubles. — Eh bien! ce qui
« est propriété dans tous les cas doit être assujetti à
« des règles semblables, et si vous veniez à décider
« qu'il y a prescription pour les cautionnements versés
« en numéraire, qu'ils sont perdus après cinq ans, il y
« aurait inégalité choquante entre les trois natures de
« cautionnements. Remarquons que nous-même nous
« avons senti que l'État ne pouvait rester toujours débi-
« teur ; nous lui avons donné le droit de les verser à la
« caisse des dépôts et consignations, pour que toutes les
« garanties lui soient accordées. Il n'y a rien de plus
« à lui donner. » C'est en effet ce que porte expressément l'art. 26 de la loi. Aux termes de cet article,
l'État est autorisé, à l'expiration d'une année après le
terme fixé pour le retrait du cautionnement, à en remettre le montant à la caisse des dépôts. Mais c'est le
seul droit qui lui appartienne, l'article combattu par
M. Dufaure ayant été rejeté sur les observations que nous
venons de rappeler.

Les fonds déposés au trésor par les entrepreneurs de
travaux publics ou par des tiers en leur lieu et place,
pour servir de cautionnement, sont donc affranchis des
peines portées par l'art. 9 de la loi du 29 janv. 1831,
contre les créanciers négligents du trésor public.
Quelle que soit, au surplus, la qualité des prétendant
droit, qu'il s'agisse des entrepreneurs ou des bailleurs
de fonds, la solution est la même. C'est toujours un dépôt dont la restitution est demandée, et il n'y a pas, dès
lors, de distinction à établir contre ceux qui exercent
l'action, du moment que leur droit au fond est reconnu.
(4 mai 1854, *Largey*, 380.)

498. — Ce même arrêt a décidé que les intérêts

du cautionnement ne participent pas au privilége accordé au cautionnement lui-même. Ils constituent une
créance ordinaire dont le payement reste soumis par
conséquent aux lois de déchéance. Mais cette solution
offre prise à une objection grave. Les intérêts du cautionnement sont l'accessoire du cautionnement lui-
même, et à ce titre il semble qu'ils en devraient suivre
le sort. Nous avons vu le Conseil d'État appliquer ce principe au cas où il s'agit de frais faits pour conserver une
créance atteinte par les lois de déchéance. Il déclare ces
frais prescrits avec le principal auquel ils se rattachent.
Ne serait-il pas naturel, par analogie, d'étendre l'immunité dont jouit le cautionnement aux intérêts qu'il produit?

499. — Quel que soit le titre sur lequel reposent les
créances dont le payement est demandé, il appartient
toujours au ministre compétent d'en refuser le payement,
si la demande n'a pas été présentée dans les délais prescrits. — Ainsi, il ne suffit pas à l'entrepreneur d'avoir
fait consacrer ses droits par le Conseil de préfecture
ou par le Conseil d'État. Vainement il invoquerait la
chose jugée résultant de décisions contradictoires et
définitives. La chose jugée ne protége que le fond
même de la créance; elle fait obstacle à ce que cette
créance soit l'objet d'un nouveau débat, soit quant à son
existence, soit quant à son *quantum;* mais elle ne s'oppose pas à ce que le ministre, auquel seul il appartient
de liquider les dettes à la charge du trésor (Art. 19, ord.
du 31 mai 1838), repousse la demande en payement,
si elle n'a pas été présentée devant les juges compétents
dans le délai imparti par la loi. (8 mars 1851, *Rivron*,
172.)

L'attribution conférée aux ministres est donc, comme
on le voit, complétement indépendante de la sphère

réservée aux tribunaux, soit administratifs, soit judiciaires. Elle consiste, comme l'a fort bien dit M. Dufour,
« à examiner toutes les créances sur le trésor public et
« à vérifier les titres qui les justifient, pour les admettre,
« les rejeter ou les réduire. C'est une garantie d'une
« nature toute spéciale, en vertu de laquelle les créan-
« ciers de l'État, alors même qu'ils se trouvent porteurs
« de titres régulièrement obtenus et susceptibles d'une
« exécution immédiate, selon les règles du droit privé,
« sont tenus, pour parvenir au payement, de passer par
« une juridiction nouvelle, pour faire reconnaître l'exis-
« tence et fixer la quotité de leurs droits. »

500. — Cette juridiction exercée par chacun des ministres, relativement aux dépenses de leur département,
n'est pas souveraine. Le Conseil d'État est juge d'appel
des contestations en matière de déchéance. C'est à lui
qu'il appartient d'apprécier définitivement si les conditions exigées par la loi se rencontrent et autorisent
l'application des dispositions qui la prononcent.

501. — Il résulte de ce que nous venons de dire que
les Conseils de préfecture ne doivent jamais être saisis
des questions de cette nature. Juges des contestations
relatives aux travaux publics, ils statuent sur le fond
même du débat, et ne sont pas appelés à prononcer sur
les difficultés qui se rattachent à la liquidation et à l'ordonnancement des créances. (Voy. 8 mars 1851, *Rivron*,
172 ; 12 mars 1854, *Reig*, 781 ; 27 nov. 1856, *Dudon*,
660 ; 3 fév. 1857, *Charpentier*, 90 ; 4 fév. 1858, *Hu-
baine*, 105.) — Le Conseil d'État lui-même n'en peut
connaître que sur le recours formé contre la décision
ministérielle qui prononce la déchéance. Lorsqu'il est
saisi de l'appel porté soit par l'administration, soit par
l'entrepreneur contre l'arrêté du Conseil de préfecture relatif au décompte, il n'a d'autre compétence que

I. 27

celle attribuée au premier juge ; et il ne peut, conséquemment, prononcer la déchéance, soit d'office, soit sur la demande de l'administration. Nous ne voulons pas dire que si le Conseil de préfecture avait statué à tort sur la déchéance, le Conseil d'État n'aurait pas le droit d'annuler son arrêté ; il est bien évident, au contraire, qu'il lui appartiendrait de déclarer l'incompétence du Conseil de préfecture. (Voy. les arrêts ci-dessus cités.) Mais il ne pourrait pas évoquer le fond, et devrait laisser au ministre le soin de l'apprécier lors de la liquidation.

La marche à suivre dans toute hypothèse se trouve ainsi indiquée. — Les attributions de la juridiction contentieuse, appelée à connaître des difficultés qui s'élèvent à l'occasion des travaux publics, sont nettement séparées de l'attribution spéciale conférée au ministre, et qui est uniquement relative à la déchéance. A la première, il appartient de statuer sur le fond du litige, de régler et de fixer ce qui est dû à l'entrepreneur, sans se préoccuper du point de savoir si sa créance est ou non atteinte par la déchéance ; et quand l'administration invoque prématurément devant elle l'art. 9 de la loi du 27 janv. 1831, elle doit se déclarer incompétente pour connaître de la difficulté qui s'élève à cet égard. Il est toujours temps, en effet, pour l'administration d'user des droits que cette loi lui confère, les décisions de la juridiction contentieuse sur le fond du débat ne faisant pas obstacle à son application. Tels sont les principes : ils ne comportent aucune exception.

502. — Le délai de la déchéance établie par la loi de 1831 a été fixé à cinq années pour les habitants du continent européen, à six années pour tous les autres créanciers.

503. — Mais quel est le point de départ de cette pres-

cription spéciale ? — D'après l'art. 9, les créances qui y sont soumises sont celles qui, n'ayant pas été acquittées avant la clôture de l'exercice auquel elles appartiennent, n'auraient pu être liquidées et payées dans un délai de cinq années *à partir de l'ouverture de l'exercice.* — Ainsi le payement de travaux exécutés dans le cours de l'exercice 1862 devra être demandé avant la fin de l'exercice 1866.

504. — Cette disposition semble, au premier aspect, assez claire et assez précise pour ne pouvoir donner lieu à des difficultés sérieuses ; il est bon cependant de s'y arrêter un instant.

La plupart des travaux ne s'achèvent pas dans un seul exercice. Le plus ordinairement, leur exécution demande plusieurs années. Dans ce cas, la créance de l'entrepreneur doit-elle être considérée comme unique, ou au contraire ne peut-on pas soutenir qu'elle se divise en autant de fractions qu'il y a eu d'années et par suite d'exercices? La déchéance n'atteint-elle pas dès lors toutes les dépenses faites avant les cinq dernières années? Il résulte de plusieurs arrêts que, lorsqu'il s'agit de créances qui s'augmentent par annuités, la déchéance est encourue pour les années antérieures aux cinq années qui ont précédé la réclamation. Ainsi dans une espèce où la réclamation avait pour objet des frais de garde annuels, le conseil a décidé que le réclamant n'avait droit qu'aux frais de la dernière période quinquennale. (Voy. 1er déc. 1853, *de Germigney*, 970.)

Mais les motifs qui ont dicté ces solutions ne se retrouvent pas ici. — La créance de l'entrepreneur n'est pas divisible entre les divers exercices pendant lesquels elle a pris naissance. Elle est née de l'exécution du marché, c'est-à-dire d'un fait qui, envisagé comme cause génératrice de créance, n'est pas susceptible de se fractionner. C'est, d'ailleurs, par la réception définitive des travaux que la créance de l'entrepreneur lui est définitivement acquise. Jusque-là il ne lui est rien dû, et les à-compte qu'il reçoit au cours de l'exécution ne constituent que des avances auxquelles il a si peu de droit que, d'après les dispositions du cahier des charges, tout retard de payement ne permet pas de suspendre ou même de retarder l'exécution des travaux. C'est donc la réception définitive qui est essentiellement le point de départ de la créance. Or, quand cette réception a-t-elle lieu? A la fin des travaux, c'est-à-dire dans le cours du dernier exercice. C'est donc à partir de ce moment que la prescription commence à courir.

505. — Dans les cinq ans à dater de la réception définitive, l'entrepreneur doit remettre à l'administration le décompte de son entreprise et les pièces nécessaires pour apprécier le mérite de ses réclamations. La remise de ces pièces est indispensable. Une réclamation pure et simple, dénuée de tout document justificatif, n'aurait pas pour effet d'arrêter le cours de la déchéance. Il faut, ce sont les termes exprès de l'article 9, que la demande soit appuyée sur des « justifications suffisantes. » Mais que faut-il entendre par ces expressions?

Une définition serait aussi dangereuse qu'inutile. La loi s'en remet évidemment sur ce point à la conscience du juge. C'est à lui d'apprécier si l'administration a été mise en demeure de faire droit aux demandes de l'entrepreneur, et si celles-ci étaient appuyées des pièces nécessaires pour permettre à l'administration de prendre un parti. — On comprend qu'à cet égard on ne doit pas se montrer trop exigeant, et qu'un formalisme extrême serait aussi contraire à la justice qu'au vœu même de la loi. Il y a des demandes dont la justification dépend de mesures à ordonner, comme cela arrive lorsque l'administration refuse à l'entrepreneur le prix d'une dépense, non portée au devis, qu'il prétend avoir faite sur l'ordre et avec l'approbation des ingénieurs. Exiger, en pareil cas, une justification, c'est-à-dire la preuve complète de la dette de l'État, ce serait méconnaître au plus haut point la pensée du législateur qui, en édictant la déchéance quinquennale, n'a pas voulu faire violence à la nature même des choses et a dû conséquemment tenir compte des conditions ordinaires de l'établissement des créances contre l'État.

506. — Pour toutes les dépenses dont la preuve dépend d'une vérification à ordonner, d'une expertise ou de l'aveu des agents de l'administration, il suffit donc à l'entrepreneur de demander ce qu'il croit lui être dû. L'administration est mise, par la réclamation, en demeure de contester, et elle doit appeler sans plus de délai son adversaire devant le Conseil de préfecture pour faire statuer sur les difficultés qui s'élèvent entre eux. Son inaction, si prolongée qu'elle soit, n'a pas pour effet de compromettre les droits de l'entrepreneur. L'art. 10 de la loi du 29 janv. 1831 suspend, en effet, le cours de la déchéance pendant tout le temps où le fait de l'administration met obstacle à la liquidation et à l'ordonnancement des créances. — Le Conseil d'État a fait une application remarquable de cet article dans l'espèce suivante.

Le sieur Bernard, entrepreneur des travaux du séminaire diocésain de Toulouse, termina ces travaux en 1836. — Dès 1837, il remit ses comptes détaillés au préfet, qui les adressa au ministère des cultes. Il s'engagea alors entre le ministère et le préfet une longue correspondance qui dura sept années. Le sieur Bernard n'avait cessé pendant tout ce temps de réclamer le payement du solde, ce qui n'empêcha pas l'administration de lui opposer la déchéance quinquennale. Le ministre des cultes, par une décision du 10 déc. 1846, jugea que l'art. 9 de la loi du 29 janv. 1831 était applicable à Bernard, faute par lui d'avoir saisi le Conseil de préfecture dans les cinq ans de la réception des travaux.

Cette décision exagérait la sévérité déjà si grande de cette loi. Sur le pourvoi du sieur Bernard, le commissaire du gouvernement fit remarquer que l'entrepreneur avait produit toutes les pièces desquelles il prétendait faire résulter sa créance; que si, en fait, le ministre n'y avait pas trouvé la justification complète de ses prétentions, c'était à lui qu'il appartenait de saisir le Conseil de préfecture; que la production faite par Bernard constituait le ministre en demeure de faire statuer sur le litige, et que son inaction ne pouvait nuire à l'entrepreneur étranger aux longs retards que la liquidation de sa créance avait éprouvés. Le Conseil d'État se rangea à cet avis. (23 juin 1850, *Bernard*, 608. Voy. enc. 28 juillet 1849, *Brunet*, 431; 6 avril 1854, H^{iers} *Theil*, 283; 21 déc. 1854, *Lebobe*, 996.)

On peut donc considérer comme certain que l'entrepreneur, après avoir remis au préfet ou au ministre ses mémoires et pièces à l'appui, n'est pas tenu, pour éviter la déchéance, de saisir le Conseil de préfecture dans les cinq années. Nous n'avons pas besoin d'ajouter que la prudence lui conseille cependant de prendre les devants; c'est le meilleur moyen d'éviter toute difficulté.

507. — L'exception au principe de la déchéance, admise par l'art. 10 de la loi de 1831 pour le cas où l'administration elle-même s'oppose, par son fait, à la justification de la créance, a été appliquée dans plusieurs autres circonstances. Nous citerons notamment un

décret du 10 janv. 1856 ainsi conçu : — « Considérant qu'il résulte de l'instruction, que, nonobstant la demande formée par le sieur Billard à l'effet de toucher les intérêts de son cautionnement, le préfet du Calvados a, pour garantir les droits du trésor, retenu le récépissé sur le vu duquel les intérêts devaient être touchés jusqu'à la liquidation définitive des comptes de l'entreprise, arrêtée par décision ministérielle du 7 nov. 1854 ; qu'il suit de là que c'est par le fait permanent de l'administration que le sieur Billard a été empêché de toucher les intérêts de son cautionnement et que la prescription ne peut, en conséquence, lui être opposée ; que dès lors c'est à tort que notre ministre des finances a rejeté la réclamation du sieur Billard à l'effet d'obtenir le payement des intérêts de son cautionnement à partir du 1er janv. 1840. » (10 janv. 1856, *Billard*, 32.)

508. — Pour interrompre le cours de la déchéance, les réclamations de l'entrepreneur peuvent être portées indifféremment devant la juridiction contentieuse ou adressées à l'administration. A cet égard les préfets sont considérés, aussi bien que les ministres, comme représentant l'État. (21 déc. 1854, *Lebobe*, 996.) Il suffit, comme nous l'avons déjà fait observer plusieurs fois, que l'administration ait réellement été mise en demeure de faire droit aux réclamations produites et qu'elle ait eu la possibilité d'en apprécier la valeur.

509. — C'est en se plaçant à ce point de vue que le Conseil d'État a plusieurs fois jugé que même les demandes formées devant l'autorité judiciaire peuvent avoir pour effet d'interrompre la déchéance. (10 mai 1853, *Touillet*, 535 ; 9 mars 1854 *com. d'Essoyes*, 175 ; 23 juillet 1857, *ville de Metz*, 568.) Mais il n'en faut pas conclure que les demandes portées devant la juridiction ordinaire aient toujours cet effet. Elles ne le

produisent que dans le cas où les tribunaux sont compétents pour connaître du litige engagé sur le fond du droit entre l'État et son créancier. La jurisprudence a plusieurs fois refusé d'appliquer l'art. 2246 du C. Nap., aux termes duquel la citation en justice, donnée même devant un juge incompétent, interrompt la prescription. Il n'attribue ce résultat qu'aux demandes régulièrement formées, et ne considère pas, comme ayant ce caractère, celles qui ont été portées à tort devant une juridiction qui ne pouvait en connaître. (23 juin 1848, *Fleurot*, 420; 19 mai 1853, *Touillet*, 535.)

En matière de travaux publics, la juridiction compétente pour connaître des difficultés qui se rattachent à l'exécution des travaux publics est le Conseil de préfecture, et, sur l'appel, le Conseil d'État. La déchéance ne serait donc pas interrompue par une réclamation formée devant l'autorité judiciaire. Ajoutons néanmoins que si celle-ci avait statué définitivement et tranché, non pas seulement les questions du fond, mais aussi le débat élevé devant elle sur la déchéance, la chose jugée produirait ses effets habituels, et le ministre ne pourrait plus s'armer contre l'entrepreneur des dispositions de la loi du 29 janvier 1831. (17 mai 1855, *Benech*, 350.)

510. — La déchéance, interrompue par une cause quelconque, reprend son cours quand cette cause a disparu. C'est ce qui arrive lorsque l'administration cesse d'apporter des obstacles à la liquidation, ou lorsqu'une décision définitive a été rendue sur le fond du litige par la juridiction contentieuse. Dans l'un et l'autre cas, l'entrepreneur doit s'empresser d'agir : autrement il s'expose à la déchéance s'il reste dans l'inaction jusqu'à l'expiration du terme de cinq ans, à partir de l'ouverture de l'exercice dans le cours duquel il lui était facile soit

de faire constater son droit, soit d'obtenir son payement. (26 juillet 1855, *Hayet*, 559.)

511. — Les entrepreneurs de travaux dépendant du
ministre de la guerre sont soumis à des dispositions
spéciales, plus rigoureuses encore que celles résultant
de la loi du 29 janvier 1831. Il résulte de l'art. 3 d'un
décret du 13 juin 1806, que « toutes réclamations rela-
« tives au service de la guerre et de l'administration de
« la guerre, dont les pièces n'auront pas été présentées
« dans les six mois qui suivent le trimestre où la dé-
« pense aura été faite, ne pourront plus être admises en
« liquidation. » L'art. 3 d'un autre décret en date du
12 déc. suivant a étendu cette déchéance particulière
aux sous-traitants, fournisseurs et ouvriers.

512. — Les lois de déchéance ont été faites dans
l'intérêt de l'État. Les départements et les communes
ne peuvent s'en prévaloir. Cependant cette règle souffre
exception en ce qui concerne les dépenses départementales qui sont acquittées sur le fonds commun, et que la
loi du 10 mai 1838 a effacées des budgets des départements pour les transférer aux budgets de l'État. « Le
budget départemental n'est, en réalité, qu'une fraction
du budget de l'État, au moins en ce qui concerne les
dépenses ordinaires. » (Circ. min. du 1er déc. 1838;
M. Cotelle, t. 1er, p. 181.)

# TITRE X

DU PRIVILÉGE DES FOURNISSEURS ET OUVRIERS SUR LES SOMMES
DUES PAR L'ÉTAT AUX ENTREPRENEURS DE TRAVAUX PUBLICS.

513. — Il importe au crédit de l'État que les fournisseurs et les ouvriers employés par les entrepreneurs des travaux exécutés à ses frais soient intégralement payés de ce qui leur est dû. En lui donnant la faculté de se substituer des tiers pour l'exécution des travaux immenses qui l'intéressent, la loi devait veiller à ce que ces entreprises ne devinssent pas une cause de ruine pour tous ceux qui y concourent. Or c'est ce qui arriverait fréquemment si on eût laissé l'entrepreneur maître absolu du prix de l'adjudication, et libre d'en disposer au détriment de ceux qui lui assurent ce prix par leur travail ou la fourniture des matériaux nécessaires à l'accomplissement de ses obligations. D'un autre côté, l'exécution des travaux doit être prompte; il est essentiel qu'elle ne soit pas entravée par le manque de fonds, et les fonds manqueraient à chaque instant si les agents du trésor étaient forcés de s'en dessaisir indistinctement, au profit de ceux qui justifieraient d'un droit de créance contre l'entrepreneur. Assurer le payement des ouvriers et des fournisseurs attachés à l'entreprise est, à ce double point de vue, une nécessité de premier ordre. Aussi, depuis le jour où la centralisation administrative a commencé à faire sentir ses bienfaits dans notre pays, l'État n'a-t-il cessé, dans l'intérêt de son crédit et de la prompte exécution des ouvrages, de protéger les ouvriers et fournisseurs contre les créanciers de l'entrepreneur pour des causes étrangères aux travaux.

M. Cotelle rappelle à ce sujet qu'en 1680, des créan-

ciers particuliers de l'entrepreneur des travaux de défense militaire exécutés à Saint-Omer ayant formé des
saisies-arrêts entre les mains du trésorier des fortifications, Louvois ordonna à l'intendant de dessaisir le juge
civil des contestations qui s'étaient élevées à ce sujet,
parce qu'il n'appartenait pas, disait-il, aux tribunaux
ordinaires de mettre des obstacles à l'exécution des
ouvrages publics entrepris sur les ordres du roi. (Voy.
*Cours de droit adm.*, t. 3, p. 297.)

514. — Toutefois, l'ancien régime ne laissait à cet
égard que des précédents administratifs; si la pratique
était assez conforme à ce qui existe aujourd'hui, elle
était, il faut bien le reconnaître, essentiellement arbitraire : car, ne reposant sur aucun texte, elle était
sujette à tous les abus qu'entraîne l'absence de règle
précise. Il appartenait au législateur moderne de fixer
irrévocablement les principes.

C'est ce qu'a fait la Convention nationale par un décret
du 26 pluviôse an II, rendu sur la proposition du député
Marrager et après avoir entendu le rapport de ses comités de législation, d'agriculture, du commerce, des
ponts et chaussées et de navigation intérieure réunis.
Voici le texte de ce décret :

« Art. 1er. Les créanciers particuliers des entrepre-
« neurs et adjudicataires des ouvrages faits ou à faire
« pour le compte de l'État ne peuvent, jusqu'à l'orga-
« nisation définitive des travaux publics, faire aucune
« saisie-arrêt ni opposition sur les fonds déposés dans
« les caisses des receveurs d'arrondissement, pour être
« livrés aux entrepreneurs ou adjudicataires.

« Art. 2. Les saisies-arrêts et oppositions qui auraient
« été faites jusqu'à ce jour par les créanciers desdits
« entrepreneurs ou adjudicataires sont déclarées nulles
« et comme non avenues.

« Art. 3. Ne sont point comprises dans les dispositions
« des articles précités, les créances provenant du salaire
« des ouvriers employés par lesdits entrepreneurs, et les
« sommes dues pour fournitures de matériaux et autres
« objets servant à la construction des ouvrages.

« Art. 4. Néanmoins les sommes qui resteront dues
« aux entrepreneurs ou adjudicataires, après la récep-
« tion des ouvrages, pourront être saisies par leurs
« créanciers particuliers lorsque les dettes mentionnées
« en l'art. 3 auront été payées. »

515. — Cette loi a créé, comme on le voit, un véritable privilége au profit des ouvriers et fournisseurs de
l'entreprise, et au préjudice des créanciers particuliers
de l'entrepreneur. Destinée à faciliter l'exécution des
travaux publics, en la débarrassant des entraves que les
créanciers personnels des entrepreneurs n'y apportaient
que trop souvent sous l'ancien régime, elle a consacré
une règle que l'équité sanctionne et que le Code Napoléon s'est appropriée, jusqu'à un certain point, en
matière de devis et marchés, lorsqu'il a accordé aux
ouvriers une action directe en payement contre le maître
débiteur de l'entrepreneur. (Art. 1798, C. Nap.)

Toutefois, il ne faut pas confondre le privilége créé
par le décret de pluviôse an II avec l'action directe accordée aux ouvriers par cet article 1798. Cette dernière disposition peut être utilement invoquée en matière de travaux publics; mais les effets du droit qu'elle
consacre sont de beaucoup moins énergiques que ceux
du privilége créé par le décret. D'une part, en effet,
l'action directe appartient seulement aux charpentiers,
maçons et autres ouvriers qui ont été employés à la
construction. Les fournisseurs ne peuvent l'exercer.
(Lyon, 21 janvier 1846, *Guesdon*, S. V. 46, 2, 262.) —
Au contraire, le décret de pluviôse nomme expressément

les fournisseurs et leur donne droit au privilége. — D'un autre côté, l'action directe accordée aux ouvriers contre le maître a bien pour conséquence de leur permettre de saisir les sommes qu'il doit à l'entrepreneur, et même de se les approprier au détriment des autres créanciers de celui-ci qui sont réduits à exercer, aux termes de l'art. 1166, les droits de leur débiteur, et qui, n'ayant pas plus de droits que lui, ne peuvent s'opposer au paye-ment des créanciers de l'entreprise envers lesquels le maître est directement et personnellement obligé. Ce droit est considérable sans aucun doute, et constitue une faveur précieuse, puisqu'il donne à une certaine caté-gorie de créanciers le moyen de se faire payer au détri-ment de ceux qui n'en font pas partie. Mais ce n'est pas là un privilége dans le sens légal du mot, et le béné-fice de l'action directe est loin de produire, en toute hypothèse, les mêmes résultats. Tandis que le privilége a pour effet d'imprimer à l'objet auquel il s'applique une marque indélébile qui s'oppose à ce que les tiers puissent, sous aucun prétexte, se l'approprier, et qui subsiste au profit du bénéficiaire, sans que celui-ci soit obligé d'agir en justice pour faire reconnaître et pro-clamer son droit de préférence, l'action directe ne cons-titue qu'un droit personnel qui n'est efficace qu'à la condition d'être exercé à temps et est sujet à se perdre faute de vigilance et d'activité. Ainsi la cession régu-lièrement faite par l'entrepreneur des sommes qui lui sont dues met obstacle à l'action directe des ouvriers quant aux sommes cédées : leur droit se trouve restreint à la partie qui n'a pas été transportée. (Cass. rej. 18 janv. 1854, *Fèvre*, S. V. 54, 1, 241.)—Or, nous verrons bien-tôt que le privilége résultant du décret du 26 pluviôse an II résiste à la cession. Il s'exerce malgré elle à quel-que date qu'elle ait eu lieu ; il fait toujours et péremptoirement obstacle à ce que l'entrepreneur favorise ses créanciers personnels au détriment des créanciers de l'entreprise. Les garanties que donnent aux ouvriers et fournisseurs les dispositions du décret de pluviôse sont donc plus nombreuses et plus solides que celles qui résultent de l'action directe.

Ajoutons que le privilége résultant du décret du 26 pluviôse an II est d'autant plus indispensable que l'art. 2103, § 4, aux termes duquel les architectes, entrepreneurs, maçons ou autres ouvriers, ont un privilége sur les ouvrages qu'ils ont édifiés, n'existe pas en matière de travaux publics. Le domaine public est inaliénable et ne peut pas tomber en expropriation. Or, comme la fin du privilége, c'est le payement sur le prix du gage, il fallait nécessairement que la loi assurât aux créanciers de l'entreprise un autre moyen de consolider leur créance [1].

516. — Cependant on a prétendu que le décret de pluviôse n'était plus aujourd'hui susceptible d'application, parce qu'il n'avait eu, à son origine, qu'un caractère provisoire. C'est tirer une conséquence erronée d'un fait incontestable. L'art. 1er porte, en effet, que le décret sera exécuté seulement « jusqu'à l'organisation définitive des travaux publics. » Ce qu'indiquait déjà son titre même, ainsi conçu : « Décret qui interdit *pro-* « *visoirement* aux créanciers particuliers la faculté de « faire des saisies-arrêts ou oppositions sur les fonds des- « tinés aux entrepreneurs de travaux pour le compte de « l'État. » Mais s'il est vrai que, dans la pensée de ses auteurs, le décret ne devait avoir qu'une durée transitoire, il est également certain qu'au moment où il a été rendu,

---

1. Les ouvriers de l'entreprise n'ont pas droit non plus au privilége accordé par l'art. 2101 aux gens de service. (Lyon, 6 mai 1842 ; Colmar, 31 décembre 1841.)

on avait le projet de rédiger un Code des travaux publics, où toutes les dispositions des lois spéciales, et notamment celles concernant le privilége des ouvriers et fournisseurs, auraient été refondues. Or, cette organisation définitive des travaux publics annoncée par l'art. 1er du décret est encore attendue. Toute la législation relative à cette importante matière est éparse dans des lois nombreuses, mises au jour quand le besoin s'en est fait sentir, mais sans ordre, sans plan d'ensemble et sans cette coordination qu'avait en vue le législateur de l'an II. Aucune de ces lois ne contient d'ailleurs l'abrogation formelle ou tacite d'un décret qui, bien que provisoire, répond à un besoin permanent, et qu'il serait déplorable de voir disparaître, s'il n'était immédiatement remplacé par des dispositions analogues. Loin d'avoir été abrogé, le décret du 26 pluviôse a reçu une consécration nouvelle, lorsqu'en 1810 le gouvernement l'a déclaré exécutoire dans les provinces hollandaises réunies à la France (Déc. du 8 nov. 1810)[1]. Enfin les tribunaux n'ont pas cessé d'en faire respecter les dispositions. (Voy. Poitiers, 18 fév. 1837, *Lombard*, S. V. 37, 2, 467.)

517. — Le privilége accordé aux ouvriers et fournisseurs est subordonné à quatre conditions. Il faut qu'il s'agisse : 1° de travaux publics ; 2° de travaux faits ou à faire pour le compte de l'État ; 3° de fonds déposés dans les caisses publiques pour être délivrés aux entrepreneurs ou adjudicataires ; 4° de créances ayant pour cause le salaire des ouvriers ou des fournitures de matériaux. C'est à la lumière de cette règle fondamentale que nous trouvons heureusement et nettement formulée dans un

---

1. Voyez aussi l'ordonnance du 13 mai 1829, qui applique le décret du 26 pluviôse an II aux créanciers des entrepreneurs de travaux publics dans les colonies.

récent arrêt de la Cour de cassation, rendu au rapport de M. le conseiller Laborie (voy. 18 déc. 1860, *sous-comptoir des entrepreneurs;* S.-V. 61, 1, 282), que nous allons rechercher : 1° à quels travaux le décret peut s'appliquer; 2° à quelles personnes il est accordé ; 3° sur quelles sommes il peut s'exercer ; 4° quelles sont les créances qu'il garantit. Nous examinerons ensuite quel est le rang du privilége en concours avec d'autres créances privilégiées, et, en dernier lieu, quel est le tribunal compétent pour connaître des difficultés qui s'élèvent à son occasion.

518. — Les fournisseurs et ouvriers n'ont droit au privilége que lorsqu'il s'agit de travaux entrepris pour *le compte de la nation.* Tels sont les termes de l'art. 1$^{er}$ du décret. Or, les priviléges sont de droit étroit; on ne peut les étendre par analogie d'un cas à un autre. Il ne peut être question, par exemple, en matière de travaux communaux, du privilége créé par le décret de pluviôse. Sans doute, les travaux communaux sont assimilés par la jurisprudence aux travaux publics, lorsqu'ils ont pour objet le domaine public communal. Mais les communes forment des individualités distinctes de l'État, et les fonds qu'elles destinent à leurs travaux ne sont pas versés dans la caisse des receveurs des finances, mais dans celle des percepteurs ou receveurs municipaux. Le texte du décret ne permettait donc pas son extension aux travaux communaux. (Voy. en ce sens : Cass. rej., 12 déc. 1831, *Coste,* S. V. 32, 1, 275 ; Lyon, 24 janv. 1846, *Guesdon,* S. V. 46, 2, 262; Angers, 31 mars 1852, *Caisse de la Sarthe,* S. V. 52, 2, 219; Cass. rej., 18 janv. 1854, *Fèvre,* S. V. 54, 1, 441 ; Caen, 20 juin 1859, *Mosselmann,* S. V. 60, 2, 51 ; Trib. de com. de la Seine, 29 mars 1860, *Syndics Rochart,* Le Droit du 31 mars 1860.)

Il en faut dire autant des travaux exécutés pour le compte des hospices ou des fabriques, ou même des associations syndicales. (Voy. Dal. Dép. v° Trav. pub., n° 1048.)

Toutefois, en ce qui concerne celles-ci, une exception doit être faite relativement aux travaux des associations formées pour l'exécution des digues destinées à mettre les villes à l'abri des inondations, en vertu de la loi du 28 mai 1858. — Cette loi a mis en effet ces travaux à la charge de l'État qui en fournit les fonds. Les contributions exigées des particuliers ont le caractère d'un véritable impôt. Elles tombent dans la caisse de l'État et s'y mêlent avec ses propres deniers. Il s'agit bien alors des travaux qu'avait en vue le décret et des fonds sur lesquels il entendait faire frapper le privilége.

519. — La question est beaucoup plus délicate lorsqu'il s'agit de travaux départementaux ; cependant nous pensons qu'elle doit être résolue dans le même sens, et que les sommes dues à l'entrepreneur sont affranchies de toute cause de préférence au profit des fournisseurs et ouvriers.

Depuis la loi du 10 mai 1838, il ne peut y avoir aucun doute sur le caractère de l'agglomération départementale. Les départements constituent des personnes morales, capables de tous les actes de la vie civile. Ils peuvent posséder, transmettre (art. 29), recevoir des legs (art. 31), emprunter (art. 34) et plaider même contre l'État. L'art. 36 suppose le cas où un litige existe entre l'État et le département, et il veut que l'action soit intentée et soutenue au nom du département par le plus ancien membre du Conseil de préfecture. La personnalité du département, qui a d'ailleurs ses ressources et ses fonds spéciaux, est donc essentiellement distincte de l'État, puisque la loi reconnaît qu'il a des intérêts propres, et consacre à son profit le droit de les faire prévaloir par les voies légales.

Les partisans du système contraire sont d'accord avec nous sur ce point; mais ils prétendent que la loi de 1838 a introduit un état de choses entièrement nouveau et, à coup sûr, inexistant au moment de la promulgation du décret du 26 pluviôse. Ils rappellent qu'aux termes de l'instruction donnée par l'Assemblée nationale, le 8 janvier 1790, pour servir à l'exécution du décret du 22 décembre 1789, sur la division de la France en départements, « l'État est un ; les départements ne sont que les « sections d'un même tout; une administration uniforme doit les embrasser tous dans un régime commun. » — Mais on fait observer que cette déclaration, toujours vraie au point de vue politique, n'a jamais eu, même à l'origine, le sens qu'on lui prête aujourd'hui.

« M. Herman, ancien conseiller d'État, dans un « traité fort estimé de l'administration départementale, « dit qu'on a donné à cette phrase de l'instruction de « 1790 une portée qu'elle n'avait pas, même dans l'es- « prit des rédacteurs de cette instruction, car, dès l'o- « rigine, on voit les départements admis à faire les prin- « cipaux actes de personnes *civiles*. Voici l'une des nom- « breuses preuves qu'il donne : La nation possédait alors « de nombreux édifices provenant des ordres religieux « supprimés; si les départements avaient été considérés « comme ne formant que des sections de l'État dans la « véritable acception du mot, l'Assemblée nationale « n'eût-elle pas mis immédiatement à la disposition des « administrations de département les bâtiments qui leur « étaient nécessaires? C'est ce qu'elle n'a pas fait, et « ces administrations durent acquérir de la nation des

« édifices et en solder le prix au moyen d'impositions
« établies sur les habitants de chaque département; et
« c'est dans le premier semestre de 1791 que furent
« rendues la plupart des lois spéciales à chaque dépar-
« tement qui autorisèrent cette acquisition.

« A la vérité, M. Vivien, rapporteur de la loi du
« 10 mai 1838, s'est exprimé ainsi : « Le département
« touche de si près à l'État tout entier, qu'il se confond
« *souvent* avec lui ; rarement il a des intérêts propres ;
« le plus ordinairement il n'est qu'une fraction du
« grand tout, une division purement administrative. »
« Si l'on pèse attentivement chacun des membres de
« cette phrase, on est loin d'y trouver un sens aussi ab-
« solu que celui qu'on voudrait lui donner. M. Vivien
« ne dénie pas absolument aux départements tout carac-
« tère d'individualité; il admet, au contraire, d'une
« manière implicite, que le département ne se confond
« pas toujours avec l'État, qu'il a quelquefois des inté-
« rêts propres, que, dans certains cas, il ne peut plus
« être considéré comme une simple division adminis-
« trative. L'opinion de M. Vivien ne peut donc être
« considérée comme concluante contre l'existence ci-
« vile des départements.

« Une preuve certaine de l'individualité administra-
« tive des départements résulte de leur système finan-
« cier. En effet, dès 1791, ils devaient pourvoir aux dé-
« penses particulières, mises à leur charge au moyen
« de sous additionnels perçus sur les contribuables de
« chaque département, et le produit de ces impositions
« appartenait au département qui les avait perçues. Le
« droit individuel de chaque département sur ces pro-
« duits ne résulte pas seulement de leur affectation ex-
« clusive aux dépenses locales : il a été formellement
« reconnu par un arrêté du 17 octobre 1801, et par un

« arrêté du ministre de l'intérieur, du 21 mars 1804,
« où l'on trouve cette phrase : « Le fonds des dépenses
« variables appartient au département où il est imposé. »
« M. Herman (déjà cité) résume ainsi son opinion :
« Nous pensons qu'au point de vue politique, celui qui,
« à nos yeux, guidait l'Assemblée nationale dans son ins-
« truction du 8 janvier 1790, les départements étaient
« et sont encore des sections du même tout ; ce principe
« forme et doit former la base du gouvernement de
« l'empire français ; mais, qu'au point de vue adminis-
« tratif, les départements étaient, en fait, dès leur ori-
« gine, et qu'ils sont aujourd'hui, en droit, de vérita-
« bles personnes civiles. »

Ces considérations, empruntées à un rapport très-re-
marquable de M. le conseiller Pécourt, ont reçu la sanction de la Cour suprême à l'occasion d'un pourvoi formé
contre un arrêt de la cour de Bordeaux. (Cass. rej, 9 août
1859, *Marionnaud*, S. V. 60, 1, 557.) L'arrêt, après
avoir constaté que les départements ont une existence
distincte de celle de l'État, et constituent de véritables
personnes civiles ayant leur individualité et leurs intérêts propres, ajoute, en conséquence, qu'en décidant que
le privilége accordé par le décret du 26 pluviôse an II
aux ouvriers et fournisseurs de matériaux pour l'exécution des travaux entrepris au nom de l'État, ne s'applique pas aux travaux et fournitures faits pour le compte
d'un département, la Cour impériale de Bordeaux, loin
de violer les articles 1 et 3 du décret susdaté, en a fait
une juste application. (Voy. Bordeaux, 30 nov. 1858,
même aff. S. V. 58, 2, 317 ; M. Cotelle, *Dr. adm.* ,t. 3,
nos 356 et suiv ; *Contrà* : Angers, 31 mars 1852 ; *Caisse
de la Sarthe*, S. V. 52, 2, 219 ; D. P. 53, 2, 22 ; M. Pont,
*Privil. et hypoth.*, no 56.)

520. — C'est toujours en s'appuyant sur le principe

que les priviléges sont de droit étroit et ne peuvent être étendus par analogie, qu'il faut décider que les créanciers pour fournitures et salaires dus pour les travaux exécutés par la liste civile, n'ont pas sur les fonds dus à l'entrepreneur le droit exceptionnel établi par le décret du 26 pluviôse an II, pour le cas où il s'agit de travaux exécutés pour le compte de la nation. — La Cour de cassation a jugé en ce sens que ces créanciers peuvent invoquer seulement le bénéfice de l'action directe accordée par l'art. 1798 du C. Nap. et que, par suite, ils n'ont aucun droit sur les sommes qui, avant leur opposition, ont été transportées à des tiers par des actes de cession régulièrement notifiés. (Cass., 18 déc. 1860, *Sous-comptoir des entrepren.; S. V. 61, 282.*) — L'arrêt en donne cette raison décisive que le privilége restreint par les termes mêmes du décret aux travaux publics pour le compte de l'État, « est sans application soit aux travaux qui, quoique faits pour le compte de l'État, n'auraient pas le caractère de travaux publics ou d'utilité générale, et, par exemple, à des travaux ayant pour objet une dépendance, non du domaine public, mais du domaine de propriété de l'État, soit enfin aux travaux qui, quoique d'utilité publique, ne seraient pas exécutés pour le compte de l'État, et, par exemple, aux travaux exécutés pour le compte des communes ou des départements ; — que, sous ce double rapport, il est sans application aux travaux exécutés pour le compte de la liste civile sur des immeubles, qui, dépendant du domaine de l'État, en ont été distraits quant à la jouissance et à l'administration, pour être affectés à la dotation de la couronne ; qu'il n'en est pas, en effet, des travaux ordonnés par le chef de l'État, comme usufruitier de ces immeubles dans l'intérêt ou les convenances de sa jouissance viagère, aux frais et pour le compte de la liste civile, et payables sur des fonds qui ne sont ni déposés dans les caisses publiques ni frappés d'une affectation spéciale, comme des travaux ordonnés par une loi ou en exécution des lois dans un but d'utilité générale et payables sur des fonds déposés avec cette affectation dans les caisses des receveurs des finances ; que, d'ailleurs, la liste civile, objet d'une organisation particulière, aux termes du sénatus-consulte du 1er déc. 1852, et du décret du 14 du même mois, demeure soumise en général aux règles du droit civil, sauf certaines modifications étrangères à la question soulevée par le pourvoi... »

521. — Un arrêt de la Cour de Poitiers en date du 9 mars 1859 (*Green c. Gœpfert* S. V. 59, 2, 284) et un autre arrêt de la Chambre des requêtes du 16 juillet 1860, rendu dans la même affaire (S. V. 60, 1, 896), ont posé en principe que le privilége de créance suppose par sa nature même l'affectation d'une chose ou d'une valeur au payement d'une dette, par préférence à tous autres créanciers, et que l'art. 3 du décret du 26 pluv. an II n'étant que la conséquence de ce principe, le droit de préférence créé par cette loi n'appartient pas aux fournisseurs et ouvriers employés par les compagnies de chemins de fer à leurs frais et non aux frais de l'État. Cette solution doit être approuvée, et il faut l'appliquer, en la généralisant, à tous les travaux publics faisant l'objet d'une concession. (Voy. Paris, 13 fév. 1860, *Jolly et consorts*; *Gazette des Trib.* du 16 fév. 1860.) Il est impossible d'assimiler la caisse d'une compagnie concessionnaire à la caisse de l'État. Les compagnies sont des associations essentiellement distinctes de celui-ci. Les fonds dont elles dirigent l'emploi sont leur propriété propre : elles n'en doivent compte qu'à leurs actionnaires et non pas aux agents du gouvernement.

Vainement a-t-on prétendu qu'étant substituées par les stipulations des cahiers des charges au lieu et place de l'État pour l'exécution des travaux concédés, elles doivent, dans leurs rapports avec les tiers, être soumises aux lois applicables à l'État. Cela est vrai en ce qui concerne l'exécution même des travaux. Mais, en leur donnant des droits plus étendus que ceux qui appartiennent d'ordinaire aux entrepreneurs de travaux publics, les cahiers des charges approuvés par les décrets de concession ne modifient pas néanmoins leur qualité et ne les confondent pas avec l'État dont elles empruntent parfois la puissance, mais auquel elles restent essentiellement étrangères. Les fonds que les compagnies affectent aux travaux ne sont donc pas les fonds de l'État, et les travaux qu'elles dirigent sont exécutés à leurs frais et non *au compte de la nation.* Si, la plupart du temps, l'État subventionne ces entreprises en garantissant aux actionnaires un minimum d'intérêt, cette garantie, soumise à la condition éventuelle que les produits de la ligne concédée ne suffiront pas pour couvrir l'intérêt garanti, ne constitue pas une valeur susceptible de privilége. Cette valeur n'entre pas dans la caisse des compagnies, et elle ne peut y recevoir l'empreinte et l'affectation spéciale qui caractérisent et constituent, au profit des tiers, le droit de préférence. Aussi la Cour de cassation a-t-elle fait remarquer avec justesse que cette garantie ne peut être considérée comme une participation à la confection des travaux; qu'elle ne constitue qu'un engagement éventuel destiné à soutenir le crédit de la compagnie et à inspirer de la confiance dans le succès de l'entreprise; que l'État n'est point tenu de fournir et d'avancer aucune somme pour la construction du chemin; d'où la conséquence que les fournisseurs et ouvriers sont dans l'impuissance d'indiquer le dépôt, dans une caisse publique, d'aucune valeur provenant de l'État et spécialement affectée au payement des entrepreneurs ou adjudicataires des travaux à exécuter, condition essentielle pour qu'aux termes de l'art. 3 du décret, le privilége puisse s'exercer.

522. — Dans un article récemment publié par la *Revue critique* (1860, tom. II, page 565), notre confrère, Me Hérisson, approuve cette jurisprudence. « Sans doute, « dit-il, le sieur Gœpfert soutenait à juste titre que les « motifs du décret de pluviôse, tirés de l'utilité générale « des travaux accomplis, militaient en sa faveur. Mais « c'est là une simple considération qui, comme interprète « d'une loi créatrice d'un privilége, ne saurait nous tou- « cher. Les priviléges, on le sait, sont de droit étroit, ils « doivent se restreindre rigoureusement dans les termes « de la loi, aucune raison d'analogie ne peut suffire à les « étendre au delà des limites qui leur sont tracées. » Nous partageons pleinement cette manière de voir, mais en déplorant la lacune regrettable qui existe dans le décret du 26 pluviôse an II; il n'y a pas de raison sérieuse à l'appui de la distinction qui résulte si clairement de son texte entre les travaux publics exécutés pour le compte de la nation, et ceux qui sont entrepris dans son intérêt et à sa place par des concessionnaires. Pourquoi les travaux communaux et départementaux ne seraient-ils pas également soumis, sous ce rapport, à la même règle? S'il est bon de soutenir le crédit de l'État par des dispositions protectrices, et d'éviter tout obstacle à l'accomplissement de ses projets, cela est essentiel aussi quand il s'agit des autres travaux publics. L'importance qu'ils ont prise dans les dernières années, importance que ne soupçonnait pas le législateur de l'an II, justifierait une assimilation à tous égards désirable. Espérons que lorsque viendra l'organisation défi-

nitive des travaux publics depuis si longtemps promise, on saura profiter de l'expérience acquise. — En atten-dant, les tribunaux ne peuvent qu'appliquer la loi dans toute sa rigueur et avec toutes ses conséquences : *Dura lex, sed lex.*

523. — Nous avons dit que la garantie d'un minimum d'intérêt, ne constituant qu'un engagement éventuel de la part de l'État et n'entrant pas effectivement dans la caisse de la compagnie, ne pourrait servir de matière au privilége. Mais il ne faudrait pas assimiler à cette hypothèse le cas où l'État contribue directement de ses deniers aux travaux exécutés soit par une compa-gnie, soit par une commune ou un département. Rien ne s'oppose à ce que cette contribution soit affectée au payement exclusif des fournisseurs et ouvriers. Du mo-ment que l'État paye en partie les travaux, il est juste de dire que ces travaux sont exécutés pour son compte, ce qui suffit pour justifier l'application du décret de plu-viôse an II. Il importe peu qu'en définitive les travaux ne doivent pas rester la propriété de l'État. C'est la subvention qu'il faut considérer et non l'intérêt du do-maine public. La Cour de Paris a jugé en ce sens que le décret de pluviôse est applicable au cas de travaux ayant pour objet de mettre les rues de Paris en état de viabi-lité, bien que l'exécution de ces travaux soit pour une moitié à la charge de la ville de Paris et seulement pour l'autre moitié à la charge du trésor. (30 juillet 1857, *syndics Leroy de Chabrol*, S. V., 58, 1, 200. Voy aussi Paris, 17 août 1853, *Cepré*, D. P., 54, 2, 104; 13 juil. 1861, *Sous-comptoir des entrepren. Le Droit* du 18 oct. 1861; M. Cotelle, t. III, n$^{os}$ 367 et 369.)

524. — Dans tous les cas où, l'État ne faisant pas les frais de l'entreprise, le privilége n'existe pas, les stipu-lations les plus précises du cahier des charges seraient

impuissantes à le créer. La loi seule, en effet, peut
déroger au principe de l'égalité des créanciers et constituer entre eux des causes de préférence. — (Voy. Caen,
20 juin 1859, *Mosselmann*, S. V. 60, 2, 51.)

525. — Comme tous les priviléges sur les meubles, le
privilége des ouvriers et fournisseurs est dispensé d'inscription. La loi n'a subordonné son existence à aucune
formalité. Les articles 1 et 3 du décret du 26 pluviôse,
le premier en interdisant aux créanciers particuliers de
l'entrepreneur de former des saisies-arrêts entre les
mains des receveurs de districts, le second en déclarant
valables celles qui seraient faites par les créanciers de
l'entreprise, semblent, il est vrai, avoir considéré ce
mode de procéder comme une condition sans laquelle
on ne serait pas admis à réclamer le bénéfice du privilége. Cependant il n'en est rien. Si la loi parle à
plusieurs reprises de la saisie-arrêt, c'est que le plus
souvent, en effet, le créancier est obligé d'y avoir recours pour obtenir le payement de ce qui lui est dû.
Le gage affecté à sa créance se trouvant entre les mains
d'un tiers, la saisie-arrêt est naturellement indiquée
comme le mode le meilleur et le plus convenable pour
assurer ce payement. Elle est nécessaire pour manifester au trésor public les droits des ouvriers et fournisseurs : elle ne l'est pas pour constituer le droit lui-même
qui existe en vertu des dispositions mêmes de la loi. De
sorte que, par exemple, en cas de faillite de l'entrepreneur, avant toute saisie-arrêt pratiquée par ses ouvriers
ou ses fournisseurs, ceux-ci auraient le droit de réclamer le privilége sur les sommes dues par l'État. Les
créanciers particuliers de l'entrepreneur se plaindraient
alors en vain de l'absence d'une formalité dont l'opportunité et la convenance sont abandonnées à la discrétion
des intéressés et qui n'est pas imposée comme une con-

dition essentielle pour créer à leur profit une cause légitime de préférence. (Voy. M. Hérisson, *loc. citat.*)

Remarquons que, dans le cas dont nous venons de parler, bien que la faillite ait en général pour conséquence de dépouiller chaque créancier de ses droits d'action, ce n'est pas aux syndics qu'il appartient d'exercer les droits des ouvriers et fournisseurs. Ceux-ci ne cessent pas de pouvoir saisir-arrêter les sommes dues par l'État, pour se les faire attribuer en dehors de la faillite.

En effet, les créanciers privilégiés sont, pour ainsi dire, les ennemis naturels de la masse. Il y a entre eux un antagonisme perpétuel qui s'oppose à ce que les syndics, représentants de celle-ci, restent les mandataires légaux et nécessaires des ouvriers et fournisseurs. La Cour de cassation a depuis longtemps décidé que, dans la lettre comme dans l'esprit du Code de commerce, les syndics ne peuvent représenter la masse des créanciers que dans les affaires qui présentent pour tous une unité d'intérêts, mais qu'il n'en peut pas être de même lorsque certains créanciers ont des intérêts opposés à ceux d'autres créanciers de la même faillite, parce qu'alors, l'unité d'intérêt cessant, chacun d'eux doit agir contre les autres dans son intérêt individuel et absolument distinct et séparé de celui de la masse ; — d'où il suit qu'ils ne peuvent plus être représentés par des syndics qui n'ont de caractère légal que pour représenter la généralité des créanciers réunis en masse. (25 juin 1814, *Quevremont*, Dal. *Rép.*, v° *Faillite*, n° 548.)

Il est difficile de concilier avec cette doctrine, aujourd'hui incontestable, la solution donnée par un arrêt de la Cour de Poitiers, en date du 16 mars 1838 (*syndics Chauveau*, S. V. 40, 2, 485), à la question de savoir si les ouvriers et fournisseurs sont obligés de recourir au ministère des syndics pour faire valoir leurs droits contre le trésor. — Il est certain, comme le dit cet arrêt, que le décret du 26 pluviôse an II n'a pas dérogé aux règles générales admises en matière de faillite. Mais en refusant aux ouvriers et fournisseurs le droit d'agir isolément pour faire proclamer et constater leurs droits, il nous paraît s'être mépris sur le sens et la portée de l'art. 533 du Code de commerce et sur le pouvoir qu'il confère aux syndics de la faillite. (Voy. Dalloz, rép. v° *Faillite*, n° 234.)

526. — A quelles personnes le privilége appartient-il? Il résulte de l'article 3 du décret que les ouvriers et les fournisseurs ont seuls le droit de le réclamer, les premiers pour leurs salaires et les autres pour le prix des matériaux et autres objets servant à la construction des ouvrages.

Les sous-traitants que l'entrepreneur principal se substitue pour l'exécution totale ou partielle des ouvrages compris dans l'adjudication, n'ont aucun droit de préférence à l'encontre de ses autres créanciers. — Il a été jugé en ce sens, en matière de travaux des ponts et chaussées, « que le sous-traité ne saurait engendrer « au profit du sous-traitant, ni droit ni action contre « l'administration qui y est restée étrangère, et lui donne « seulement droit et action contre l'entrepreneur prin- « cipal, son cédant et son obligé ; — que, dès lors, les « créanciers de l'adjudicataire peuvent faire saisir ces « sommes, au préjudice du sous-traitant, entre les mains « de l'administration, sauf au premier à exercer ses « droits comme créancier de l'entrepreneur. » (Limoges, 26 janvier 1848, *Pitance*, S. V., 48, 2. 303 ; M. Cotelle, t. 3, n° 353.)

L'arrêt de la Cour de cassation en date du 21 juillet 1848 (*Monard*), ci-dessus cité, a été à tort considéré comme ayant jugé le contraire et décidé que le privilége résultant du décret du 26 pluviôse an II peut être réclamé par les sous-traitants des entrepreneurs de travaux publics. (Voy. la notice de l'arrêt précité, et la note sur l'arrêt de la Cour de Bordeaux, en date du 21 novembre 1848, S. V., 49, 2, 270.) Jamais la Cour de cassation n'a décidé pareille chose. Il s'agissait dans l'affaire Monard, non pas d'un sous-traitant, mais d'un particulier dans la propriété duquel des matériaux avaient été extraits et qui, à titre de fournisseur, réclamait le privilége du décret sur les sommes dues à l'entrepreneur. L'arrêt n'avait donc pas à trancher la question sur laquelle la notice le fait statuer. — Ce qui apparemment a donné lieu à la méprise du rédacteur, c'est que le jugement attaqué avait refusé le privilége sous le prétexte que la loi de pluviôse, combinée avec un décret du 12 décembre 1806, ne l'accorde qu'aux sous-traitants et non pas aux fournisseurs de matériaux. On a pensé sans doute que la Cour de cassation, en annulant ce jugement, a entendu proclamer la thèse contraire, et décider conséquemment que la loi du 26 pluviôse an II accorde le privilége non-seulement aux sous-traitants, mais à tous les fournisseurs de matériaux. Mais, en réalité, l'arrêt n'a pas eu besoin de prendre le contrepied du jugement attaqué. — D'abord il a écarté le décret du 12 décembre 1806, relatif à l'administration de la guerre, et dont les dispositions ne pouvaient être combinées avec le décret de pluviôse, dans leur application à la cause, s'agissant de travaux des ponts et chaussées. Puis, il a constaté que les dispositions de ce dernier décret consacraient, au profit des fournisseurs, le privilége inutilement revendiqué par le demandeur en cassation devant les juges du fond. — Il n'y a dans cette décision fort exacte rien qui, de près ou de loin, soit de nature à faire penser que la Cour a voulu reconnaître aux sous-traitants un droit que ne leur donne pas le décret, par cela seul qu'il ne les nomme pas.

527. — Quelquefois les sous-traitants s'engagent à fournir les matériaux nécessaires à l'exécution de la partie des travaux qui leur a été rétrocédée par l'entrepreneur principal; ne doit-on pas, alors, les assimiler aux fournisseurs, et les faire jouir du privilége à raison de leur créance contre celui-ci?

Il faut faire ici une distinction. Ou bien les fournitures auront été faites directement par le sous-traitant, ou bien, au contraire (et c'est ce qui arrive le plus souvent), il aura eu recours à des tiers.

Dans le premier cas, nous n'hésitons pas à dire que le sous-traitant doit jouir du bénéfice du décret. Il se trouve alors dans la situation que la loi a prévue et à laquelle elle a voulu attacher le privilége. Il sera donc payé, à raison de ses fournitures, de préférence aux créanciers personnels de l'entrepreneur, et il viendra en concurrence avec les autres créanciers privilégiés. Dans la seconde hypothèse il en est tout autrement, et ce n'est pas aux sous-traitants, mais aux fournisseurs avec lesquels il a contracté lui-même que le privilége appartient. — Notons, en effet, que par le sous-traité il s'est mis au lieu et place de l'entrepreneur. Vis-à-vis des tiers associés à l'entreprise par la fourniture des matériaux qu'il a employés, il est l'entrepreneur lui-même, et, pas plus que celui-ci, il ne peut être admis à leur disputer le prix de l'adjudication. Autrement les sous-traités auraient pour résultat d'enlever, dans un grand nombre de circonstances, aux créances que la loi a voulu protéger, tout le bénéfice qui résulte de ses dispositions. — Les sous-traités, il ne faut pas l'oublier, sont interdits par les cahiers des charges. Ils jouissent souvent il est vrai, d'une tolérance de fait, mais cette tolérance ne peut, à coup sûr, faire obstacle à l'exercice des droits qui, lorsqu'il n'y a pas de sous-traité, sont entourés d'une protection spéciale.

A l'encontre des créanciers personnels de l'entrepreneur, la situation du sous-traitant est la même, et il n'a droit à aucune préférence, puisqu'il n'est qu'un intermédiaire entre les fournisseurs véritables de l'entreprise et l'adjudicataire, et que le sous-traité ne peut avoir pour résultat de créer une nouvelle classe de créanciers privilégiés.

Notons toutefois que, soit que le débat s'agite entre les sous-traitants et les créanciers de l'entreprise, soit qu'il s'élève entre eux et les créanciers personnels de l'entrepreneur, on devrait leur accorder le privilége à raison des sommes qu'ils justifieraient avoir payées aux fournisseurs et ouvriers. Ce ne serait là que l'application stricte de l'art. 1251 du C. Nap., et le privilége invoqué alors par le sous-traitant ne serait plus le privilége que nous lui refusons pour sa propre créance contre l'entrepreneur, mais celui qui est attaché à la créance qu'il a remboursée et aux avantages de laquelle il se trouve de plein droit subrogé. Le sous-traitant exerce alors les droits des ouvriers et fournisseurs qu'il a employés, et non plus ceux qui dérivent de son contrat avec l'entrepreneur. On ne peut donc alors assimiler cette créance à une créance purement personnelle.

528. — Les propriétaires dont les terrains ont été fouillés pour l'extraction des matériaux doivent être considérés comme des fournisseurs; ils ont par conséquent un privilége sur les sommes dues à l'entrepreneur. (M. Féraud-Giraud, *Des dommages*, p. 83.)

Toutefois, le principe a paru soumis à une condition, c'est que les terrains eussent été régulièrement désignés.

Lorsqu'il s'agit de fouilles et d'extractions opérées en dehors des limites fixées par les désignations adminis- tratives, on a pensé que la créance du propriétaire était une créance personnelle contre l'entrepreneur et n'avait pas droit aux garanties accordées aux créances nées à l'occasion de l'entreprise. (Voy. M. Cotelle, t. 3, n° 351.) Il nous est difficile de partager cette opinion. La dis- tinction qu'on propose conduit à ce résultat singulier que le propriétaire, contre lequel l'entrepreneur a commis une voie de fait, serait moins protégé que celui dont les terrains ont été fouillés après l'accomplissement des formalités prescrites par la loi. La jurisprudence, d'ac- cord avec la raison, repousse cette anomalie. M. Co- telle cite lui-même deux ordonnances des 15 juin (*Ri- gault*) et 29 juin 1847 (*Dupont*), d'après lesquelles l'entrepreneur qui excède les limites fixées par le devis ou l'arrêté de désignation des terrains perd le bénéfice de la juridiction administrative et se trouve soumis, pour l'appréciation de l'indemnité, aux règles du droit commun et aux tribunaux ordinaires. Comment donc la même voie de fait pourrait-elle, dans le cas qui nous occupe, avoir pour lui des conséquences favorables et affranchir les sommes qui lui sont dues d'un privilége auquel le propriétaire aurait droit, si l'entrepreneur n'avait rien à se reprocher?

Mais, d'un autre côté, il n'y a, au point de vue de l'application du décret du 26 pluviôse, aucune différence dans la nature même des créances qui naissent contre l'entrepreneur dans l'un ou l'autre cas. Toutes deux, quoi qu'on dise, sont des créances personnelles, la dési- gnation administrative des terrains fouillés n'ayant pas pour résultat de substituer ou d'ajouter la garantie de l'État à la garantie personnelle de l'adjudicataire. Mais toutes deux sont aussi des créances de l'entreprise, en ce sens que les matériaux provenant de l'extraction servent, dans l'un et l'autre cas, à la construction des ouvrages. Or, c'est à cette condition seule qu'est attaché le privilége créé par l'art. 3 du décret. (Voy. 19 juil.1854, *Léon*, 682.)

M. Cotelle n'admet pas non plus l'existence du privilége dans le cas où les terrains ont été fouillés à la suite d'une convention intervenue entre le propriétaire et l'entrepreneur. Mais on ne comprend pas vraiment pourquoi le propriétaire qui fournit les pierres ou déblais nécessaires aux travaux serait plus mal traité que les fournisseurs des bois et des fers. Ceux-ci n'ont pas à rapporter l'approbation administrative des contrats qui lient l'entrepreneur avec eux. La créance qu'ils invoquent est aussi une créance essentiellement personnelle. M. Cotelle a fait une confusion entre les dettes personnelles et les dettes particulières de l'entrepreneur. Celles-là seules, c'est-à-dire celles qui sont étrangères aux travaux, ne jouissent pas du privilége. Si le caractère personnel de ses obligations était pris en considération, on ne sait pas à quelles créances pourrait s'appliquer le décret de l'an II. C'est donc ajouter à la loi et faire une distinction là où la règle est générale que de refuser aux propriétaires des carrières ou terrains fouillés à la suite d'une convention le droit qu'on accorde à tous les autres fournisseurs. (Consult. le décret du 19 juin 1854.)

Il n'est pas besoin de dire que les créances d'indemnités à raison des dommages causés à la propriété par suite de l'exécution de travaux ne sont pas garantis par le privilége. — En pareil cas, les propriétaires ne peuvent pas être considérés comme des fournisseurs. L'art. 9 des Cl. et cond. génér. pour les ponts et chaussées porte seulement que « l'entrepreneur ne sera entièrement soldé et ne pourra recevoir le montant de la retenue pour garantie dont il est parlé dans l'art. 25 qu'après avoir justifié, par des quittances en forme, qu'il a payé les indemnités et dommages mis à sa charge. » — Cette stipulation, qui n'a d'ailleurs qu'un caractère contractuel, ne crée pas une cause de préférence au profit des propriétaires. Elle subordonne le payement définitif du solde dû à l'entrepreneur à l'acquittement de ses dettes envers eux, mais n'empêche pas l'effet des saisies-arrêts pratiquées par d'autres créanciers ou des transports régulièrement consentis.

529. — Le privilége frappe toutes les sommes dues à l'entrepreneur par le trésor. Mais n'atteint-il pas aussi le cautionnement qu'il a dû fournir au début de l'entreprise ?

Pour l'affirmative, on a dit « que le cautionnement est une garantie fournie au gouvernement par les adjudicataires de travaux publics pour la bonne exécution des travaux ; — qu'il est destiné à être rendu, après leur réception, à ces adjudicataires ; — que, par sa nature et par des motifs d'évidente équité, il rentre dans les dispositions de la loi du 26 pluviôse an II ; et qu'ainsi les ouvriers et fournisseurs doivent avoir, quant à ce cautionnement, le droit qu'elle leur attribue en termes généraux sur les fonds déposés dans les caisses publiques pour être délivrés aux adjudicataires. » — (Angers, 20 décembre 1850, *Nouette*, S. V. 50, 2, 172.)

Deux autres arrêts, l'un de la cour de Bordeaux, (21 nov. 1848, *Debrousse*, S. V. 49, 2, 270), l'autre de la Chambre des requêtes (31 juillet 1849, *même aff.* S. V. 49, 1, 747), se sont décidés en sens contraire, et c'est de ce côté, suivant nous, que se trouve la vérité. Les termes du décret du 26 pluviôse s'opposent à la première interprétation. Le privilége est accordé sur les fonds déposés dans les caisses des receveurs *pour être délivrés* aux entrepreneurs ou adjudicataires. Or, le cautionnement n'est pas remis par l'adjudicataire afin de lui être délivré. Déposé comme garantie de l'accomplissement de ses obligations, il lui est restitué après la réception des travaux.—C'est à tort que, dans l'opinion contraire, on a voulu se prévaloir de deux décrets des 13 juin et 12 décembre 1806 relatifs à l'administration de la guerre. S'il est vrai que ces décrets affectent spécialement le cautionnement au privilége des ouvriers, fournisseurs et sous-traitants, leurs dispositions ne peuvent pas, sous prétexte d'analogie, être étendues aux autres travaux publics. Enfin, c'est aussi vainement qu'on a prétendu qu'au point de vue du législateur de l'an II, aucune raison ne justifiait une distinction entre telle ou telle nature de fonds; que la mesure est générale et qu'elle doit l'être pour être efficace. Ce ne sont là que des considérations dignes d'être méditées par le législateur, impuissantes à justifier l'extension d'un droit exceptionnel au détriment des créanciers personnels de l'entrepreneur. La distinction que nous admettons, fût-elle essentiellement contraire à l'esprit qui a dicté le décret, on dépasse, en la repoussant, ses termes et leur sens clair et précis. Cela suffit, à coup sûr, dans la matière qui nous occupe, pour démontrer le vice de la solution consacrée par la Cour d'Angers. S'il y a une lacune dans la loi (et nous sommes assez disposé à l'admettre), ce n'est pas aux tribunaux qu'il appartient de la combler.

530. — Ce n'est qu'aux créances pour salaires ou pour fournitures de matériaux et autres objets servant à la construction que le privilége est attaché. Il ne faut pas sortir de là. Cela paraît tout d'abord assez facile. Cependant on s'y est quelquefois trompé.

Ainsi, un créancier s'est présenté, invoquant un arrêt rendu à son profit et qui condamnait l'entrepreneur à des dommages-intérêts à raison de l'inexécution d'une convention relative à des transports de matériaux. Ce créancier disait : Ma créance a droit au privilége, car elle est née à l'occasion de l'exécution des travaux ; je ne suis pas un créancier particulier de l'entrepreneur ; je suis un créancier de l'entreprise. Si l'entrepreneur m'avait laissé exécuter le contrat qui nous liait, j'aurais eu sans difficulté, pour le prix des transports, un privilége sur les sommes dues par l'État. Les dommages-intérêts qui m'ont été accordés ne tiennent-ils pas lieu de cette créance, et ne doivent-ils pas jouir des mêmes avantages ?

Cette prétention était inadmissible. Si pour avoir droit au privilége il faut avoir concouru aux travaux, soit par la main-d'œuvre, soit par la matière fournie, comment celui qui précisément se plaint d'en avoir été empêché par le fait de l'entrepreneur pourrait-il jouir du droit de préférence ? — C'est ce qu'un arrêt a fait remarquer avec beaucoup de justesse, en disant : « Que « l'on ne peut reconnaître à des dommages-intérêts le « même caractère qu'à la créance même qui serait due « à Minot si les transports avaient été effectués, puis- « que, dans ce dernier cas, il eût été créancier pour « avoir coopéré directement et matériellement à l'œu- « vre, tandis que, dans le cas dont il s'agit, il n'est « créancier des entrepreneurs que parce qu'ils l'ont « empêché de concourir à ces travaux, lesquels ont été « exécutés par d'autres auxquels le droit de saisie-arrêt « serait ouvert ; qu'ainsi Minot doit être rangé dans « la classe des créanciers particuliers des entrepre- « neurs... » — (Bourges, 16 juin 1852, *Allard*, J. du Pal. 1852, 2, 249.)

531. — Nous ne saurions, au contraire, souscrire à la doctrine d'un arrêt de la Cour de Dijon, en date du 25 août 1846 (*Girardot*, S. V. 48, 2, 398), suivant lequel le privilége n'existerait que pour les fournitures de matériaux et d'objets devant rester dans les travaux, et qui a refusé de l'accorder à un fournisseur des fers bruts employés à confectionner les outils des ouvriers et les waggons destinés à l'exécution des terrassements. — S'il faut prendre garde d'étendre les priviléges, il faut aussi éviter l'exagération contraire. Or, le texte du décret autorise parfaitement la solution que nous adoptons. Le privilége est accordé aux créances « pour fournitures de matériaux et autres objets servant à la construction des ouvrages. » Si l'on restreint ce privilége aux objets qui restent incorporés aux ouvrages, c'est-à-dire aux matériaux, on ne tient aucun compte des termes de la loi *et autres objets servant à la construction des ouvrages*. En employant ces expressions, la loi a voulu, sans nul doute, ajouter quelque chose à ce qu'elle avait dit auparavant. Elle n'avait parlé que des matériaux ; elle étend ensuite le privilége aux créances qui sont nées à l'occasion de leur mise en œuvre. C'est là une conséquence nécessaire et logique. Comment d'ailleurs ne considérerait-on pas la fourniture des outils et instruments nécessaires à l'exécution comme servant à la construction des ouvrages? Rien n'y est plus utile à coup sûr, rien n'y est plus nécessaire : le texte accorde donc le privilége au fournisseur. L'arrêt s'efforce de se justifier, en disant que les outils restent la propriété de l'entrepreneur, et « qu'il peut s'en servir « en tous autres endroits que ceux où sont les construc- « tions sur le prix desquelles le fournisseur voudrait « avoir privilége. » Mais, je le demande, en quoi cette considération touche-t-elle à la question? — Qu'importe

que les outils, les moyens de l'entreprise restent la propriété de l'adjudicataire, s'il demeure acquis que c'est pour l'entreprise dont les fonds sont saisis-arrêtés qu'ils ont été fournis? En quoi le droit de propriété de l'entrepreneur, sur les outils et ustensiles, peut-il faire obstacle au privilége sur le prix des travaux? Il n'y a entre ces choses aucune corrélation. Dira-t-on que le fournisseur peut exercer le privilége du vendeur d'objets mobiliers non payés? Mais ce privilége, qui ne constitue ici qu'une garantie tout à fait insuffisante, parce qu'il s'exerce sur des objets dont la détérioration est rapide et inévitable et qu'il s'éteint en cas de faillite de l'acheteur (voy. art. 550 C. de com.), peut-il nuire au privilége spécial résultant du décret et le faire disparaître? Personne ne le pensera. (Voy. cepend. M. Cotelle, t. 3, n° 349, qui au surplus ne fait que citer l'arrêt de Dijon et ne le discute pas.) — Un décret du conseil d'État, du 22 mars 1813 (*Rigolet*), semble avoir fait l'application des principes que nous défendons, en décidant que le créancier qui a fait des avances à l'entrepreneur, et qui est porteur des états de journées ou de comptes de fournisseurs payés directement par lui ou ses agents, de ses propres deniers, a droit au privilége. Il suffit, en effet, qu'il soit dûment constaté que l'argent fourni a servi à la construction des ouvrages.

532. — La faillite de l'entrepreneur n'a pas pour résultat de faire disparaître l'affectation spéciale qui résulte du décret. Si l'article 550 du Code de commerce déclare que « le privilége et le droit de revendication établis par le n° 4 de l'article 2102 du C. Nap., au profit du vendeur d'effets mobiliers, ne seront point admis en cas de faillite, » cette disposition exceptionnelle ne peut être étendue arbitrairement. Pour anéantir le droit spécial résultant formellement des articles 1

et 3 du décret du 26 pluviôse, il aurait fallu un texte également précis, ce qui n'existe pas. Si les priviléges ne peuvent pas s'établir par analogie, on ne peut pas davantage les faire disparaître par analogie. La loi qui les établit doit donc être respectée en matière de faillite, lorsqu'un texte formel n'en a pas interdit, dans ce cas, l'application. (Cass. 21 juillet 1847, de Monard, S. V. 48, 1, 342.)

533. — Mais, en admettant le privilége des ouvriers et fournisseurs en cas de faillite de l'entrepreneur, on a voulu le restreindre. D'après l'art. 549 du C. de com., le salaire acquis aux ouvriers employés directement par le failli pendant le mois qui aura précédé la déclaration de faillite, sera admis au nombre des créances privilégiées, au même rang que le privilége établi par l'art. 2101 du C. Nap. pour le salaire des gens de service. On a prétendu que ce texte était applicable en matière de travaux publics, et que là, comme ailleurs, le privilége des ouvriers ne pourrait s'exercer qu'à raison des salaires dus pour le mois antérieur à la faillite. Mais ce système ne peut invoquer aucune raison solide. Le décret du 26 pluviôse contient une disposition expresse qui comprend sans distinction et sans limitation « les « créances provenant du salaire des ouvriers employés « par les entrepreneurs. » D'un autre côté, il s'agit d'une loi spéciale, due à des considérations particulières, et dont le but serait certainement manqué, si l'article 549 du C. de com. pouvait être considéré comme y ayant dérogé. L'article 549 est venu modifier les règles du droit commun pour le cas de faillite : il s'applique aux créances particulières soumises à son empire, mais il n'a pas touché à la législation des travaux publics : les auteurs de la loi l'auraient dit, et le texte s'en fût exprimé assez clairement pour éviter toute équivoque.

(Voy. Caen, 14 janv. 1856, *Heulard*, D. P., 56, 2, 135.)

534. — L'une des conséquences les plus importantes du privilége accordé aux fournisseurs et ouvriers, c'est de ne pas permettre aux créanciers particuliers de l'entrepreneur de saisir-arrêter dans les caisses publiques, avant la réception des ouvrages, les sommes qui peuvent lui être dues. Cela résulte implicitement, mais d'une manière fort claire, de l'article 4 du décret, qui porte : « Néanmoins les sommes qui resteront dues aux « entrepreneurs et adjudicataires, après la réception des « ouvrages, pourront être saisies par leurs créanciers par- « ticuliers, lorsque les dettes mentionnées en l'art. 3 « auront été payées. » — L'autorisation de saisir-arrêter, après la réception, suppose forcément l'interdiction de saisir–arrêter avant cette réception. La saisie–arrêt, bien que ne constituant souvent qu'un acte conservatoire, devait être prohibée pour faire produire à la loi tous ses effets utiles. Il fallait laisser à l'entrepreneur la libre disposition du prix de l'adjudication, afin de le mettre à même de payer les créanciers de l'entreprise et d'obtenir ainsi le crédit nécessaire à la continuation des travaux. (Poitiers, 28 fév. 1837, *Lombard*, S. V., 38, 2, 467.) L'agent du Trésor, entre les mains duquel des oppositions sont faites prématurément, n'en doit tenir aucun compte. Il paye valablement l'entrepreneur, nonobstant les saisies-arrêts de ses créanciers particuliers.

Bien plus, ces créanciers se prévaudraient inutilement d'un acte de cession régulier et dûment signifié. L'affectation qui résulte du décret a, comme nous l'avons dit, un caractère d'ordre public. Les mêmes raisons qui ont fait interdire les oppositions, avant la réception des ouvrages, exigent qu'on ne tienne pas plus de compte des transports. L'entreprise ne doit pas être arrêtée par le manque de fonds, et la stagnation des travaux serait inévitable, s'il était permis à l'entrepreneur de distribuer, en cours d'exercice, à des créanciers étrangers à l'entreprise, les fonds que le Trésor a voulu consacrer exclusivement à son achèvement. Il faut, à tout prix, que le crédit de l'entrepreneur soit maintenu pendant toute la durée des travaux, et la division de ses créanciers en deux catégories distinctes, ayant des droits différents, est, à coup sûr, le meilleur moyen de le fonder et de le soutenir. On a dit, il est vrai, que les transports faits sans fraude par l'entrepreneur n'ont pas les mêmes inconvénients que la saisie-arrêt, en ce qu'ils n'immobilisent pas entre les mains du payeur toute la créance de l'entrepreneur pour une dette souvent minime, et qu'ils peuvent lui être utiles, même indispensables pour lui procurer les fonds nécessaires à l'entreprise. Mais ces considérations ne justifient pas l'exception qu'on voudrait introduire au principe proclamé par le décret, l'indisponibilité des sommes dues par l'État au respect des créanciers particuliers. A combien d'abus ne prêterait pas d'ailleurs une pareille doctrine? L'effet utile de la loi ne tarderait pas à disparaître. La règle n'est efficace qu'à la condition d'être inflexible. (Voy. Alger, 17 juillet 1850, *Souquedauch*, S. V., 51, 2, 255; Paris, 17 août 1852, *Cepré*, D. P., 54, 2, 104; Req., 24 mars 1855, *Guilbert*, S. V., 56, 1, 735.)

Nous n'avons pas besoin d'ajouter que soit les saisies-arrêts, soit les transports signifiés par les ouvriers et fournisseurs avant la réception des ouvrages, ont pour conséquence d'empêcher le payement de l'entrepreneur qui cesse de pouvoir toucher directement les à-compte auxquels il a droit. — Nous examinerons plus loin l'effet des transports régulièrement consentis entre créanciers privilégiés.

535. — La réception même définitive des travaux n'a pas pour effet de rendre libres les fonds déposés dans les caisses publiques au préjudice des créanciers privilégiés. Leur privilége subsiste tant qu'ils ne sont pas payés, alors même que la saisie-arrêt, pratiquée à leur requête, est postérieure à la réception. — Nous avons déjà dit, et c'est ici le cas de le répéter, que la saisie-arrêt constitue la manifestation de la créance, mais ne crée pas le privilége qui résulte de la nature même de cette créance. La cession consentie à un créancier particulier de l'entrepreneur, avant ou après la réception, n'altère dans aucune hypothèse le droit privilégié des ouvriers ou fournisseurs. Cela résulte implicitement, mais d'une manière certaine, de l'article 4 du décret qui n'autorise les saisies-arrêts des créanciers particuliers, après la réception des ouvrages, que « lorsque les dettes mentionnées en l'article 3 auront été payées. »

536. — Le payement intégral des créanciers privilégiés a pour résultat, suivant cet article, de rendre au fonds commun ce qui reste dû à l'entrepreneur. Tous ses créanciers, pour des causes purement personnelles, y ont un droit égal, sauf, bien entendu, les causes de préférence spéciales qui peuvent être attachées à la nature de leur créance. Tous peuvent saisir-arrêter ce reliquat : tous peuvent se le faire céder, comme toute autre créance de leur débiteur. L'indisponibilité dont il a été un instant frappé ayant cessé, les créanciers particuliers qui, faute de diligence, ont vu passer les fonds entre les mains de créanciers plus actifs, ne peuvent critiquer les payements ou les transports effectués à leur préjudice. Car ce serait faire revivre à leur profit le privi-

lége créé par le décret de pluviôse, privilége introduit,
comme on l'a vu, pour une autre classe de créanciers.
(Paris, 10 mai 1845, *Estienne*, S. V, 45, 2, 494.)

537. — Quel est le rang des priviléges accordés par le
décret de pluviôse soit entre eux, soit lorsqu'ils sont en
concours avec d'autres priviléges de nature différente?

Il est de règle générale que les priviléges de même
nature concourent entre eux au marc le franc. — *Privilegia non tempore existimantur, sed ex causâ; et si
quidem ejusdem fuerint tituli, concurrunt, licet diversitas
temporis in his fuerit.* (Art. 2097, C. Nap.) — Il semble
donc qu'aucune difficulté ne puisse s'élever, et que les
fournisseurs doivent être mis sur la même ligne, quelle
que soit la date de leur créance. Cependant la prétention contraire s'est produite, et l'on a invoqué dans
l'intérêt des ouvriers les art. 549 du C. de comm., et
2101 du C. Nap. — Mais la Cour de Caen (14 janv. 1856,
*Heulard*, D. P. 56, 2, 135) a repoussé cette thèse en disant « que l'art. 549 du C. de com. n'a pour objet que de
faire disparaître la difficulté grave qui s'était élevée sur
le point de savoir si l'ouvrier devait être ou non classé
parmi les gens de service et avait droit au même privilége, et quelle devait être l'étendue de ce privilége; que
l'art. 2101, C. Nap., auquel renvoie l'art 549 du C. de
comm., n'a réglé que les priviléges généraux sur les meubles qui peuvent être le gage commun des créanciers d'un
débiteur, et que cet article n'a ni modifié, ni abrogé le
décret du 26 pluv. an II; que ce décret a créé en faveur
des ouvriers et fournisseurs un droit spécial, exceptionnel, sur les fonds dus par l'État à un entrepreneur de
travaux publics, et que ces fonds ne peuvent être attribués à ses autres créanciers tant que les premiers n'ont
pas été payés; que dès lors l'art. 2101 du C. Nap. ne
peut, en cette matière, trouver son application. »

538. — Les priviléges de même nature, avons-nous
dit, concourent au marc le franc, de sorte que si plusieurs créanciers pour salaires ou fournitures se présentent ensemble, les sommes dues par le trésor devront leur être délivrées en proportion de leur créance.
— Mais qu'arriverait-il si l'un d'eux invoquait un acte
de cession régulier et dûment signifié, antérieur à la
saisie-arrêt faite par un créancier également privilégié?
La cession faite au profit d'un créancier personnel de
l'entrepreneur ne crée pas, nous l'avons vu, un droit de
préférence au profit de ce créancier et au préjudice
des créanciers privilégiés. Il ne saurait appartenir aux
conventions privées intervenues arrière des intéressés
de déranger l'ordre que la loi a établi en leur faveur.
Mais ce motif est-il également vrai lorsqu'il s'agit d'une
cession consentie à un créancier déjà privilégié? Ne
pouvait-il pas, vis-à-vis des autres créanciers, comme
lui nantis de privilége, se créer une cause de préférence?
Les créanciers privilégiés qui ont des créances de même
nature ne sont-ils pas entre eux comme des créanciers
purement chirographaires? Or, ce qui est permis à
ceux-ci, pourquoi ne le serait-il pas à ceux-là? Le créancier privilégié auquel on oppose une cession peut-il se
plaindre que l'ordre établi en sa faveur par la loi soit
interverti, puisque, en fin de compte, cet ordre n'était
que l'égalité des droits, et qu'on ne peut, en bonne justice, reprocher au cessionnaire d'avoir voulu faire sa
position meilleure. L'égalité des créanciers entre eux
est le principe fondamental de la loi française, mais le
créancier privilégié est-il bien venu à l'invoquer contre
le cessionnaire, alors qu'il profite de l'exception créée
en sa faveur au respect des créanciers chirographaires?
D'un autre côté, il faut bien reconnaître que le privilége n'a pas pour effet d'immobiliser les sommes dues

par l'État dans les caisses où elles sont déposées. Nul doute que, malgré le privilége, l'entrepreneur ne puisse se faire payer. Mais s'il peut se faire payer, comment ne pourrait-il pas déléguer sa créance ? Et à quoi servira de le lui interdire, puisqu'il arrivera au même but par un détour, en se faisant payer d'abord et en remettant ensuite les fonds par lui reçus au créancier qu'il voudra favoriser ? Rien ne s'oppose donc, suivant nous, à ce qu'on déclare valables et opposables aux fournisseurs et ouvriers les cessions consenties par l'entrepreneur au profit d'autres fournisseurs, du moment que ces cessions ont eu lieu sans fraude, et antérieurement à toute saisie-arrêt pratiquée entre les mains des receveurs du trésor. On sait, en effet, que la saisie-arrêt a pour effet d'immobiliser et de rendre indisponibles les sommes qui en sont frappées et qui doivent conséquemment être distribuées suivant l'état des créances au moment de la saisie-arrêt. (Voy. Cass., 8 juin 1852, S. V. 52, 1, 487.)

539. — L'examen du point de savoir quel est le rang du privilége des ouvriers et fournisseurs en concours avec des priviléges de nature différente, ne doit pas être fait ici avec toute l'étendue qu'une pareille difficulté comporte. Elle se rattache, en effet, à la question si controversée du rang des priviléges spéciaux en conflit avec les priviléges généraux. S'il nous est permis d'émettre une opinion dans ce débat, nous dirons que nous préférons l'opinion de Pothier (*Introd.* au titre XX de la *Coutume d'Orléans*, n° 216), qui veut que les priviléges spéciaux passent avant les priviléges généraux.

Quant au concours du privilége des fournisseurs et ouvriers avec d'autres priviléges spéciaux, il n'y a pas lieu de s'en occuper, les fonds du trésor public n'étant à notre connaissance grevés, à titre spécial, d'aucun

autre privilége que celui qui nous occupe en ce moment.

540. — Nous aurons épuisé le sujet qui nous occupe
lorsque nous aurons dit que toutes les questions qui
s'élèvent à l'occasion du privilége des fournisseurs et
ouvriers sont de la compétence des tribunaux ordinaires.

Le Conseil de préfecture, alors même qu'il est compétent pour fixer le chiffre de certaines créances garanties par le privilége, par exemple, celle du propriétaire à raison des extractions de matériaux, ne peut
statuer sur les questions essentiellement civiles de validité de saisie-arrêt ou de concurrence que fait naître
l'exercice du privilége. Ce point ne semble pas susceptible de difficulté. Toutefois le contraire a été plaidé;
le Conseil d'État et la Cour de cassation ont eu à se prononcer et se sont décidés l'un et l'autre pour la compétence judiciaire. (Voy. cass., 12 mars 1822, *Broder-
mann*, S. V. 22, 1, 230; C. d'État, 17 juillet 1816, *de
la Chaussée;* 2 février 1826, *Salé*, 52; 15 avril 1828,
*Sarrat*, 307; 30 avril 1828, *Duval et consorts*, 417.)

# TITRE XI

## DE LA RÉSILIATION DU MARCHÉ.

---

541. — Aux termes de l'art. 1794 du C. Nap., le maître peut résilier par sa seule volonté, le marché à forfait, quoique l'ouvrage soit déjà commencé, en dédommageant l'entrepreneur de toutes ses dépenses, de tous ses travaux et de tout ce qu'il aurait pu gagner dans l'entreprise.

542. — Les art. 36, 39 et 40 du cahier des charges des ponts et chaussées ont dérogé à cette disposition en plusieurs points que nous aurons à faire connaître. Voici le texte de ces articles :

« Art. 36. Dans le cas où l'administration ordonne-« rait la cessation absolue ou l'ajournement indéfini des « travaux adjugés, l'entrepreneur pourra requérir qu'il « soit procédé de suite à la réception promise des ouvrages « exécutés et à la réception définitive après l'expiration « du délai de garantie. — Après la réception définitive, « il sera, ainsi que sa caution, déchargé de toute garantie « pour raison de son entreprise.

« Art. 39. Si pendant le cours de l'entreprise les prix « subissaient une augmentation notable, le marché pourra « être résilié sur la demande qui en sera faite par l'entre-« preneur ; en cas de diminution notable, la résiliation du « marché pourra être également prononcée, à moins que

« l'entrepreneur n'accepte les modifications qui lui se—
« raient prescrites par l'administration.

« Et dans le cas où pendant le cours de l'entreprise et
« sans changer les charges et les prix, il serait ordonné
« par l'administration d'augmenter ou de diminuer la
« masse des travaux, l'entrepreneur sera tenu d'exécuter
« les nouveaux ordres sans réclamation, à moins qu'il
« n'ait été autorisé à faire des approvisionnements de
« matériaux qui demeureraient sans emploi, et pourvu
« que les changements en plus ou en moins n'excèdent
« pas un sixième du montant de l'entreprise, auquel cas
« il pourra demander la résiliation de son marché. »

L'art. 40 détermine à l'égard de l'administration les
conséquences de la résiliation prononcée conformément
aux art. 36 et 39.

543. — On voit à la lecture de ces dispositions que la
résiliation peut être prononcée soit dans l'intérêt de
l'administration, soit dans l'intérêt de l'entrepreneur.
C'est à ce double point de vue que nous devons nous
placer pour étudier notre sujet.

---

# CHAPITRE PREMIER

## DE LA RÉSILIATION PRONONCÉE DANS L'INTÉRÊT DE L'ADMINISTRATION.

### SECTION PREMIÈRE

*Du droit qui appartient à l'administration de prononcer la résiliation
du marché dans son intérêt exclusif.*

544. — La faculté de résilier le marché est de droit commun.
545. — La résiliation est prononcée par le préfet.
546. — Point de recours contre sa décision par la voie contentieuse.

547. — Mais l'entrepreneur peut demander une indemnité.
548. — Dans quels cas il y a droit. — Division.

544. — L'administration a le droit incontestable de résilier le marché par sa seule volonté. Elle n'est assujettie sous ce rapport à aucune règle et elle est libre de ne prendre conseil que de son intérêt et de ses convenances.

Cette faculté n'a rien de contraire au droit commun. L'art. 1794, nous venons de le voir, autorise le maître à résilier le marché à forfait quoique l'ouvrage soit déjà commencé, et tous les auteurs sont d'accord pour décider, d'une part, que cette faculté n'est pas réciproque, qu'elle ne peut pas être exercée par l'ouvrier, et d'autre part, qu'elle s'étend non pas seulement aux marchés à forfait, mais *à fortiori* aux marchés à tant la pièce et à tant la mesure. (Voy. M. Troplong, du louage, nos 1028 et 1029). Les art. 36, 39 et 40 des clauses et condit. génér. n'ont donc fait que maintenir au profit de l'administration le droit qu'elle trouvait écrit dans les dispositions du C. Napoléon; seulement (et c'est là que se trouve la différence entre les marchés de travaux publics et les marchés régis par le droit commun) les conséquences de la résiliation ne sont pas les mêmes dans les deux cas.

545. — La résiliation est prononcée par le préfet, dont la décision est soumise à l'approbation du ministre. L'art. 15 du décret du 16 déc. 1811, contenant règlement sur la construction, la réparation et l'entretien des routes, porte : « La résiliation sera prononcée « par le préfet et approuvée par notre ministre de l'in- « térieur, sur l'avis de notre directeur des ponts et « chaussées. »

C'est aussi au préfet que ce droit appartient en matière de travaux communaux. (12 déc. 1851, *Nobilet*, 728.)

546. — L'art. 40 du cahier du ministère d'État réserve expressément au ministre le droit de prononcer la résiliation, « par des motifs dont il se réservera l'appréciation personnelle ; » ce qui exclut évidemment tout recours de l'entrepreneur devant la juridiction contentieuse. Cette disposition, qu'on ne retrouve pas dans le cahier des ponts et chaussées, était d'ailleurs surabondante. Les décisions préfectorales ou ministérielles relatives à la résiliation, constituent l'exercice légitime **d'une** faculté dont l'administration use à son gré. Il ne **peut** donc être permis aux tribunaux administratifs d'en rechercher les motifs et d'en arrêter les effets. (24 juillet 1848, *Midy*, 450 ; 12 déc. 1851, *Nobilet*, 728 ; 5 **janv.** 1860, *Bénac*, 12.)

547. — Mais si ses actes échappent par leur nature à l'appréciation de la juridiction contentieuse, l'entrepreneur conserve le droit de la saisir de ses réclamations relativement au préjudice que lui cause la résiliation. La loi du 28 pluv. an VIII, à laquelle il n'a pas été dérogé sous ce rapport, attribue aux Conseils de préfecture la connaissance de toutes les difficultés qui s'élèvent en matière de travaux publics. Si donc l'entrepreneur pense que les circonstances dans lesquelles la résiliation est intervenue ne justifiaient pas cette mesure, il est autorisé à réclamer une indemnité devant le Conseil de préfecture, auquel il appartient d'apprécier si la résiliation a été prononcée conformément aux dispositions du cahier des charges et de juger que ses conséquences doivent ou non être laissées à la charge de l'administration. (Voy. 20 janv. 1830, *Orfray* ; 27 fév. 1836, *Charageat*, 107 ; 6 avril 1836, *Quénot*, 164 ; 12 déc. 1851, *Nobilet*, 728 ; 26 juin 1856, *Murgues*, 442.)

548. — L'art. 40 a restreint considérablement les obligations qui pèsent d'après l'art. 1794 du C. Nap. sur le maître qui abandonne l'entreprise en cours d'exécution. Mais ces obligations subsistent dans une certaine limite, et le droit commun reste, en matière de travaux publics, applicable dans tous les cas où il n'y a pas été spécialement dérogé.

Sous le bénéfice de cette observation, nous allons rechercher quelles sont les conséquences de la résiliation prononcée dans l'intérêt unique de l'administration. Pour faciliter cette étude, il importe de remarquer que les causes diverses à raison desquelles l'administration peut prononcer la résiliation dans son intérêt se divisent en deux catégories très-distinctes. Ou bien, l'administration n'a eu en vue que ses convenances personnelles et a usé, pour les satisfaire, du droit absolu que la loi lui donne ; ou bien, au contraire, elle a été contrainte de recourir à la résiliation par suite de la négligence de l'entrepreneur. On comprend que les conséquences de la mesure prise doivent être fort différentes dans l'une ou dans l'autre hypothèse. Étudions notre sujet à ce double point de vue.

### SECTION II

*Des cas où la résiliation est prononcée par suite de la négligence de l'entrepreneur.*

549. — La résiliation peut être prononcée contre l'entrepreneur dans tous les cas où il manque à ses engagements.

550. — Il n'est pas nécessaire que la régie ait été préalablement ordonnée.

551. — Résiliation pure et simple ou suivie de réadjudication à la folle enchère.

552. — Conséquences de la résiliation prononcée par suite de la négligence de l'entrepreneur.

549. — L'art. 21 des Cond. génér. autorise l'admi-

nistration à prononcer la résiliation du marché lorsqu'un
ouvrage languit faute de matériaux, ouvriers, de manière à faire craindre qu'il ne soit pas achevé aux époques prescrites ou que les fonds crédités ne puissent pas
être consommés dans l'année.

Cette disposition n'a pas un caractère limitatif. La
condition résolutoire est toujours sous-entendue dans
les contrats synallagmatiques pour le cas où l'une des
parties ne remplit pas les engagements qu'elle a contractés. (Art. 1184 du C. Nap.) De quelque manière
que l'entrepreneur manque à ses obligations, soit qu'il
compromette le succès des opérations par son incurie
ou sa négligence, soit qu'il modifie, malgré les ordres
des ingénieurs ou les prescriptions du devis, les conditions de l'entreprise, l'administration ne peut pas
rester désarmée, et elle a, en toute hypothèse, le droit
de prononcer la résiliation du marché. (12 fév. 1841;
*Best*, 61 ; 26 mai 1853, *Vergereau*, 543 ; 30 déc. 1858,
*Mauge-Busselot*, 780.)

550. — Dans ces diverses circonstances, la mise en
régie précède ordinairement la résiliation, mais elle
n'en est pas le préliminaire indispensable. — L'art. 21
ne laisse à cet égard aucune place au doute. Il donne
au directeur général, à l'expiration du délai imparti à
l'entrepreneur, le droit d'ordonner la continuation de
la régie ou de prononcer la résiliation et d'ordonner une
nouvelle adjudication. Or, au moment où le directeur
général est appelé à se prononcer, la régie n'a pas encore commencé ses opérations. L'art. 4 fournit encore
un argument sans réplique à l'appui de cette solution.
Il autorise l'administration à procéder à la réadjudication lorsque l'entrepreneur a cédé à des tiers tout ou
partie de son entreprise, et ne parle pas de la mise en
régie comme devant précéder cette mesure. Cela est

conforme enfin aux règles ordinaires, la résiliation, ainsi que nous venons de le dire, étant de droit lorsqu'une partie manque à l'exécution de ses obligations. (**15 juin 1841,** *Bau,* **245.**)

**551.** — L'administration a le choix entre la résiliation pure et simple et la résiliation avec réadjudication à la folle enchère de l'entrepreneur.

Lorsque l'administration fait suivre la résiliation d'une réadjudication à la folle enchère, l'entrepreneur supporte la différence entre le prix de la première adjudication et le prix de la seconde. Si, au contraire, la réadjudication amène une diminution dans les prix et frais des ouvrages, ce bénéfice reste acquis à l'administration. (Art. 21, Cl. et cond.)

**552.** — Dans aucun cas, l'entrepreneur dont les fautes constatées ont amené la résiliation du contrat, n'est fondé à réclamer une indemnité (7 avril 1823, *Treillet*) ou la reprise de son matériel. (13 août 1840, *Tirait,* 313 ; 10 janv. 1856, *Nepraüet,* 52.) Lorsque par incapacité, négligence ou mauvaise foi, il ne remplit pas les conditions de son marché et compromet les intérêts de l'administration, elle seule a le droit de se plaindre, et l'exercice des mesures que la loi ou le cahier des charges lui permettent d'employer ne doit pas être pour elle une cause de préjudice. — Il a été jugé, en conséquence, que lorsque l'entrepreneur a refusé, à plusieurs reprises, d'obéir aux ordres de l'architecte ou aux injonctions du préfet, et que les retards dans l'exécution de ses travaux ne sont imputables qu'à sa négligence, le Conseil de préfecture doit laisser à sa charge toutes les conséquences de la résiliation et de l'adjudication à la folle enchère qui l'a suivie. (26 juin 1856, *Murgues,* 442.) — C'est à la condition toutefois que les travaux dont l'achèvement a été réadjugé conservent les formes et les dimensions de ceux qui ont fait la base de la première adjudication. Si, après la résiliation, le projet primitif subissait des **modifications** essentielles, l'entrepreneur devrait être exonéré de toutes ses conséquences, parce qu'il s'agirait en réalité d'une entreprise nouvelle et différente de celle dont il avait accepté les chances. (20 janv. 1830, H*iers* de Bimorel, 49.)

## SECTION III

*Des cas où la résiliation, prononcée dans l'intérêt de l'administration, n'a pas pour cause une faute commise par l'entrepreneur.*

553. — En dehors de toute faute commise par l'entrepreneur, l'administration peut encore résilier le marché lorsqu'il survient une diminution notable du prix des ouvrages qui change les conditions de l'adjudication,

ou bien (et c'est là la cause la plus fréquente), lorsque le manque de fonds ou des projets nouveaux rendent nécessaires l'ajournement ou la cessation absolue des travaux.

Nous allons rechercher quels sont, dans ces diverses circonstances, les droits et les devoirs, soit de l'administration, soit des entrepreneurs.

554. — *Diminution notable du prix des ouvrages.* — Aux termes de l'article 39 des Clauses et conditions générales, la résiliation du marché peut être prononcée, en cas de diminution notable des ouvrages, à moins que l'entrepreneur n'accepte les modifications qui lui seraient prescrites par l'administration.

L'article précité ne dit pas ce qu'il faut entendre par « diminution notable. » Ce silence est regrettable : on a compris, lors de la rédaction du nouveau cahier des charges des palais impériaux, qu'il était préférable, dans l'intérêt commun des parties, de fixer les limites dans lesquelles le droit de l'administration peut s'exercer. D'après l'article 33, ce droit accordé à l'administration de prononcer la résiliation est restreint au cas où les variations survenues dans les prix auraient pour effet de diminuer d'un sixième la dépense totale des ouvrages à exécuter.

555. — *Cessation absolue ou ajournement indéfini des travaux.* — « Prononcer la cessation absolue des tra- « vaux, c'est résilier le marché. Aussi, dans ce cas, l'en- « trepreneur pourra requérir qu'il soit de suite procédé « à la réception provisoire des ouvrages exécutés, et à « la réception définitive après l'expiration des délais « de garantie. » (Voy. M. Cotelle, t. 3, n° 411.)

Le Cahier des ponts et chaussées ne définit pas l'ajournement indéfini. C'est aux tribunaux administratifs qu'il appartient conséquemment de décider si, en fait, la suspension ordonnée présente ce caractère. Cette appréciation varie nécessairement dans chaque affaire. (Voy. 23 août 1843, *Lapègue*, 486; 14 juin 1855, *Dixmier*, 422; 19 juillet 1855, *Bardinon*, 442.) Cela est fâcheux. L'administration devrait être obligée, lorsqu'elle arrête les travaux, de faire connaître la durée de la suspension. Autrement l'entrepreneur qui ne sait, au moment où elle a lieu, si elle est provisoire ou définitive, ne demande pas immédiatement le règlement des comptes. Le temps s'écoule, les matériaux se détériorent sur les chantiers, les ateliers se dispersent, les outils et ustensiles restent sans emploi. De là des pertes énormes et une source de conflits interminables. Ici encore le cahier des charges du ministère d'État présente une heureuse innovation. L'ajournement ordonné pour plus d'une année autorise l'entrepreneur à demander la résiliation.

556. — Quelle que soit la cause pour laquelle la cessation absolue des travaux ou leur ajournement indéfini sont ordonnés, l'entrepreneur n'y peut trouver matière à réclamation. Aucun recours par la voie contentieuse ne lui est ouvert contre une mesure dont l'opportunité et la convenance sont abandonnées au pouvoir discrétionnaire de l'administration. (Voy. *suprà*, n° 546.) Mais, comme dans ces diverses circonstances, la résiliation est motivée par l'intérêt unique de celle-ci, en dehors de toute faute commise par l'entrepreneur, il eût été souverainement injuste de lui refuser la réparation du préjudice qu'elle lui fait éprouver. Les règles du droit commun exigent cette réparation (art. 1794 C. N.), et les articles 36 et 49 des Clauses et conditions n'y ont pas apporté une dérogation absolue. Mais ils ont mesuré parcimonieusement l'indemnité due à l'entrepreneur. Ils lui accordent seulement le droit de réclamer le rachat

des outils et ustensiles indispensables à l'entreprise ; — en second lieu, la reprise des matériaux approvisionnés, — et enfin une indemnité qui ne doit jamais dépasser le cinquantième du montant des dépenses restant à faire en vertu de l'adjudication.

Étudions successivement les conditions auxquelles ces diverses réparations sont subordonnées.

557. — 1° *Rachat des outils et ustensiles.* — L'art. 40 porte que dans les cas énumérés ci-dessus, « les outils « et ustensiles indispensables à l'entreprise, que l'en- « trepreneur ne voudra pas garder pour son compte, « seront acquis par l'État sur l'estimation qui en sera « réglée de gré à gré, ou à dire d'experts, d'après la « valeur première desdits outils et ustensiles, et déduc- « tion faite de leur degré d'usure, le tout au taux du com- « merce et sans augmentation du dixième ou de toute « autre plus-value, sous prétexte de bénéfice présumé. »

558. — Cet article impose à l'administration une obli- gation à laquelle elle ne peut se soustraire sous aucun prétexte. Dès que la résiliation est prononcée, elle est tenue d'acquérir au prix de l'estimation les outils et us- tensiles dont l'entrepreneur a dû se munir pour l'exécu- tion des travaux.

Cette obligation, toutefois, est subordonnée à une condition : il faut que l'entrepreneur manifeste l'inten- tion d'user du bénéfice que le cahier des charges lui assure. Tant qu'il ne fait pas connaître sa volonté, il est présumé vouloir y renoncer, et il peut même, à un moment donné, être considéré comme y ayant réelle- ment renoncé. C'est ce qui arriverait, par exemple, dans le cas où, après une suspension prolongée, il re- prendrait les travaux sans réclamation, et sans provo- quer l'expertise. (1er déc. 1852, *Bertrand*, 574.)

559. — Du moment, au contraire, que l'entrepreneur

manifeste ses intentions à une époque où on ne peut lui opposer un abandon tacite de ses droits, il se forme, entre l'administration et lui, un contrat qui renferme tous les éléments d'une vente, *res, pretium, consensus.*

En effet, en vertu de l'article 40, l'administration est strictement obligée de reprendre le matériel de l'entreprise, et elle ne peut, sous aucun prétexte, se soustraire à cette obligation. De son côté, la déclaration de l'entrepreneur emporte de sa part un engagement irrévocable. Quant au prix, l'expertise en fournit les éléments, et le Conseil de préfecture le détermine définitivement, s'il y a lieu. La vente est donc parfaite, comme celle dont le prix est laissé à l'arbitrage d'un tiers. (Art. 1592 C. Nap.)

Il suit de là que le matériel de l'entreprise est, à partir de la résiliation, aux risques et périls de l'administration, suivant la maxime *res perit domino.* Si donc il se détériore ou disparaît par suite d'événements quelconques, la perte est pour elle, non pour l'entrepreneur. Celui-ci cesse d'être tenu de signaler les cas de force majeure dans le délai de dix jours, conformément à l'article 26, qui ne s'applique que dans le cas où il est propriétaire des objets perdus, et où l'administration, lui accordant une faveur, était libre d'y mettre les conditions qu'elle juge convenables. Vainement aussi, l'administration se plaindrait-elle de la négligence ou de l'imprévoyance de l'entrepreneur qui ne l'aurait pas prévenue des risques auxquels les matériaux étaient exposés. C'est à elle de veiller; il n'est plus responsable, parce qu'il n'est plus propriétaire. (Voy 19 juillet 1855, *Decuers*, 542.) Cependant un arrêt antérieur a laissé à sa charge la détérioration du matériel, survenue depuis la résiliation, sous le prétexte qu'elle ne provenait pas des retards que l'administration aurait apportés à l'expertise, ni d'un défaut de surveillance de sa part. (27 juillet 1850, *Chaussat*, 719.) Mais c'est à tort, certainement, que cet arrêt subordonne le payement du matériel à la preuve d'une faute commise par l'administration. L'entrepreneur n'a pas à faire une pareille preuve, s'il est vrai, comme nous l'avons dit, qu'à partir de sa déclaration qu'il entend user du bénéfice de l'article 40, il cesse de pouvoir être considéré comme ayant encore sur le matériel un droit de propriété.

560. — L'article 40 n'autorise l'administration à reprendre que les outils et ustensiles *que l'entrepreneur ne veut pas garder pour son compte*. Cependant des ingénieurs ont eu quelquefois la pensée de retenir le matériel destiné par l'entrepreneur à d'autres travaux, sous le prétexte que ce matériel était d'une absolue nécessité pour la continuation des ouvrages. Une semblable prétention n'est pas sérieuse. Alors même que le texte du cahier des charges ne se serait pas exprimé à cet égard, comme l'obligation imposée à l'État n'a eu d'autre but que de donner à l'entrepreneur des garanties contre l'arbitraire de l'administration, il serait impossible de retourner contre lui la seule arme défensive qui lui ait été laissée. Son droit de propriété sur le matériel ne cesse pas par le seul fait de la résiliation ; il faut, pour que sa dépossession s'accomplisse, qu'usant du droit d'option que lui assure l'article 40, il se soit prononcé pour la cession. Tant qu'il n'a pas fait cette déclaration, l'administration seule est obligée vis-à-vis de lui ; il ne l'est pas envers elle. — M. Cotelle cite, comme s'étant prononcé dans ce sens, un avis du Conseil général des ponts et chaussées en date du 4 mai 1854. (T. III, n^os 437, 438 et 439.)

561. — L'État est obligé de reprendre, non-seulement les outils et ustensiles proprement dits, mais en-

core tous les moyens et agencements qui sont *indispensables* à l'exécution des travaux, tous ceux que l'entrepreneur a dû se procurer dans ce but, et qui peuvent être utiles, par conséquent, soit à l'entrepreneur nouveau auquel l'administration confie la continuation des ouvrages, soit à elle-même, si elle en reprend la direction.

Un arrêt a décidé que « l'autorisation accordée aux « entrepreneurs de fabriquer eux-mêmes la chaux, en-« traînait comme conséquence l'autorisation de cons-« truire des fours pour la cuire, que dès lors lesdits « fours doivent être considérés comme indispensables à « l'entreprise. » (27 juillet 1850, *Chaussat*, 719.) Le même arrêt condamne également l'administration à reprendre, à ce titre, deux ponts placés sur des fossés coupant un chemin de service, et à payer les frais d'établissement de ce chemin construit pour le transport des matériaux nécessaires à l'entreprise.

Mais le matériel hors de service peut être refusé par l'administration. (*Ibid.*)

562. — L'estimation de l'outillage est faite par les experts d'après sa valeur première et déduction faite de son degré d'usure. L'expertise ne lie pas le Conseil de préfecture, qui peut élever ou abaisser, d'après ses propres appréciations, le chiffre des évaluations. Il jouit à cet égard de la plus complète indépendance, mais en tenant pour règle, cependant, que « l'acquisition par « l'État des outils et ustensiles devenus sans emploi, « par suite de la résiliation de l'entreprise, a pour but « d'épargner une perte à l'adjudicataire, mais ne peut « devenir pour lui l'occasion d'un bénéfice; que dès lors « le prix alloué par l'État à l'adjudicataire ne peut en « aucun cas excéder le montant des dépenses par lui « faites. » (Voy. 22 juin 1854, *Abram*, 614.)

563. — 2° *Rachat des matériaux approvisionnés.* —

L'article 40 impose en outre à l'État le rachat des matériaux « *approvisionnés* par ordre et *déposés* sur les travaux, s'ils sont de bonne qualité. »

Cette double condition est indispensable. — L'entrepreneur doit justifier d'un ordre d'approvisionnement.
Le dépôt sur le lieu des travaux n'est pas suffisant.
(Voy. 8 juillet 1840, *Lixaute*, 218.) — Réciproquement,
l'ordre d'approvisionnement a été considéré comme ne
pouvant assurer à l'entrepreneur la reprise de ses matériaux non encore déposés sur le lieu des travaux.
(Voy. 16 fév. 1850, *Mombrun*, 160.) Cette jurisprudence
s'appuie avec beaucoup de force, il faut le reconnaître,
sur le texte de l'article 40. Mais elle est d'une rigueur
extrême ; car l'administration, prononçant la résiliation
quand elle le juge convenable, peut, en ne consultant
que son intérêt, saisir l'instant où les ordres des ingénieurs ne sont encore qu'à moitié exécutés par l'achat
ou l'extraction des matériaux. L'ordre d'approvisionnement devrait suffire pour rendre leur reprise obligatoire, du moment qu'ils restent sans emploi, au moins
immédiat. C'est en s'inspirant de ces idées que le Conseil d'État a jugé que l'entrepreneur a le droit d'exiger
le prix des matériaux, lorsque le défaut de dépôt à pied
d'œuvre provient du fait des ingénieurs, qui se sont
abstenus d'indiquer le lieu d'emploi. (Voy. 2 mars 1839,
*Piedvache*, 186.)

564. — L'article 40 n'impose à l'État que la reprise
des matériaux de bonne qualité, et il ne suffit pas, pour
qu'ils soient acceptables, qu'ils aient été extraits des carrières indiquées au devis, si leur exploitation a eu lieu en
temps défavorable. (Voy. 27 juillet 1850, *Chaussat*, 719.)

La vérification et la réception de ces matériaux se
font dans les formes ordinaires par les ingénieurs. Un
état de situation dressé par un conducteur ne supplée

pas, à moins de stipulation particulière, à une réception régulière. (19 juillet 1855, *Decuers*, 542.)

Les ingénieurs repoussent les matériaux qui ne réunissent pas les conditions convenues : ils reçoivent et par suite ils acquièrent pour l'État ceux qui les possèdent ; les indications du devis servent de règle, les mots « bonne qualité » qui se trouvent dans l'article 40 n'ayant ici qu'un sens relatif. Si donc les devis particuliers d'une entreprise prescrivaient l'emploi de matériaux inférieurs, l'administration ne pourrait pas invoquer l'article 40 pour rebuter tout ce qui resterait à l'entrepreneur au moment de la résiliation. (3 fév. 1830, *Lespinasse*.)

Les matériaux reçus antérieurement ne sont pas soumis à une nouvelle vérification. Aucune disposition particulière du cahier des charges ne l'exige.

Quant aux autres, l'entrepreneur doit sans retard mettre l'administration en demeure de les reprendre et de procéder à leur réception. Comme c'est seulement, ainsi que nous avons eu plusieurs fois l'occasion de le dire, par la manifestation de sa volonté, que naît pour l'État l'obligation du rachat, les matériaux restent jusque-là aux risques et périls de l'entrepreneur. Il s'expose donc à les voir rebutés, et par suite à en perdre la valeur lorsque avant la mise en demeure ils subissent des détériorations telles qu'ils cessent d'être acceptables. (2 juin 1837, *Hayet*, 277.) S'il est possible, au moment du règlement du compte, de reconnaître les quantités et les qualités, le Conseil de préfecture et le Conseil d'État ne se refusent pas à accorder un délai pour mettre en état de réception les matériaux approvisionnés et déposés sur les chantiers. (19 juil. 1855, *Decuers*, 542.) Mais, nous le répétons, la prudence commande à l'entrepreneur de ne pas attendre jusque-là pour manifester ses intentions et les faire connaître catégoriquement à l'administration.

565. — 3° *Indemnité due à l'entrepreneur*. — Les matériaux qui ne sont pas déposés sur les chantiers restent, ainsi que nous l'avons dit, au compte de l'entrepreneur. « Mais tant pour cet objet que pour toutes autres récla-« mations, il pourra lui être alloué une indemnité qui sera « fixée par l'administration et qui, dans aucun cas, ne de-« vra excéder le cinquantième du montant des dépenses « restant à faire en vertu de l'adjudication. » (Art. 40.)

Le cahier du ministère d'État a élevé cette indemnité au trentième des ouvrages restant à exécuter. (Art. 52.)

566. — Ces dispositions contiennent une dérogation formelle à l'art. 1794 du C. Nap., qui n'est que l'application à la matière des devis et marchés du principe général déposé dans l'art. 1142 du même code. Elles fixent à l'appréciation des tribunaux administratifs une limite infranchissable qu'il ne leur est permis de dépasser sous aucun prétexte et quel que soit en réalité le préjudice causé à l'entrepreneur.

Cette dérogation au droit commun semble due à cette fausse idée, que l'État n'est pas, vis-à-vis des entrepreneurs de travaux publics, dans la situation d'un particulier vis-à-vis d'un autre particulier. Pour certaines personnes, l'intérêt général, dont il est la personnification la plus élevée, légitime et justifie ces dispositions exceptionnelles qu'on rencontre trop fréquemment en matière administrative. Cette appréciation erronée des droits de l'État a engendré, par une sorte de compensation déplorable, cette maxime à l'usage de certaines personnes qu'on peut tout se permettre contre les intérêts du trésor. C'est un état de guerre permanent. Pour rétablir l'équilibre et ramener les particuliers à l'exacte observation de leurs devoirs, il est juste que l'État donne le premier l'exemple de la modération et consente à descendre de cette sphère inaccessible aux lois qui régissent tout le monde. C'est en acceptant la loi commune quand elle le blesse qu'il la fera respecter quand elle lui est favorable. Nous croyons donc que les cahiers des charges devraient se borner à rappeler que l'entrepreneur a le droit d'exiger une indemnité en cas de résiliation. En rendant ainsi à la juridiction contentieuse une liberté complète d'appréciation, et en lui permettant d'accorder une réparation égale au préjudice souffert, l'administration ferait une chose juste et en même temps profitable. Son intérêt, non moins que l'équité, la convient à renoncer à ces conditions abusives qui exercent la plus détestable influence sur les rapports des entrepreneurs avec elle.

567. — En attendant, l'art. 40 existe, et il faut bien l'observer. — La jurisprudence s'y conforme avec une extrême rigueur. M. Cotelle (t. III, p. 244 et suiv.) et M. Chatignier (p. 114) citent plusieurs décrets du Conseil d'État, rendus cependant dans les espèces les plus favorables, et qui ont refusé inflexiblement, soit d'élever l'indemnité de résiliation au-dessus du cinquantième, soit de lui tenir compte des bénéfices présumés de l'entreprise. (Voy. 10 fév. 1850, *Montbrun*, 566; 23 nov. 1850, *Faugeron*, 859; 9 fév. 1852, *Ballereau*, 587.) — Nous nous bornerons à rappeler les motifs du décret rendu dans l'affaire Faugeron : — « Considérant qu'aux termes des art. 36 et 30 combinés du cahier des clauses et conditions générales imposées aux entrepreneurs dans le cas où, par suite de cessation absolue ou d'ajournement indéfini des travaux adjugés, l'administration a prononcé la résiliation du marché, il peut être alloué à l'entrepreneur une indemnité fixée par l'administration, et qui, dans aucun cas, ne doit excéder le cinquantième du montant

des dépenses restant à faire en vertu de l'adjudication ;
— Considérant que l'administration a, par décision en
date du 20 mars 1840, résilié l'entreprise des travaux
de construction du chemin de fer de Tours à Nantes,
dont les sieurs Faugeron, Thiercelin et Hue avaient été
déclarés adjudicataires le 8 novembre 1847 ; que cette
résiliation a été prononcée à raison de la cessation absolue des travaux, indéfiniment ajournés par suite de
l'envoi et de l'admission forcée sur les chantiers des
ouvriers des ateliers nationaux, et qu'ainsi lesdits entrepreneurs ne peuvent avoir droit, aux termes des articles
susvisés, à une indemnité supérieure au cinquantième
du montant des dépenses restant à faire en vertu de leur
adjudication ; considérant dès lors que c'est à tort que
le Conseil de préfecture de Maine-et-Loire a, par sa décision du 2 mai 1849, alloué auxdits entrepreneurs la
somme de 34,904 fr. 21 c., en prenant pour base de
cette indemnité les bénéfices présumés de leur entreprise. »

568. — Comme toutes les dispositions exceptionnelles, l'art. 40 doit être interprété d'une manière littérale. L'administration l'invoquera à juste titre toutes les
fois qu'il s'agira d'une résiliation prononcée dans les
cas spécialement prévus par les art. 36 et 39, lorsque, par exemple, elle aura jugé à propos d'ordonner
la cessation absolue ou l'ajournement indéfini des travaux, ou bien lorsque, par suite de la diminution des
prix, elle aura prononcé la résiliation du marché. Mais
dans toute autre hypothèse, elle sera soumise à l'obligation de payer une indemnité équivalente au préjudice
causé. Je suppose que, dans une entreprise régie par les
Clauses et conditions générales des ponts et chaussées,
il plaise à l'administration de prononcer la résiliation,
afin d'appliquer aux ouvrages un mode de construction

reconnu plus avantageux. Il ne s'agit là, on le voit, ni d'une suspension indéfinie, ni d'une cessation de travaux, ni de toute autre cause de résiliation prévue par l'art. 36. L'entrepreneur n'aura sans doute pas le droit de faire maintenir son marché; mais il réclamera justement l'application des règles du droit commun à la fixation de l'indemnité : l'art. 40 ne lui sera plus opposable. (Voy. 21 juin 1833, *Thomas*, 344; M. Dufour, n° 206.)

Je prends un autre exemple. — Je suppose que le devis spécial de l'entreprise contienne une dérogation à cette faculté illimitée qui est accordée à l'administration par l'art. 36 des Clauses et condit. génér. d'ordonner la cessation absolue des travaux, dans tous les cas où elle le juge convenable; il a été convenu, par exemple, que la cessation des travaux ne pourrait être prononcée que si les fonds venaient à manquer. Néanmoins les crédits n'étant pas épuisés, la cessation est ordonnée. Je pense encore qu'en pareil cas le droit commun reprendra son empire, et que l'indemnité cessera de pouvoir être réduite au cinquantième du montant des travaux restant à faire. C'est bien assez que, dans cette situation, l'entrepreneur ne puisse contraindre l'administration à l'exécution du marché. Mais si le contrat doit demeurer résilié, au moins est-il juste de décider que l'administration, en renonçant à la liberté dont elle jouit en vertu de l'art. 36, s'est privée en même temps du droit de se prévaloir des stipulations exceptionnelles de l'art. 40, stipulations destinées à assurer, sans dommage pour elle, l'exercice d'une faculté que, dans l'hypothèse où nous nous sommes placés, elle ne s'est pas réservée.

569. — Si minime que soit l'indemnité à laquelle l'entrepreneur a le droit de prétendre, elle peut lui échapper, si après la suspension il ne s'empresse pas

de requérir la réception immédiate des travaux et la résiliation du marché, et si surtout il reprend sans protestation les travaux commencés sur l'ordre qui lui est donné. L'administration voit dans son silence un acquiescement aux mesures ordonnées, et une renonciation à toute réclamation ultérieure. On lit dans un décret du 28 janv. 1858 (*Thébault*, 102.) — « Considérant qu'il résulte de l'instruction que les travaux du sieur Thébault n'ont pas été suspendus en 1848..., que le 12 juin 1850 il a reçu l'ordre de suspendre ses travaux, mais qu'il ne justifie pas qu'il ait mis alors l'administration en demeure de procéder à leur réception et de lui en payer le prix ; qu'à cette époque il n'a formé devant le Conseil de préfecture aucune demande en résiliation ; que depuis il a repris l'exécution des travaux de son entreprise et qu'il ne justifie pas avoir fait des réserves de réclamer une indemnité ; que dans ces circonstances, le sieur Thébault n'est pas fondé à se prévaloir des dispositions des art. 36 et 40 du cahier des Clauses et conditions générales... » (Voy. enc. 27 nov. 1856, *Perrier et consorts*, 672.)

---

# CHAPITRE II

## DE LA RÉSILIATION PRONONCÉE DANS L'INTÉRÊT DE L'ENTREPRENEUR.

### SECTION PREMIÈRE

*Des cas dans lesquels l'entrepreneur a le droit de demander la résiliation.*

570. — L'article 39 des Clauses et conditions générales autorise l'entrepreneur à demander la résiliation : 1° dans le cas d'une augmentation notable du prix des matériaux ; 2° dans le cas d'augmentation ou de diminution de la masse des travaux excédant le sixième du montant de l'entreprise.

571. — Ces deux circonstances sont indiquées seulement à titre d'exemple. L'article 36 ne doit pas être considéré comme contenant une dérogation à la faculté accordée par le droit commun à toute partie qui se plaint de l'inexécution d'un contrat, d'en demander la résolution. (Art. 1184 du C. Nap.) Loin de déroger à l'article 1184, l'article 36 étend son application à une circonstance (l'augmentation notable des prix), où il n'eût pas pu secourir l'entrepreneur, et se borne dans l'autre (la diminution ou l'augmentation de la masse des travaux) à régler, en la limitant, l'application des règles ordinaires. Ce qui résulte de cette clause, c'est que, dans le premier cas, elle a amélioré la condition de l'entrepreneur, et qu'elle l'a, au contraire, rendue plus mauvaise dans le second. Mais on ne peut, sans violer les principes les plus certains de l'interprétation juridique, conclure de son silence sur les autres causes de résiliation qu'elle ne permet pas à l'entrepreneur de les invo-

quer. Les restrictions à une faculté que la loi ordinaire consacre ne doivent pas être facilement présumées. Or, quelle apparence y a-t-il que le rédacteur du cahier des charges ait voulu restreindre le droit de l'entrepreneur, lorsqu'on songe que cette restriction aurait eu pour conséquence un amoindrissement correspondant des droits qui appartiennent à l'administration. Si, en effet, on devait s'en tenir, en matière de résiliation, aux dispositions des articles 36 et 39, on serait bien forcé d'admettre que le premier de ces articles n'ayant parlé que de deux circonstances dans lesquelles l'administration peut demander la résiliation de l'entreprise (d'une part la cessation absolue ou l'ajournement indéfini des travaux, de l'autre la diminution notable des prix), elle n'a pas la faculté d'invoquer le droit commun dans toute autre circonstance où ses intérêts pourraient cependant l'exiger. Or, il n'est pas vraisemblable que l'administration ait entendu renoncer à une faculté aussi essentielle dans tous les cas (et ils sont nombreux) où le but et les conditions de l'entreprise sont méconnus par l'entrepreneur, et où la mise en régie ne constituerait qu'un palliatif insuffisant. Mais si l'art. 36 n'est pas limitatif en ce qui concerne l'administration, l'article 39 n'a pas ce caractère au respect de l'entrepreneur; il ne peut pas y avoir deux poids et deux mesures sous ce rapport. Concluons de là, qu'en dehors des cas prévus par les Clauses et conditions générales, l'entrepreneur peut demander la résiliation, lorsque les conditions de son marché ne sont pas observées par l'administration. Toute inexécution de ses clauses, toute infraction aux stipulations du devis, pourront servir de base à une demande de cette nature, et elles la justifieront, si les conséquences de l'infraction sont telles, qu'elles n'ont pas dû entrer dans les prévisions des parties au moment du traité, et si elles sont assez importantes pour déranger les calculs, ébranler les combinaisons et modifier sensiblement le caractère, la nature et les conditions de l'entreprise.

572. — La jurisprudence du Conseil d'État nous fournit une application récente de ce principe.

Un arrêté du Conseil de préfecture de la Côte-d'Or, en date du 14 juin 1858, avait prononcé la résiliation de l'adjudication faite le 14 novembre 1857 aux sieurs Piot frères et Branger, entrepreneurs des travaux de canalisation à exécuter pour l'établissement de fontaines publiques dans la ville d'Auxonne. La résiliation avait été prononcée, sur la demande des entrepreneurs, à raison de modifications considérables apportées en cours d'exécution au projet primitif, par l'ingénieur chargé de la direction des travaux.

La ville d'Auxonne se pourvut contre cet arrêté. Elle prétendit que ces changements avaient été prescrits par l'administration en vertu de la faculté qu'elle s'était réservée par l'article 8 du cahier des charges, et qu'aucune clause ne conférait aux entrepreneurs le droit de demander, pour ce motif, la résiliation de leur marché.

Les entrepreneurs répondaient que les changements ordonnés ne pouvaient être considérés comme de simples modifications du projet primitif autorisées, en effet, par l'art. 8, mais qu'elles avaient pour résultat de substituer à ce projet une entreprise complétement nouvelle; que par conséquent la ville ayant excédé la limite de ses droits, ils ne pouvaient être tenus de continuer l'exécution d'un marché dont les conditions se trouvaient essentiellement modifiées. Suivant eux, l'absence d'une clause stipulant à leur profit le droit de demander la résiliation ne pouvait leur être objectée, ce droit étant inhérent au contrat et la ville ne prouvant

pas qu'ils eussent renoncé à s'en prévaloir. C'est en ce
sens que se prononça le Conseil d'État. (13 juin 1860,
*ville d'Auxonne,* 467.)

573. — L'arrêt que nous venons de citer a été rendu
sur des difficultés relatives à des travaux communaux
auxquels, ainsi qu'on le sait, le cahier des charges et
cond. génér. des ponts et chaussées n'est applicable
que dans le cas de stipulation expresse. Peut-être vou-
dra-t-on tirer de là la conséquence que si la question
s'était présentée à l'occasion de travaux entrepris pour
le compte de l'État, la demande de l'entrepreneur n'aurait pas eu les mêmes chances de succès. Nous ne saurions, pour notre compte, nous ranger à cet avis. Dans
le cahier des charges relatif aux travaux de la ville
d'Auxonne, plusieurs causes de résiliation avaient été
expressément prévues, et la ville argumentait précisément de ces stipulations. Elle invoquait le brocard :
*Inclusio unius exclusio est alterius.* On disait dans son
intérêt que le cahier des charges en stipulant au profit
des entrepreneurs le droit de demander la résiliation
dans plusieurs circonstances déterminées, prouvait clairement la pensée des parties de restreindre à ces circonstances l'exercice d'une faculté aussi considérable.
C'est cette objection à laquelle nous avons déjà répondu
en parlant du caractère simplement énumératif qui appartient à la disposition de l'art. 39 des Cl. et cond.
génér. Le Conseil d'État qui l'a repoussé en matière de
travaux communaux, n'en tiendrait assurément pas plus
de compte, si la question s'élevait à l'occasion de travaux
régis par les Cl. et cond. génér.

Ceci posé, nous devons dire quelques mots des causes
de résiliation spécialement prévues par le cahier des
Clauses et conditions générales. Nous nous demanderons
ensuite quelles sont les conséquences de la résiliation

prononcée par application de ces clauses ou des dispositions du droit commun.

574. — *Augmentation notable du prix des ouvrages.* L'article 39 du cahier des Clauses et conditions générales ne dit pas ce que l'on doit entendre par augmentation notable du prix des ouvrages. La juridiction contentieuse jouit, à cet égard, d'une liberté complète d'appréciation. Nous nous bornerons à citer quelques exemples.

Le Conseil d'État a déclaré *notable* une augmentation de 25 p. 100. (26 nov. 1857, *Lavaud*, 749.) Le ministre des travaux publics, consulté à l'occasion de cette affaire, avait émis un avis favorable à l'entrepreneur. « Il résulte, disait-il, des rapports d'ingénieurs, « que dans l'espace d'une année ou de dix-huit mois, « de 1853 à 1854 et années suivantes, les prix des ma-« tériaux, des fournitures de toute nature et de la « main-d'œuvre, ont augmenté dans la proportion d'en-« viron 25 p. 100. Cette augmentation est considérable, « et de l'avis des ingénieurs et du Conseil général des « ponts et chaussées, que j'ai cru devoir consulter, elle « est assez notable pour entraîner l'application de l'ar-« ticle 39 des Clauses et conditions générales. » Il ne faut point voir là une règle absolue ; c'est à titre d'indication que nous citons ce précédent.

« Le cahier des clauses et conditions générales de « 1811 voulait que l'augmentation fût le résultat d'une « cause majeure et imprévue, la rédaction actuelle ne « reproduit pas cette condition, mais l'esprit est resté « le même. On n'admettra d'augmentation notable que « celle qui se sera produite dans des circonstances en « dehors des prévisions possibles de l'entrepreneur, et « qui aura été assez persistante pour altérer véritable-« ment les bases fondamentales du contrat. Tel serait,

« par exemple, le renchérissement dans le prix des sa-
« laires causé par une levée extraordinaire d'hommes,
« en cas de guerre déclarée depuis l'adjudication. Telles
« seront encore, suivant ce qu'enseignent MM. Cotelle,
« t. III, p. 78, et Dufour, t. IV, p. 360, dont nous adop-
« tons l'opinion, l'augmentation résultant de la mise
« en adjudication de travaux nouveaux dans la même
« contrée. (Voy. 8 fév. 1855, *Bertrand*, 128.) Mais on a
« jugé qu'il n'y avait pas augmentation notable de na-
« ture à autoriser une demande en résiliation dans une
« espèce où les entrepreneurs se plaignaient, 1° de
« ce que les propriétaires des carrières désignées pour
« les extractions avaient subitement et considéra-
« blement élevé leurs prix ; 2° de ce que le prix
« des pavés à fournir s'était trouvé augmenté par l'ap-
« plication d'un tarif d'octroi non prévu au sous-dé-
« tail. (15 déc. 1842, *Béraud et Perrichon*.) Même dé-
« cision dans une autre espèce, où l'entrepreneur
« excipait d'un renchérissement survenu dans le prix
« des matériaux, par suite de l'exécution simultanée
« dans le département de divers ouvrages publics,
« mais que le Conseil n'a pas trouvé *suffisant* pour jus-
« tifier la réclamation. » (28 déc. 1849, *Rambour*. Voy.
M. Chatignier, p. 121.) De même l'application rigoureuse des conditions du marché (20 déc. 1836, *Dela-
mare et Renoult*, 368), ou la survenance de difficultés
imprévues dans l'extraction des matériaux (24 oct. 1827,
*Dieny et Roux*), ou le renchérissement des objets qui,
bien que destinés à l'exécution des travaux, restent la
propriété de l'entrepreneur, par exemple, des waggons
servant au transport des déblais, ne l'autoriseraient pas à
réclamer la résiliation par application de l'article 39 des
Clauses et conditions générales. (19 fév. 1857, *Bresseau*,
157.)

575. — Le cahier des charges du ministère d'État a pris le soin de déterminer d'une manière précise la limite au-dessus de laquelle l'augmentation doit être considérée comme notable. D'après l'article 33, « Si,
« pendant le cours de l'entreprise, les prix subissaient
« des variations notables, de telle sorte que la dépense
« totale des ouvrages à exécuter, d'après le devis, se
« trouvât augmentée d'un sixième, comparativement à
« l'ensemble des estimations du projet, le marché
« pourra être résilié sur la demande de l'entrepreneur. »

576. — *Augmentation ou diminution de la masse des travaux.* — « Dans le cas où, pendant le cours des tra-
« vaux, et sans changer les charges et les prix, il serait
« ordonné par l'administration d'augmenter ou de di-
« minuer la masse des travaux, l'entrepreneur sera
« tenu d'exécuter les nouveaux ordres sans réclama-
« tion, à moins qu'il n'ait été autorisé à faire des
« approvisionnements de matériaux qui demeureraient
« sans emploi, et pourvu que les changements en plus
« ou en moins n'excèdent pas un sixième du mon-
« tant de l'entreprise, *auquel cas il pourra demander
« la résiliation de son marché.* » (Art. 39 Cl. et cond. génér.)

577. — Le cahier des charges des palais impériaux contient des dispositions analogues. Les articles 31 et 32 portent qu'en cas d'augmentation ou de diminution dans la masse des ouvrages, l'entrepreneur est tenu d'en continuer l'exécution au prix de son adjudication, tant que l'augmentation ou la diminution n'excèdent pas le *tiers* du montant de l'entreprise. Au delà de cette limite, et sauf stipulation contraire dans le devis spécial de l'entreprise, il peut se refuser à continuer les travaux, et demander la résiliation de son marché.

578. — Soit dans le cas d'augmentation du prix des

ouvrages, soit dans le cas d'augmentation ou de diminution de la masse des travaux adjugés, la résiliation
ne peut plus être demandée lorsque l'entrepreneur a
achevé les travaux sans se plaindre. Son silence emporte acquiescement aux ordres de l'administration ou
annonce la volonté d'accepter les conditions nouvelles
d'exécution du contrat. Il a été jugé, en ce sens, que
lorsque les entrepreneurs ont exécuté le marché en se
conformant aux modifications qui y ont été faites par
l'administration, sans autre réclamation que celle d'un
dédommagement, en cas de préjudice constaté, ils ne
peuvent en demander la résiliation après son exécution
consommée, et réclamer l'établissement d'un compte de
clerc à maître en qualité de mandataires et agents du
gouvernement. (10 juillet 1832, *Zhendre*, 364.) Ainsi
encore on a considéré comme déchu du droit d'obtenir
la résiliation l'entrepreneur qui, après une première
demande, sollicite l'ajournement de l'examen de ses
réclamations jusqu'après l'achèvement des travaux et la
présentation du décompte définitif (10 sept. 1855,
*Troye et Danjou*, 626); ou qui, au lieu de requérir la
réception immédiate, n'use pas de cette faculté, mais
continue les travaux commencés lorsqu'il reçoit l'ordre
de les reprendre (27 nov. 1856, *Perrier et consorts*,
672); ou qui, en cours d'exécution, n'élève aucune réclamation sur la quantité des travaux ordonnés. (30
juillet 1857, *Bourdon*, 619. Voy. enc. 15 sept. 1831,
*Fiard*, 380; 14 sept. 1852, *Clausse*, 419; 23 juin 1853,
*Nougaret*, 627; 29 juillet 1858, *Talichet*, 549.)

Mais l'entrepreneur étant tenu d'exécuter jusqu'à concurrence du sixième en sus tous les travaux ordonnés en
cours d'exercice qui sont un accessoire de l'entreprise,
l'exécution d'une partie seulement de ces travaux additionnels ne le prive pas du droit de renoncer à son mar-

ché, dès qu'il s'aperçoit que l'augmentation dépasse le sixième du chiffre primitif. (Voy. 23 décembre 1852, *Maget*, 655.)

579. — Il n'est pas toujours facile à l'entrepreneur de reconnaître si les ordres qui lui sont donnés sont de nature à motiver la résiliation du marché. Il se trouve alors placé dans une situation extrêmement difficile. S'il arrête immédiatement les travaux, il s'expose, dans le cas où il serait jugé qu'il n'y avait pas lieu à résiliation, à voir mettre à sa charge toutes les conséquences de la régie ou de la réadjudication à la folle enchère prononcée après l'abandon des travaux. Si, au contraire, il en continue l'exécution, il peut voir opposer une fin de non-recevoir à sa réclamation. Pour éviter ce double danger, l'entrepreneur n'a qu'une chose à faire. Dès qu'il acquiert la conviction qu'un cas de résiliation se présente, il doit immédiatement porter sa demande devant l'autorité administrative, et sur le refus de celle-ci d'y faire droit, devant le Conseil de préfecture. Il doit en même temps faire connaître à l'administration, que s'il continue les travaux, c'est sous la réserve la plus expresse et la plus complète de tous ses droits. Cette protestation nous paraît de nature à sauvegarder ses intérêts. (Voy. M. Delvincourt, p. 138 et suiv.)

580. — En général, l'entrepreneur n'a pas le choix entre la résiliation et une augmentation des prix fixés par le devis. L'article 39 du cahier des Clauses et conditions générales l'autorise uniquement à demander la résiliation ; s'il n'use pas de ce droit pendant la durée de son entreprise, et s'il continue l'exécution des travaux, il n'est pas recevable à réclamer un supplément de prix. Un décret du 14 août 1854 (*Pierron et Mangini*, 783) a fait, dans les termes suivants, l'application de cette règle consacrée depuis longtemps par la jurisprudence. —

« En ce qui touche l'augmentation du prix des journées
de voitures et des ouvriers terrassiers : Considérant
qu'aux termes des articles 11 et 39 du cahier des Clauses
et conditions générales les entrepreneurs ne peuvent,
sous aucun prétexte d'erreur ou d'omission dans la composition des prix de sous-détail, revenir sur les prix par
eux consentis, et qu'en cas d'augmentation notable des
prix en cours d'exécution de l'entreprise, ils peuvent
seulement en demander la résiliation. » (Voy. aussi
3 juillet 1852, *Delalande*, 278 ; 8 juin 1850, *Bernard*,
564 ; 23 juin 1853, *Nougaret*, 627 ; 28 janvier 1858,
*Marcelin*, 99; 16 août 1860, *Plagnol*, 664). L'entrepreneur ne peut même se prévaloir, afin d'obtenir de la
juridiction contentieuse une allocation supplémentaire,
de l'offre d'une augmentation proportionnelle sur les
prix de son adjudication, offre que lui ont faite les ingénieurs en cours d'exécution, mais qu'il a alors refusée.
(15 juin 1861, *Lescure*, 523.)

581. — Mais en sera-t-il de même dans le cas où
l'augmentation du prix des matériaux ou de la main-
d'œuvre provient du fait de l'administration ? Supposons,
par exemple, qu'après l'adjudication le gouvernement
fasse exécuter, dans le voisinage, d'autres travaux de
même nature qui nécessitent l'emploi de nombreux
ouvriers, et rendent les matériaux plus rares et plus
coûteux. L'entrepreneur, qui n'a pu prévoir l'augmentation de dépenses résultant de cet état de choses,
sera-t-il placé dans l'alternative de subir la perte
qu'il lui occasionne ou de faire résilier le marché.
M. Cotelle examine cette question et pense qu'une
indemnité est due à l'entrepreneur, lorsque la cause
en est « imputable aux travaux du gouvernement
« qui se font concurremment sur le même lieu, pour
« l'achat des matériaux et l'emploi de la main-d'œuvre,

« sauf à l'administration de faire elle-même résilier
« le marché dès que la demande en indemnité et aug-
« mentation des prix lui est connue. » (*Cours de droit
admin.*, t. III.) Nous sommes du même avis. En donnant à l'entrepreneur le droit de demander la résiliation
toutes les fois qu'il survient une augmentation notable
dans les prix, le cahier des charges crée à son profit
une faculté dont il lui est loisible de profiter. Mais
cette faculté ne fait nul obstacle à l'exercice de l'action
en indemnité, dans le cas où l'administration est elle-
même l'auteur du dommage. C'est seulement lorsque
l'augmentation survenue provient de causes étrangères
à celle-ci, que l'entrepreneur a pour unique ressource
la résiliation, aux termes de l'art. 39, parce qu'alors,
en effet, le droit commun ne l'autorise pas à lui demander la réparation d'un préjudice auquel elle n'a
pas donné lieu. (Voy. 12 août 1854, *Ville de Tarascon*, 789.) Mais l'hypothèse dont nous nous occupons
est tout autre, et le double droit qui appartient à l'entrepreneur, en pareille circonstance, ne nous semble
pas douteux.

582. — Dans tous les cas où l'entrepreneur, en vertu
des dispositions du cahier des charges ou du droit commun, croit pouvoir obtenir la résiliation, il doit porter sa
demande devant l'autorité administrative, et, en cas de
refus, devant le Conseil de préfecture, compétent pour
connaître de toutes les difficultés en matière de travaux
publics. (Voy. 16 fév. 1835, *Franciel*, 120 ; 27 fév. 1835,
*Grillon*, 182 ; 20 juil. 1836, *Min. des finances*, 368 ;
15 sept. 1843, *Copigneaux*, 538.) — Ainsi, lorsqu'une
clause du cahier des charges autorise l'entrepreneur à
demander la résiliation dans le cas où, par suite de modifications ordonnées en cours d'exécution, le montant
des dépenses se trouve considérablement augmenté, le

Conseil de préfecture, saisi de la demande de l'entrepreneur, est compétent pour y statuer. (18 août 1856, *Billamboz*, 556.)

## SECTION II

*Des conséquences de la résiliation prononcée sur la demande de l'entrepreneur.*

583. — En cas de résiliation prononcée dans l'intérêt de l'entrepreneur, il n'a droit ni à la reprise des matériaux et ustensiles, ni à une indemnité.

584. — Cas où la résiliation a pour cause un fait ou une faute de l'administration.

585. — Cas où l'administration a refusé à tort de prononcer la résiliation.

586. — Règlement du prix des travaux achevés par l'entrepreneur après la résiliation.

583. — Quelles sont les conséquences de la résiliation prononcée à la demande de l'entrepreneur dans les diverses hypothèses dont nous venons de nous occuper? L'entrepreneur a-t-il le droit d'exiger la reprise des matériaux approvisionnés, des outils et ustensiles indispensables à l'entreprise? Peut-il enfin réclamer une indemnité en réparation du préjudice qui lui a été causé?

L'art. 40 n'accorde aucun de ces droits à l'entrepreneur. Il ne peut les exercer que lorsque la résiliation est prononcée par suite de la diminution notable du prix des ouvrages, de la suspension indéfinie ou de la cessation absolue des travaux, en un mot lorsque l'entreprise est résiliée dans l'intérêt de l'administration. La jurisprudence a appliqué rigoureusement l'art. 40. Elle refuse à l'entrepreneur soit une indemnité, soit la reprise de son matériel, lorsque la résiliation intervient dans son intérêt, 1° à raison du préjudice résultant pour lui de l'application des prix du devis à une notable partie de ses travaux (22 août 1853, *Morizot*, 866; 12 janv.

1854, *Sérager*, 25; 20 avril 1854, *Preiré et Cochois*, 382); 2° ou à raison de la cession de tout ou partie de son entreprise à un tiers (9 mars 1854, *Colvée*, 186); 3° ou par suite de l'impossibilité où il se trouvait de remplir ses engagements en temps utile (20 janv, 1830, *Orfray*, 47; 24 fév. 1853, *Verney*, 277; 10 janv. 1856, *Nepvaüet*, 52); soit même lorsqu'il a demandé et obtenu la résiliation de son marché, par suite de l'augmentation ou de la diminution de plus d'un sixième du montant de l'entreprise. (23 juin 1853, *Nougaret*, 627; 7 juil. 1853, *Ducourneau*, 690; 9 août 1855, *Bucquoy*, 601; 18 août 1857, *Courrière*, 663; 14 mai 1858, *Pinel*, 368.)

584. — Ces derniers arrêts nous paraissent appliquer l'art. 40 avec une rigueur excessive, et nous nous étonnons que les auteurs les approuvent sans réserves. Les motifs par lesquels ils se décident ne répondent pas, nous le croyons, à toutes les objections. «Lorsque, dit M. Chatignier (p. 119), la résiliation n'est pas prononcée par l'administration, de son propre mouvement, mais qu'elle a été provoquée par la demande de l'entrepreneur, elle est censée intervenir dans son intérêt et à son profit. Aussi ne lui accorde-t-on plus ni la reprise de son matériel ni aucune indemnité; il est présumé se trouver assez dédommagé par la décharge de ses obligations et par la faculté qui lui est donnée de se retirer immédiatement.» Nous pensons que cette présomption, presque toujours démentie par les faits, n'a pas de fondement juridique. On comprend très-bien, lorsque la cause de la résiliation est personnelle à l'entrepreneur, ou simplement étrangère à l'administration, que la demande d'une indemnité échoue contre une fin de non-recevoir. La résiliation n'est alors qu'une faveur, et l'entrepreneur doit s'estimer heureux de voir disparaître des

obligations dont l'accomplissement intégral pouvait entraîner sa ruine. Mais en est-il de même lorsque la résiliation, quoique prononcée sur sa demande et dans son intérêt, procède d'une circonstance qui est le fait de l'administration elle-même? L'augmentation ou la diminution notable de la masse des ouvrages a ce caractère, et il ne faut pas dire, comme le pense à tort M. Dufour (t. vii, n° 204), que la résiliation constitue alors une mesure de faveur, qu'elle intervient par suite d'une option réservée à l'entrepreneur, auquel on ne saurait dès lors ménager une action en dommages-intérêts. L'entrepreneur qui demande la résiliation dans l'hypothèse qui nous occupe, exerce un droit dans le sens rigoureux du mot. Ce droit, il le tient de la loi, dont le cahier des charges n'a fait que s'approprier les dispositions, et l'administration ne peut, sous aucun prétexte, écarter ses réclamations lorsqu'elles se présentent dans les conditions prévues au devis. S'il est vrai qu'il ait la faculté de choisir entre la continuation des travaux et la résiliation, il n'est pas juste, lorsqu'il préfère celle-ci, que l'administration soit exonérée des conséquences d'une situation qu'elle a créée. Deux voies lui sont ouvertes : il choisit celle qui lui présente le moins de chances défavorables, mais on n'en peut raisonnablement conclure que l'administration, qui seule a changé les conditions du marché, soit quitte envers lui. Chose étrange! L'article 40 lui donne le droit de se faire reprendre par l'État les outils et ustensiles indispensables à l'entreprise, même celui d'obtenir une indemnité dans le cas où la résiliation est prononcée par suite d'une diminution notable du prix des ouvrages, c'est-à-dire dans un cas où la cause première de la résiliation est complétement étrangère à l'administration. Et on lui refuse ces mêmes droits, lorsque, par l'augmentation ou la diminution de la masse des travaux, celle-ci porte elle-même à la convention une atteinte directe et considérable! Cette anomalie est choquante, et ne soutient pas l'examen. Vainement dirait-on, pour justifier cette différence entre les deux situations, qu'il fallait bien laisser à l'administration le droit de modifier, suivant les exigences de l'intérêt public, les ouvrages en cours d'exécution. Car il n'est pas question de supprimer cette faculté, mais seulement de régler les conséquences de son exercice vis-à-vis de l'entrepreneur, dont les droits ne doivent pas être sacrifiés, sans une équitable réparation, aux intérêts généraux du pays.

585. — Nous venons de parler du cas où la résiliation intervient sur la demande de l'entrepreneur, l'administration faisant elle-même droit à cette demande, et nous avons vu que, dans cette circonstance, la jurisprudence ne lui accorde aucune indemnité. Mais il n'en est pas de même lorsque la demande en résiliation, quoique fondée sur des causes légitimes, a été à tort repoussée par l'administration, et lorsque, sur son refus d'y faire droit, l'entrepreneur a été forcé de continuer les travaux dans des conditions défavorables. Il est alors autorisé à réclamer la réparation du préjudice que le rejet ou l'ajournement de sa demande a pu lui causer. (10 sept. 1855, *Troye et Danjou*, 626.) — C'est ce qui résulte encore d'un décret du 8 fév. 1855, (*Bertrand*, 128) conçu dans les termes suivants : Considérant qu'aux termes de l'art. 39 des Clauses et conditions générales imposées aux entrepreneurs, si, pendant le cours de l'entreprise, les prix subissent une augmentation notable, le marché peut être résilié sur la demande faite par l'entrepreneur ; — Considérant qu'il est établi par l'instruction et notamment par les rapports des ingé-

nieurs produits au dossier, qu'une augmentation notable des prix de la main-d'œuvre et des matériaux, résultant de la construction simultanée du chemin de fer de Paris à Lyon, a été constatée en 1848 et en 1847, dans l'entreprise des travaux du sieur Bertrand et qu'elle était de nature à lui faire obtenir la résiliation de son marché; — Considérant que le sieur Bertrand a demandé le 25 juillet 1845 cette résiliation, et qu'à cette époque l'augmentation notable des prix existait encore, et qu'elle s'est prolongée dans le cours de 1847, postérieurement à cette demande; — Considérant que la résiliation n'a été prononcée que le 25 août 1848; que, dans ces circonstances, il y a lieu, et à partir du 25 juillet 1847, jour où le sieur Bertrand a demandé la résiliation qu'il avait droit d'obtenir, de tenir compte audit sieur Bertrand du préjudice qui est résulté pour lui de la continuation de son entreprise, mais en ce qui touche seulement l'augmentation des prix de la main-d'œuvre et des matériaux. (Voy. enc. 22 juin 1843, *Lepontois*, 297; 19 janv. 1854, *Cassou*, 45; 19 avril 1859, *Dupond*, 316.)

586. — L'effet principal de la résiliation est de mettre fin au contrat. Mais elle ne détruit pas toujours les rapports qui existaient entre l'adjudicataire et l'administration. Il arrive souvent, au contraire, que les travaux sont repris par le même entrepreneur. Dans ce cas, soit que la résiliation ait été prononcée dans l'intérêt de l'administration, soit qu'elle ait été prononcée dans l'intérêt de l'adjudicataire, il y a lieu de fixer, par une nouvelle convention, le prix des travaux qui restent à effectuer. Les anciens prix ne peuvent plus servir de base au règlement. En l'absence d'une convention préalable, la seule voie régulière pour déterminer le prix des ouvrages est celle d'une expertise contradictoire. (14 juillet 1830, *Jouvenel*, 367.) — On applique

quelquefois aussi à ces travaux les prix alloués par la régie pour des ouvrages de même nature. (16 mai 1837, *min. des trav. publics*, 165.)

# CHAPITRE III

## DE LA RÉSILIATION PAR SUITE DE LA FAILLITE OU DU DÉCÈS DE L'ENTREPRENEUR.

587. — Faillite de l'entrepreneur.
588. — Sa mort n'entraîne pas la résiliation des entreprises con‑
cédées.

587. — La faillite de l'entrepreneur entraîne la ré‑siliation de l'entreprise. Le cahier des charges des ponts et chaussées, à la différence du cahier des palais impé‑riaux (art. 39), ne contient aucune stipulation à cet égard. Mais c'est là une conséquence des principes gé‑néraux admis en matière de faillite.

588. — La mort de l'entrepreneur est aussi une cause de résiliation. (Art. 1795 et 1796 du C. Nap.)

A cet égard il est essentiel d'observer que le contrat d'adjudication cesse d'avoir le caractère du louage d'ou‑vrage pour prendre celui du louage, lorsque le prix, au lieu d'être une somme d'argent, consiste dans la con‑cession au profit de l'adjudicataire, pendant un temps déterminé, de droits à percevoir. Dans ce cas, le dé‑cès de l'adjudicataire ne met pas fin au contrat, car l'art. 1742 du C. Nap. décide expressément que le con‑trat de louage n'est pas résolu par la mort du bailleur ni par celle du preneur. Les héritiers de l'adjudica‑taire seraient donc tenus, en pareil cas, d'achever les travaux commencés. (5 juin 1845, *H^{iers} Detrez*, 320.)

# TITRE XII

## DE LA RESPONSABILITÉ DES ARCHITECTES ET ENTREPRENEURS.

589. — Objet de ce titre. — Division.

589. — Les articles 1792 et 2270 du C. Nap., relatifs à la responsabilité décennale des architectes et entrepreneurs, ont été l'objet de nombreuses explications. Les principes de cette matière ont été exposés avec soin par tous les commentateurs du C. Nap. et par des auteurs spéciaux, parmi lesquels nous nous plaisons à citer M. Frémy-Ligneville. Mais, dans ces nombreux ouvrages, on trouve peu de renseignements précis sur l'application de la responsabilité décennale en matière de travaux publics. Il est donc essentiel de rapprocher les principes du droit commun des règles propres au droit administratif. C'est ce que nous nous proposons de faire ici. En faisant connaître sur chaque question les règles consacrées par la loi et la jurisprudence civiles, nous exposerons avec détail les modifications que la jurisprudence du Conseil d'État, si riche de documents trop peu connus, leur a fait subir.

Nous diviserons ce titre en deux chapitres. Dans le premier, nous exposerons en trois sections distinctes tout ce qui concerne le principe de la responsabilité, les personnes contre lesquelles elle peut être invoquée, et les cas divers où elle est encourue. Dans le second, nous traiterons de la durée de l'action en garantie.

# CHAPITRE PREMIER

## DU PRINCIPE DE LA RESPONSABILITÉ DÉCENNALE ET DE SES DIVERSES APPLICATIONS.

### SECTION PREMIÈRE

*Du principe de la responsabilité décennale.*

590. — Textes sur lesquels est fondée la responsabilité décennale.
591. — Motifs et but du législateur.
592. — Les art. 1792 et 2270 du C. Nap. s'appliquent en matière de travaux publics.

590. — L'article 1792 du C. Nap. est ainsi conçu : « Si l'édifice, construit à prix fait, périt en tout ou en « partie par le vice de la construction, même par le « vice du sol, les architectes et entrepreneurs en sont « responsables pendant dix ans. » — Application spéciale du principe posé par les articles 1382 et 1383 du C. Nap. l'article 1792 est, avec l'article 2270, le seul texte qui régisse les constructions au point de vue de la garantie des ouvrages. Encore l'art. 2270 n'est-il guère que la reproduction du premier, puisqu'il se borne à dire qu'après dix ans l'architecte et les entrepreneurs sont déchargés de la garantie des gros ouvrages qu'ils ont faits ou dirigés.

591. — Les principes fixés par ces textes n'ont pas besoin de justification ; ils ont leur fondement dans le contrat de louage d'ouvrage, dont ils sont la sanction rigoureuse mais indispensable. — L'ignorance des choses que l'on doit savoir, la négligence qu'on apporte dans l'exercice de sa profession, ont de tout temps été considérées comme des fautes assez graves pour engager la

responsabilité de leur auteur; *imperitia culpœ adnume-ratur.* (L. 149, Dig., *De regul. juris.*) Le législateur ne pouvait pas veiller avec trop de soin à la solidité des constructions. Dans la discussion du C. Nap., M. Réal faisait observer que les architectes, pour déterminer les propriétaires à construire, cherchent ordinairement à leur persuader que la dépense sera modique. « Peut-être, « ajoutait-il, y a-t-il lieu de craindre que, si on leur « fournit un moyen de ne pas répondre des mauvaises « constructions, ils ne prennent plus aucun soin de « rendre les édifices solides. » (Voy. Locré, t. xiv, p. 365.) La responsabilité décennale, fondée sur les principes généraux du droit, est donc encore justifiée par des considérations puissantes d'ordre et de sécurité publiques.

592. — Ces considérations ont plus de force encore dans la matière des travaux publics. S'il importe que les constructions privées réunissent les conditions de solidité nécessaires pour en assurer la durée, à combien plus forte raison en est-il ainsi lorsqu'il s'agit des édifices destinés à l'usage commun des citoyens. Les dangers d'une construction défectueuse ne menacent pas seulement alors quelques individus isolés, mais bien des masses compactes de personnes assemblées dans un but politique, religieux ou commercial. C'est dire que les lois spéciales aux travaux publics, loin de songer à créer, en ce qui les concerne, une exception aux règles du droit commun, auraient plutôt cherché à rendre plus étroite la responsabilité des agents préposés à leur direction.

Mais cela n'était pas nécessaire.—Les travaux publics, au moins ceux de l'État et des départements, s'exécutent sous les yeux et sous la surveillance incessante de l'administration, sur les plans d'hommes habiles, et après l'approbation de Conseils spéciaux, qui, par leur composition, présentent toutes les garanties désirables. Les malfaçons y sont pour ainsi dire impossibles. L'art. 1792 du C. Nap. suffit pour réprimer les rares infractions qui se présentent aux règles essentielles des constructions. Il suffit même en ce qui concerne les travaux des communes dirigés en général par des fonctionnaires ou des agents moins habiles, et dont la surveillance est beaucoup moins complète. Le droit commun est donc resté, et restera longtemps encore, sans doute, la règle à suivre dans notre matière, toutes les fois qu'il s'agit d'apprécier la part de responsabilité qui incombe aux entrepreneurs et aux architectes.

## SECTION II

*Des personnes contre lesquelles la responsabilité décennale peut être invoquée.*

593. — Ingénieurs civils et militaires.
594. — Agents-voyers, conducteurs, piqueurs des ponts et chaussées.
595. — Entrepreneurs et architectes.

593. — Les ingénieurs civils et militaires, et en général tous les agents quelconques préposés par l'administration à la direction ou à la surveillance des travaux, échappent à l'application de l'article 1792 du C. Nap., Leur qualité de fonctionnaires les met à l'abri de toute recherche relativement aux fautes et à la négligence dont ils peuvent se rendre coupables. La perte de la confiance de l'administration, leur destitution au besoin, ont paru des garanties suffisantes pour exciter et soutenir leur zèle. Il ne faut pas oublier, d'ailleurs, qu'au moins en ce qui concerne la rédaction des plans, l'action en responsabilité n'aurait pas à leur égard de fondement juridique. Les plans des travaux sont, préalablement à

l'exécution, soumis à l'approbation des Conseils des bâtiments civils ou militaires, ou de la commission mixte
des travaux publics, dont l'examen couvre la responsabilité des auteurs des projets ou des agents chargés de la
direction et de l'exécution des travaux. L'ingénieur
qui les a rédigés ou qui les fait exécuter obéit, après
cette approbation, aux ordres de ses supérieurs hiérarchiques. S'il s'est trompé, c'est avec eux, et ce serait
sur eux, si cela était possible, que devrait retomber la
responsabilité.

594. — Ce que nous disons des ingénieurs s'applique
à tous les agents quelconques de l'administration, quels
que soient leur grade et leur fonction dans la hiérarchie.
Les agents-voyers, les conducteurs, les piqueurs des ponts
et chaussées sont des fonctionnaires publics, et ils jouissent des prérogatives attachées à leur qualité. Toutefois
ce privilége particulier ne s'étend pas, on le comprend,
aux travaux exécutés, sous leurs ordres, en dehors de
leurs fonctions officielles. Il arrive souvent, par exemple,
que des agents-voyers et des conducteurs des ponts et
chaussées sont autorisés à se charger de la direction
de travaux communaux. En vain voudraient-ils alors
repousser l'action en responsabilité sous le prétexte qu'ils
sont des fonctionnaires publics. On leur répondrait justement que ce n'est pas en cette qualité qu'ils ont agi et
qu'ils doivent conséquemment répondre de leurs actes
conformément au droit commun. (22 mars 1851, *com.
de Courcheverny*, 192.)

595. — Lorsqu'il s'agit de travaux exécutés pour le
compte de l'État, l'entrepreneur est donc seul et en
principe responsable de la bonne exécution des travaux.

Quant aux travaux exécutés pour le compte des départements ou des communes, la responsabilité peut, au
contraire, se partager entre l'entrepreneur et l'archi-

tecte ; ni l'un ni l'autre n'ont le caractère de fonctionnaires publics. Simples particuliers, ils sont soumis à
la loi ordinaire.

Nous allons rechercher maintenant dans quels cas
l'action en responsabilité peut être intentée soit contre
l'entrepreneur, soit contre l'architecte ; — à quelles
conditions elle est soumise ; — dans quelle mesure les
condamnations peuvent être encourues.

## SECTION III

### *Des divers cas de responsabilité.*

596. — *Vices du plan.* L'art. 1792 du C. Nap. ne parle pas des vices du plan, et dans la discussion qui a précédé la rédaction définitive de cet article, il n'en a pas été question. Cependant, il est indubitable que les architectes sont responsables des désordres qui se manifestent dans les constructions faites d'après des plans contraires aux règles de l'art. C'est là un point constant dans la jurisprudence soit civile, soit administrative. Nous nous bornerons à citer quelques exemples empruntés aux décisions les plus récentes. Ainsi des architectes ont été déclarés responsables d'accidents ayant pour cause : 1° la disposition vicieuse d'une voûte (18 juin 1852, *Chapot*, 244); — 2° les imperfections du projet et les modifications apportées en cours d'exécution (6 mai 1853, *Courtieux*, 501); — 3° l'inclinaison insuffisante donnée à une toiture (13 mai 1855, *com. de Waldweistroff*, 730); — 4° la profondeur insuffisante des fondations (5 fév. 1857, *Gruel*, 99); les infiltrations dont la cause ne peut être attribuée qu'au mode vicieux de construction prescrit par le devis. (21 mars 1861, *Bastien*, 215.)

597. — Pour échapper à la responsabilité qui pèse sur lui, l'architecte rédacteur des projets se prévaudrait en vain de cette circonstance que la construction a été dirigée par un autre, s'il était démontré en fait que les vices de la construction sont la conséquence unique des vices mêmes du plan. (Cass. 20 nov. 1847, H^iers *de Montfeu*, S. V. 19, 1, 102; Paris, 11 janv. 1845, J. du Pal., 45, 1, 139; M. Duvergier, n° 354; M. Troplong, n° 1001; Frémy-Ligneville, n° 95 ; Lepage, t. II, p. 28). Seulement il aurait le droit de faire supporter à l'architecte directeur des travaux une part des dommages-intérêts.

Celui-ci, en effet, en exécutant des plans vicieux, s'associe à la faute commise et se la rend personnelle. L'architecte est encore responsable, et *à fortiori*, lorsque les constructions ont été élevées d'après des plans remis par le propriétaire. Il doit corriger leurs défauts, et si le propriétaire n'y consent pas, il est de son devoir de refuser tout concours à l'exécution des travaux. (Bourges, 13 août 1841, D. P. 42, 2,73 ; Cass., 19 mai 1851, *Milan*, S. V. 51, 1, 393; Aix, 16 janv. 1858, *Curtil*, S. V. 58, 2, 539; M. Troplong, n° 995; M. Duvergier, n° 351.)

598. — Le principe qui sert de base à ces arrêts rendus à l'occasion de procès civils est, sans contredit, susceptible d'application en matière de travaux publics. Les architectes des départements et des communes ne peuvent invoquer aucune immunité spéciale. Leur devoir le plus essentiel est d'apporter dans la rédaction des plans tout le soin et toute l'habileté dont ils sont capables, comme aussi de signaler aux administrations qui les emploient les défectuosités de ceux dont l'exécution seule leur est confiée. (Voy. 24 juillet 1859, *Hartmann*, 544.) Ici toutefois se présente une difficulté. Lorsque les travaux ont une certaine importance, les plans et profils sont soumis à l'approbation du conseil général des bâtiments civils. Cette approbation n'a-t-elle pas pour effet de dégager la responsabilité soit de l'architecte rédacteur, soit de l'architecte dont la mission se borne à la surveillance des travaux?

Le Conseil d'État s'est prononcé pour la négative dans l'espèce suivante.

Le sieur Oudet, architecte du département de la Meuse, avait rédigé les plans d'une église à construire dans la commune des Noyers. Les travaux étaient à peine terminés que des accidents graves se manifes-

tèrent. Une expertise ordonnée par le Conseil de préfecture démontra que ces détériorations provenaient en
majeure partie d'un vice essentiel dans la conception
du plan. Le Conseil de préfecture condamna en conséquence Oudet à supporter la moitié des dépenses à faire
pour rétablir la solidité de l'édifice.

L'architecte se pourvut au Conseil d'État. Il soutint,
d'une part, qu'il ne pouvait être déclaré responsable des
vices d'un plan dressé conformément aux indications
et aux conditions imposées par le conseil municipal,
et que, d'un autre côté, l'approbation donnée à ce plan
par la commission départementale des bâtiments civils
devait avoir pour effet de dégager sa responsabilité.

Cependant, le Conseil d'État rejeta le pourvoi par les
motifs suivants :

« Considérant qu'il résulte de l'instruction que les
« détériorations survenues à l'église de la commune
« des Noyers ont été en partie causées par les vices du
« plan de reconstruction de ladite église, dressé par le
« sieur Oudet ; que l'approbation donnée à ce plan par
« la commission départementale des bâtiments civils et
« par le préfet de la Meuse ne peut, nonobstant les mo-
« difications dont elle a été accompagnée et qui ont
« même atténué les imperfections dudit plan, avoir pour
« effet d'affranchir l'architecte de la responsabilité éta-
« blie par les art. 1792 et 2270 du Code civil, *et qu'il a*
« *d'ailleurs acceptée en concourant, sans protestations ni*
« *réserves, à l'exécution de projet modifié...* » (5 avril
1851, *Oudet*, 239.)

Ce dernier membre de phrase semble indiquer que,
dans la pensée du Conseil d'État, la responsabilité serait
également encourue par l'architecte qui ne serait pas
l'auteur du plan, et dont le rôle se bornerait à la direction et à la surveillance des travaux. On ne saurait se

dissimuler toutefois que la situation de ce dernier serait encore plus favorable que celle de l'auteur des plans.

599. — Les vices du plan sont directement et immédiatement imputables à l'architecte. Lui seul en supporte les conséquences : l'entrepreneur n'en peut être tenu à aucun titre que ce soit. Son premier devoir, en effet, est de se soumettre aux ordres et aux prescriptions des hommes de l'art chargés de la direction des travaux. Comment, en bonne justice, lui ferait-on un reproche d'avoir suivi leurs indications? Sa mission se borne précisément à se conformer strictement aux plans qui lui sont remis. Le cahier des charges lui en fait toujours un devoir, et à défaut d'une stipulation expresse, ce devoir lui est imposé par la nature même de sa profession. En le plaçant sous les ordres de l'architecte, on n'a dû attendre de lui que des qualités passives, l'obéissance et la subordination la plus complète. Sans doute, il y a des entrepreneurs capables de corriger les imperfections des projets et les vices des plans. Mais cette habileté, au point de vue de la responsabilité décennale, ils ne sont pas tenus de l'avoir. En conséquence on a décidé avec raison que les modifications apportées par l'entrepreneur dans les détails de l'exécution, si elles ne concernent que les dimensions des matériaux et le mode de confection de certains ouvrages, n'autorisent pas les tribunaux à lui faire supporter dans une proportion quelconque et solidairement avec l'architecte les suites de leur écroulement. Celui-ci seul doit être mis en cause. (30 oct. 1834, *Desgranchamps*, 695; 23 nov. 1850, *Meynadier*, 853; 15 nov. 1851, *Hamelin*, 663; 31 mai 1855, *Bon*, 364; 13 déc. 1855, *com. de Waldweistroff*, 730; 5 fév. 1857, *Gruel*, 99. Consult. enc. 8 mai 1861, *syndicat du canal d'Isle*, 358.)

600. — Mais, si les détériorations survenues aux
travaux avaient pour cause, d'une part, les vices du
plan, et, de l'autre, des fautes commises par l'entrepreneur au moment de la construction, la condamnation
à intervenir pourrait-elle être prononcée solidairement?

Il paraît généralement admis aujourd'hui que la solidarité peut être prononcée contre les auteurs d'un fait
dommageable, lorsqu'il est impossible de déterminer
d'une manière exacte la part de préjudice imputable à
chacun d'eux. (Cass. 8 nov. 1836, *Lefèvre*, S. V. 36, 1,
801 ; 7 août 1837, *Valory*, S. V. 37, 1, 964; 29 janv.
1840, *Salmon*, S. V. 40, 1, 369.) Mais cette circonstance
se présentera rarement dans l'hypothèse dont nous nous
occupons. Ici, en effet, le fait dommageable est dû à
des causes essentiellement distinctes. Les malfaçons
sont le fait de l'entrepreneur, comme les vices du plan
sont le fait de l'architecte. Il est presque toujours facile
de fixer la proportion dans laquelle chacun d'eux a
contribué aux vices de construction, et par suite la part
de responsabilité qui revient à chacun. Ils ne doivent
donc pas être condamnés solidairement et pour le tout.
(Voy. 1er fév. 1849, *Léger*, 259; 18 juin 1852, *Chapot*,
244; 6 mai 1853, *Courtieux*, 501 ; 24 juin 1858,
*Laffont*, 456.)

601. — *Vices du sol.* — L'architecte est responsable
des vices du sol. (Art. 1792 C. Nap.)

Le projet du code stipulait une exception à cette
règle pour le cas où l'architecte fait au maître des représentations afin de le dissuader de bâtir. Mais cette
exception fut repoussée par le Conseil d'État. M. Tronchet
fit observer que l'architecte ne doit pas suivre les caprices
d'un propriétaire assez insensé pour compromettre sa
sûreté personnelle ainsi que la sûreté publique. « Il n'y

« a aucun inconvénient, ajoutait M. Treillard, à être sé-
« vère à l'égard de l'architecte ; le propriétaire ne con-
« naît pas les règles de la construction : c'est à l'archi-
« tecte à l'en instruire et à ne pas s'en écarter par une
« complaisance condamnable. » (Voy. Locré, t. xiv,
p. 364 et 365.)

602. — La règle est donc absolue, et la jurisprudence
l'applique avec une juste rigueur. (Cass. rej., 12 fév.
1850, *Rabardy*, D. P. 50, 1, 311.)

Mais on peut se demander si elle conserve ce caractère en matière administrative. Là, il faut bien le reconnaître, l'architecte n'est pas dans une situation aussi
indépendante. L'administration exige plus de soumission que les particuliers : elle est d'ailleurs plus éclairée,
et les projets qu'elle exécute sont soumis à des épreuves
qui doivent avoir pour effet, sinon de dégager complétement la responsabilité de l'architecte, au moins d'en
diminuer l'étendue. C'est du moins ce qui nous paraît
résulter d'un décret assez récent. On voit, par les termes
de ce décret, que le Conseil d'État ne répugnerait pas,
le cas échéant, à faire fléchir la règle, et qu'il entend se
réserver le droit d'apprécier les circonstances. « ...Con-
sidérant qu'il résulte de l'instruction que les tassements
qui ont amené ces lézardes ont été causés par la nature
marécageuse du sol sur lequel l'église est bâtie ; que le
sieur Leydecker a formellement averti le conseil municipal des inconvénients qui pouvaient résulter du choix
de cet emplacement, et que, le conseil ayant persisté
dans sa résolution malgré cet avertissement, l'architecte
a pris toutes les précautions qu'il a jugées utiles, et toutes
celles qui ont été indiquées par le conseil des bâtiments
civils pour en prévenir ou en atténuer les effets ; que
d'ailleurs les experts ont déclaré que ces tassements ne
sont pas de nature à compromettre la solidité de l'édifice ;

que, dans ces circonstances, c'est avec raison que le Conseil de préfecture a laissé à la charge de la commune seule les dépenses à faire pour réparer les lézardes et prévenir de nouvelles dégradations de ce genre. » (13 déc. 1855, *com. de Waldweistroff*, 730.)

Le dernier motif donné par cet arrêt, savoir, que les tassements n'étaient pas de nature à compromettre la solidité de l'édifice, eût été seul écrit dans l'arrêt si, dans la pensée du Conseil d'État, le droit commun eût, dans toute sa rigueur, régi le débat. En rappelant, au contraire, les circonstances qui excusaient l'architecte et tendaient à justifier sa conduite, il a voulu indiquer que les ordres ou l'approbation de l'autorité administrative peuvent, dans certains cas, dégager sa responsabilité. Pour qui connaît le laconisme ordinaire des arrêts du Conseil, une telle induction doit sembler très-voisine de la vérité.

603. — L'entrepreneur est responsable comme l'architecte des vices du sol, quand il s'agit de travaux communaux, mais sous la réserve que nous venons d'indiquer.

Quant aux travaux de l'État, il en est autrement, et on ne pourrait, sans injustice, l'assujettir à une garantie quelconque sous ce rapport. (Voy. M. Cotelle, t. 3, p. 177.) — Jamais l'administration n'a songé à se prévaloir, en pareil cas, des dispositions de l'art. 1792, et cela est de toute justice, parce que l'entrepreneur, vis-à-vis de l'État, est dans une position essentiellement subordonnée; le choix de l'emplacement est toujours déterminé avant l'adjudication, soit par l'expropriation, soit par des décisions administratives qu'il n'est pas en son pouvoir de faire modifier.

604. — *Des malfaçons.* — L'architecte est responsable des malfaçons, lorsqu'elles auraient pu être prévenues

par une surveillance attentive. (12 juillet 1855, *Léaune*, 518.) En acceptant la direction des travaux, direction pour laquelle il lui est alloué des honoraires proportionnels aux sommes dépensées, il prend l'obligation d'empêcher l'entrepreneur d'éluder les prescriptions du devis, ou de construire contrairement aux règles de l'art. Mandataire de l'administration, il répond, à ce titre, des fautes qu'il commet dans l'accomplissement de ce mandat; la plus grave, à coup sûr, consiste dans la négligence de ses devoirs de contrôle et de surveillance. Sans doute il ne profite pas, comme l'entrepreneur, des économies exagérées qui ont pour résultat des vices de construction; mais si, comme nous le verrons bientôt, on peut trouver dans cette circonstance un motif pour atténuer, en ce qui le concerne, les conséquences de sa faute, il est bien impossible d'y voir une excuse absolue et de nature à dégager complétement sa responsabilité. (16 juillet 1857, *Tournesac*, 552.)

Il en est surtout ainsi, lorsqu'aux termes du cahier des charges, l'architecte est autorisé à faire démolir et reconstruire, aux frais de l'entrepreneur, tous les ouvrages qui seraient mal exécutés ou qui n'auraient pas les dimensions prescrites par le devis. L'extension donnée à ses droits entraîne, par une juste conséquence, une aggravation correspondante de ses obligations. (7 juillet 1853, *Monniot*, 679.)

605. — Cette jurisprudence a trouvé des contradicteurs. L'architecte, a-t-on dit, n'est pas un spéculateur; sa rémunération se borne à un salaire modique : il ne profite pas des malfaçons. D'ailleurs, l'art. 1792 du C. Nap. ne le déclare responsable que lorsqu'il s'agit de travaux à prix fait, c'est-à-dire lorsque, se faisant lui-même entrepreneur, il assume les conséquences onéreuses en même temps qu'il profite des chances favora-

bles de cette nouvelle position.— On cite en ce sens un arrêt de la Cour de cassation, suivant lequel « l'art. 1792, « qui rend les architectes responsables pendant dix ans « des édifices qu'ils font construire, ne se rapporte « qu'aux édifices construits à prix fait; d'où il suit que, « quand des édifices n'ont pas été construits par des « architectes, à prix fait, cet article est inapplicable. » (12 nov. 1844, *ville de Saint-Germain en Laye*, Dal., vº Louage d'indust., nº 138.)

606. — Ce système a été développé avec habileté dans un article inséré dans la *Revue pratique de droit français*. L'auteur de cet article, M. Derouet, démontre très-clairement que l'art. 1792, placé au titre du louage d'ouvrage et d'industrie, ne s'applique qu'aux architectes qui, abandonnant la partie élevée et vraiment artistique de leur profession, se font entrepreneurs de constructions. Les détails dans lesquels il entre à cet égard ne permettent réellement aucun doute sur la pensée qui a inspiré, lors de la rédaction de l'article 1792, les auteurs du C. Nap.— Nous ne pouvons, et nous ne voulons pas refaire après lui cette étude : le lecteur pourra s'y reporter, s'il le juge utile. (Voy. *Rev. prat.*, t. II, p. 433 et suiv.)

Mais ce n'est pas sur ce point que repose, à notre sens, la difficulté. Toute l'argumentation de M. Derouet n'établit, en effet, qu'une seule chose, c'est qu'au moment où le législateur a rédigé l'article 1792, il n'a eu en vue que l'architecte-entrepreneur. Il ne s'est nullement préoccupé, nous l'accordons volontiers, de l'architecte, en tant que rédacteur des plans, ou directeu des travaux, ne prenant aucune part, soit aux pertes, soit aux bénéfices, en un mot de l'architecte considéré comme homme de l'art. Mais il reste à savoir si les principes généraux du droit ne rendaient pas inutiles, à cet égard, des dispositions spéciales, et si on ne trouve pas, par exemple, dans les articles 1382 et 1383 du C. Nap., ou dans les textes relatifs aux obligations du mandataire, des principes assez larges pour justifier l'action en responsabilité dirigée par le propriétaire contre l'architecte, dont l'inhabileté ou l'incurie sont la cause certaine du préjudice souffert. Quant à nous, il nous semble impossible d'admettre que l'architecte, rédacteur de plans vicieux, ou qui a laissé exécuter sous ses yeux, par infraction aux conditions stipulées dans le devis, des travaux dont la ruine prochaine est inévitable, ne soit pas responsable, dans une certaine mesure, du préjudice éprouvé par le propriétaire.

M. Derouet a bien compris que son système était attaquable de ce côté, et il essaye de prouver que l'architecte doit échapper à la loi commune. Il le représente entouré de personnes intéressées à dissimuler les fraudes commises dans les constructions ; l'entrepreneur, les sous-traitants, les ouvriers eux-mêmes, sont pour lui des adversaires qui, « du bas en haut de la construction..., » se relient les uns aux autres par cette solidarité intime que donne la passion et le besoin du lucre. En présence de cette coalition, dit l'auteur, « que peut donc « l'architecte? — Faudra-t-il que chaque heure de la « journée soit par lui passée près de l'entrepreneur, du « sous-entrepreneur et de l'ouvrier? — Est-il possible « que sous les yeux de cet architecte soit placé chaque « grain de sable, chaque parcelle de chaux, chaque « pierre de taille, chaque pièce de bois ou de fer.... « pour qu'il regarde, pèse, soupèse et mesure avant leur « emploi? — Est-il possible qu'après avoir refusé des « bois, des pièces, du fer par lui reconnus défectueux, « l'architecte attende sur le chantier que d'autres bois,

« d'autres pièces, d'autres fers lui soient présentés de
« nouveau..., » etc., etc.

Oui sans doute, répondrons-nous, tout cela est possible. Une surveillance exacte suffira pour empêcher
toutes les fraudes, toutes celles au moins qui sont de nature à engager la responsabilité de l'architecte. Il n'est
pas besoin pour cela qu'il soit jour et nuit sur les chantiers où la construction se prépare et s'établit. Il suffit
que ses visites soient fréquentes, et son attention toujours
en éveil. Quand il soupçonne la fraude, il a le droit
de faire démolir les ouvrages vicieux ; l'aspect des matériaux en montre la plupart du temps la mauvaise qualité. Quand l'architecte aura fait son devoir, il sera bien
rare que l'entrepreneur, même le plus habile dans la
mauvaise acception du mot, réussisse à le tromper. A
notre tour, nous demanderons à M. Derouet s'il est juste
que le propriétaire, envers lequel l'architecte a pris l'o-
bligation de surveiller l'exécution des travaux, supporte
les conséquences de l'inaccomplissement de ses devoirs?
Est-il possible, lorsque j'ai confié à un homme de l'art
la direction des travaux que je fais exécuter, que je sois
sans recours contre lui, si les vices de la construction
sont tels, qu'une surveillance complète les eût certainement empêchés de se produire? La mission de l'architecte est difficile, soit : mais si celui auquel j'ai donné
ma confiance ne se sent pas l'aptitude ou le talent nécessaires, qu'il s'abstienne, et ne promette pas ce qu'il est
incapable de tenir. (Consult. MM. Troplong, *du Louage*,
n° 1002 ; Frémy-Ligneville, *Législ. des bât.*, n°ˢ 83,
93 et suiv.; Sourdat, *Traité de la respons.*, n° 671 et
suiv.; Duvergier, n° 334 ; Zachariæ, t. III, p. 48.)

607. — Les architectes insèrent fort souvent dans
les cahiers des charges une clause portant qu'aucun
changement au devis ne pourra être fait par l'entrepre-

neur sans un ordre écrit émané du directeur des travaux. Cette clause a-t-elle pour effet de faire disparaître la responsabilité de l'architecte, à raison des vices
de construction qui constituent des changements au plan,
et pour lesquels il n'est pas rapporté par l'entrepreneur une autorisation écrite?

Entre l'entrepreneur et l'architecte, il n'est pas douteux qu'une pareille clause a pour résultat d'autoriser
le recours de celui-ci contre le premier, qui n'est pas
fondé à soutenir qu'il a obéi à des ordres purement verbaux, et qui est soumis tout au moins, pour en établir
l'existence, aux règles établies par le C. Nap. (Voy. art.
1341 et suiv.)

Mais, au respect de l'administration, quelles que
soient les stipulations du cahier des charges, l'architecte, chargé de la direction des travaux et de leur surveillance, est en faute d'avoir laissé exécuter soit des
ouvrages non prévus, soit des ouvrages contraires aux
règles de l'art. En vain, invoque-t-il l'absence d'ordres écrits. Sa participation active aux infractions re-
prochées à l'entrepreneur n'est pas nécessaire pour
engager sa responsabilité. Il suffit qu'il les ait laissé
commettre sans protestation et sans avertir l'administration. Il ne peut donc être admis à se prévaloir d'une pareille clause, à moins qu'elle ne soit conçue en termes
assez clairs et explicites pour qu'on puisse y voir, de la
part de l'administration, une renonciation au bénéfice
du droit commun. (Voy. 10 mars 1859, *Lebeuffe*, 487.)

608. — En tant que responsable des malfaçons, l'architecte ne doit être condamné que subsidiairement et
dans le cas où l'entrepreneur est insolvable, s'il est
coupable seulement d'un défaut de surveillance. (Voy.
20 juin 1837, *Perrin*, 262; 27 août 1846, *Hamelin,
Jouin et Bringol*, 452; 12 juillet 1855, *Léaune*, 518.)

M. Frémy-Ligneville est d'un avis contraire. Il pense que la solidarité peut être prononcée entre l'architecte et l'entrepreneur. Chacun d'eux est, suivant lui, l'auteur de la totalité du dommage. La solidarité ressort de la nature même du fait qui est indivisible, imputable en entier à chacun. Dans ce système, l'architecte aurait seulement un recours contre l'entrepreneur, auteur principal et direct des vices de construction. (Voy. *Législat. des bâtim.*, nᵒˢ 111 et 112.)

Nous ne partageons pas cette manière de voir. La jurisprudence, en repoussant la solidarité, donne à la difficulté une solution plus équitable et plus juridique. L'auteur principal du dommage est l'entrepreneur ; la faute de l'architecte est beaucoup moins grave, elle n'a d'autre cause que sa négligence ; celle de l'entrepreneur s'explique, au contraire, presque toujours par le désir de réaliser des bénéfices excessifs. D'un côté, il y a une imprudence ; de l'autre, la fraude ou la cupidité. D'ailleurs, ainsi que l'a fait justement observer M. Sourdat (*Traité de la responsabilité*, nᵒ 674), il n'est pas exact de prétendre que « la cause du dommage se trouve, in- « différemment et au même degré, dans le fait de l'un et « de l'autre, sans qu'on puisse établir auquel des deux « il se rapporte et dans quelles proportions. » L'appréciation de la part de responsabilité qui revient à chacun est quelquefois fort délicate ; mais ce ne serait que dans le cas où il y aurait impossibilité absolue de fixer cette part, qu'il pourrait être permis de prononcer la solidarité.

Le Conseil d'État, dont nous venons de rappeler les décisions favorables à cette thèse, a quelquefois déclaré l'architecte tenu solidairement avec l'entrepreneur à la réparation des malfaçons ; mais il est essentiel d'observer que dans ces circonstances l'architecte avait à se reprocher plus qu'un défaut de surveillance. (Voy. 30 mars 1854, *com. du Plessis–Brion*, 259.) Dans cette affaire, un plan vicieux avait été remis à l'entrepreneur qui en exagéra les défectuosités par des malfaçons. La faute était commune, la réparation devait être mise pour le tout à la charge de l'un et de l'autre. (Voy. aussi : 2 mai 1861, *Dauvergne*, 328.)

609. — L'architecte, à raison de son défaut de surveillance, est toujours, quelle qu'en soit la cause, responsable des malfaçons.

Quant à l'entrepreneur, il faut faire une distinction. Si les vices de construction proviennent des dispositions prises par lui, d'économies exagérées dans les dépenses, de fraudes aux prescriptions du devis, de l'inobservation des ordres des ingénieurs ou de l'architecte, en un mot, toutes les fois que les malfaçons peuvent être attribuées à son imprévoyance ou à son improbité, il est garant des détériorations et des accidents antérieurs ou postérieurs à la réception. (17 nov. 1849, *Boyer*, 620.) — C'est ainsi, pour ne citer que quelques exemples, que le Conseil d'État a déclaré des entrepreneurs responsables : 1° de détériorations provenant d'un défaut dans la pose des pierres (29 juillet 1846, *ville de Gien*, 415); 2° de la mauvaise exécution des ouvrages et de la mauvaise qualité des matériaux (24 juin 1858, *Laffont*, 456; 2 août 1860, *Belin*, 588); 3° des dégradations survenues aux piliers d'une église et dans une couverture qui n'avait pas été posée avec les précautions convenables (28 janv. 1848, *com. d'Arbecey*, 32); 4° des malfaçons reconnues dans la construction d'une voûte. (31 mai 1855, *com. d'Arc-sous-Cicon*, 364.) Il est inutile de multiplier ces citations qui suffisent pour permettre d'apprécier le principe dont elles contiennent l'application.

610. — Mais si les dégradations restent à la charge de l'entrepreneur lorsqu'elles résultent de malfaçons constatées, il n'est pas responsable des causes de détérioration qui lui sont étrangères. L'action du temps ou des éléments, les accidents produits par des circonstances naturelles n'autorisent pas un recours contre lui. (31 janv. 1848, *Martenot*, 59.) De même, lorsqu'il s'est conformé exactement soit aux prescriptions du devis, soit aux ordres donnés en cours d'entreprise, il serait injuste de lui faire un grief de ce qu'il a rempli le devoir de subordination dont il est tenu. (Voy. 31 mai 1855, *com. d'Arc-sous-Cicon*, 364 ; 14 fév. 1856, *Denis*, 146 ; 5 janv. 1860, *Buleux*, 14 ; 19 avril 1860, *com. de Gonnord*, 338.)

611. — La jurisprudence civile n'admet pas que l'architecte ou l'entrepreneur puissent invoquer, pour se mettre à couvert, le consentement donné par le propriétaire à l'exécution de travaux vicieux. (Voy. Frémy-Ligneville, t. 1, p. 84.) La sécurité publique est ici en jeu : elle ne permet pas qu'une pareille exception soit accueillie.

En est-il de même en matière de travaux publics ? Si l'architecte et l'entrepreneur ont prévenu l'administration, au moment de l'exécution des travaux, de la mauvaise qualité des matériaux dont l'emploi a été approuvé ou prescrit ; s'ils ont fait observer que les dimensions données à certaines parties des ouvrages ne présentent pas les conditions de solidité requises, et si néanmoins ils ont reçu l'ordre de continuer les travaux, pourra-t-on les rendre responsables des malfaçons et des accidents survenus pendant ou après l'exécution ?

L'application des règles ordinaires serait sans doute jugée, en pareil cas, comme bien rigoureuse. La considération tirée de la sécurité publique perd ici une partie de son importance. Car le meilleur juge, en cette matière, c'est évidemment l'administration. Son consentement à l'exécution des travaux dans les conditions défectueuses signalées à temps prend, par suite, une valeur considérable. Entourée de conseils, n'agissant qu'après délibération, assujettie dans ses moindres actes au contrôle des pouvoirs supérieurs, elle n'est pas, comme un simple particulier, soumise à l'influence exclusive et prépondérante des hommes de l'art. Aussi le Conseil d'État a-t-il admis plusieurs fois que des malfaçons imputables, soit à la mauvaise qualité des matériaux provenant de la carrière indiquée sur les instances du conseil municipal, et nonobstant les réclamations de l'entrepreneur (30 oct. 1834, *Desgrandschamps*, 695), soit aux changements apportés en cours d'exécution et sur l'ordre d'une commune au projet primitif, et qui ont eu pour effet de compromettre la solidité de l'édifice (30 juin 1853, *com. de Briatexte*, 639), doivent rester à la charge de l'administration. (Voy. *suprà*, n° 602; 15 déc. 1855, *com. de Waldweistroff*, 730; 5 janv. 1860, *Buleux*, 44.)

612. — Des art. 1792 et 2270 combinés il résulte que l'obligation de réparer les malfaçons existe, non pas seulement lorsqu'elles ont eu lieu dans la construction d'un édifice, mais aussi bien lorsqu'il s'agit de gros ouvrages, et il faut entendre par cette expression, dont se sert l'art. 2270, les grosses réparations aussi bien que les ouvrages entièrement neufs. (Cass. 10 fév. 1835, *Pochon*, S. V. 35, 1, 174; M. Troplong, *du Louage*, n° 1004.)

Quant aux menus ouvrages, il paraît certain qu'il n'y a pas lieu à l'application de la responsabilité décennale. Leur réception ou la prise de possession par le propriétaire élève contre l'action une fin de non-recevoir insurmontable. C'est le sentiment de tous les auteurs. (Voy.

MM. Troplong, *de la Prescrip.*, nº 941 ; Vazeille, *de la Prescrip.*, nº 550.)

613. — Si l'art. 1792 devait être considéré comme la règle unique de la matière, il faudrait certainement décider que la responsabilité décennale n'a lieu que dans le cas de ruine totale ou partielle des ouvrages, lorsque, dit cet article, l'édifice *périt en tout ou en partie.* Mais on a fait observer avec raison que ces expressions n'ont pas un caractère limitatif, et que le principe général formulé par les art. 1382 et 1383 du C. Nap., aussi bien que les règles spéciales du mandat, soumettent l'ar-chitecte et l'entrepreneur à l'obligation de réparer tous les vices de construction. Les tribunaux ont, à cet égard, un pouvoir d'appréciation illimité. Il leur appartient de décider si les détériorations ou les accidents qui se manifestent après la réception sont de nature, par leur caractère, à justifier l'action en responsabilité. La jurisprudence des tribunaux civils et administratifs n'a pas circonscrit et limité ce pouvoir. Il ressort clairement de l'ensemble de leurs décisions qu'ils ont voulu conserver intacte la latitude d'appréciation que la loi leur a donnée. Ce n'est donc pas seulement lorsque les vices de construction compromettent la solidité des gros ouvrages de l'édifice et menacent d'en entraîner la ruine totale ou partielle (12 fév. 1855, *Léaune*, 518) que le droit à la réparation des dégradations survenues est ouvert au profit de l'administration. Il lui appartient dans tous les cas où les défectuosités constatées sont contraires aux règles de la construction ou aux prescriptions du cahier des charges, quelle que soit, du reste, l'importance absolue ou relative de ces malfaçons, et qu'elles soient ou non de nature à altérer la solidité de l'édifice. Ainsi le Conseil d'État a ordonné la réparation au compte de l'entrepreneur de travaux de maçonnerie sans

liaison et sans consistance (20 janv. 1853, *Dép. de la Moselle,* 141), de détériorations survenues dans les parquets, lambris, portes, angles, plafonds d'un édifice (15 nov. 1851, *Hamelin et Jouin,* 662), de travaux exécutés avec des matériaux défectueux ou d'une façon contraire aux prescriptions du devis ou aux règles de l'art. (26 juil. 1851, *Sainte-Marie,* 526 ; 30 juin 1853, *Com. de Briatexte,* 659 ; 29 juil. 1858, *Larcher,* 553 ; 12 mai 1859, *Dép. des Ardennes,* 349.)

614. — Qui doit faire la preuve, soit des malfaçons, soit du vice du sol ? Est-ce l'architecte ou l'entrepreneur ? Est-ce l'administration ? Cette question ne peut faire difficulté.

En principe, le demandeur doit justifier son action : *Onus probandi incumbit ei qui dicit, non ei qui negat.* — Or l'administration qui exerce le droit qu'elle tient de l'art. 1792 est demanderesse. D'un autre côté, aucun texte ne contient pour ce cas une dérogation aux règles ordinaires. L'art. 1792 ne crée pas contre l'architecte ou l'entrepreneur une présomption de faute. C'est donc à l'administration qu'il appartient d'établir que les dégradations dont elle se plaint proviennent de leur négligence ou de leur inhabileté. (Voy. M. Troplong, *du Louage,* n° 1005 ; M. Duvergier, *id.,* t. IV, n° 356.) Il a été jugé en ce sens que, s'il ne résulte pas de l'instruction que les filtrations qui se sont manifestées dans les ouvrages soient le résultat de malfaçons imputables à l'entrepreneur, l'administration n'est pas en droit de faire subir à l'entrepreneur aucune réduction sur le prix stipulé. (31 janv. 1848, *Martenot,* 59.)

615. — C'est par application du même principe que l'action en responsabilité a été déclarée mal fondée, dans certains cas où l'administration avait négligé de prendre les précautions nécessaires pour en constater

l'existence. Comme l'entrepreneur ne peut être tenu de
réparer que les détériorations qui sont le résultat de son
fait personnel et qu'on ne peut, sans injustice, mettre à
charge celles qui ont pour cause l'action du temps ou
d'autres circonstances naturelles, le Conseil d'État s'est
plusieurs fois décidé à repousser l'action dirigée contre
lui, quand la mauvaise exécution des travaux n'avait
pas été constatée dans le cours même des travaux.
(26 fév. 1846, *Jouve et Crampel*, 114 ; 12 avril 1851,
*Béguery*, 258.) Mais il ne faut pas considérer ces décisions comme constitutives d'une règle générale. Il est
bien certain, au contraire, que la responsabilité s'applique en principe à tous les faits dommageables, quels
que soient le mode et l'époque de leur constatation.
Seulement dans les espèces que nous venons de rappeler, il s'agissait de travaux de terrassements dont
il est impossible, au bout d'un certain temps, de vérifier les conditions d'exécution ; le Conseil d'État a donc
pu légitimement faire un grief à l'administration de ce
qu'elle n'avait pas, en temps utile, fait les constatations
nécessaires pour établir les malfaçons dont elle se plaignait. Il faut voir dans ces décisions la confirmation
des principes admis en matière de preuve, mais se garder
d'en conclure que l'action en responsabilité est soumise
à la condition préalable de la constatation des malfaçons
pendant l'exécution des travaux. Cette conclusion serait
inexacte, quoi qu'en dise M. Delvincourt, même relativement aux ouvrages de terrassement. (Voy. *Liv. dés
entrep.*, p. 206.)

616.— Du principe posé par l'art. 1792 du C. Nap.
naît l'obligation pour l'architecte et l'entrepreneur de
réparer eux-mêmes, soit la perte totale ou partielle, soit
les dégradations qui sont la conséquence des vices de
construction. C'est à tort qu'en pareil cas, un Conseil

de préfecture met à la charge de l'administration les réparations à faire aux ouvrages et se borne à lui en allouer le prix. Les travaux doivent être exécutés par l'architecte ou par l'entrepreneur et à leurs frais. Un arrêt consacré cette règle dans les termes suivants : « Considérant que les défectuosités dont il s'agit sont notables ; que la ville en réclamait le redressement, et que le droit qu'elle avait d'obtenir que les entrepreneurs effectuassent les travaux nécessaires pour faire disparaître ces défectuosités ne pouvait, sans violation du marché, être converti par le Conseil de préfecture, contre la volonté expresse de la ville, en de simples indemnités... » (15 nov. 1851, *Hamelin et Jouin*, 662.)

Toutefois, faute par l'entrepreneur d'avoir terminé les travaux dans le délai fixé par le Conseil de préfecture, l'administration peut être autorisée à les faire exécuter à ses frais, risques et périls. Il s'agit, en effet, d'une obligation de faire qui donne lieu, le cas échéant, à l'application de l'art. 1144 du C. Nap. (3 déc. 1857, *com. de la Carneille*, 757.)

617. — Notons enfin que la responsabilité de l'entrepreneur ou de l'architecte ne peut pas s'étendre au delà des dépenses prévues au devis primitif. Si, par exemple, pour réparer les détériorations résultant soit des vices du plan ou du sol, soit des malfaçons, on juge à propos de faire des modifications au devis, modifications destinées à placer l'édifice reconstruit dans des conditions nouvelles de solidité, et si ces travaux exigent des dépenses plus considérables que celles originairement fixées, ce surcroît doit rester à la charge de l'administration. (9 juin 1849, *Mourguès*, 317 ; 6 mai 1853, *Courtieux*, 504 ; 12 juillet 1855, *Bouillaut*, 516.) C'est par ce même motif que le Conseil d'État a annulé un arrêté du Conseil de préfecture du Jura, qui, en prescrivant la

reconstruction de certains ouvrages aux frais de l'entrepreneur et de l'architecte, avait ordonné en même temps la restitution des sommes qu'ils avaient touchées non pas seulement pour la partie défectueuse des travaux, mais aussi pour les ouvrages convenablement exécutés. (Voy. 28 fév. 1844, *Dufour*, 110; anal. 18 juin 1852, *Chapot*, 244.) La réparation ne doit pas dépasser l'étendue du préjudice. Sauf cette réserve, toute latitude est laissée à l'administration dans le choix des moyens à employer pour réparer les défectuosités signalées; il n'est pas nécessaire, dans la reconstruction des ouvrages, de se conformer aux plans et devis primitifs; il suffit que les travaux ne soient pas de nature à diminuer la solidité des autres parties de l'édifice dont l'entrepreneur ou l'architecte restent responsables. (12 juil. 1855, *Bouillaut*, 516.)

# CHAPITRE II

### DE LA DURÉE DE LA RESPONSABILITÉ DÉCENNALE.

618. — En matière civile, l'action en garantie dure dix années, (art. 1792 et 2270, C. Nap.)

619. — En est-il de même en matière de travaux publics[1]?

En ce qui concerne les travaux des départements ou des communes, la question ne saurait faire de difficulté. Comme aucune loi n'a fixé un délai particulier pour la prescription de l'action, le droit commun est applicable, sauf les dérogations stipulées dans les cahiers des charges.

620. — Quant aux travaux des ponts et chaussées, l'art. 35 des Clauses et conditions générales porte ce qui suit : « Immédiatement après l'achèvement des travaux, « il sera procédé à leur réception provisoire, et la récep- « tion définitive n'aura lieu qu'après l'expiration du délai « de garantie. Pendant ce temps, l'entrepreneur demeu- « rera responsable de ses ouvrages et sera tenu de les « entretenir. Ce délai de garantie sera de trois mois après « la réception pour les travaux d'entretien, de six mois « pour les terrassements et les chaussées d'empierre- « ment, d'un ou de deux ans pour les ouvrages d'art, « selon les stipulations du devis. »

Cet article a-t-il entendu restreindre à ces différents délais la prescription établie par le Code Napoléon? Au premier aperçu, on est tenté de le croire. L'article 35 paraît clair, et on se demande pourquoi le ré- dacteur des Clauses et conditions générales aurait pris la peine de stipuler un délai particulier *pendant lequel l'en- trepreneur demeurera responsable de ses ouvrages*, s'il

---

1. Le droit romain avait fixé à quinze ans la durée de l'action en garantie contre les entrepreneurs d'édifices publics. — « Omnes, « quibus, vel cura mandata fuerit operorum publicorum, vel pe- « cunia ad extructionem solito more credita, usque ad omnes quin- « decim ab opere perfecto cum suis hæredibus tenentur obnoxii : ita « ut si quid vitii in ædificatione intra præstitutum tempus perve- « nerit, de eorum patrimonio (exceptis tamen his casibus qui sunt « fortuiti) reformetur. » (L. 8, C. de oper. publ.)

n'avait pas voulu déroger aux articles 1792 et 2270 du Code Nap. Cette abréviation de délai s'explique d'ailleurs aisément. « Les travaux de l'État, a dit M. Delvincourt, sont soumis à une surveillance qui s'exerce incessamment à chaque jour, à chaque heure; et cette surveillance qui doit rendre les malfaçons beaucoup plus rares, rend par la même raison tout à fait inutile la responsabilité décennale. Cette responsabilité, en effet, n'a été édictée et n'a de raison d'être qu'en vue d'une certaine liberté d'action laissée à l'exécutant, et il paraîtrait tout à fait excessif de la faire peser sur des entrepreneurs autour desquels un système aussi complet de contrôle et de précaution a été organisé. » (Voy. *Liv. des entrepreneurs*, p. 202.)

621. — Il n'est pas facile de savoir quelle est la véritable pensée de M. Cotelle, qui a émis sur ce point deux opinions absolument contradictoires. D'une part, il dit que si « pendant l'expiration du délai prescrit, les ingé-« nieurs n'ont pas signifié à l'entrepreneur un procès-« verbal de vérification de ses travaux, constatant les vices « qu'ils y auront découverts, il sera affranchi dès lors de « toute responsabilité. » (Voy. t. 3, n° 277.) — Mais il ajoute plus loin que « la prescription qui affranchit l'entrepre-« neur de la responsabilité de ses travaux résultera de l'ex-« piration de trois périodes de temps, selon la nature et la « cause des vices de construction que le maître de l'ou-« vrage peut avoir à signaler : 1° le délai de garantie de « six mois, un an ou deux ans…, pour les vices apparents « et susceptibles de se manifester de suite ; 2° le délai de « dix ans, pour les accidents plus graves qui proviennent « soit d'un vice du sol, soit d'un vice de construction; 3° le « délai de trente ans, dans le cas où la ruine survenue « proviendrait de fautes véritables… » (Voy. n° 294.) Il est impossible de concilier ces deux opinions. Si, comme

le pense M. Cotelle, n° 277, l'expiration du délai de garantie, stipulé par l'article 35 des Clauses et conditions,
affranchit l'entrepreneur de toute responsabilité, on se
demande pourquoi l'estimable auteur prend la peine
d'édifier laborieusement des distinctions entre les différents vices de construction, pour les soumettre, suivant leur nature, à des prescriptions particulières autres
que celles résultant de l'expiration du délai de garantie.

622. — Ces contradictions prouvent tout au moins
que la question est délicate, et ce n'est pas sans hésitation que nous croyons devoir nous prononcer pour la
seconde opinion, professée par l'honorable auteur du
droit administratif appliqué aux travaux publics.

L'article 35 n'a pas, en effet, la portée que lui donne
M. Delvincourt. Le paragraphe que nous avons reproduit
ci-dessus est précédé d'un autre paragraphe ainsi conçu :
« Le dernier dixième ne sera payé à l'entrepreneur qu'a-
« près l'expiration du délai fixé pour la garantie des ou-
« vrages. » — Ce délai n'a donc été établi en réalité,
comme l'a dit le Conseil d'État, qu'au point de vue du payement des travaux. C'est un temps d'essai que l'administration s'est réservé, afin de conserver par-devers elle une
somme appartenant à l'entrepreneur et pouvant, en cas
de besoin, servir au payement des dégradations résultant des vices de construction. Comme les vices de
construction se manifestent d'ordinaire assez promptement, et comme, d'ailleurs, l'entrepreneur qui a terminé
les ouvrages a le droit, en principe, d'être immédiatement payé, on ne pouvait pas stipuler que le dixième de
garantie resterait entre les mains de l'administration
pendant les délais ordinaires de la responsabilité. On
a donc réduit ces délais ; mais cette réduction ne concerne pas l'action en garantie, qui reste soumise à la
règle du droit commun à laquelle il n'a pas été formel-

lement dérogé. Ce qui prouve que telle a été l'intention
du rédacteur des Clauses et conditions générales, c'est que
le cahier des charges de 1811, dont l'art. 35 reproduit
exactement les trois premiers paragraphes, portait en
termes exprès « qu'après l'expiration du délai de ga-
« rantie, l'entrepreneur sera naturellement déchargé de
« toutes ses obligations, s'il ne lui a été fait de significa-
« tions contraires. » — Or ce dernier paragraphe a été
supprimé. Pourquoi, si ce n'est parce qu'on a voulu revenir à l'application du droit commun, aussi nécessaire,
quoi qu'en dise M. Delvincourt, en matière de travaux
publics qu'en matière purement civile? (Voy. 2 août
1851, *Desfosseux*, 576; 21 juillet 1853, *Bouillaut*, 751.)

623. — Pour couper court à ces difficultés, le cahier
des charges du ministère d'État déclare que l'entrepreneur restera responsable de ses ouvrages, conformément
aux dispositions des articles 1792 et 2270 du C. Nap.,
même après la restitution de son cautionnement. (Article 54.)

Au contraire, l'article 48 du cahier des charges du
génie militaire a restreint à une année la durée de
l'action en garantie. Cela s'explique par la nature particulière des travaux du génie, qui consistent le plus
souvent, comme on sait, en terrassements et en ouvrages
de maçonnerie.

624. — M. Cotelle donne une durée de trente ans à
l'action en responsabilité en cas de dol constaté. M. Lepage est du même avis. Suivant cet auteur, « la décharge
« de garantie prononcée par la loi en faveur des entre-
« preneurs, dont les ouvrages ont duré au moins dix ans,
« ne s'applique nullement au cas où un entrepreneur
« aurait employé des méthodes frauduleuses, ni en gé-
« néral pour tous les cas où il aurait trompé le proprié-
« taire dont il avait la confiance. Cette décharge, ac-

« quise par le laps de dix ans, est une exception d'une
« nature particulière qui ne peut pas s'étendre indéfini-
« ment : elle doit se restreindre aux seuls entrepreneurs
« qui ont exécuté leurs travaux avec bonne foi, et con-
« formément aux conventions qu'ils ont faites. » (*Lois
des bâtiments*, p. 7. Voy. aussi Caen, 1er avril 1848, *Marie*,
D. P. 50, 2, 176 ; M. Frémy-Ligneville, n° 153.)

Cette solution nous semble erronée. L'article 2270,
placé au titre de la prescription, fixe à dix ans, sans
distinction, la durée de la responsabilité des architectes
et entrepreneurs. C'est une exception à la règle générale établie par l'article 2262 du C. Nap. Mais, par cela
même qu'elle constitue une exception, elle ne peut pas
être arbitrairement restreinte ; *favores ampliandi*. Vainement on prétend que l'article 2270 n'embrasse pas
les cas où le dol est constant. Rien ne l'indique, ni le
texte de l'article, ni les principes généraux admis en
matière de prescription. La prescription est acquise,
en effet, par le seul effet de l'expiration d'un laps de
temps déterminé, sans qu'il y ait à rechercher si celui
qui l'invoque est ou non de bonne foi, et s'il est ou
non coupable de dol. Ce n'est que dans le cas de l'article 2265 que la loi prend en considération la bonne
foi. Mais le soin qu'elle a eu dans cette circonstance ré-
vèle assez la pensée qui l'inspire. Les prescriptions sont
fondées sur des considérations d'ordre public. On a
senti la nécessité de limiter, en ce qui concerne leur
durée, les actions de toute nature qui naissent du choc
incessant des intérêts humains. Quand la loi, pour certaines catégories, a fixé cette limite d'une façon claire
et précise, introduire des distinctions sous quelque prétexte que ce soit, c'est aller évidemment contre le but
même de l'institution et en compromettre les résultats et
les effets. — Ajoutons, dans l'espèce, que le laps de dix

ans est bien suffisant pour faire reconnaître le dol, et que l'on n'aura pas souvent, en pratique, l'occasion de regretter que la loi n'ait pas établi une prescription de plus longue durée. Notre solution, conforme aux vrais principes, n'offre donc pas une prime à la fraude et à la mauvaise foi.

625. — La prescription décennale établie en faveur des architectes et des entrepreneurs, par les art. 1792 et 2270 du C. Nap., court, à leur profit, du jour où l'administration a pris possession, sans réserve, des travaux après leur achèvement, et non pas de la date du procès-verbal de la réception des travaux, si cette réception a été postérieure à la mise en possession. — « Considérant qu'il résulte de l'instruction que les travaux de construction de l'église de Marsannay étaient achevés au 16 juillet 1835, et que, dès ce jour, la commune de Marsannay a été mise en jouissance ; qu'il n'est pas justifié que, dans le délai de dix ans qui a suivi ledit jour, la commune de Marsannay ait fait constater aucun vice de construction ou exercé aucune action contre les constructeurs ; que, dès lors, l'action en garantie, par elle intentée seulement en 1846, est frappée de la prescription prévue par les articles ci-dessus rappelés... » 13 août 1850, *Dubois, Gauvain et consorts*, 759 ; 7 août 1858, *Tircuit*, 31 ; M. Troplong, *Du louage*, t. III, n° 959 ; Duvergier, *Du louage*, n° 358.)

Des réserves faites au moment de la prise de possession suffiraient, au surplus, pour reculer le point de départ du délai de garantie au jour de la réception des travaux. (24 juin 1858, *Laffont*, 456 ; 12 mai 1859, *dép. des Ardennes*, 349.)

626. — La règle qui soumet l'architecte pendant dix ans à la garantie des vices de construction, doit être entendue en ce sens, qu'il ne suffit pas, pour que l'archi-

tecte puisse être actionné en garantie, que le principe de
cette garantie ait pris naissance par la manifestation des
vices de construction dans le cours de dix années, à partir
de la réception des travaux ; il faut, de plus, que l'action
en responsabilité ait été formée avant l'expiration des
mêmes dix années, faute de quoi elle n'est plus recevable. (Paris, 20 juin 1857, S. V. 58, 2, 49. Cons. aussi :
Paris, 15 nov. 1836. S. V. 37, 2, 257 ; Paris, 17 fév.
1853, S. V. 53, 2, 157 ; Devilleneuve, observations sur
l'arrêt de 1836.) En général, les auteurs se sont prononcés en sens contraire. Ils admettent que si les vices
de construction se sont manifestés dans les dix années,
le propriétaire a, pour exercer l'action, un nouveau délai de dix ou de trente ans à partir de cette manifestation. Mais c'est là une erreur grave. L'action en garantie
n'est pas distincte de la garantie elle-même. La loi a dit
que les architectes et entrepreneurs sont responsables
pendant dix ans, ce qui exclut l'idée qu'ils puissent être
inquiétés après l'expiration de ces dix années. L'action
est prescrite, parce que la garantie elle-même n'est plus
due. (Voy. *contr.* MM. Duvergier, *du Louage*, n° 364 ;
Troplong, *du Louage*, n°s 1007 et 1010 ; Frémy-Ligneville, *Législ. des bâtim.*, n° 156.)

# TITRE XIII

## DES HONORAIRES DES INGÉNIEURS ET DES ARCHITECTES.

---

## CHAPITRE PREMIER

### HONORAIRES DES INGÉNIEURS.

627. — En dehors des travaux pour lesquels ils reçoivent un traitement de l'État, les ingénieurs des ponts et chaussées sont fréquemment appelés à donner leur concours à des entreprises exécutées par des concessionnaires, des communes ou des associations territoriales. Ce concours n'est pas gratuit. L'art. 75 du décret du 7 fructidor an XII, l'art. 6, § 4 du décret du 13 octobre 1851, et enfin un décret spécial du 10 mai 1854, ont consacré en principe le droit des ingénieurs à une rémunération spéciale pour les travaux dont ils sont chargés, soit pour le compte des départements, des

communes ou des associations territoriales, soit pour l'instruction des affaires où leur intervention est à la fois requise dans l'intérêt général et dans un intérêt particulier. Le décret du 10 mai 1854 énumère les circonstances où des honoraires sont dus, et il en fixe le montant avec précision. — Il suffira d'en faire connaître les dispositions principales.

628. — L'art. 1er a pour but de rappeler aux ingénieurs et aux agents placés sous leurs ordres qu'aucune allocation ne leur est due, à titre soit d'honoraires ou de vacations, soit de frais de voyage et de séjour, à la charge des communes, associations ou particuliers intéressés, lorsque leur déplacement ou leurs opérations ont pour objet des vérifications ou constatations à faire dans l'intérêt public pour assurer l'exécution des lois et règlements généraux ou particuliers. Ces travaux, en effet, ont un caractère obligatoire pour les ingénieurs : ils constituent une partie essentielle de leurs fonctions, et ils en trouvent la rémunération dans le traitement qu'ils reçoivent de l'État. Toutefois, bien que les ingénieurs des ponts et chaussées soient chargés des travaux concernant les routes départementales, il est d'usage que les conseils généraux leur votent chaque année des allocations spéciales dont le partage se fait entre eux dans une proportion que le préfet est appelé à déterminer. (Voy. M. Dumesnil, *des Cons. génér.*, n° 425 ; M. Dufour, t. 1er, nos 359 et suiv. ; Circ. minist. des 12 juil. 1817, 20 août 1846 et 5 mai 1852.)

629. — Il en est autrement, au contraire, quand il s'agit de vérifications, de rapports, de rédaction de projets, etc, concernant des travaux concédés ou exécutés pour le compte des départements, des communes ou des associations syndicales, et qui ne rentrent pas dans le service obligatoire des ponts et chaussées.

A cet égard, les allocations auxquelles ils ont droit sont de deux espèces.

L'art. 2 porte qu'il leur est dû des frais de voyage et de séjour, sans honoraires ni vacations, lorsque leur déplacement a pour objet : 1° la rédaction d'avant-projets ou rapports préparés sur la demande des intéressés pour constater l'utilité des travaux d'endiguement, de curage, de desséchement, d'irrigation ou autres ouvrages analogues à l'égard desquels leur intervention a été régulièrement autorisée ; — la rédaction d'office des mêmes avant-projets quand ils sont suivis d'exécution, après avoir été adoptés par les intéressés ou quand les travaux sont ordonnés par l'administration ; — la vérification, s'il y a lieu, des projets de même nature présentés par les particuliers, les communes ou les associations territoriales ; — 2° le contrôle des travaux, lorsque l'exécution n'est pas confiée à un ingénieur, et lorsque ce contrôle est expressément réservé ou prescrit par les règlements portant autorisation des travaux ou des associations ; — 3° le contrôle en cours d'exécution et la réception après achèvement des ouvrages exécutés par voie de concession de péage, lorsque l'obligation de payer les frais de cette nature a été stipulée au cahier des charges de la concession, etc.

630. — « Les frais de voyage dus aux ingénieurs ou « aux agents placés sous leurs ordres sont calculés d'a- « près le nombre de kilomètres parcourus, tant à l'aller « qu'au retour, à partir de leur résidence et à raison de « 50 cent. par kilomètre pour les ingénieurs en chef ; « 30 cent. pour les ingénieurs ordinaires ; 20 cent. pour « les conducteurs ou piqueurs. Ce tarif est réduit de « moitié pour les trajets effectués en chemin de fer.

« Les frais de séjour sont réglés par jour, pour les ingé- « nieurs en chef, à 12 francs ; pour les ingénieurs ordi-

« naires, à 10 francs; pour les conducteurs ou employés
« secondaires, à 5 francs.

« Lorsque les ingénieurs se sont occupés dans une
« même tournée de plusieurs affaires donnant lieu à l'al-
« location de frais de voyage, le montant total de ces frais
« est calculé d'après la distance effectivement parcourue
« et réparti entre les intéressés proportionnellement aux
« frais qu'eût exigés l'instruction isolée de chaque af-
« faire. Il est procédé de la même manière pour les frais
« de séjour.

« Il n'est pas alloué de frais pour les déplacements
« qui n'excèdent pas les limites de la commune où ré-
« sident les ingénieurs. » (Art. 3.)

631. — Les frais de voyage et de séjour ne sont pas
la seule rémunération à laquelle puissent prétendre les
ingénieurs ou agents placés sous leurs ordres. Ainsi
qu'on l'a vu, l'art. 2 du décret du 10 mai 1854 ne s'occupe que des cas dans lesquels les ingénieurs se bornent
à des visites, où à un contrôle général des travaux, ou à
la rédaction d'avant-projets ou de mémoires destinés à
en faciliter l'exécution. Mais quand ils prennent une
part directe et immédiate à l'exécution elle-même, leurs
droits s'étendent et ils peuvent réclamer des honoraires.
C'est ce qui arrive « notamment lorsqu'ils sont chargés
« de la rédaction des projets définitifs et de l'exécution de
« travaux d'endiguement, de curage, de desséchement,
« d'irrigation ou autres ouvrages analogues qui s'exé-
« cutent aux frais des communes ou associations terri-
« toriales, avec ou sans subvention du gouvernement. »

632. — Ces honoraires sont calculés d'après le chiffre
de la dépense effectuée sous leur direction, déduction
faite de la part contributive du trésor public et à raison
de 4 pour 100 sur les premiers quarante mille francs et
de 1 pour 100 sur le surplus. (Voy. art. 4.)

Sous ce rapport, le décret de 1854 a implicitement abrogé l'art. 75 du décret du 7 fructidor an XII, d'après lequel les honoraires étaient déterminés d'après le temps employé soit à faire les plans et projets, soit à en suivre l'exécution, sans que la base pût être établie sur l'étendue des dépenses. Les arrêts rendus sous l'empire de ce décret, et qui, à plusieurs reprises, en avaient rigoureusement maintenu l'application, n'ont donc aujourd'hui aucune autorité. (Voy. 1$^{er}$ déc. 1849, *Syndicat de la digue de Balafray*, 675.)

Les honoraires sont partagés entre les ingénieurs et leurs agents dans la proportion déterminée par un arrêté ministériel. Les salaires des surveillants spéciaux sont imputés séparément sur le fond des travaux. Il n'est pas dû d'honoraires sur les fonds fournis par des tiers pour concourir à des travaux d'intérêt général à la charge de l'État. (Art. 4.) — Cette disposition s'appliquera notamment aujourd'hui aux travaux d'endiguement destinés à préserver les villes des inondations. — La loi du 28 mai 1858, à la différence de la loi du 16 sept. 1807, met en effet, en principe, ces travaux à la charge de l'État. Les intéressés n'y prennent part que sous forme de contribution aux travaux.

« Dans le cas où les ingénieurs ou agents des ponts et « chaussées qui ont pris part à la rédaction des projets « définitifs ne sont pas chargés de l'exécution des tra- « vaux, ils reçoivent seulement la moitié des honoraires « stipulés ci-dessus. » (Art. 4).

« Dans tous les cas prévus par **les** art. 1, 24, les frais « d'opération et d'épreuve sont supportés par les inté- « ressés. » (Art. 5.)

633. — Les frais de voyage et de séjour font l'objet d'états énonçant la date du déplacement, la distance parcourue et le temps employé par les ingénieurs ou agents.

Les honoraires sont réglés par des certificats constatant le degré d'avancement des travaux et le montant des dépenses faites.

Les frais d'opération ou d'épreuve sont justifiés dans les formes prescrites pour la justification des dépenses en régie dans le service des ponts et chaussées.

Le tout est soumis par l'ingénieur en chef à l'approbation du préfet. (Art. 6.)

634. — Après la vérification des pièces, le préfet arrête l'état des frais ou honoraires. Cet état est notifié aux parties, accompagné d'une expédition des pièces justificatives. (Art. 7.)

Il est procédé au recouvrement par voie de contrainte comme en matière d'administration. (Art. 75, décr. du 7 fruct. an XII.)

635. — Le mandat délivré par le préfet est un acte purement administratif et ne fait pas obstacle au recours contentieux des intéressés. Ce recours doit être porté devant le Conseil de préfecture lorsqu'il a pour objet de contester la quotité de la dépense, ou lorsque le réclamant soutient qu'il ne doit pas supporter les frais et honoraires alloués aux ingénieurs. (Voy. 2 août 1848, *Syndicat des digues d'Allex*, 675 ; 20 nov. 1850, *Daube*, 840 ; 12 déc. 1851, *Crispon*, 748.)

L'administration de l'enregistrement a été chargée pendant longtemps, en vertu de décisions du ministre des finances, d'opérer le recouvrement des mandats exécutoires délivrés par les préfets. On décidait alors qu'il appartenait aux tribunaux civils de connaître des oppositions décernées par cette administration et d'apprécier ces oppositions, lorsque, ne touchant pas le fond du droit, elles s'attaquaient seulement à la régularité de la procédure suivie pour ces contraintes ou leur signification. (Voy. décr. 20 nov. 1850 et 17 déc. 1851, ci-dessus

cités.) Il n'en serait plus de même aujourd'hui. Un décret
impérial en date du 27 mai 1854 a, en effet, chargé
les percepteurs des contributions directes du recouvrement des mandats exécutoires délivrés par les préfets
pour frais et honoraires de toute nature auxquels donnent lieu les travaux d'intérêt public exécutés d'office
ou de gré à gré à la charge des particuliers. Ce décret
ayant pour effet d'assimiler aux contributions directes
les frais et honoraires dus aux ingénieurs, toutes les
difficultés qui s'élèvent à l'occasion de leur perception
rentrent nécessairement, quels qu'en soient la nature et
l'objet, dans le contentieux administratif.

636. — L'art. 8 du décret du 10 mai 1854 déclare
qu'il n'est pas dérogé, par ce décret, aux dispositions
spéciales d'après lesquelles sont réglés les frais relatifs
au contrôle et à la surveillance des chemins de fer concédés.

Ces frais sont payés par les compagnies concessionnaires, qui versent chaque année à la caisse centrale
du Trésor public une somme de 120 fr. par chaque
kilomètre de chemin de fer concédé. Cette somme
est réduite à 50 fr. par kilom. pour les sections non
encore livrées à l'exploitation. (Cons. décr. du 17 juin
1854.)

637. — Les ingénieurs ou agents sous leurs ordres
agissant en qualité d'experts commis par les cours et
tribunaux, ont droit aux rémunérations fixées par le
tarif des frais et dépens en matière civile. Le décret de
1854 ne déroge pas à cet égard aux règles de la matière.
(Voy. art. 9.)

Seulement, il est utile de remarquer que les ingénieurs en chef, chargés de procéder comme tiers-
experts dans les instances relatives aux travaux publics,
remplissent un acte de leurs fonctions et n'ont droit, à

ce titre, à aucuns honoraires. (Voy. circ. des 13 sept. 1828 et 19 avril 1829.)

# CHAPITRE II

## HONORAIRES DES ARCHITECTES.

638. — Absence de règles uniformes.
639. — Ministère d'État.
640. — Ministère des travaux publics.
641. — Ministère de l'intérieur.
642. — Ville de Paris.
643. — Honoraires des architectes de département.
644. — Architectes communaux recevant un traitement.
645. — Règlements spéciaux adoptés dans les départements.
646. — Stipulations du devis-cahier des charges.
647. — Usages suivis au ministère de l'intérieur pour les travaux communaux en l'absence d'un règlement local ou d'une convention.
648. — Fixation des honoraires en cas de déplacement.
649. — Plans et devis non suivis d'exécution.
650. — Concours ouverts pour la rédaction de projets.
651. — Action de l'architecte dont le travail est augmenté par la faute de l'entrepreneur.
652. — Travaux défensifs et de curage.— Honoraires des géomètres.

638. — Les honoraires des architectes auxquels l'exécution de certains travaux publics est confiée, ne sont pas soumis à des règles uniformes. Les prescriptions et les usages varient dans chaque ministère. Il nous suffira de faire connaître les règles les plus ordinairement observées en indiquant en même temps l'état de la jurisprudence sur les questions qui se sont élevées en cette matière.

639. — Le ministère d'État emploie un assez grand nombre d'architectes pour les travaux d'entretien, de construction et de réparation des palais impériaux. Ces

architectes ne reçoivent plus aujourd'hui d'honoraires
proportionnels aux dépenses. Il leur est alloué un traitement fixe dont le ministre détermine l'importance.
(Art. 9, déc. du 16 avril 1852.)

Les inspecteurs placés sous leurs ordres sont divisés
en cinq classes, dont le traitement varie de 2,000 à
5,000 fr.

Les agents sont divisés en deux classes. La première
classe a droit à une allocation de 1,800 fr.; la deuxième
classe à un traitement de 1,200 fr. (Voy. *ibid.*)

Quant aux travaux des bâtiments civils placés dans les
attributions du ministre d'État, les architectes et vérifi-
cateurs sont payés au moyen d'honoraires proportionnels
déterminés par les règlements. Les inspecteurs, sous-
inspecteurs et conducteurs reçoivent des indemnités
mensuelles ou des traitements fixes, et sont payés sur les
états que l'architecte transmet chaque mois à l'administration centrale. (Art. 10, décr. des 25 janvier, et
7 février 1862.)

640.— On suit, au ministère des travaux publics, des
règles entièrement différentes.

En ce qui concerne les grands travaux de constructions
neuves, on alloue aux architectes, pour la rédaction
des projets, la surveillance et le contrôle des travaux
jusqu'à                    200,000 fr., 3 p. 100 ;
  de 200,000 à   400,000      2 1/2 ;
  de 400,000 à   600,000      2 p. 100 ;
  de 600,000 à   800,000      1 1/2 ;
  de 800,000 à 1,000,000
    et au-dessus,              1 p. 100.
(Voy. arrêté du min. des trav. publ., du 10 mars 1834,
et M. Frémy-Ligneville, t. 1er, n° 208.)

Quand il s'agit de travaux d'entretien, on applique un
arrêté du ministre de l'intérieur en date du 15 avril

1838, aux termes duquel les architectes ont droit à 4 fr., 20 p. 100 sur la dépense totale.

En ce qui concerne la rédaction de devis et projets non exécutés, voy. arrêté du min. de l'intér. du 18 octobre 1808; arrêté du min. des trav. publ. du 7 décembre 1844; C. d'Ét., 15 avril 1857, *Robelin*, 271.

641. — Le ministère de l'intérieur a, pendant longtemps, observé les dispositions d'un avis du Conseil des bâtiments civils, en date du 12 pluviôse an VIII, et dont voici le texte :

« Considérant que, s'il n'existe pas de loi positive sur cette matière, il est au moins un usage qui a toujours servi de règle, et qui doit fixer à cet égard la jurisprudence ;

« Considérant que les émoluments attachés aux fonctions d'architectes sont légitimes, et qu'ils doivent être gradués en raison de l'importance de leurs travaux et de la situation des lieux où ils sont exécutés ;

« Estime qu'à Paris, pour les travaux ordinaires, il est dû aux architectes :

« Pour la confection des projets dont ils sont chargés, 1 cent. et demi pour franc, ci. . . . 1 1/2 p. 100.

« Pour la conduite des ouvrages. . 1 1/2 p. 100.

« Pour la vérification et le règlement des mémoires. . . . . . . . 2 p. 100.

« Ensemble, 5 cent. par franc du montant des mémoires en règlement.

« Il estime en outre qu'il leur est dû le double de cette fixation pour les mêmes travaux, lorsqu'ils sont projetés et exécutés à plus de cinq kilomètres de distance du lieu de leur résidence ordinaire, et que les prix de voyage et de séjour sont à leur charge; observant que, lorsque les constructions exigent, comme cela arrive quelquefois, des dessins ou des modèles qui leur occasionnent des dépenses extraordinaires, ils doivent être estimés séparément. »

Mais cet avis, qui d'ailleurs n'a jamais eu force de loi, a cessé depuis longtemps d'être l'unique règle de la matière. Quelquefois les architectes employés par le ministère reçoivent un traitement fixe ; quelquefois des conventions spéciales règlent à l'avance ses honoraires ; quelquefois enfin, on combine le traitement fixe avec une remise proportionnelle. A cet égard, tout dépend des circonstances.

642. — Le service d'architecture de la ville de Paris a été réorganisé par un arrêté du préfet de la Seine, du 31 mars 1860, qui détermine le traitement de l'architecte-directeur et des architectes en chef ou ordinaires, des inspecteurs, contrôleurs, conducteurs, etc., etc. (Art. 4.)

Outre ce traitement, diverses sommes, dont la quotité varie avec le grade de l'ayant-droit, sont allouées à titre de frais fixes pour achat ou entretien d'instruments, papiers et fournitures, chauffage des bureaux ou agences. (Art. 7.)

Lorsqu'un architecte, non compris dans le cadre du service, est chargé exceptionnellement de la construction d'un édifice municipal ou départemental, ses honoraires sont réglés et son agence est constituée d'après des bases expressément déterminées dans l'arrêté préfectoral qui le désigne. (Art. 3.)

643. — On ne trouve, en ce qui concerne les travaux des départements, aucune règle ayant un caractère uniforme et général.

Le plus souvent, les départements ont un architecte spécial qui reçoit un traitement fixe, et qui est chargé, en conséquence, de rédiger les devis et projets, et de surveiller l'exécution des travaux. Cette allocation a le caractère d'un contrat à forfait. Il ne peut être question de remises proportionnelles, sauf, bien entendu, le cas de stipulations particulières.

Lorsque l'architecte ne reçoit pas un traitement fixe, ses honoraires sont fixés par le Conseil général, sur la proposition du préfet et sur l'approbation du ministre ; ils sont ordinairement du vingtième du montant de l'adjudication. (Voy. M. Dumesnil, *Organisat. des Cons. gén.*, n° 384.)

644. — Les villes et communes importantes ont aussi en général un architecte, dont le traitement annuel est fixé par le Conseil municipal. Ce traitement, comme pour les architectes départementaux, est la seule rémunération à laquelle il ait le droit de prétendre.

645. — Quand les travaux communaux sont exécutés sur les projets et sous la surveillance d'architectes qui ne reçoivent aucun traitement fixe, il faut, pour en déterminer le montant, se reporter aux arrêtés préfectoraux sur le service de ces travaux. (Voy. 24 fév. 1858, *Grandidier*, 124.)

646. A défaut d'un règlement général, on consulte le cahier des charges. Ses stipulations ont la force qui appartient aux conventions privées ; elles font la loi des parties. Il a été jugé, par exemple, qu'un architecte n'a pas droit à une augmentation d'honoraires sous le prétexte que les travaux ont traîné en longueur, lorsque ces honoraires ont été fixés à un certain chiffre par une convention particulière et à forfait, sans que l'on ait déterminé un terme à la durée des travaux. (28 nov. 1855, *ville de Vaucouleurs*, 663.)

647. — Mais le cahier des charges peut être muet, ou ses stipulations incomplètes. Faut-il appliquer alors, en l'absence d'un règlement local, l'avis du Conseil des bâtiments civils en date du 12 pluviôse an VIII ? — La

Cour de Dijon s'est prononcée en ce sens. (Voy. 21 mai 1844, *Chaussier*, D. P. 44, 2, 127.) D'après cet arrêt, les émoluments des architectes qui ont fait les plans et devis, surveillé les travaux et reçu les ouvrages exécutés pour le compte des communes et établissements publics, sont, à moins de conventions contraires, de 5 p. 100 sur la valeur des constructions adjugées.

Tel est aussi l'usage suivi au ministère de l'intérieur. Le taux ordinaire de la rémunération accordée aux architectes de travaux communaux est de 5 p. 100 du prix de l'adjudication. Ces 5 p. 100 se subdivisent en trois parties égales : 1° 1 et 2/3 pour rédaction des projets et devis demandés par l'administration, quand ces projets ont été approuvés, ou sont de nature à l'être et en état d'être mis en adjudication ; 2° 1 2/3 pour direction et surveillance ; 3° 1 2/3 pour réception, vérification et règlement. (Voy. décis. min. 1859.)

648. — Y a-t-il lieu d'augmenter ces honoraires en cas de déplacement? Les architectes réclament souvent une augmentation de 2 1/2 lorsque les travaux s'exécutent dans un lieu autre que leur résidence. Le ministre de l'intérieur consulté sur cette prétention a émis l'avis que « la rémunération de 5 p. 100 était en « général suffisante, mais qu'elle n'est pas imposée aux « communes d'une manière absolue. Elles peuvent la « modifier et par suite accorder aux architectes, suivant « les circonstances, des honoraires plus ou moins éle- « vés. Dans cette matière, l'initiative appartenant aux « Conseils municipaux, l'administration supérieure ne « doit intervenir qu'à titre de conseil, sauf à elle à re- « fuser ou à donner l'approbation des projets. Au sur- « plus, il semble qu'une augmentation de 2 1/2 p. 100 « serait exagérée et qu'un supplément alloué pour « déplacement ne saurait être uniforme, mais de-

« vrait varier suivant les circonstances. » (Décis. min. 1858.)

649. — Les architectes n'ont pas droit seulement à des honoraires lorsque leurs projets sont acceptés et exécutés par les communes. Ils peuvent aussi en réclamer pour les plans et projets non exécutés, qui ont été acceptés par l'administration municipale ou qui remplissaient toutes les conditions imposées. (18 déc. 1856, *Dewarlez*, 723 ; 22 sept. 1859, *id.* 664.) Il n'est guère besoin d'ajouter que si les plans étaient essentiellement défectueux et inexécutables, aucune rétribution ne serait due. (18 fév. 1858, *Guillerot*, 154.)

Les plans et projets non exécutés peuvent, sans être ni complétement réussis, ni complétement mauvais, nécessiter des retouches et des remaniements. Accorder à l'architecte la rémunération en usage pour les plans non suivis d'exécution, ou lui refuser toute allocation, serait également contraire à l'équité. La décision à intervenir doit alors s'efforcer de concilier les intérêts en présence, en tenant compte des circonstances ; c'est ce que le Conseil d'État a fait à diverses reprises. Nous citerons notamment un arrêt du 8 déc. 1853, qui doit servir de règle dans les cas analogues. Cet arrêt est conçu ainsi : « Considérant que le sieur Leplus était tenu, en dressant un projet de construction pour le collége de Lille, de se conformer au programme arrêté par les instructions ministérielles pour les colléges royaux ; considérant qu'il résulte des pièces produites que les plans par lui présentés en 1844 n'ont pas été approuvés par le ministre de l'instruction publique, parce qu'ils ne remplissaient pas les conditions exigées par ledit programme, notamment en ce qu'ils ne contenaient que deux divisions pour les élèves, au lieu de trois prescrites pour les colléges royaux ; considérant qu'il résulte également de l'instruc-

tion que la modification qu'il a apportées à ses plans primitifs, pour faire disparaître les vices ou imperfections
qui lui avaient été signalés et pour opérer la distribution
qui était exigée, ont présenté des inconvénients tels
qu'ils n'ont pas paru susceptibles d'être approuvés ; que
dès lors il n'y a pas lieu d'accorder au sieur Leplus, pour
la confection desdits plans, la rémunération d'un pour
100 qui est allouée dans la ville de Lille, en vertu de
la délibération municipale du 18 mai 1839, aux architectes qui, ayant préparé les plans, ne sont pas chargés de
leur exécution ; considérant que la somme de 6,000 fr.
offerte au sieur Leplus par la ville sera une juste et
suffisante rémunération du travail de cet architecte... »
(8 déc. 1853, *ville de Lille*, 1030. Voy. aussi : 10 mars
1853, *Ramée*, 322.)

650. — Quelquefois l'État, les départements ou les
villes mettent au concours certains projets. C'est ce qui
a eu lieu récemment à Paris quand on s'est occupé de
la reconstruction du grand Opéra. La rédaction des
projets en vue de ces concours ne donne droit, on le
comprend, à aucune rétribution. C'est un appel que
l'administration adresse à l'intelligence et à l'habileté, et il ne constitue une obligation, sauf stipulation
contraire, qu'envers celui dont les plans sont définitivement approuvés. (4 fév. 1858, *Grandidier*, 124.)

651. — L'administration n'est pas responsable envers
l'architecte des pertes de temps et du surcroît de travail
que rendent nécessaires la négligence ou l'incurie de
l'entrepreneur. Si les travaux se prolongent bien au
delà de l'époque fixée pour leur achèvement, l'architecte
n'a pas droit à une augmentation d'honoraires. L'administration est, en effet, complétement étrangère aux
faits qui pourraient la motiver. — Mais l'architecte serait-il sans recours contre l'entrepreneur ? Je ne le crois

pas. Les règlements locaux ou les cahiers des charges renferment quelquefois sur ce point des dispositions spéciales et autorisent les architectes à demander à l'entrepreneur un supplément d'honoraires. (Voy. 4 fév. 1858, ci-des. cité.) Ces stipulations sont d'ailleurs surabondantes, car elles ne sont que l'application d'un principe qui appartient au droit commun. L'entrepreneur n'a aucun moyen d'échapper à l'action de l'architecte lorsque les retards dans l'exécution proviennent manifestement de sa faute, et lorsqu'il est constant qu'un préjudice en est résulté pour le directeur et le surveillant des travaux.

652. — En matière de travaux défensifs ou de curage, les honoraires dus aux architectes ou géomètres chargés de la rédaction des plans et projets, font partie des frais généraux à la charge des intéressés. Ils doivent être répartis entre eux au moyen d'un rôle dressé par le préfet conformément aux lois de la matière. (Voy. 1er août 1858, *Bryon*, 475; 9 août 1851, *Bryon*, 594; 6 janv. 1853, *Bryon*, 26; 19 nov. 1853, *Watel*, 952; 7 déc. 1854, *Bryon*, 941.)

# TITRE XIV

## DES CONCESSIONS DE TRAVAUX PUBLICS.

---

653. — Objet de ce titre.

653. — Parmi les travaux publics que l'État, les départements ou les communes font exécuter, il en est un certain nombre qui se prêtent à la perception de taxes imposées aux personnes ou aux marchandises. Ces taxes ont fourni à l'administration le moyen d'éviter les avances toujours considérables que nécessite la construction de ces ouvrages. Chaque jour, des compagnies puissantes demandent au gouvernement l'autorisation de construire à leurs frais des ponts, des canaux et des chemins de fer. Elles prennent l'engagement de faire tout ou partie des frais de construction et d'exploitation, moyennant l'abandon des droits de péage ou de transport à percevoir pendant un certain nombre d'années. Lorsque ces propositions sont acceptées, le contrat qui intervient entre elles et l'administration prend le nom de *Concession*.

Nous ferons connaître dans quatre chapitres distincts :
1° la forme, la nature et le mode de constitution des concessions ;

2° Les obligations des concessionnaires ;

3° Leurs droits ;

4° Les différentes manières dont le contrat de concession prend fin.

Nous renvoyons à la cinquième partie de notre traité tout ce qui concerne la compétence en matière de concession.

# CHAPITRE PREMIER

## DÉFINITION ET FORME DES CONTRATS DE CONCESSION.

654. — L'origine du contrat de concession est fort ancienne. Dès 1554, Adam de Craponne obtenait la concession du canal qui porte encore aujourd'hui son nom, et qui fait communiquer la Durance et le Rhône. C'est aussi de cette manière que furent exécutés, sous l'ancienne monarchie, les canaux de Briare (septembre 1638), de Grave (1666), du Languedoc (oct. 1666), d'Orléans (mars 1679), du Loing (mars 1719), de Beaucaire à Aigues-Mortes (1701), de la Somme à l'Oise (sept. 1724) ;—le desséchement des marais de Rochefort

(30 oct. 1782); la restauration des arènes de Nîmes
(28 août 1786); les travaux destinés à assurer la navi-
gabilité de la Loire (23 juillet 1783), de l'Eure (octobre
1704), de la Dordogne (31 août 1728); enfin les travaux
exécutés pour amener les eaux de l'Yvette et de la Bièvre
à Paris (3 nov. 1787).

Le gouvernement concourait à ces grandes entreprises
par le payement d'une subvention ou par l'achat des terrains nécessaires à la construction des ouvrages. Les États,
dans les pays où ces anciennes assemblées existaient encore, y contribuaient également dans une certaine mesure, et venaient en aide aux génies entreprenants qui
nous ont légué ces monuments éternels de leur puissance
et de leur dévouement à la terre natale. Riquet de
Bonrepos reçut pour la construction du canal du Languedoc une subvention qu'on n'évalue pas à moins de
13 millions, sur les 16 millions auxquels les frais de
l'entreprise étaient évalués. Cela ne l'empêcha pas de
mourir pauvre, six mois avant l'achèvement de ce travail gigantesque (1681). Il est vrai que la dépense avait
excédé les prévisions d'une manière considérable, puisqu'on n'évalue pas à moins de 34 millions la somme qui
fut réellement dépensée.

655. — Il ne faut pas confondre les concessions de
travaux publics avec certains actes administratifs désignés sous le même nom, et qui sont relatifs à des travaux que les particuliers ne peuvent entreprendre sans
une permission de l'autorité, mais qui conservent toujours un caractère essentiellement privé. C'est ainsi
qu'on appelle concession l'autorisation nécessaire aux
riverains des cours d'eau navigables et flottables, pour
en utiliser la force motrice. Ce n'est là, à proprement
parler, qu'une simple permission, essentiellement
révocable, qui ne constitue au profit du bénéfi-

ciaire aucun droit, dans l'acception rigoureuse du mot.

Les concessions de travaux publics ont un tout autre caractère. La précarité est bien loin d'en être le signe distinctif. Soit qu'elles aient été obtenues à la suite d'un concours, soit même qu'elles aient été l'effet de la bienveillance particulière du gouvernement, il se forme entre l'administration et les concessionnaires un véritable lien de droit. L'acte qui intervient pour fixer la situation de celui-ci présente tous les éléments constitutifs d'un contrat. (Voy. art. 1101, C. Nap.) Aussi a-t-on justement défini les concessions des travaux publics, en disant que c'est « un contrat par lequel une « ou plusieurs personnes s'obligent envers l'adminis- « tration à faire exécuter, à leurs frais, risques et pé- « rils, un travail d'utilité publique, moyennant la jouis- « sance d'un péage ou d'autres avantages stipulés dans « l'acte de concession. » (M. Delalleau, *Rev. de législ.*, 1835, t. 1, p. 182.)

Ajoutons que les concessions de travaux publics sont des contrats synallagmatiques ou bilatéraux, parce qu'on y trouve deux parties contractantes s'engageant réciproquement l'une envers l'autre (art. 1102) : d'une part, le concessionnaire qui contracte l'obligation d'exécuter les travaux; d'autre part, l'administration qui s'oblige soit au payement d'une subvention, soit à laisser percevoir les taxes de péage ou de transport, soit enfin à l'achat des terrains ou à l'exécution de certains travaux.

656. — Mais faut-il voir dans la concession un contrat commutatif ou un contrat aléatoire?

M. Delalleau a émis l'opinion qu'elle constitue un contrat aléatoire, parce qu'une foule d'événements incertains influent sur les dépenses à faire par le concessionnaire, et sur le produit du péage ou des autres avantages qui lui sont accordés. (Voy. *Revue de législat. et de jurisp.*, t. 1er, 1835, p. 183.)

Nous ne saurions, pour notre compte, accepter cette définition des contrats aléatoires, et l'application qui en est faite spécialement au contrat de concession. S'il était vrai que l'on doit ranger dans cette catégorie toutes les conventions qui présentent des chances, même considérables de gain ou de perte, il n'y aurait guère place pour les autres conventions. Il n'y en a pas, en effet, dont le résultat ne soit soumis à des événements incertains. Les contrats aléatoires ont un autre caractère. Non-seulement ils présentent des chances aux contractants (ce qu'ils ont de commun avec tous les autres), mais de plus (et c'est ce qui fait leur caractère spécial) ces chances sont la seule rémunération des obligations prises. Contre une obligation réelle, actuellement exigible, les contractants n'ont à compter que sur le résultat incertain de l'opération; ce résultat éventuel fait uniquement la contre-partie de leur engagement. C'est en ce sens que l'article 1104 dit que : « Lorsque « l'équivalent consiste dans la chance de gain ou de « perte pour chacune des parties, d'après un événement « incertain, le contrat est aléatoire. » (Voy. *suprà*, n° 217.)

Or, dans le contrat de concession, le concessionnaire, au moins ordinairement, obtient en échange de ses obligations le concours de l'État aux travaux, et le droit actuellement certain de percevoir le produit du péage ou des transports. Sans doute, ce produit sera plus ou moins élevé suivant les circonstances; mais quant à l'obligation prise par l'État de laisser percevoir ces produits, elle n'a rien d'aléatoire, elle n'est pas subordonnée à un événement incertain; elle est actuelle, irrévocable, sauf les cas prévus et ordinaires de résolution du contrat, et elle constitue un droit acquis, qui ne permet point de dire que la convention par laquelle elle est stipulée a le caractère aléatoire.

657. — Le bénéfice résultant de la concession est essentiellement personnel à celui ou à ceux qui l'ont obtenue. Dans le cas même où elle n'a lieu qu'après adjudication publique, elle implique toujours un choix, une sorte de préférence de la part de l'administration, et ne peut, en conséquence, être l'objet d'une cession valable sans le consentement de celle-ci. La Cour de cassation s'est prononcée en ce sens à l'occasion de la concession d'un chemin de fer :

« La concession d'un chemin de fer par l'État à des particuliers leur est accordée, a dit la Cour, en vue des garanties qu'ils présentent pour l'exécution et l'exploitation de cette entreprise d'utilité générale ; il serait contraire à l'ordre et à l'intérêt publics qu'elle pût, sans le consentement du gouvernement, être transmise, par ceux qui l'ont obtenue, à des tiers qui pourraient ne pas offrir les mêmes garanties. (Voy. Cass., 14 fév. 1859, *Mancel*, S. V., 59, 1, 207. Voy. aussi, Paris, 12 février 1856, *même aff.*, S. V. 56, 2, 288.)

Au surplus, ce consentement rend la cession inattaquable, même de la part des concurrents évincés. Car, ainsi que nous le verrons, l'administration ayant le droit de faire des concessions directes, sans concours, l'approbation de la cession faite par un premier concessionnaire équivaut véritablement à une concession de cette nature.

658. — Le monopole concédé par l'administration, voilà ce qui ne peut être l'objet d'une cession valable.— Total ou partiel, l'abandon des droits exclusivement accordés au concessionnaire est nul et de nul effet au

respect des contractants. Chacun d'eux peut demauder la nullité du traité. (Voy. l'arrêt précité.)

Mais peut-on voir une aliénation prohibée dans la convention au moyen de laquelle une compagnie de chemin de fer autorise un commerçant à établir, entre la voie ferrée et son établissement, une section d'embranchement destinée au transport de ses marchandises, si les transports doivent s'effectuer à l'aide du matériel de la compagnie, par ses agents, et aux mêmes conditions que sur la voie principale, et si l'embranchement est soumis, comme elle, à la surveillance de la compagnie et de l'administration supérieure?

La Cour de cassation s'est prononcée, avec raison, pour la validité d'un semblable traité. (14 nov. 1860, *chemin de fer de Lyon*, S. V. 1861, 1, 629.) Il n'emporte pas, en effet, cession d'une partie du monopole de la compagnie, puisque, d'une part, ce monopole ne comprend que la ligne principale seule concédée, et que, d'autre part, la compagnie reste chargée des transports et de la surveillance de l'embranchement. L'industriel qui obtient ainsi la faculté de relier son établissement à la voie principale, n'est donc pas substitué au lieu et place du concessionnaire, qui conserve toute sa liberté d'action, et reste garant envers l'État de l'accomplissement des conditions qui lui sont imposées par son cahier des charges.

659. — Les concessions de travaux publics sont directes ou indirectes.

La concession est *directe*, lorsqu'elle est faite par l'administration, sans conditions de concurrence, à celui qui présente un projet reconnu d'une exécution facile et avantageuse.

La concession est *indirecte*, lorsqu'elle a lieu par la voie de l'adjudication.

660. — La concession directe étant exclusive de tout concours, le gouvernement jouit de l'indépendance la plus absolue dans le choix du concessionnaire. Nul , en général, n'a droit à sa préférence. Il choisit le soumissionnaire qui lui paraît présenter les meilleures garanties, sans que les concurrents évincés puissent, sous aucun prétexte, demander par la voie contentieuse le retrait de la concession. Il s'agit ici d'une pure faveur, et la voie contentieuse n'est ouverte que lorsqu'un droit positif est lésé. (26 juillet 1854, *Malboz*, 704.)

661. — Il y a cependant une exception à cette règle. — Cette exception est écrite dans la loi du 16 septembre 1807, relative au desséchement des marais, dont l'article 3 est ainsi conçu : « Lorsqu'un marais appar-« tiendra à un seul propriétaire, ou lorsque tous les « propriétaires seront réunis, la concession du dessé-« chement leur sera toujours accordée , s'ils se sou-« mettent à l'exécuter dans les délais fixés, et confor-« mément aux plans adoptés par le gouvernement. »— L'article 4 veut également, dans le cas même où tous les propriétaires ou communes intéressées ne s'entendent pas, que les soumissions présentées par une des communes propriétaires ou par un certain nombre de propriétaires réunis, soient préférées, à conditions égales, à toutes autres soumissions.

Mais une commune n'est pas recevable à demander, en faveur de ses plus notables habitants réunis en société, la concession, par préférence, du desséchement des marais situés sur son territoire. (27 avril 1850, *com. de Saint-Vincent de Xaintes*, 402.) La faveur accordée aux communes propriétaires n'est pas susceptible d'extension au bénéfice de ses habitants.

Ajoutons que ce droit de préférence se perd, comme tout autre droit, quand la commune y a volontairement renoncé. Une commune n'est plus recevable, par exemple, à critiquer la concession obtenue par des étrangers, lorsque, par délibération régulièrement prise, son Conseil municipal a reconnu ne pas avoir les ressources nécessaires pour entreprendre le desséchement dont la préférence lui était offerte par l'administration, sous la condition de justifier de ses moyens d'exécution. (Même décret.)

662. — Les concessions indirectes se font, ainsi que nous l'avons dit, plus haut, par la voie de l'adjudication, dans les formes établies par l'ordonnance du 4 décembre 1836. Les développements que nous avons donnés plus haut sur l'ensemble de ces formalités relativement aux adjudications d'entreprises, nous dispensent d'entrer ici dans de nouveaux détails. (Voy. *suprà*, n$^{os}$ 159 et suiv.)

Toutefois il faut signaler, entre les adjudications ordinaires et les adjudications qui ont pour objet une concession, deux différences notables.

Quand il s'agit d'un concours ouvert entre des entrepreneurs pour l'exécution d'un travail d'utilité publique, le nombre des concurrents n'est pas en général susceptible de limitation. Tous ceux qui croient satisfaire aux conditions prescrites ont le droit de se présenter et d'offrir leurs soumissions. Il n'y a d'exception à cette règle que dans les cas très-rares où l'administration juge utile de se prévaloir de l'article 3 de l'ordonnance du 4 décembre 1836. (Voy. *suprà*, n° 157.)

Les choses ne se passent pas ainsi en matière de concessions. Il a paru nécessaire, en ce qui concerne particulièrement les chemins de fer, de fixer à l'avance le nombre des concurrents. Ce qui est l'exception, en matière d'adjudication d'entreprises, devient ici la règle générale ; le concours est restreint entre les individus ou les compagnies, préalablement agréés par le ministre des travaux publics. Nul n'est admis à se présenter à l'adjudication, s'il n'a pas rempli cette formalité essentielle.

D'un autre côté, à la différence de ce qui a lieu dans les adjudications ordinaires, le rabais porte, non sur le prix des travaux, mais sur le tarif des droits de transport ou de péage.

663. — L'adjudication comme la concession directe doit être approuvée par un décret spécial. Ce décret, ne constituant pas un acte d'aliénation du domaine public, n'est pas assujetti à la transcription. (Voy. M. Mourlon, *De la transcrip.*, n° 77.)

664. — Tout concessionnaire est tenu de déposer un cautionnement en numéraire ou en rentes sur l'État.

Lorsque la concession est directe, le dépôt suit toujours le décret de concession.

Si la concession a lieu par voie d'adjudication, le cautionnement doit être déposé préalablement à la soumission.

Le cahier des charges fixe le chiffre de ce cautionnement qui varie suivant la nature et l'importance des entreprises. (Art. 2, L. du 11 juin 1842 ; art. 35, cah. des ponts suspend.)

665. — Dans toute entreprise concédée, le cautionnement a pour objet de garantir l'exécution des obligations prises par le concessionnaire envers le gouvernement.

Les cahiers des charges des compagnies de chemin de fer portent, à cet égard, que si, dans un délai déterminé, la compagnie ne s'est pas mise en mesure de commencer les travaux, et si elle ne les a pas effectivement commencés, elle sera déchue de la concession de plein droit et la somme déposée à titre de cautionnement deviendra la propriété de l'État, pour être acquise au Trésor public.

De même, faute par la compagnie d'avoir entièrement

exécuté et terminé les travaux à sa charge dans les délais
fixés, faute aussi par elle d'avoir rempli les diverses
obligations qui lui sont imposées par le cahier des charges, le Trésor a le droit de retenir la partie non restituée du cautionnement. (Voy. aussi art. 36 à 39 du cah.
des ponts suspendus.)

666. — Cette affectation du cautionnement à la garantie des obligations prises par le concessionnaire,
constitue un droit particulier dont l'exercice, en cas de
déchéance encourue, ne saurait être entravé par les
autres créanciers. Le cautionnement appartient alors à
l'État d'une manière exclusive, et nul n'est admis à y
prétendre droit.

Qu'est-ce, en effet, que le contrat réalisé entre l'État
et le soumissionnaire par le dépôt du cautionnement?
L'adjudicataire dit à l'État : « Je remets entre vos mains
une somme que j'engage à l'accomplissement de mes
obligations. Si je manque à mes promesses, vous aurez
le droit de la retenir définitivement. » Une pareille convention a un caractère spécial ; c'est un de ces contrats
qu'on appelle dans le droit *sui generis*. Elle n'appartient
ni à la classe des obligations avec clause pénale, ni à
celle des contrats de gage.

Il y a là, disons-nous, mieux qu'une clause pénale ;
car dans les obligations avec clause pénale, la somme
stipulée n'est pas remise entre les mains du créancier ;
la clause pénale n'est autre chose qu'une obligation purement personnelle accessoire à une autre obligation principale. Or ici, il y a une remise réelle de valeurs qui constitue un dépôt si l'adjudicataire accomplit ses obligations,
mais qui en transfère la propriété s'il y manque.

Le droit de l'État sur les valeurs remises à titre de
cautionnement, est aussi plus énergique que le droit de
gage tel qu'il est organisé par le tit. XVII du C. Nap.

Car le créancier gagiste se paye sur le prix du gage ou sur les valeurs déposées, et il n'a aucun droit à ce qui dépasse sa créance.

S'il en est ainsi, comment donc les créanciers simples ou privilégiés pourraient-ils prétendre se faire payer au détriment de l'État, sur tout ou partie du cautionnement? Ce n'est pas pour sauvegarder les intérêts des particuliers lésés par l'exécution des travaux, ou qui se sont obligés à l'occasion de l'entreprise, qu'il a été exigé, c'est pour assurer l'accomplissement des obligations prises par leur débiteur envers l'État. Quelle cause de préférence invoqueraient-ils? Aucune, cela est évident pour les créanciers simples. Quant aux créanciers privilégiés, leur privilége ne peut s'exercer que sur une chose appartenant à leur débiteur ou qui lui soit due. Or, par suite de l'événement de la condition sous laquelle l'État devait être considéré comme propriétaire du cautionnement, son droit s'est irrévocablement constitué et fait désormais obstacle à l'exercice des actions qui appartiendraient aux tiers, quelque faveur qui s'y attache d'ailleurs. (Voy. 24 fév. 1853, *min. des trav. publ.*, 273 et *suprà*, tit. X, n° 529.)

667. — Le droit de l'État sur le cautionnement est tellement absolu, que ses représentants n'ont pas même, dans le cas où la déchéance a été prononcée, la faculté d'y renoncer par voie de transaction ou autrement sans l'autorisation du Corps législatif.

« Sous l'empire des lois des 21 avril 1832 et 3 mai 1841, le gouvernement ne se croyait pas le maître, dans le cas où le cautionnement déposé se trouvait acquis à l'État par suite de l'abandon de l'entreprise par le concessionnaire, de renoncer à en profiter et d'en faire restitution. Dans le cas où il croyait qu'en raison des circonstances, il pouvait être équitable et sage de ne pas appliquer les clauses du cahier des charges dans leur rigueur, il saisissait les Chambres d'une proposition en faveur du concessionnaire. Nous ne pensons pas qu'il en puisse être autrement aujourd'hui. Le chef de l'État décrète et décrète seul tous les travaux d'utilité publique, mais les lois qui l'ont dégagé de toute dépendance à cet égard, n'ont pas modifié le principe d'après lequel il ne peut *disposer* des deniers de l'État que dans des limites marquées au budget. Or, ce principe nous semble dominer la question qui nous occupe. Faire abandon d'un cautionnement acquis par l'État, c'est disposer d'une portion des fonds du Trésor public, et dès lors une autorisation du Corps législatif est nécessaire. » (Voy. M. Dufour, t. III, n° 209.)

668. — Les décrets des 25 mars 1852 et 29 avril 1861 ont rangé parmi les attributions des préfets « la concession à des associations, à des compagnies ou à des particuliers, des travaux d'intérêt départemental. »

Ces concessions, qui ont le plus souvent pour objet la rectification des rampes sur les routes ou la construction de ponts, sont préalablement soumises à la délibération du Conseil général. (Art. 4, § 11, l. du 10 mai 1838.) Le Conseil discute les tarifs pour la perception des taxes, et ces tarifs sont définitivement arrêtés, après le rapport du préfet et celui du ministre, par un règlement d'administration publique. Enfin, un article de la loi de finances autorise chaque année la perception des « droits de péage qui seraient établis conformément à la loi du 14 floréal an X (4 mai 1802), pour concourir à la réparation des ponts, écluses et pour correction de rampes sur les routes impériales et départementales. » (Consult, M. Dufour, t. I, n° 354 ; M. Cotelle, t. III, n°s 899 et suiv.)

# CHAPITRE II

## DES OBLIGATIONS DES CONCESSIONNAIRES.

669. — L'objet du contrat de concession étant la construction des ouvrages concédés, la nature et l'objet des obligations du concessionnaire sont indiqués par là même. Toutes les stipulations des cahiers des charges convergent vers ce point et l'indiquent comme le but essentiel, vers lequel le concessionnaire doit diriger incessamment ses efforts.

670. — S'agit-il de l'établissement d'un pont suspendu, le concessionnaire s'engage à n'employer que des matériaux de bonne qualité et à se conformer à toutes les règles d'une construction solide. Il lui est interdit de placer des bois dans le corps ou sous la masse des massifs de maçonnerie, si ce n'est au-dessous du niveau de l'étiage et de façon que ces bois ne soient pas exposés aux alternatives du sec et de l'humide. Les dimensions transversales des chaînes et des câbles de suspension sont exactement déterminées. La pesanteur du bois du tablier, la tension des haubans, le système de suspension, la disposition des maçonneries, des parties métalliques, des supports mobiles ou fléaux sont également l'objet de prescriptions particulières. (Cons. art. 1$^{er}$ à 8 du cah. des ponts suspend. adopté en nov. 1857.) Il est inutile d'entrer avec plus de détails dans l'examen de ces dispositions qui ont donné lieu à peu de difficultés. Disons seulement que le concessionnaire peut être rappelé à leur observation et condamné à exécuter les travaux nécessaires pour satisfaire aux conditions acceptées. (17 mai 1850, *Boulland*, 469 ; 9 août 1851, *Société des ponts Napoléon*, 607.) De son côté,

l'administration n'a pas le pouvoir d'augmenter les dépenses prévues en cours d'exécution ; elle ne le peut, au moins, qu'à ses risques et périls et en payant au concessionnaire le surcroît de dépenses qu'elles ont occasionnées. (5 janv. 1854, *Jeannez*, 15.)

671. — S'agit-il de la construction d'un chemin de fer, le cahier des charges annexé à l'acte de concession contient également les dispositions générales et particulières auxquelles le concessionnaire est tenu de se soumettre.

Le tracé et le profil du chemin de fer sont arrêtés sur la production de projets d'ensemble, comprenant pour la ligne entière ou pour chaque section de la ligne : 1° un plan général ; 2° un profil en long ; 3° un certain nombre de profils en travers ; 4° un mémoire justificatif des dispositions essentielles du projet, et un devis descriptif reproduisant, sous forme de tableau, les indications relatives aux déclivités et aux courbes. (Voy. *suprà*, n°ˢ 123 et suiv.)

Les terrains sont acquis et les ouvrages d'art sont exécutés immédiatement pour deux voies. Les terrassements peuvent être exécutés et les rails posés pour une voie seulement, sauf l'établissement d'un certain nombre de gares d'évitement.

La compagnie est tenue de se soumettre à des dispositions spéciales concernant la largeur de la voie entre les bords intérieurs des rails, celle des accotements, c'est-à-dire des parties comprises, de chaque côté, entre le bord extérieur du rail et l'arête supérieure du ballast, celle de la banquette établie au pied de chaque talus, la dimension des rigoles et fossés, le rayon des courbes, l'inclinaison des rampes, le nombre, l'étendue et l'emplacement des gares d'évitement, des stations de voyageurs, des gares de marchandises, etc., etc.

672. — A moins d'obstacles locaux dont l'apprécia-

tion appartient à l'administration, le chemin de fer, à la rencontre des routes impériales ou départementales, doit passer soit au-dessus soit au-dessous de ces routes.

Les croisements de niveau sont tolérés pour les chemins vicinaux et ruraux ou particuliers, mais les rails doivent être posés sans aucune saillie ni dépression sur la surface des routes traversées.

La largeur et la dimension des ponts et viaducs à construire à la rencontre des routes et chemins est fixée soit par le cahier des charges, soit par des arrêtés préfectoraux.

673. — Il en est de même en ce qui concerne les dispositions à prendre à la rencontre des rivières et canaux. Les cahiers des charges ne manquent pas de prescrire aux compagnies toutes les mesures nécessaires pour que le service de la navigation puisse se faire et se continuer après l'achèvement des travaux comme il avait lieu avant l'entreprise. (Voy. art. 17, Cah. des ch. du chem. de fer de Paris à Rouen.) Il a été jugé qu'en présence d'une pareille clause, une compagnie concessionnaire ne pouvait se refuser à creuser un chenal sous l'arche marinière des ponts établis pour le service du chemin, afin que le halage pût s'exercer sans entraves, de manière qu'il ne fût besoin ni d'ancrer les bateaux, ni de détacher, pour les rattacher ensuite, les traits à l'aide desquels il s'effectuait. (Voy. 8 avril 1847, *Min. des trav. pub.*, 198.)

674. — Cette obligation de rétablir les voies de communication dans leur état primitif n'est pas exclusive des dispositions à prendre dans le même but pendant le cours des travaux. La construction de chemins et ponts provisoires peut être imposée aux compagnies partout où cela est nécessaire, afin que la circulation n'éprouve ni gêne ni interruption.

675. — Toutes les dépenses occasionnées par le réta-

blissement provisoire ou définitif des voies de communication sont à la charge des compagnies. Elles payent
les terrains qui servent à la déviation des voies publiques
ou des cours d'eau traversés par le chemin, mais elles
ne sont obligées de les reconstruire que dans les mêmes
conditions de largeur et de viabilité. L'élargissement
des voies déplacées, à moins de stipulations particulières,
n'est pas à leur charge. (20 déc. 1855, *Comp. du chemin
de fer de Dieppe*, 773.)

676. — Les contraventions aux clauses du cahier des
charges ou aux décisions rendues en exécution de ces
clauses, en ce qui concerne le service de la navigation,
la viabilité des routes royales ou le libre écoulement
des eaux, sont punis d'une amende de 300 fr. à 3,000 fr.
(Voy. art. 12 et 14, L. du 15 juil. 1845.)

La compagnie est passible d'autant d'amendes qu'il y
a d'ouvrages construits en contravention, et l'autorisation donnée par le préfet, après leur construction, de
les conserver provisoirement, ne peut être invoquée à
titre d'excuse. (4 mars 1858, *Comp. du chemin de fer de
l'Est*, 199.)

Lors de la discussion de la loi du 15 juillet 1845, on
s'est beaucoup élevé contre l'application de ces pénalités
aux infractions qu'elles ont pour objet de réprimer. Mais
le ministre des travaux publics fit observer que les stipulations des cahiers des charges sont impuissantes par elles-
mêmes, et qu'elles ont besoin d'être mises en œuvre par
une décision administrative. « Nous avons le droit, disait-
« il, de refuser la réception des travaux, non-seulement
« la réception provisoire, mais la réception définitive.
« Mais quand il est constant qu'un chemin de fer est
« propre à être livré à la circulation, lorsque des popu-
« lations, lorsque des provinces entières attendent que
« la circulation y soit établie, lorsque les moyens ordi-

« naires se sont effacés devant la crainte de ce moyen
« tout-puissant qui les envahit et les exclut tous, à la
« veille de l'ouverture possible d'un chemin de fer sans
« danger pour la sécurité publique, et qui présente un
« très-grand avantage pour la propriété, nous irions
« refuser le permis de circulation parce qu'il y a un
« pont sur un chemin vicinal qui n'a pas un débouché
« suffisant. Cela n'est pas possible!

« J'en dirai autant de la déchéance. La déchéance ne
« peut être que bien rarement prononcée : elle frappe
« non-seulement les administrateurs de la compagnie,
« mais la compagnie tout entière. Que si une compa-
« gnie se montrait récalcitrante en protestant comme la
« direction de l'administration, si elle refusait d'exécuter
« le chemin ou si elle l'exécutait dans des conditions
« tout autres que celles que l'administration lui aura
« dictées, de guerre lasse et faute de pouvoir finir au-
« trement, on prononçât la déchéance, je le com-
« prendrais!

« Mais qu'on ait recours à cette grande mesure, à
« cette grande pénalité pour obtenir que l'on cons-
« truise tel viaduc avec tel débouché, en vérité, je ne
« conçois pas qu'on nous renvoie à de si grands moyens
« pour obtenir de si petites choses. »

Le moyen pratique, tel qu'il résulte de la loi de 1845,
c'est donc l'intervention du Conseil de préfecture statuant comme juge de police.

Notons toutefois qu'il ne connaît en cette qualité que
des infractions aux dispositions des cahiers des charges
relatifs au service de la navigation, à la viabilité des
routes impériales, départementales et vicinales, ou au
libre écoulement des eaux. Les infractions aux autres
stipulations du cahier des charges n'échappent pas à son
contrôle, mais elles ne peuvent donner lieu à l'application

des peines portées par l'art. 14 de la loi du 11 juillet 1845. Le Conseil de préfecture n'en connaît qu'en sa qualité de juge ordinaire des contestations en matière de travaux publics, en vertu de la loi du 28 pluviôse an VIII, et les moyens de coercition réservés à sa juridiction, au point de vue répressif, cessent de pouvoir être employés.

677. — Les concessionnaires de chemin de fer sont encore obligés de prendre toutes les dispositions nécessaires, dans le cas où la voie traverse un sol déjà concédé pour l'exploitation d'une mine ou d'une carrière.

Mais l'observation des clauses de la concession à ce relatives ne fait nul obstacle (il est essentiel de le remarquer) au recours des compagnies minières ou des propriétaires de carrières qui se trouvent lésés par la construction du chemin et les restrictions qu'elle impose à leur exploitation.

Cette question, longtemps débattue, a reçu une solution définitive le 3 mars 1841. La Cour de cassation, assemblée en audience solennelle, s'est prononcée en faveur des propriétaires de mines, et a décidé qu'ils avaient droit à une indemnité pour le préjudice résultant de l'interdiction imposée par mesure administrative, de continuer l'exploitation dans le voisinage d'un chemin de fer établi dans le périmètre de la concession. Tout propriétaire, a dit la Cour suprême, a droit à une indemnité non-seulement lorsqu'il est obligé de subir l'éviction entière de sa propriété, mais aussi lorsqu'il est privé de sa jouissance et de ses produits pour cause d'utilité publique : seulement, dans ce cas, l'indemnité n'est pas préalable. A la vérité, l'article 50 de la loi du 21 avril 1810 confère à l'autorité administrative le droit de pourvoir, par des mesures de sécurité publique, à la conservation des puits, à la solidité des travaux de la concession et à la sûreté des habitations de la surface. Mais cette disposition n'altère en rien le droit de propriété du concessionnaire, et ne lui impose pas l'obligation de subir la perte d'une partie de sa concession, à raison de la création d'un établissement nouveau. (Voy. Cass., 3 mars 1841, ch. réun., *Mines de Couzou*, S. V., 41, 1, 259; Cass., 3 janv. 1852, *Chem. de fer de Saint-Étienne*, S. V. 53, 1, 347.)

678. — L'article 4 de la loi du 15 juillet 1845 sur la police des chemins de fer porte que « tout chemin de fer sera clos des deux côtés et sur toute l'étendue de la voie. » — Mais il laisse à l'administration le soin de déterminer pour chaque ligne le mode de clôture. Les cahiers des charges contiennent en conséquence des stipulations particulières auxquelles le concessionnaire est tenu de se conformer. Lorsque la clôture, exécutée suivant le mode prescrit, a été acceptée par l'administration, les riverains des voies ferrées ne sont pas fondés à soutenir que cette clôture est insuffisante et à demander en conséquence qu'elle soit remplacée par une clôture plus forte. (24 mai 1859, *Chem. de l'Ouest*, 384.)

679. — L'administration surveille l'exécution des travaux concédés. Mais elle ne jouit pas, sous ce rapport, de la liberté que les cahiers des charges lui réservent dans ses rapports avec les entrepreneurs. — « L'en-« trepreneur n'est qu'un agent entre les mains de « l'administration. Il fait ce qu'on veut, il travaille sur « les lieux qu'on lui indique et d'après les indications « qu'on lui fournit... S'il résiste à ces ordres, un arrêté « prononce sa déchéance, l'expulse du chantier, et « tout est fini... Mais quand il s'agit de concession-« naires, l'administration a le droit de regarder, voilà « tout; elle n'a pas le droit de diriger elle-même. » — C'est ainsi que s'exprimait M. Dumont, ministre des

travaux publics, lors de la discussion de la loi du 15 juillet 1845.

Pendant l'exécution des travaux, l'administration exerce donc seulement une surveillance générale. S'agit-il, par exemple, de la construction d'un chemin de fer, le cahier des charges annexé à l'acte de concession porte qu'aucun travail ne peut être entrepris pour l'établissement du chemin et de ses dépendances qu'avec l'autorisation de l'administration supérieure. A cet effet, les projets de tous les travaux à exécuter sont dressés en double expédition et soumis à l'approbation du ministre, qui prescrit, s'il y a lieu, d'y introduire telles modifications qu'il considère comme indispensables. L'une de ces expéditions est remise à la compagnie avec le visa du ministre ; l'autre demeure entre les mains de l'administration avant comme pendant l'exécution ; la compagnie a, de plus, la faculté de proposer aux projets approuvés les modifications qu'elle juge utiles ; mais ces modifications ne peuvent être exécutées que moyennant l'approbation de l'administration supérieure.

Ainsi l'administration veille à l'accomplissement des charges et conditions imposées au concessionnaire. Mais (et c'est là ce qui fait, sous ce rapport, la différence entre les entreprises ordinaires et les concessions) elle n'a pas qualité pour intervenir dans le détail des opérations. (Voy. art. 27, cah. des ponts susp.) — Elle ne peut fixer ni l'époque précise de chacune d'elles, ni le mode spécial d'exécution qu'elle reconnaîtrait plus avantageux et plus convenable, du moment que le concessionnaire satisfait aux conditions générales stipulées. La raison de cette différence est, au surplus, facile à saisir. Les travaux sont exécutés aux frais de la compagnie par des moyens et des agents à son choix. Elle supporte les dépenses que des difficultés imprévues rendent nécessaires, sans recours contre l'administration ; l'augmentation ou la diminution, même énorme, du prix des matériaux ou de la main-d'œuvre ne sont pas des événements de nature à faire résilier le marché, qui a tous les caractères d'un contrat à forfait. D'un autre côté, comme les travaux sont soumis à une réception provisoire et à une réception définitive, il suffit à l'aministration que le concessionnaire ne s'écarte pas des conditions essentielles de l'entreprise. On ne trouve donc pas ici, en matière d'adjudication, ces rapports compliqués qui naissent de la subordination de l'entrepreneur, soumis à la direction incessante des ingénieurs, de la faculté que se réserve l'administration d'augmenter ou de diminuer la masse des travaux dans une mesure considérable, et des droits corrélatifs qui appartiennent dans les mêmes circonstances à l'entrepreneur. Des deux côtés, le contrat acquiert plus de fixité et est sujet à moins de modifications.

Comme conséquence de ces principes, il a été jugé que le concessionnaire a le droit de réclamer une indemnité toutes les fois que l'administration prescrit, en cours d'exécution, des changements qui ont pour résultat d'augmenter les dépenses prévues. (Voy. 20 mars 1848, *Pont de Saint-Laurent*, 7 déc. 1850, *Jeannez*, 921 ; 26 juillet 1854, *pont de Dormans*, 702.)

680. — A mesure que les travaux sont terminés sur des parties du chemin de fer susceptibles d'être livrées utilement à la circulation, il est procédé, sur la demande de la compagnie, à la reconnaissance, et, s'il y a lieu, à la réception provisoire des travaux par un ou plusieurs commissaires désignés par l'administration.

La mise en exploitation peut être autorisée sur le vu du procès-verbal de reconnaissance ; mais les réceptions partielles ne deviennent définitives que par la réception générale du chemin de fer, qui n'a lieu qu'après l'achèvement total des travaux.

A ce moment, la compagnie fait dresser un bornage contradictoire, un plan cadastral de la voie et de ses dépendances, un état descriptif des ouvrages d'art, et un atlas contenant les dessins de tous les ouvrages.

Les terrains acquis postérieurement au bornage général, donnent lieu à des bornages supplémentaires, et sont ajoutés au plan. Addition est également faite sur l'atlas des ouvrages d'art exécutés après sa rédaction. Une expédition de toutes ces pièces est déposée dans les archives du ministère. (Voy. Circ. du min. des trav. publ. du 31 déc. 1853, cont. des instruct. relat. au bornage des chemins de fer.)

681. — Si, à l'époque fixée par l'acte de concession pour l'achèvement des travaux, ils ne sont pas en état de réception, diverses mesures peuvent être prises contre le concessionnaire.

D'après l'article 40 du cahier des charges des ponts suspendus, faute par lui d'avoir terminé dans le délai convenu les travaux commencés, et d'avoir rempli les diverses obligations qu'il contracte, il est pourvu à la continuation et à l'achèvement des travaux au moyen d'une adjudication nouvelle. Cette adjudication est ouverte sur une mise à prix des ouvrages déjà construits, des matériaux approvisionnés, des terrains achetés, et elle est dévolue à celui des nouveaux soumissionnaires qui, pour succéder aux charges et aux droits du premier adjudicataire, offre la plus forte somme. Le prix de la nouvelle adjudication, qui peut être inférieur à la mise à prix, est remis au concessionnaire évincé ; mais son cautionnement est retenu par l'administration à titre de dommages-intérêts. (Article 41.)

Ces dispositions rigoureuses ne sont pas appliquées lorsque le retard est dû à des circonstances de force majeure dûment constatées. L'article 43 contient à ce sujet une stipulation expresse, qui, à vrai dire, n'était pas nécessaire.

682. — Les concessions relatives aux chemins de fer sont soumises à des règles analogues.

Faute par la compagnie d'avoir achevé les travaux dans le délai fixé, elle encourt la déchéance, et il est pourvu à la continuation des travaux au moyen d'une nouvelle adjudication.

La nouvelle compagnie est soumise aux clauses qui obligeaient la compagnie évincée, à laquelle est remis le prix que la nouvelle adjudication a fixé, pour la valeur des matériaux approvisionnés ou des parties du chemin de fer en exploitation.

Si l'adjudication ouverte n'amène aucun résultat, une seconde adjudication est tentée, après quoi, et en cas d'insuccès définitif, la compagnie est définitivement déchue non-seulement du cautionnement qui est acquis à l'État dès la première réadjudication, mais de plus des droits qu'elle avait sur les ouvrages exécutés.

683. — Les concessions de canaux n'offrent à cet égard rien de particulier. L'inachèvement des travaux dans le délai imparti emporte déchéance et autorise la saisie du cautionnement, qui est déclaré acquis au trésor. (2 juin 1853, *canal des Alpines*, 592.)

684. — Les concessionnaires sont tenus de réparer, sans recours contre l'administration, les dommages qui résultent de l'exécution des travaux.

Ceux qui sont la conséquence de la disposition même des ouvrages, sans qu'on puisse reprocher au concessionnaire une faute ou une imprudence, sont, au contraire, en principe, à la charge de l'administration. —

Mais, le plus souvent, une clause particulière du cahier des charges impose à celui-ci la réparation des dommages quelconques auxquels donne lieu non pas seulement l'exécution, mais l'existence même des travaux. — L'article 23 du cahier des ponts suspendus contient à cet égard la disposition suivante : «Les indemnités pour oc- « cupation temporaire ou détérioration de propriété, pour « chômages d'usines, pour rétablissement de communi- « cations interceptées, enfin, pour *tout dommage quel-* « *conque* résultant des travaux, sont à la charge de l'ad- « judicataire. » Cette stipulation générale comprend les dommages qui proviennent des travaux eux-mêmes tels qu'ils sont prescrits par le devis, par exemple, le pré- judice causé à une maison riveraine d'un chemin, par suite de l'exhaussement du sol (17 nov. 1849, *Escarra- guel*, 623), alors même qu'ils se produisent après la pé- riode d'exécution des travaux ( 30 mars 1854, *dép. de Tarn-et-Garonne*, 262), et non pas seulement ceux qui sont le résultat du fait ou de la faute du concessionnaire.

Les cahiers des charges des compagnies de chemins de fer contiennent des stipulations analogues, qui ont été appliquées et interprétées de la même manière par la jurisprudence. (Voy. 18 fév. 1853, *chemin de fer d'Avi- gnon*, 261.)

685. — Cette stipulation régit jusqu'aux dommages postérieurs à la concession, lorsqu'ils sont dus à des tra- vaux exécutés avant son expiration, en vertu des dispo- sitions du cahier des charges, et même lorsqu'ils ré- sultent de travaux exécutés par l'État, après la remise des ouvrages concédés, si ces travaux devaient être exé- cutés pendant la jouissance de la compagnie. La négli- gence de celle-ci ne peut être, en effet, pour elle une cause légitime d'exonération. (18 nov. 1858, *canal de Saint-Quentin*, 655.)

37

686. — Mais si large que soit la clause relative à la responsabilité des dommages, elle ne s'applique qu'à ceux qui ont leur origine soit dans l'acte de concession, soit dans l'exécution même des travaux. Les dommages qui procèdent de toute autre cause, par exemple, de l'inexécution d'un engagement pris par l'État envers un autre concessionnaire, restent exclusivement à la charge du gouvernement.

Une clause additionnelle au cahier des charges de la compagnie du pont suspendu de Rognonas portait que, pendant toute la durée de la concession, il ne serait établi aucun pont ou bac à la distance de moins de 1,500 mètres, tant en aval qu'en amont. Nonobstant cette stipulation, la compagnie du chemin de fer de Paris à Avignon fut autorisée en 1844, par l'administration, à construire à 1,050 mètres en aval du pont suspendu un pont viaduc au moyen duquel le chemin de fer traverse la Durance.

La compagnie du pont de Rognonas réclama alors une indemnité, et elle mit en cause la compagnie du chemin de fer et l'État. — Mais ce dernier seul fut déclaré responsable du dommage causé à la compagnie du pont suspendu, « attendu qu'aucune clause du cahier des charges de la compagnie du chemin de fer n'avait mis à la charge de la compagnie les conséquences de l'inexécution de l'engagement pris par l'État envers la compagnie du pont suspendu, et que, si l'article 24 dudit cahier des charges porte que les indemnités pour tous dommages quelconques résultant des travaux seront payés par la compagnie, cette disposition ne s'applique *qu'aux dommages directs et matériels provenant de l'exécution des travaux...* » (16 juillet 1857, *pont de Rognonas,* 551.)

687. — Les concessionnaires sont-ils responsables de

dommages résultant des travaux exécutés par l'État en vertu d'une disposition particulière de la concession, et qui leur sont livrés pour être soumis à leur jouissance?

Le plus souvent, une clause expresse du cahier des charges porte que l'État est déchargé de toute garantie envers la compagnie, un an après le procès-verbal de reconnaissance définitive des travaux, et qu'en aucun cas sa responsabilité ne peut s'étendre au delà de la garantie matérielle des travaux. Cette disposition laisse évidemment à la charge de la compagnie les dommages directs et matériels causés aux tiers par la mauvaise disposition des ouvrages qui lui ont été livrés. (30 juillet 1857, *Brierre*, 634.)

Lors même qu'elle n'existerait pas, il serait sans doute difficile au concessionnaire de prétendre que les indemnités pour dommages postérieurs à la livraison doivent être acquittées par l'État. — Ces indemnités sont une charge naturelle de la jouissance absolue qui lui est accordée. L'État reste étranger, pendant toute la durée de la concession, aux bénéfices de l'exploitation. Le concessionnaire doit donc supporter seul les dépenses, qui sont une conséquence de l'existence même des ouvrages. Il est vrai que l'État a construit les travaux d'où résulte le dommage. Mais qu'importe? La réception définitive qu'en a faite la compagnie l'a substituée, pour la période de la concession, en son lieu et place, et a mis fin à toutes ses obligations.

688. — Les concessionnaires sont, comme les particuliers, assujettis au payement des droits d'octroi établis sur l'entrée, dans les villes, des matériaux destinés aux constructions locales. — Mais on ne peut considérer comme imposables les moellons provenant de déblais opérés sur un chemin de fer, et introduits dans le

rayon de l'octroi d'une ville, pour être employés à des remblais sans aucun triage, et dans l'état où ils ont été extraits, lorsque le règlement local n'a soumis les moellons au droit fixé par le tarif que comme matériaux destinés à la consommation. (Voy. Cass., 3 oct. 1845, *Mackensie*, J. du Pal., 1846, 716; Ch. réun., 19 nov. 1847, *ville d'Abbeville*, S. V. 47, 1, 861.)

689. — Après l'exécution des travaux, naît pour le concessionnaire l'obligation de les entretenir constamment en bon état. L'entretien des ponts suspendus consiste à peindre les bois au moins une fois tous les trois ans et les fers tous les ans, et même plus souvent s'il est nécessaire; à renouveler les matériaux qui se détériorent, tels que les chaînes de suspension et de retenue, à maintenir en bon état le système des fondations, etc., etc.

Les portions de routes aux abords du pont doivent être tenues sèches, nettes, unies, sans danger en temps de glace, fermes en toute saison. — La chaussée d'empierrement devra toujours avoir une épaisseur de 20 à 25 centimètres. (Voy art. 20 Cah. des ponts suspendus; Cons.; 20 juin 1844, *Comp. des ponts de Cubzac*, 313; 28 juillet 1849, *Comp. des ponts de Meung*, 438; 24 mai 1851, *Escarraguel*, 391.)

Faute par le concessionnaire de maintenir le pont en bon état d'entretien, l'administration a la faculté de mettre le séquestre sur les produits du péage et d'en disposer jusqu'à concurrence des sommes nécessaires à l'exécution des travaux et au payement des dépenses qu'il y a lieu de faire pour le concessionnaire. (Voy. art. 44, Cah. des ponts suspendus.) — Elle peut aussi, si la compagnie se refuse, après mise en demeure, à réparer les malfaçons ou les détériorations constatées, pourvoir d'office à la reconstruction par voie d'adjudication publique aux frais du concessionnaire. (Voy. 12 mai 1853, *Pont de Meung*, 526.) — Enfin il a été jugé que lorsqu'il résulte d'un procès-verbal de réception que certains ouvrages accessoires ne sont pas terminés, l'administration, qui peut se refuser à la réception définitive, a le droit, à plus forte raison, de ne prononcer cette réception que sous la condition de la retenue provisoire, sur le cautionnement du concessionnaire, de la somme nécessaire pour garantir l'entier parachèvement des travaux. (Voy 28 déc. 1849, *Maurel*, 716.)

690. — La circulation doit, autant que possible, être maintenue sur le pont pendant les travaux d'entretien et de réparation. Dans le cas contraire, il doit y être pourvu par le concessionnaire, à ses frais et sans délai, par l'établissement d'un passage provisoire à l'aide d'un bac ou de bateaux en nombre suffisant. — Un arrêté du préfet, motivé, soit sur la courte durée de l'interruption, soit sur le peu d'éloignement d'un autre pont, peut seul dispenser le concessionnaire de cette obligation. Les droits à percevoir sur le passage provisoire sont au surplus les mêmes que ceux qui sont fixés par le tarif du péage concédé. (Voy. art. 26 Cah. des ponts suspend.)

Nous venons de dire que l'établissement du passage provisoire est aux frais du concessionnaire. Mais il faut remarquer que l'article 26 ne parle que du cas où la circulation est interrompue par suite de travaux de réparation, d'entretien ou de reconstruction exécutés sur le pont lui-même. Dans toute autre hypothèse, les dépenses nécessaires resteraient à la charge de l'administration. — Le Conseil d'État a décidé, par exemple, que les concessionnaires d'un pont suspendu avaient droit à une indemnité, à raison de l'établissement et du service d'un nouveau bac, rendu nécessaire par la rupture du chemin qui donnait accès au pont. (Voy. 18 janvier 1844, *Ponts de Parentignac*, 36.)

691. — Les concessionnaires d'un pont détruit par un événement de force majeure, sont-ils tenus de le reconstruire à leurs frais?

On a prétendu assimiler les concessionnaires aux emphytéotes, qui ne sont pas responsables, en général, de la chose donnée à bail. On pourrait aussi invoquer la maxime *res perit domino*. Mais en présence des stipulations insérées dans les cahiers des charges, et quand on considère de près la nature des contrats de concession, on est amené nécessairement à une autre solution.

D'une part, en effet, le concessionnaire est tenu d'entretenir le pont à ses frais pendant la durée de la concession; et alors même que la clause n'y ajoute pas l'obligation expresse de le reconstruire le cas échéant, cette obligation résulte implicitement de la stipulation en vertu de laquelle le concessionnaire est tenu de remettre les ouvrages à l'administration à la fin de la concession. Il importe donc peu que l'administration soit propriétaire des travaux concédés comme le bailleur emphytéotique est propriétaire des immeubles qui font l'objet du bail. Car, il est certain que si l'emphytéote avait pris l'obligation de faire et de remettre au bailleur, à l'expiration du contrat, des constructions déterminées, leur destruction par force majeure ne l'affranchirait pas de cette obligation. En un mot, c'est par les stipulations particulières du contrat qu'il faut se décider. Or ici les stipulations sont précises, et aucune exception n'y est faite pour la force majeure. (Voy. 16 juin 1853, *Gabaud*, 609; 3 juin 1858, *Ruiz*, 409; Cons. M. Cotelle, t. 3, nᵒˢ 927 et suiv.)

Il n'est pas besoin de dire que l'entrepreneur n'a pas de recours contre l'administration, à raison des acci-

dents dus à la mauvaise exécution des travaux. (Voy.
18 août 1849, *Midy de la Greneray-Surville*, 535.)

692. — Nous ne pouvons pas entrer ici dans le détail
des obligations des compagnies de chemins de fer, relativement à l'entretien de la voie ou des bâtiments de
toute nature nécessaires à l'exploitation et aux autres
services. — Les cahiers des charges laissent aux compagnies une grande latitude dans le choix des voies et
moyens. Ils se bornent généralement à stipuler que le
chemin de fer et ses dépendances seront constamment
entretenus en bon état, de manière que la circulation y
soit toujours facile et sûre.

« Les travaux de simple entretien s'exécutent au fur
« et à mesure que les besoins se manifestent, et sans
« qu'il y ait à produire de projets ou à remplir aucune
« formalité, sauf toutefois le cas où l'exécution pourrait
« amener des dispositions nouvelles dans la marche des
« trains ou dans le service général de l'exploitation,
« auquel cas l'administration centrale et l'ingénieur en
« chef du contrôle doivent être prévenus assez à temps
« pour que les mesures proposées par la compagnie
« puissent être examinées et modifiées, ou complétées
« s'il y a lieu. » (Circ. du min. des trav. publ., 18 janvier 1854; M. Lamé-Fleury, p. 229.)

Les frais d'entretien, et ceux auxquels donnent lieu les
réparations ordinaires et extraordinaires, sont entièrement à la charge de la compagnie.

En cas d'inaccomplissement de cette obligation, il y est
pourvu d'office, à la diligence de l'administration et aux
frais de la compagnie, sans préjudice de l'application
de la déchéance, lorsque l'administration juge nécessaire de la prononcer. Le montant des avances faites est
recouvré au moyen de rôles que le préfet rend exécutoires. (Consult. art. 2, ordon. des 15-21 nov. 1846.)

**693.** — L'entretien des ponts établis à la rencontre des voies publiques, traversés par le chemin de fer, est-il à la charge des compagnies?

Si ces ponts doivent être considérés comme des dépendances du chemin de fer, la question ne peut faire aucune difficulté, puisque les cahiers des charges imposent à la compagnie l'entretien non-seulement de la voie ferrée, mais aussi de tout ce qui en est considéré comme l'accessoire.

Si, au contraire, on considère ces ponts comme faisant partie des routes qui les traversent, les compagnies concessionnaires ne doivent pas être assujetties à leur entretien.

Le Conseil d'État s'est prononcé dans le premier sens, et c'est, je le crois, avec raison. — Les ponts destinés au passage des voies publiques sont établis, en effet, sur des terrains achetés par les compagnies ; ils sont construits par elle, dans le but non pas seulement de faciliter la circulation sur la route traversée par la voie ferrée, mais d'assurer avant tout la sécurité de la circulation sur le chemin de fer ; en un mot, c'est le sol même du chemin exhaussé artificiellement et au moyen d'un ouvrage d'art, pour permettre l'exercice de la servitude de passage auquel il est assujetti. Propriété des compagnies, les ponts doivent être remis par elles à l'État à l'expiration de la concession ; les frais d'entretien sont donc à leur charge. (29 mars 1853, *chemin de Paris à Saint-Germain*, 401.) Quant aux frais d'entretien de la chaussée, ils restent, après comme avant la construction du pont, à la charge de l'État, du département ou de la commune auquel appartiennent la route ou le chemin qui passent sur le pont. (Même arrêt.)

**694.** — L'obligation d'entretenir en bon état la voie ferrée et ses accessoires ne s'étend pas en général aux chemins d'accès qui ont dû être ménagés pour le service des propriétés particulières traversées par la ligne (voy. Paris, 12 nov. 1853, *chemin de fer d'Orléans*, S. V. 54, 2, 40), à moins que cet entretien n'ait été imposé à la compagnie par une décision du jury d'expropriation. Cette obligation fait alors partie de l'indemnité allouée aux propriétaires expropriés, et la compagnie ne peut s'y soustraire sous aucun prétexte.

Si l'État s'était chargé de livrer à la compagnie les terrains nécessaires à l'établissement du chemin de fer et de ses dépendances, et de payer les indemnités dues pour l'expropriation de ces terrains, c'est à lui, et non à la compagnie, qu'en pareil cas l'obligation d'entretenir les chemins d'accès serait imposée. La clause qui met à la charge de la compagnie l'entretien du chemin de fer et de ses dépendances, ne s'applique qu'aux travaux qui ont figuré au nombre de ceux que l'État a dû lui livrer en vertu de ces conventions. Tous les autres, et par conséquent les chemins d'accès qui ne sont pas des accessoires de la voie, restent donc, quant à l'entretien, à la charge de l'État. (27 déc. 1860, *min. des trav. pub.*, 826.)

695. — Les travaux de grosses réparations et de reconstruction sont également à la charge des compagnies. (Voy. *suprà*, n° 691.) « Lorsqu'ils doivent se faire sans « aucun changement aux ouvrages primitifs, il suffit que « la compagnie prévienne l'ingénieur en chef du contrôle « au moins une huitaine avant le jour où elle compte « mettre la main à l'œuvre, afin que ce fonctionnaire « soit mis à même d'organiser, en temps utile, le ser- « vice de surveillance de ces travaux. Ce délai peut être « réduit en cas d'urgence. » (Circul. du min. des trav. publics, du 16 janv. 1854.)

696. — Lorsque les ouvrages à effectuer constituent

des ouvrages nouveaux ou présentent des changements
à l'état de choses existant, la compagnie doit soumettre
préalablement les projets à l'approbation de l'administration.

L'inobservation des stipulations du cahier des charges
à ce relatives constitue « une infraction évidente aux
« principes posés dans les articles 1 et 2 de la loi du 15
« juillet 1845 sur la police des chemins de fer, aux termes
« desquels les chemins construits ou concédés par l'État
« font partie de la grande voirie, et sont, par suite, sou-
« mis aux lois et règlements concernant ces voies de
« communication, et d'après lesquels aucun travail de
« construction ne peut se faire, en aucun temps, sans
« l'autorisation de l'administration. » (Circul. du min.
des trav. publics des 18 janvier 1854, et 11 mai 1855.)

697. — Le droit accordé à l'administration par les
cahiers des charges de pourvoir d'office, aux frais de la
compagnie, aux dépenses d'entretien et aux réparations
ordinaires et extraordinaires, implique le contrôle incessant de l'administration. Il impose aux compagnies le
devoir de laisser faire, en toute circonstance, les vérifications nécessaires. Par une conséquence virtuelle, les
frais de ces vérifications sont à leur charge. — Le Conseil d'État s'est prononcé dans ce sens en présence d'une
clause qui se bornait à imposer au concessionnaire l'obligation d'entretenir les travaux en bon état, et autorisait
l'administration à procéder à une vérification annuelle.
(9 juin 1849, *compagnie de la Sambre*, 332.) A plus forte
raison, en est-il ainsi lorsque le droit de surveillance est
illimité, et lorsque l'administration se réserve de pourvoir elle-même à l'entretien, en cas de négligence constatée du concessionnaire. La plupart du temps, une
clause spéciale et expresse lève à cet égard toute difficulté.

698. — A l'expiration de la concession, le pont, ses abords et tous les ouvrages quels qu'ils soient, construits par le concessionnaire, sont remis à l'administration en bon état d'entretien dans toutes leurs parties. — Les terrains achetés pour l'établissement des abords des ponts ne donnent lieu à aucune répétition. (Art. 33 cah. des ponts suspendus.)

Les cahiers des charges des concessions de chemins de fer portent également qu'à l'époque fixée pour l'expiration de la concession, et par le seul fait de cette expiration, le gouvernement est subrogé à tous les droits de la compagnie sur le chemin de fer et ses dépendances, et qu'il entre immédiatement en possession de tous ses produits.

Le chemin de fer et tous les immeubles qui en dépendent, quelle qu'en soit l'origine, tels que les bâtiments des gares et stations, les remises, ateliers et dépôts, les maisons de garde, les barrières et clôtures, les voies, changements de voies, plaques tournantes, réservoirs d'eau, grues hydrauliques, machines fixes, etc., etc., doivent être remis à l'État en bon état d'entretien.

Afin d'assurer l'exécution de cette clause, le gouvernement s'est réservé le droit de saisir, dans les cinq dernières années de la concession, les revenus du chemin de fer, et de les employer à rétablir en bon état la voie et ses dépendances.

Quant aux objets mobiliers, tels que le matériel roulant, les matériaux, combustibles et approvisionnements de tout genre, le mobilier des stations, l'outillage des ateliers, ils sont repris par l'État, sur l'estimation qui en est faite à dire d'experts.

# CHAPITRE III

### DES DROITS DES CONCESSIONNAIRES.

**699.** — Pour indemniser le concessionnaire des dépenses qu'il s'engage à faire, et sous la condition expresse qu'il remplira toutes ses obligations, le gouvernement lui accorde pour un temps déterminé soit le produit du péage, soit le prix des transports. (Voy. art. 30, Cah. des ch. des ponts suspendus.

700. — Les droits de péage et de transport sont fixés par un tarif dont l'interprétation appartient suivant les cas, soit à l'autorité judiciaire, soit à l'autorité administrative.

701. — Ils sont dus, en principe, par tous ceux qui ont à se servir du pont ou du chemin de fer, mais les tarifs contiennent un assez grand nombre d'exceptions au profit des employés et des agents du gouvernement. C'est ainsi qu'on trouve en général, dans les tarifs relatifs à la perception des péages établis pour le passage des ponts suspendus, une stipulation favorable aux entrepreneurs de travaux publics. Dans le cas même où cette clause n'existe pas, si l'acte de concession ou le cahier des charges ne limite pas, au préjudice de l'administration, le droit qui lui appartient de se servir de bateaux particuliers pour le transport des ouvriers ou matériaux nécessaires aux travaux entrepris dans l'intérêt de la navigation, aucune indemnité n'est due au concessionnaire par l'entrepreneur, à raison de l'établissement d'un bateau particulier pour le passage de ses ouvriers. (30 mars 1854, *Giraudel*, 264 ; voy. enc. 25 sept. 1834, *Gauthier*, 630 ; 19 mars 1847, *Ruiz*, 140.)

702. — Le concessionnaire reçoit en outre une subvention plus ou moins considérable, suivant l'importance de l'entreprise et ses chances de succès. — L'État, les départements, les communes, et souvent même des particuliers contribuent, dans une proportion variable, aux dépenses. A cet égard il n'y a pas de règle fixe : tout dépend des conventions et des circonstances.

Les subventions de l'État sont votées par le Corps

législatif, celles des départements par le Conseil général, celles des communes par le Conseil municipal.

703. — Aux subventions fournies par l'administration viennent quelquefois s'ajouter des subventions particulières, volontaires ou obligatoires. Ces subventions
sont assurées au concessionnaire au moyen de souscriptions.

Elles sont ordinairement payées en argent. Toutefois, en matière de desséchement de marais, les propriétaires ont la faculté de se libérer par l'abandon
d'une partie du fonds desséché. (Voy. *infrà*, ch. de la
plus-value.)

« D'après les principes du droit commun combinés
« avec les dispositions spéciales de la loi du 10 mai 1838
« les souscriptions faites au profit des travaux d'intérêt
« départemental ne peuvent devenir irrévocables et ac-
« quérir la force d'un véritable contrat passé entre le
« département et les souscripteurs qu'autant qu'il y a :

« 1° Offre directe et formelle des souscripteurs au
« département, représenté par le préfet ;

« 2° Acceptation expresse de l'offre par le préfet,
« après délibération du Conseil général ;

« 3° Notification de l'acceptation aux souscripteurs. »
(Voy. *Observ. du min. de l'intér.*, Leb. 1849, p. 168.)

Les souscriptions faites au profit de travaux d'intérêt
communal sont soumises à des formalités analogues.
L'acceptation doit émaner du conseil municipal et être
approuvée par le préfet.

Ajoutons que si des conditions particulières sont imposées par les souscripteurs et acceptées par l'administration, leur inaccomplissement a pour effet de libérer
ceux-ci. (19 mars 1849, *Taillefer*, 165.)

704. — Le cahier des charges fixe les époques de
payement de la subvention, qui est exigible en plu-

sieurs termes ou en une seule fois, après la réception définitive des travaux. (26 juil. 1854, *Malboz*, 704.) — Aucune difficulté ne s'élève à cet égard lorsqu'il s'agit de subventions fournies par l'État et les départements, au moins quand le concessionnaire est en mesure de justifier de l'accomplissement de ses obligations. Mais il arrive souvent, au contraire, que les communes et les particuliers qui ont donné leurs souscriptions se refusent, sous divers prétextes, à l'accomplissement de leurs engagements. A qui le concessionnaire doit-il alors s'adresser? Est-ce au préfet qui a procédé à l'adjudication? Le recours ne doit-il pas, au contraire, être exercé directement contre les communes ou les particuliers intéressés?

Il faut, croyons-nous, faire une distinction. Si les travaux concédés rentrent dans la catégorie des ouvrages qui, en principe, sont à la charge de l'État, s'il s'agit, par exemple, d'un pont suspendu construit sur une route impériale, comme c'est par suite à l'État que le pont doit être remis à l'expiration du terme de la concession, à lui que le cautionnement du concessionnaire est acquis en cas d'infraction à ses obligations, c'est à lui également que celui-ci devra s'adresser pour obtenir le payement des subventions promises. L'État, en effet, a bien pu obtenir des communes ou des particuliers intéressés à l'exécution du pont une contribution qui vient alléger ses charges : mais il ne cesse pas d'être directement débiteur de cette partie de la subvention envers le concessionnaire, qui n'a contracté qu'avec lui seul. Il est donc garant du défaut de payement aux échéances, sauf à exercer tel recours que de droit contre les souscripteurs. (26 mai 1845, *Escarraguel*, 290.)

705. — S'agit-il, au contraire, d'un pont communal, la question devient plus difficile. — Le préfet procède en-

core à l'adjudication, et c'est encore avec lui que le concessionnaire contracte. Mais le caractère de son intervention n'est pas aisé à définir. Est-ce comme tuteur
des communes, exerçant les droits que lui confère, en
matière de chemins vicinaux, par exemple, l'article 9 de
la loi du 26 avril 1826, que le préfet prend part à l'adjudication? Est-ce, au contraire, comme représentant
l'État au nom duquel, ainsi que nous l'avons vu, les concessions de ponts suspendus ont toujours lieu?

La jurisprudence du Conseil d'État semble admettre
que le concessionnaire peut agir contre le préfet, non
pour obtenir la garantie du payement des subventions
promises, mais pour le forcer à user, dans son intérêt et pour leur recouvrement, des voies de contrainte
administratives. Dans ce système, l'État, en contractant
avec l'adjudicataire par l'intermédiaire du préfet, lui
promet de mettre à sa disposition les moyens exceptionnels que la loi a créés dans son intérêt pour le remboursement de ses créances; mais ne s'engage pas, en
cas d'insolvabilité des souscripteurs, à payer en leur
lieu et place le montant de la subvention mise à leur
charge.

Un arrêté du Conseil de préfecture de la Gironde avait
condamné l'État à payer au sieur Escarraguel une somme
de 2,462 fr. non encore recouvrée sur les 5,000 fr. de
souscriptions particulières consenties en faveur de l'entreprise. Cet arrêté était fondé sur ce qu'en fait le concessionnaire avait traité avec l'État seul, représenté par
le préfet du département de la Gironde ; que, par suite,
l'État avait entendu s'obliger à opérer la poursuite et le
recouvrement des subventions particulières, dont le
cahier des charges indiquait seulement la provenance,
sans obliger l'adjudicataire à faire lui-même les poursuites nécessaires.

Le ministre de l'intérieur se pourvut contre cet arrêté. Il soutint que le Conseil de préfecture avait méconnu le caractère de l'intervention de l'État dans les entreprises d'intérêt communal auquel il accorde des secours. « L'État, disait-il, n'intervient que pour dé-
« clarer l'utilité publique des travaux, autoriser la per-
« ception d'un péage, s'il y a lieu, et accorder une
« subvention sur les fonds du trésor. Cela fait, et la sub-
« vention payée, il est évident que l'État ne saurait être
« passible d'aucune autre responsabilité, et il y a exagé-
« ration manifeste à le déclarer garant de l'exécution
« des engagements pris par les communes et les parti-
« culiers. Si l'on accorde ici aux adjudicataires, par
« pure faveur, les garanties du recouvrement par la
« voie administrative à l'égard des souscriptions parti-
« culières, ce n'est pas assurément une raison pour en
« mettre la responsabilité au compte de l'État. »

Ce système a été consacré par le décret suivant : «Considérant que, d'après l'art. 10 du cahier des charges de l'adjudication susvisée, intervenue entre le préfet et les sieurs Escarraguel pour la construction d'un pont en maçonnerie sur la rivière d'Isle à Saint-Médard de Guizières, la somme de 55,000 fr. que devaient recevoir les adjudicataires à titre de subvention, se composait de 50,000 fr. à fournir par le trésor public, et de 5,000 fr. provenant de souscriptions particulières ; que l'État ne pouvait être engagé que jusqu'à concurrence de la subvention allouée par le ministre de l'intérieur sur les fonds du trésor public ; que, dès lors, les sieurs Escarraguel étaient sans droit pour réclamer de l'État la somme de 2,462 fr. qui leur restait due sur le montant des souscriptions particulières ; qu'ils étaient seulement recevables à s'adresser au préfet, avec lequel l'adjudication a été passée, pour obtenir le recouvrement de ladite

I.                                                              38

somme par les voies administratives.... » (21 juillet 1853, *Escarraguel*, 746 ; voy. encore 17 fév. 1853, *Escarraguel*, 252.)

706. — C'est à la subvention et à la perception de la taxe ou des produits des transports que se bornent les droits des concessionnaires. Jamais ils n'ont la propriété des ouvrages eux-mêmes. Ces ouvrages font partie du domaine public; la jouissance en appartient au public, et elle ne peut être entravée par le concessionnaire sous aucun prétexte. Il est bien vrai qu'elle est soumise au payement de la taxe fixée par les tarifs. Mais la taxe n'est pas, à vrai dire, le prix de l'usage assuré au public et que le concessionnaire tolérerait, à cette condition : c'est le remboursement fractionné des frais et des avances que la construction a nécessités; c'est le prix de cette construction qui est payé à l'adjudicataire, non par l'État, le département ou la commune, mais par les divers intéressés à l'exécution des travaux. Or, ce mode de payement n'a aucune influence sur leur nature, et ils n'en portent pas moins le caractère de l'utilité publique. Comment donc soutiendrait-on qu'ils constituent la propriété particulière des concessionnaires? Le droit de percevoir la taxe, en admettant qu'on l'assimile à un droit de jouissance, à un usufruit véritable, n'est qu'une partie du droit de propriété. Si le droit de jouir est l'un des attributs essentiels de la propriété, celle-ci se caractérise surtout par la faculté de disposer, *uti et abuti;* et peut-on considérer comme ayant le droit de disposer, le concessionnaire qui est soumis à l'obligation d'entretenir constamment les travaux en bon état, sous la surveillance et le contrôle continuels des agents administratifs, et qui, surtout, ne peut, en aucune circonstance et sous aucun prétexte, en abandonner l'exploitation, lorsqu'on remarque

enfin que cette exploitation a commencé par la *réception* des ouvrages, et qu'elle se termine par leur *remise* à l'administration, ce qui implique un droit supérieur et préexistant?

707. — La question est depuis longtemps résolue pour les chemins de fer, et, par suite, pour toutes les autres espèces de concessions.

« Si l'on envisage les chemins de fer, soit dans la manière dont ils se forment, soit dans leur destination, il est impossible de méconnaître qu'ils appartiennent nécessairement à la classe de ces objets que la loi considère comme des dépendances du domaine public. En effet, pour ouvrir un chemin de fer, il faut un acte du pouvoir législatif ou de l'autorité royale, qui ne l'accorde que dans un intérêt général; le terrain sur lequel repose le chemin, c'est par voie d'expropriation pour cause d'utilité publique qu'on s'en est emparé; enfin, c'est au service de tous qu'il est consacré, et l'on ne peut en refuser l'usage à personne.

« Si cet usage est subordonné à des conditions spéciales qui dérivent de la nature même des choses, si l'exploitation de ces chemins (c'est-à-dire le mode d'en faire jouir le public) est confiée à des compagnies particulières; enfin si l'État, lorsqu'il ne veut pas exécuter lui-même les travaux, concède, pour en solder le prix, des perceptions de péage; tout cela n'altère en rien le principe qui préside à l'établissement de ces grandes voies de communication.

« Les concessions, quelle qu'en soit la durée, quelle que soit l'étendue des droits qu'elles confèrent, ne sauraient changer la nature des objets auxquels elles se rapportent. Une route royale, un pont, un canal, une rivière, sur lesquels l'État aura autorisé, au profit d'un entrepreneur, la perception de certains péages, n'en

conservent pas moins leur caractère de voies publiques,
et n'en restent pas moins dans la classe de ces choses,
dont l'usage est commun à tous et subordonné seulement aux lois et règlements de police.

« C'est donc avec raison que le projet de loi a reconnu
que, considérés comme des dépendances du domaine
public, les chemins de fer construits ou concédés par
l'État devaient être soumis aux dispositions des lois, qui
ont plus spécialement pour but de protéger ce domaine,
c'est-à-dire aux lois et règlements de la grande voirie. »
(Rapport de la commission sur la loi du 15 juillet 1845.)

708. — La question s'est présentée en 1851 devant le
Conseil d'État, et elle y a été résolue dans le même sens.

Le ministre des finances soutenait que les compagnies de chemins de fer, concessionnaires ou fermières,
doivent, à raison du sol des chemins et de leurs dépendances, la taxe représentative des droits de transmission
entre-vifs et par décès, établis par la loi du 20 février 1849. Il cherchait, en conséquence, à démontrer
que les chemins de fer sont la propriété des compagnies.

« La négative, dit à l'audience publique le commissaire du gouvernement, M Reverchon, ne paraît pas
douteuse pour celles de ces compagnies qui ne sont que
fermières de l'exploitation des chemins dont il s'agit;
en effet, dans ce cas, le sol du chemin a été acheté par
l'État, les départements et les communes, et depuis
*donné à bail* à la compagnie chargée de l'exploitation
(loi du 11 juin 1842) ; celle-ci ne peut donc pas en être
propriétaire.

En est-il autrement pour les compagnies concessionnaires? On a exigé de ces dernières le remboursement
du prix d'acquisition des terrains et d'exécution des ouvrages d'art, et cette circonstance semble rendre cette

question plus délicate. Elle doit néanmoins recevoir la même solution. En effet, dans tous les cas et par leur nature même, les chemins de fer font partie de la grande voirie, et par suite du domaine public; c'est l'art. 1ᵉʳ de la loi du 15 juillet 1845 qui proclame ce principe aujourd'hui incontestable, mais qui n'a pas été admis cependant sans une vive opposition. Or, dire qu'ils font partie du domaine public, c'est les ranger dans la classe des immeubles qui ne sont pas susceptibles de propriété privée (Voy. art. 538 du Code Napoléon); c'est exclure, par conséquent, le droit de propriété des compagnies concessionnaires.

« Une seule objection sérieuse est faite par le ministre des finances. Il rappelle que diverses lois, en autorisant des prêts, au nom de l'État, à des compagnies concessionnaires de chemins de fer, ont déclaré que ces compagnies affecteraient à la garantie du payement des intérêts et du remboursement du capital le chemin de fer lui-même et toutes ses dépendances, consentiraient des inscriptions d'hypothèque sur lesdits chemins (voir notamment plusieurs lois du 15 juillet 1840); et le ministre induit de là que ces lois ont considéré les compagnies comme propriétaires.

« On pourrait répondre d'abord que c'est là donner une portée bien grave à quelques expressions insérées dans des lois toutes antérieures à celle du 15 juillet 1845, c'est-à-dire remontant à une époque où les questions de chemin de fer étaient loin d'avoir reçu les développements que leur ont donnés, depuis, tant cette dernière loi que le règlement d'administration publique du 15 novembre 1846. Mais il y a mieux, et ceci est péremptoire; on n'hypothèque pas seulement les immeubles dont on est propriétaire; on peut hypothéquer aussi l'usufruit de ces mêmes immeubles pendant le temps de sa durée. (Voy. art. 2118 du Code civil.) Or, est-il possible de supposer que les lois invoquées aient voulu autoriser les compagnies à hypothéquer autre chose que leur concession, leur usufruit, et leur conférer le droit d'hypothéquer le sol du chemin, c'est-à-dire un immeuble qui n'est pas plus susceptible d'hypothèque que de propriété privée? » (Voy. 8 fév. 1851, *Chemin de fer du Centre*, 99; 22 mars 1851, *id.*, 196; 3 mai 1851, *Chemin de fer de Creil à Saint-Quentin*, 322; 26 juillet 1851, *Chemin de fer de Strasbourg à Bâle*, 532; 29 novembre 1851, *Chemin de fer d'Amiens à Boulogne*, 708.)

709. — Ces principes ont été l'objet d'une consécration nouvelle, en ce qui concerne les canaux, dans une occasion récente, à l'occasion des travaux exécutés par la ville de Paris sur le canal Saint-Martin. (Voy. le texte du décret rendu par le Conseil d'État le 1er mars 1860, *Canal Saint-Martin*, 183, et les conclus. de M. le commis. du gouvernem. Leviez; voy. encore 16 avril 1852, *Daviaud*, 108.)

Cette solution est conforme aux précédents, et elle est en accord parfait avec les principes qui de tout temps ont présidé à la constitution des contrats de concession. — Une résolution du Conseil des Cinq-Cents, convertie en loi le 21 vendémiaire an V par le conseil des Anciens, porte que « les grands canaux de navigation à l'usage public font « essentiellement partie du domaine public; les conces- « sions qui peuvent en avoir été faites ne peuvent faire « obstacle aux mesures à prendre pour leur conservation, « amélioration et agrandissement, sauf le droit des con- « cessionnaires aux remboursements et indemnités qui « peuvent leur être dus, et la continuation de leur jouis- « sance jusqu'à l'acquittement entier et effectif. »

Cependant, sous l'ancien régime, les actes de concession ont quelquefois fait des exceptions en faveur de certaines entreprises que le gouvernement voulait favoriser d'une manière toute spéciale.

On accordait alors au concessionnaire la propriété même des ouvrages, sauf leur affectation perpétuelle au service public. Le canal du Midi est dans ce cas. Plusieurs arrêts ont établi que la propriété de ce canal appartient à la compagnie, et qu'elle est grevée seulement d'une servitude spéciale de navigation. Un décret récent du Conseil d'État a jugé en conséquence que la compagnie avait droit à une indemnité d'expropriation, dans le cas de dépossession, pour la construction d'une route, de terrains dépendant des francs bords du canal. (Voy. 10 avril 1860, *Comp. du canal du Midi*, 292.)

710. — Ces considérations nous dispensent d'examiner la question de savoir si les chemins de fer, les canaux, et toutes les dépendances immobilières des entreprises concédées, sont susceptibles d'être expropriés à la requête des créanciers des compagnies concessionnaires. Puisque les concessionnaires n'ont, sur les immeubles affectés au service public, que des droits de jouissance limités par le contrat, et puisque ces immeubles font partie du domaine public, qui de sa nature est inaliénable, les tiers créanciers des compagnies sont virtuellement privés des voies d'exécution ordinaires. Les anciens propriétaires des parcelles cédées aux compagnies, et dont le prix n'aurait pas été payé avant la prise de possession, n'ont pas même le droit de les revendiquer. Leur privilége, en tant que vendeurs non payés, ne peut s'exercer sur un immeuble qui, à partir du jour de l'envoi en possession par le magistrat directeur du jury ou de la cession amiable, s'est trouvé au nombre des choses que le droit public soustrait à l'action des particuliers. La doctrine contraire, il est à peine besoin de le remarquer, aurait des résultats inconci-

liables avec l'intérêt général, et se trouve en opposition directe avec les principes certains que nous venons de rappeler. (Voy. trib. civ. de la Seine, 27 juillet 1850, *chemin de fer de Sceaux*, S. V. 50, 2, 599.)

711. — Dans ces termes, et en tenant compte du caractère essentiel que nous venons de lui reconnaître, le droit du concessionnaire est absolu, et il n'est susceptible, après coup, d'aucune modification. Le contrat de concession est la loi de l'administration, comme celle du concessionnaire; il n'y peut être porté atteinte sans le consentement réciproque des parties qui y ont figuré. Les arrêtés des préfets ou les décisions du ministre, qui ont pour objet soit d'imposer au concessionnaire l'exécution d'un travail qui n'était pas prévu, soit d'interpréter dans un sens restrictif le tarif annexé à l'ordonnance de concession, laissent intacts les droits qui en résultent, et n'ont pas le pouvoir de créer des charges nouvelles ou de modifier les conditions imposées. L'interprétation du contrat appartient aux juridictions administratives ou civiles dans des sphères distinctes que nous aurons à déterminer, et en dehors desquelles il n'y a point de place pour les injonctions de l'administration active.

La commune de Saint-Pierre-lez-Nemours prétendait obtenir, en exécution de l'article 11 de l'édit de création du canal du Loing, en date du mois de novembre 1719, la construction d'un pont à voitures sur le canal.

La compagnie s'étant refusée à l'exécution de ce pont, le préfet de Seine-et-Marne prit, sur l'avis conforme du ministre, un arrêté, qui mettait l'administration du canal du Loing en demeure de faire droit à la réclamation de la commune.

La compagnie se pourvut contre cet arrêté, et son pourvoi fut rejeté, mais par des motifs qui fixent nettement le caractère de l'arrêté préfectoral. « Considérant, dit le Conseil d'État, que, aux termes de l'article 4 de la loi du 28 pluviôse an VIII, c'est aux Conseils de préfecture qu'il appartient de prononcer sur... les difficultés qui s'élèvent entre lesdits entrepreneurs ou concessionnaires et l'administration sur le sens et l'exécution des clauses de leurs traités ; considérant que la décision et l'arrêté attaqués ne constituent que de simples mises en demeure qui ne sont pas de nature à nous être déférées par la voie contentieuse, et qui ne font pas obstacle à ce que, conformément à l'article 4 précité, il soit statué par le Conseil de préfecture du département de Seine-et-Marne, sur les réclamations de la commune de Saint-Pierre, et l'étendue des obligations de la compagnie du canal du Loing.... » (23 août 1843, *compagnie des canaux d'Orléans et du Loing*, 485 ; voy. encore 22 février 1838, *Maurette*, 126 ; 29 juin 1844, *com. de Villers-le-Lac*, 401 ; 18 nov. 1853, *compagnie des canaux d'Orléans*, 962 ; 26 juil. 1854, *Malboz*, 704 ; 30 juil. 1857, *compagnie du pont de Cubzac*, 630.)

Il a été jugé également que la déclaration faite par un préfet, au moment de l'adjudication de la concession d'un pont, qu'il n'existait aucunes réserves de passage en faveur des propriétaires ou fermiers d'une usine, n'a pu avoir pour effet de modifier les clauses et conditions arrêtées par l'autorité supérieure. (25 nov. 1852, *Quatravaux et consorts*, 512.)

712.—La concession donne à l'adjudicataire le monopole du péage ou des transports sur le pont, le canal ou la ligne concédés. Nul autre que lui ne peut être appelé à partager les bénéfices et à lui faire concurrence dans les limites de la concession. Mais la protection qui lui est due ne dépasse pas ces limites, et l'administration conserve toujours la faculté soit de créer, à côté des ouvrages

concédés, d'autres travaux du même genre et ayant la
même destination, soit d'abaisser les tarifs et les droits à
percevoir sur les voies rivales déjà existantes. Ainsi,
lorsque le cahier des charges annexé à l'ordonnance de
concession d'un pont ne contient aucune réserve ayant
pour but d'interdire à l'administration la faculté d'autoriser la construction d'un autre pont dans le voisinage,
l'établissement de ce pont ne peut donner au premier
concessionnaire aucun droit à une indemnité. (22 janv.
1843, *de la Luzerne*, Roche et Lebon, t. i, p. 410;
20 mars 1828, 252; 8 août 1840, *Labat de Savignac*,
293; 31 juil. 1843, *Séguin*, 395; 17 janv. 1846, *compagnie des Trois–Ponts*, 43; 20 fév. 1846, *Bonhomme et consorts*, 105; 30 mars 1846, *Couderc*, 211.) Il en serait de
même de la construction d'une voie de fer parallèle à la
route desservie par le pont concédé, si la loi, en vertu
de laquelle a eu lieu l'adjudication, ou le cahier des
charges dressé en vue de cette adjudication, n'ont pas interdit à l'État la faculté d'établir de nouvelles voies de
communication. (2 déc. 1858, *Société du pont de Cubzac*,
691.) Enfin, il a été jugé qu'une compagnie de chemin
de fer est sans qualité pour attaquer un décret réglant le
tarif des droits de navigation à percevoir sur un canal
voisin. (17 fév. 1853, *chemin de fer de Montpellier*, 250;
26 mai 1853, *pont de Rognonas*, 556; 16 juillet 1857,
*id.*, 550.)

713. — La jurisprudence, qui repousse les réclamations du concessionnaire lorsqu'il ne justifie d'aucun engagement particulier de l'administration, est certainement très-rigoureuse. L'État n'aliène jamais, sans
doute, le droit de pourvoir aux exigences des services
publics, et les concessionnaires seraient mal venus à lui
contester l'exercice de ce devoir, en demandant la suppression des ouvrages qui leur font concurrence. Mais

lorsque cette concurrence existe, et qu'elle est le fait du gouvernement, les principes généraux du droit, aussi bien que la justice, lui imposent la réparation du préjudice causé. La concession constitue au profit de celui qui l'obtient, non pas une simple tolérance, mais un droit, dans l'acception véritable du mot, et que l'administration s'engage par suite à respecter. Ce droit a sa source non dans une faveur, dans un abandon purement gratuit, mais dans un contrat synallagmatique et à titre onéreux; il implique donc garantie, et il n'y peut être, en droit strict, porté atteinte sans dédommagement.

Il ne faut donc pas approfondir la valeur juridique des arrêts que nous venons de citer, et surtout se garder d'en étendre la doctrine à toutes les hypothèses où l'administration, par son fait, cause un préjudice au concessionnaire. Le Conseil d'État lui-même s'est engagé avec réserve dans cette voie, et il accorde au concessionnaire une indemnité, lorsque l'administration manque aux obligations qu'elle a prises expressément dans l'acte de concession. Nous en avons déjà cité un exemple. (Voy. n° 711.) En voici deux autres, qui feront mieux saisir encore l'étendue et les limites des droits résultant de ce contrat.

Le sieur Dalgabio s'était rendu adjudicataire de la construction de trois ponts suspendus sur l'Isère, moyennant une subvention de 104,000 fr., et une concession de péage de 64 ans 9 mois, devant commencer à courir du jour où le passage serait livré au public. — De son côté, l'administration avait pris l'engagement d'ouvrir dans des conditions de largeur et de pente déterminées, trois chemins vicinaux devant aboutir à ces ponts. Les chemins devaient être livrés à l'époque fixée pour l'achèvement des ponts. Mais en fait, il en fut autrement : les ponts furent terminés longtemps avant l'achèvement

des voies d'accès. Le sieur Dalgabio réclama alors une
indemnité à raison du préjudice que ce retard lui avait
fait éprouver, et le Conseil d'État reconnut que l'inexécution des obligations prises par l'administration était de
nature à justifier sa demande. (3 août 1849, *Dalgabio*,
476.)

Autre exemple. — En 1830, le sieur Bayard de la
Vingtrie s'était rendu adjudicataire des travaux de construction d'un pont suspendu « sur la rivière de Marne,
à Dormans, *route départementale n° 13 de Reims à Dormans.* » — Cette énonciation du cahier des charges se
trouvait reproduite dans le procès-verbal de l'adjudication et dans l'ordonnance royale approbative.

Cependant, et après l'achèvement des travaux qui eut
lieu en 1832, l'administration changea la direction de
la route départementale aboutissant au pont. La circulation diminua considérablement par suite sur la voie
qu'il était destiné à desservir ; le concessionnaire réclama une indemnité, et sa demande fut accueillie
par l'arrêt suivant : « Considérant qu'il résulte soit du
cahier des charges et du procès-verbal de l'adjudication
du pont de Dormans, soit des autres documents de l'instruction, que, lors de ladite adjudication, il a été formellement annoncé par l'administration que le pont à
construire desservirait la route départementale n° 13,
de Reims à Dormans, laquelle venait d'être classée sous
ce titre par une ordonnance du 23 décembre 1829 ; —
qu'il résulte également de l'instruction que ladite route
n'a pas été exécutée conformément à cette ordonnance,
mais selon un tracé nouveau par suite duquel elle n'a-
boutit pas à Dormans et n'est pas desservie par le pont
construit en vertu de l'adjudication précitée ; que ce fait,
dans les circonstances auxquelles il se rattachait, a porté
atteinte à l'engagement contracté envers l'adjudicataire

et a causé à la compagnie requérante un dommage à
raison duquel elle a droit à une indemnité... » (27 juil.
1850, *Comp. du pont de Dormans,* 406.)

714. — On reconnaît dans ces décisions l'esprit de
justice et de légalité qui inspire chaque jour davantage la juridiction administrative suprême. Mais elles
font mieux saisir la rigueur exagérée de quelques arrêts
antérieurs qui, dans les mêmes circonstances, ont refusé
toute indemnité au concessionnaire, sous le prétexte
qu'aucune clause du marché n'avait déterminé l'époque
à laquelle seraient terminés les chemins d'accès. (31 juil.
1843, *Séguin,* 395 ; 25 nov. 1852, *Escarraguel,* 515.)—
N'est-il pas évident, en effet, que l'obligation prise par
l'administration de construire les voies destinées à l'accès
du pont est corrélative à l'obligation, prise par le concessionnaire, de livrer le pont à l'époque fixée par le contrat?
Est-il besoin qu'on détermine l'époque où la première
devra être accomplie, lorsqu'il résulte de la nature et
de l'objet même de la convention principale qu'elle s'y
rattache comme un accessoire inséparable?

Cependant il est juste de dire que le Conseil d'État,
comprenant la rigueur de sa doctrine, y apporte une
sorte de tempérament, en ne faisant courir le délai
de la concession qu'à partir de l'époque où les voies
d'accès sont terminées. Mais cette solution n'est qu'une
moitié de justice, puisque, jusqu'à l'accomplissement
intégral des obligations prises envers le concessionnaire, celui-ci non-seulement ne peut percevoir le
péage, mais, de plus, perd nécessairement l'intérêt de
ses avances. Or, c'est là une perte sèche qu'on ne lui
rembourse pas, quand on se borne à reculer le point de
départ de la durée de la concession. On n'obtient d'ailleurs ce résultat qu'en faisant échec au contrat et en
violant le pacte qui fait la loi des parties.

**715.** — L'État se charge souvent, dans les traités qu'il passe avec les compagnies concessionnaires de chemins de fer, de l'exécution des ouvrages d'art et quelquefois même des travaux de terrassement. Une disposition spéciale du cahier des charges stipule alors, au profit du concessionnaire, un délai de garantie qui est ordinairement d'une année pour les terrassements, de deux années pour les ouvrages d'art. Ce délai de garantie a-t-il alors les mêmes caractères que celui dont parlent les Clauses et conditions générales imposées aux entrepreneurs, ou, au contraire, son expiration sans réserves exprimées par la compagnie concessionnaire n'implique-t-elle pas décharge entière et absolue au profit de l'État? Par suite, la compagnie ne devrait-elle pas être déclarée non recevable, si elle lui demandait la réparation des dégradations ou des vices de construction qui se manifesteraient après ce délai?

Nous pensons qu'après l'expiration du délai de garantie, l'État est déchargé de toute responsabilité envers les concessionnaires. Et en effet, il n'a jamais et ne peut pas avoir la qualité d'entrepreneur de travaux publics, même quand il prend à sa charge l'exécution de certains ouvrages ou d'une partie de la ligne concédée. Il n'est donc pas possible d'appliquer, dans ses rapports avec les compagnies concessionnaires, les principes de la responsabilité décennale. (Cons. 30 juil. 1857, *Brierre*, 631 ; 8 mai 1861, *Chemin de fer de Paris à Lyon*, 359.)

**716.** — Le monopole accordé aux compagnies concessionnaires ne fait nul obstacle à ce qu'elles se livrent à des entreprises ayant le même objet que l'entreprise concédée et destinées à faire concurrence à des industries particulières. On a vu, par exemple, des compagnies de chemins de fer, dans le but de faire cesser une concurrence préjudiciable à leurs intérêts et s'assurer d'une manière absolue le transport des marchandises dans certaines directions, monter à grands frais des entreprises de transport par terre en rivalité directe avec des entrepreneurs de roulage. Ces procédés, contre lesquels de vives protestations s'élèvent justement, n'ont cependant rien de contraire au droit. Les principes de liberté commerciale proclamés par la loi de 1791 en autorisent l'emploi, si injuste qu'il puisse paraître. Les entreprises auxquelles le chemin de fer vient ainsi faire une concurrence directe sur les voies ordinaires ont beau représenter que, les compagnies ayant le monopole de la voie ferrée, il est souverainement injuste de les laisser créer des entreprises rivales des industries particulières. Le monopole dont jouissent les compagnies ne leur enlève pas ailleurs le bénéfice du droit commun. Si donc on ne trouve pas dans leurs cahiers des charges des clauses restrictives et exceptionnelles, les tribunaux ne sont pas fondés à accueillir les réclamations des tiers et à leur faire des défenses qui ne rentrent pas dans le domaine de l'autorité judiciaire. (Consult. Cass., 7 juill. 1852, *chem. de fer de Strasbourg à Bâle*, S. V. 52, 1, 713.)

717. — Les travaux exécutés par les concessionnaires étant d'utilité publique, les compagnies sont investies pour leur exécution de tous les droits que les lois et règlements confèrent à l'administration en matière de travaux publics, soit pour l'acquisition des terrains par voie d'expropriation, soit pour l'extraction, le transport et le dépôt des terres, matériaux, etc. Elles demeurent en même temps soumises à toutes les obligations qui dérivent pour l'administration de ces lois et règlements. (Art. 61, l. du 3 mai 1841.)

Les explications que nous avons à donner sur ce

point trouveront leur place dans la quatrième partie de cet ouvrage.

---

# CHAPITRE IV

## DES DIFFÉRENTES MANIÈRES DONT FINIT LE CONTRAT DE CONCESSION.

718 — Le contrat de concession finit :

1° Par la déchéance de l'adjudicataire ;

2° Par la résiliation du contrat ;

3° Par le rachat de la concession ;

4° Par l'expiration du terme fixé pour la perception des droits de péage ou de transports.

719. — En principe, l'administration n'a pas qualité pour s'immiscer dans le détail des opérations relatives à l'exécution des travaux, et le contrat lui réserve seulement un droit de surveillance et de contrôle à un point de vue général. Il n'en faut pas conclure toutefois qu'elle soit désarmée en face du concessionnaire qui n'exécute pas ses engagements : elle trouve dans les stipulations du cahier des charges relatives à la déchéance des garanties suffisantes pour sauvegarder ses intérêts.

La déchéance peut être prononcée dans tous les cas où le concessionnaire ne remplit pas ses obligations.

S'agit-il de la concession d'un chemin de fer, la déchéance est encourue de plein droit, sans qu'il y ait lieu à aucune notification ou mise en demeure préalable, si la compagnie n'a pas commencé ou terminé ses travaux dans le délai fixé, ou, faute par elle de n'avoir pas rempli les diverses obligations relatives soit à la construction, soit à l'entretien, soit à l'exploitation du chemin. Menace perpétuellement suspendue sur la tête des concessionnaires, elle agit par le fait seul de son existence, et, pour ainsi dire, par voie d'intimidation. Aussi voit-on peu de compagnies s'y exposer.

Les cahiers des charges des autres concessions contiennent des stipulations non moins efficaces. (Voy. 15 avril 1834, *Davril*, 573.)

720. — La déchéance est, d'après la jurisprudence, une mesure essentiellement administrative. Elle échappe donc, quant à la question de savoir si elle doit être maintenue, à l'appréciation et au contrôle de la juridiction contentieuse. L'administration active, arbitre suprême de tout ce qui est du ressort de l'utilité publique, n'est point exposée à voir infirmer ses décisions et maintenir le contrat qu'elle déelare résolu. (M. Dufour, t. VII, n° 284.)

Mais à côté de la question d'opportunité et de convenance, s'élève fréquemment une question de droit et d'appréciation du contrat. Il ne suffit pas d'invoquer l'utilité publique pour légitimer un acte arbitraire, et si le concessionnaire est en mesure d'établir qu'il avait rempli tous ses engagements, la juridiction contentieuse peut être saisie par lui d'une réclamation tendant à obtenir une indemnité.

C'est devant le Conseil de préfecture que ces contestations doivent être portées. Là, comme en matière de résiliation d'entreprise, les décisions préfectorales ou ministérielles ne font pas obstacle à ce que la réclamation soit soumise au juge ordinaire du contentieux

des travaux publics. (5 juin 1848, *Chemin de fer de Montpellier*, 361.)

721. — Le contrat de concession implique, de la part
de l'administration, certaines obligations. Leur sanction
se trouve dans l'art. 1184 du C. Nap., d'après lequel la
clause résolutoire est sous-entendue, dans les contrats
synallagmatiques, pour le cas où l'une des parties manque
à ses engagements.

Il n'est donc pas nécessaire que cette clause soit écrite
dans les actes de concession; les concessionnaires envers lesquels l'administration ne remplit pas ses obligations ont toujours la faculté d'exercer, le cas échéant,
l'action en résolution. Le plus souvent ils ne prennent
pas cette voie et se bornent à réclamer une indemnité à
raison du préjudice causé. Nous avons vu que des réclamations de cette nature ont été fréquemment accueillies
par le Conseil d'État. (Voy. *suprà*, nos 713 et 715.)

722. — En troisième lieu, le contrat de concession
prend fin par l'exercice de la faculté de rachat.

Dans la plupart des cahiers des charges, l'État se réserve, en effet, le droit de racheter la concession après
un certain délai.

Les conditions du rachat sont réglées à l'avance. Voici
comment on procède en ce qui concerne les chemins de
fer. L'on relève, à l'époque fixée pour le rachat, les produits nets obtenus par la compagnie pendant les sept
années qui ont précédé celles où le rachat est effectué ;
on en déduit les produits nets des deux plus faibles années, et l'on établit le produit net moyen des cinq autres
années. Ce produit net moyen forme le montant d'une
annuité qui est due et payée à la compagnie pendant
chacune des années qui restent à courir sur la durée
de la concession. Dans aucun cas, le montant de l'annuité ne doit être inférieur à la dernière des sept années

prises pour terme de comparaison. La compagnie reçoit en outre, dans les trois mois qui suivent le rachat, le remboursement du prix d'estimation du matériel roulant et autres objets mobiliers appartenant à l'exploitation.

En ce qui concerne les canaux exécutés par voie d'emprunt, en vertu des lois du 5 août 1821 et du 14 août 1822, si l'acte de concession n'autorise pas le rachat, il n'y peut être procédé que par voie d'expropriation pour cause d'utilité publique. (L. du 29 mai 1845.) Une loi spéciale est nécessaire pour chaque compagnie. Le prix du rachat est fixé par une commission instituée par un règlement d'administration publique et composée de neuf membres dont trois sont désignés par le ministre des finances, trois par la compagnie, et trois par le premier président et les présidents réunis de la Cour impériale de Paris. (Voy. art. 1, 2 et suiv. de la loi précitée.)

723. — Enfin, l'expiration du terme fixé pour la perception des droits de péage ou de transport amène nécessairement la fin du contrat de concession. Nous avons vu quelles sont à ce moment les obligations des concessionnaires. (Voy. suprà, n° 698.)

# TITRE XV

## DES TRAVAUX A LA JOURNÉE ET DE LA RÉGIE SIMPLE OU PAR ÉCONOMIE.

---

**724.** — Nous plaçons, sous ce titre, quelques observations relatives à deux modes d'exécution des travaux
publics, d'un emploi, sinon rare, au moins tout spécial,
et qui ne donnent lieu à aucune difficulté sérieuse. Il
s'agit des travaux à la journée, et de l'exécution par
voie de régie simple ou par économie.

**725.** — Dans le service de l'artillerie ou du génie,
les travaux dans les forges, fonderies, manufactures
d'armes et de poudre, sont exécutés à la journée par des
ouvriers placés sous les ordres des officiers de ces
armes spéciales. (Voy. *suprà*, nos 54 et suiv., M. Dufour,
t. VII, n° 123.)

Dans les autres services, l'emploi d'ouvriers à la
journée est tout à fait accidentel ; il n'a lieu que dans le
cas très-rare où des détails de construction exigent une
habileté particulière.

**726.** — Quelquefois, lorsqu'il s'agit de travaux habi-
tuellement exécutés par la voie de l'adjudication, il ne
se trouve pas de soumissionnaires. L'administration est

alors forcée d'y procéder elle-même sans intermédiaire. Ce mode d'exécution a pris le nom de *régie simple*, ou par *économie*, ou par *attachement*.

727. — La régie simple est soumise à des règles peu compliquées. Les travaux sont dirigés par les ingénieurs, et exécutés par des ouvriers à la tâche ou à la journée.

Les ouvriers employés en régie sont recrutés par un agent spécial choisi par les chefs de service, et chargé de faire les payements, les commandes, et d'organiser les parties du travail qu'on peut confier à des entrepreneurs particuliers connus sous le nom de *tâcherons*.

728. — Le compte général de la régie et les comptes partiels des ouvriers ou tâcherons employés à l'exécution des travaux se règlent au moyen des pièces d'attachement. On nomme ainsi « les rôles de journées, les états « de fournitures et les autres pièces dressées par les « piqueurs, certifiées par les conducteurs, visées par les « ingénieurs, et ordinairement réunies et attachées en- « semble. » (V. *Dict. des Trav. publ.*, par M. Tarbé, v° *Attachement*.) S'élève-t-il une difficulté entre l'ingénieur et les ouvriers ou tâcherons, c'est à ces pièces qu'il faut nécessairement recourir pour vider le débat. Il importe donc qu'elles soient régulièrement tenues. Lorsque l'administration n'oppose aux registres des ouvriers que des notes informes, la préférence est nécessairement due aux premiers. (26 août 1829, *Vigneau*.)

729. — Ces contestations appartiennent d'ailleurs à la juridiction administrative, puisqu'il s'agit de marchés relatifs à l'exécution de travaux publics.

Celles qui s'élèvent entre les tâcherons et leurs ouvriers sont, au contraire, purement civiles. Il s'agit de l'interprétation d'un contrat privé, interprétation à laquelle l'administration n'a aucun intérêt.

M. Dufour est d'avis que les ouvriers employés par les tâcherons n'ont pas d'action personnelle contre l'administration (t. VII, n° 171); mais l'article 1798 du C. Nap., se plaçant dans l'hypothèse où les travaux sont exécutés à l'entreprise, autorise l'action directe des ouvriers contre le maître de l'ouvrage. Or, le tâcheron est un véritable entrepreneur dans la partie qu'il s'oblige à exécuter, et il n'y a dès lors aucune raison pour ne pas permettre aux ouvriers qu'il emploie de s'adresser, *omisso medio*, à l'administration.

Dans aucun cas, les tâcherons ou leurs ouvriers n'ont d'action contre les ingénieurs, à raison des ordres qu'ils en reçoivent. L'administration est responsable de ses agents.

730. — Il ne faut pas confondre la régie simple avec la *régie intéressée*, mode d'exécution usité dans les travaux exécutés à l'entreprise, lorsqu'il y a lieu de faire certains ouvrages que ne prévoit pas le devis, et qui présentent des difficultés particulières. L'administration, au lieu d'organiser la régie, en charge l'entrepreneur, qui fait les avances, et qui reçoit, à titre de dédommagement, une indemnité fixée au quarantième. (Voy. *suprà*, n°ˢ 255 et suiv.)

FIN DU TOME PREMIER.

# TABLE DES MATIÈRES

FIN DE LA TABLE DU PREMIER VOLUME.

Paris. — Typ. de P.-A. BOURDIER et Cie, rue Mazarine, 30.

www.ingramcontent.com/pod-product-compliance
Lightning Source LLC
Chambersburg PA
CBHW071139270326
41929CB00012B/1806